모든 창작자들이 알아야 할 비디오 게임 속 진짜 역사 이야기

게임 속 역사 이야기

HISTORY
IN THE GAME

사신청룡(김동영) 저

| 만든 사람들 |

기획 인문·예술기획부 | **진행** 장우성 | **집필** 김동영 | **표지디자인** 원은영 · D.J.I books design studio
편집디자인 이선주

| 책 내용 문의 |

자사의 홈페이지나 디지털북스 홈페이지의 게시판을 통해서 해결하실 수 있습니다.
디지털북스 홈페이지 www.digitalbooks.co.kr
디지털북스 페이스북 www.facebook.com/ithinkbook
디지털북스 인스타그램 instagram.com/digitalbooks1999
디지털북스 유튜브 유튜브에서 [디지털북스] 검색
디지털북스 이메일 djibooks@naver.com
저자 연락처 ekakqhrauscl@naver.com

| 각종 문의 |

영업관련 dji_digitalbooks@naver.com
기획관련 djibooks@naver.com
전화번호 (02) 447-3157~8

위 출판물은 '네이버 게임 라운지 오리지널' 연재물 입니다. 네이버 게임 라운지 -> 게임 속 역사 이야기
채널에서 원문을 보실 수 있습니다.

게임 속 역사 이야기

차례

개인적으로 '내가 쓴 글이 책이 될 수 있을까?'라는 생각 자체를 해본 적이 없었습니다. 그러다 디지털 북스 출판사에게 연락을 받아 제 책을 만들기 시작했을 때, '확실히 책은 아무나 만드는게 아니구나.'하고 생각했습니다. 처음부터 끝까지 엄청 어려웠죠.

네이버 게임 라운지의 오리지널 시리즈로 연재하던 내용을 토대로 만든 책이지만, 오히려 무에서 유를 창조하는 것보다 유에서 더 있어 보이는 유를 창조해내는 것이 더 힘들었습니다.

학창시절 저는 수학을 엄청 못하고 역사만 잘하는 그런 아이였습니다. 이런 특성을 살려서 대학 때는 역사관광학을 전공했습니다. 시간이 지나 게임 인플루언서이자 리뷰어로서 네이버 포스트에서 활동하다 문득 그런 생각을 했습니다. '게임 속에 역사이야기가 많이 등장하는데, 사람들은 게임은 재밌게 즐겨도 역사는 재미가 없다고 생각하는 것 같아' 이런 생각에서 출발한 네이버 게임 오리지널 시리즈가 '게임 속의 역사이야기'였습니다.

제가 유일하게 잘 할 수 있었던 학문인 역사는 많은 사람이 단순히 시험을 위해서 외우기만 하는 지루한 학문으로 여겨졌습니다. 그래서 재미있고, 흥미진진한 이야기들이 담긴 역사와 관련된 게임을 이용해 여러분들에게 쉽고 재밌게 전달하고자 1년 넘게 이 책을 집필하는데 열중했습니다.

　　이 책은 주입식 교육으로 인해 역사에 대해서 흥미를 잃으신 분들에게 게임 속에 이용된 역사 소재를 소개함과 동시에 역사와 친해지기를 바라는 마음을 담아 흥미롭고 교과서에서는 담지 않은 이야기들로 준비했습니다.

　　이 책을 통해서 많은 분이 역사가 단순히 외우기만 하는 지루한 이야기가 아니라 우리의 삶을 윤택하게 만들 수 있는 윤활유가 되기를 바랍니다.

War ... War never changes
전쟁.... 전쟁은 절대로 바뀌지 않는다.

풀아웃 시리즈

〈어쌔신 크리드 유니티〉에 등장하는 파리의 성난 민중

게임 속 집단

300년간 유럽을 공포에 떨게 만든
바이킹
Viking

바이킹
Viking

▌ 바이킹 그들은 누구인가?

뿔달린 투구를 쓰고 도끼와 방패를 든 금발의 전사들이 해안을 약탈하는 모습을 상상하면 무엇이 떠오르는가?

'바이킹'이 떠오를 것이다.

여기에 이 전사들이 '발할라'를 외치며 돌진한다면 완벽한 바이킹의 모습이 될 것이다.

바이킹은 실제 역사에서 유럽의 해안과 마을, 수도원을 무차별적으로 약탈해 악명과 마초적인 이미지를 얻어 게임을 비롯한 여러 매체에서 단골소재로 자리매김했다.

죽음을 두려워하지 않으며 저돌적으로 전

그림 1 낭만적인 바이킹을 묘사한 그림 1899년

투를 하는 방식 때문에, 바이킹은 게임 속에서 주인공보다는 적으로 많이 등장한다. 하지만 실제 바이킹은 우리가 아는 것과는 조금 달랐다. 이번 장에서는 실제 바이킹에 대해서 알아보도록 하겠다.

▌ 실제 바이킹의 모습

바이킹은 지금의 스칸디나비아반도에 있는 스웨덴, 노르웨이와 그 밑에 있는 유틀란트반도(혹은 윌란반도)에 있는 덴마크 등지에 살며, 800년경부터 11세기 말까지 활동한 민족[1]을 말한다. 이들은 북유럽 신화와 자연을 숭배했으며, 척박한 지역에 살고 있기에 다른 지역으로 이동해 약탈했다. 다만 최근에는 약탈 말고도 무역(교역)을 하는 등 상업적인 성격도 상당히 두드

---

1) 주로 북게르만 민족이 많다. 노르드족이라 불리는 기트족, 데인족, 스비아인, 바랑인이 있고, 노르웨이, 덴마크, 스웨덴, 아이슬란드, 페로인(페로 제도)도 바이킹에 속한다. 잉글랜드의 조상격인 노르만족도 바이킹이다.

러졌었다는 연구결과가 발표되었다.

그림 2 바이킹 시대의 일상 페로 우표

바이킹이 유명해진 이유는 기원후 800년부터 시작된 이들의 해외 원정 때문이다. 페로[2]에서 발행한 '바이킹 시대의 일상'이라는 우표를 보면 바이킹도 목축과 농사를 했음을 알 수 있다. 다만 그들이 살던 지역이 목축과 농사에 적합한 지역이 아니었을 뿐이다. 그들이 살던 곳은 북반구에서도 북극에 가까운 곳이라 중부 유럽에 비해 추운 지역이었다. 이러한 지리적 요건은 드라마 〈바이킹스 시즌1〉에도 묘사된다. 주인공인 라그나르 로드브로크는 자작농으로 등장하는데, 농사지을 땅이 부족하여 소작농이 얼마 없다는 묘사가 등장한다.

지도 1 바이킹의 주요 이동 경로

지리적으로 자립할 수 없었던 바이킹들은 필요에 의해 타지역을 약탈하기 시작했다. 바이킹은 먼 지역을 이동하며 약탈했는데, 이는 뛰어난 항해술과 롱보트(롱쉽)가 있기에 가능했다. 초창기에는 상대적으로 가까운 동유럽으로 원정을 많이 나갔다. 문제는 서유럽에 비하면 동유럽은 부유한 지역이 아니었다.

---

2) 페로 제도를 의미하고, 덴마크의 영토이지만 위치는 영국의 스코틀랜드 북쪽에 있는 섬들이 모여있는 지역을 말한다.

그렇다 보니 바이킹은 생활수준(환경적 여건)이 자신들과 비슷하거나 오히려 떨어지는 지역을 약탈한 셈이었다. 그러다 서쪽에 브리튼 섬(지금의 영국)이 발견되면서 모든 것이 달라진다.

▌바이킹의 브리튼 섬 침략

노섬벌랜드라고 불리던 지역의 해안가 섬에는 린디스판 수도원이 있었다. 이 수도원은 학문의 중심지로 불렸는데, 793년 6월 8일에 바이킹이 린디스판 수도원에 들이닥쳐 약탈, 파괴와 함께 수도사들을 살해, 익사시키거나, 노예로 끌고 갔다. 린디스판 수도원에서 일어난 비극은 얼마 안가 브리튼 섬 전체의 비극이 된다. 중세 잉글랜드 연대기를 보면 바이킹을 "앙들속의 늑

지도 2 앵글로색슨족의 7왕국

대"라고 표현하고 있다. 같은 사람의 모습을 하고 있지만 잔인한 성질을 빗대어 말한 것이다.

린디스판을 습격한 이후 본국으로 돌아간 바이킹의 모습은 드라마 〈바이킹스 시즌 1〉에서 잘 묘사된다. 자주 가던 동유럽보다 서유럽에서 가져온 약탈품이 더 많은 것을 본 바이킹들은 서유럽이 어마어마한 부자라고 생각했다.

그림 3 페르디난드 리케의 바이킹 습격 1906년작

거기다 린디스판 수도원을 약탈하고 돌아온 바이킹들의 눈에 브리튼 섬은 사람이 살기 좋은 기후와 약탈하기 좋은 보물로 가득찬 곳으로 보였을 것이다. 기후는 맞지만, 보물은 아니었는데, 이것은 바이킹이 처음 습격한 곳이 수도원이었기 때문이다.

당시 중세 유럽에서 수도원은 수도사들을 양성하며, 학문의 성지로 불렸다. 이곳엔 우수한 건축물(교회)과 신을 위한 보물(장식물, 성유물 등)이 있었기에, 이곳을 처음 약탈한 바이킹은 서유럽 사람들이 부유하다고 착각했던 것이다. 그도 그럴 것이, 바이킹이 약탈하던 동유럽은 로마 제국의 지배를 받지 않은 곳이었기 때문이다.

린디스판 습격을 시작으로 바이킹은 대규모 원정군을 브리튼섬으로 보낸다. 이때부터 브리튼 섬의 주류를 이루고 있던 앵글로색슨족의 수난이 시작된다. 바이킹이 브리튼 섬으로의 원정을 떠난 이유는 다양하지만, 가장 중요한 것은 약탈과 재정착이었다.

이유를 몇 가지 나열해 보자면, 우선 린디스판 수도원을 습격하고 돌아간 바이킹은 브리튼 섬에 약탈할 금은보화가 많다고 여겼다. 두 번째로는 린디스판 수도원을 약탈하고 왔던 바이킹들이 봤을 때 브리튼 섬은 자신들이 사는 스칸디나비아반도와는 다르게 살기 좋다고 판단했을 것이다. 실제로 바이킹들은 브리튼 섬으로 간 후 약탈만 하고 돌아간 집단도 있었으나, 대부분은 그곳에 정착했다.

당시 브리튼 섬은 7 왕국 시대로 북쪽에서부터 노섬브리아, 머시아, 이스트 앵글리아, 에식스, 켄트, 서식스, 웨식스 등의 국가가 존재했다. 이들 중 바이킹이 브리튼 섬을 침공했을 당시는 웨식스가 패권을 잡고 있었다. 바이킹이 브리튼 섬으로 침략해오자, 웨식스의 알프레드 대왕이

지도 3 7왕국 시대 800년경

이들을 상대로 활약했다. 하지만 다른 국가들은 대부분 바이킹에 정복당했다.

브리튼 섬을 정복해가던 바이킹(당시는 데인족이 주류)은 웨식스와 계속해서 다퉜고, 머시아와 웨식스가 바이킹을 몰아내면서 브리튼 통일을 위한 초석을 마련했다. 웨식스 왕국은 이후 국호가 잉글랜드 왕국으로 변경되었다. 하지만 바이킹의 침략은 계속되었고, 크누트 대왕에게 패배하면서 브리튼 섬이 북해 제국의 일부가 되기도 했다.

크누트 사후 북해 제국이 붕괴되면서 잉글랜드 왕국은 독립했으나, 곧 또 다른 바이킹인 노르망디 공국의 공작 윌리엄 1세에게 침공당한다. 잘 알려진 헤이스팅스 전투에서 웨식스 왕조의 헤럴드 2세가 전사하여, 잉글랜드는 노르망디 공국에 정복되었고, 이때부터 잉글랜드는 영국이 되었다. 영국에서는 영국의 역사와 왕을 기록한 자(학용품 자)가 있는데, 여기에는 윌리엄 1세부터 영국으로 본다.

헤이스팅스 전투를 다루는 게임이 몇 개 있는데, 그 중 〈미디블 토탈워 2〉에서는 튜토리얼 격의 역사적 전투로 헤이스팅스 전투가 등장한다. 가장 최근에 발매된 〈에이지 오브 엠파이어 4〉에서도 첫 번째 잉글랜드 캠페인으로 1066년 헤이스팅스 전투를 다루고 있다.

이외에도 바이킹이 잉글랜드를 침공한 시기를 다루는 내용은 〈어쌔신 크리드 발할라〉에서도 등장한다. 〈어쌔신 크리드 발할라〉는 스칸디나비아 반도에 살고 있던 에이보르를 주인공으로 바이킹이 노르웨이에서 브리튼으로 이주한 상황을 묘사한다. 에이보르는 까마귀 클랜의 일원으로 잉글랜드 중앙에 레이븐소프라는 정착지를 건설하고, 라그나르 로드브로크의 아들들과도 엮이는 모습이 등장한다.

이 게임에서는 웨식스의 알프레드 대왕도 등장한다. 왕좌의 게임의 원작 소설 〈얼음과 불의 노래〉도 이 잉글랜드 7왕국을 차용했다고 한다. 이외에도 〈토탈워 사가 : 브리타니아 왕좌〉에서는 웨식스의 알프레드 대왕과 함께 바이킹이 등장한다. 〈마운트 앤 블레이드〉의 DLC로 발매된 바이킹 컨퀘스트도 바이킹이 브리튼 섬을 침공했던 시기를 다루고 있다.

▌바이킹의 프랑스 파리 공격과 노르만족

그림 4 845년 파리를 포위하는 바이킹 19세기 묘사된 그림

앞서 언급한 노르망디 공국은 바이킹이 북부 프랑스에 세운 공국을 말한다. 바이킹은 영국 외에 북부 프랑스에도 정착했고, 심지어 845년에는 파리를 포위하기도 했다. 바이킹이 파리를 포위하기 쉬웠던 이유는 파리가 센 강을 낀 시테섬에 있었기 때문이다.

게임 〈어쌔신 크리드 유니티〉를 보면 시테 섬은 파리의 한 구역에 불과하나, 초창기 파리는 시테섬에서 출발했다.

〈어쌔신 크리드 발할라〉에 업데이트 된 '강 습격' 컨텐츠를 보면 강을 따라 마을과 주둔지, 요새, 수도원 등을 약탈할 수 있다. 이것을 보면 바이킹이 강을 낀 지역을 공격하기 매우 용이했다는 것을 보여준다.

바이킹은 845년에 있었던 파리 포위 당시에는 파리를 성공적으로 약탈했다. 이후 860년대에도 몇 차례 파리를 공격해 약탈했다. 이후 바이킹은 다시 한번 885년 11월 25일부터 886년 10월까지 파리를 포위하는데, 이것이 파리 공방전이다. 프랑크인은 이 공방전에서 승리해 파리를 지켜냈다.

파리 공방전이 있던 당시 프랑크 왕국의 국왕은 비만왕이라고 불리는 카롤루스 3세 크라수스였다. 바이킹을 매수한 국왕과는 달린 파리에서 수성전을 통해 성공적으로 파리를 지켜낸 오도(외드라고도 불림) 백작이 비만왕 사후 국왕이 되었고, 후대에 오도의 형제 로베르 1세의 손자 위그 카페가 왕이 되면서 프랑스는 카페 왕조가 지배하게 된다.

방금까지 이야기한 파리 공방전을 다루고 있는 게임이 〈어쌔신 크리드 발할라〉 파리 포위전 DLC다. 주인공인 에이보르는 정착지인 레이븐 소프에 찾아온 토카 신릭스도티르의 도움 요청을 받아들여 북프랑크 지역으로 이동해 파리 공방전을 에이보르의 시선으로 풀어가는 내용이다. 비만왕 카롤루스와 오도 백작도 게임에 등장한다.

파리 공방전을 이야기하면서 나온 노르망디 공국은 바이킹이었지만, 프랑스의 기독교 문화를 흡수해 바이킹과는 사뭇 달랐다고 한다. 이들을 노르만족이라 부른다. 나중에는 이탈리아의 시칠리아섬으로 이동해 시칠리아 공국(노르만 공국)을 세우기도 했으며, 십자군 전쟁 당시에는 중동 지역에 노르만 공국을 세우기도 했다.(안티오크 공국으로 추정)

이후 노르망디 공국의 윌리엄 1세가 영국에 대한 왕위를 주장하고 승리해 노르만족이 영국을 지배하게 되었다.

▌유럽인으로 편입된 바이킹

보통 침입자 민족의 행보는 두 가지로 나뉜다. 앞에 존재하던 문화를 전부 다 파괴하고 자신들의 문화를 정착 및 전파하는 행위를 하거나 기존에 존재하던 문화를 흡수하여 새로운 문화를 만드는 경우다.

노르만족의 경우 프랑스 문화를 받아들였다. 이들은 바이킹보다는 프랑스 문화에 가까워졌고, 이후 노르만족이 잉글랜드를 정복하면서 잉글랜드(영국)도 프랑스 문화가 전해지기도 했다. 이처럼 유럽은 영국, 프랑스, 독일, 이탈리아라고 해서 해당 문화만 한 장소에서 계속 영위되어 온 것이 아니라, 상황에 따라 문화가 유기적으로 돌아다녔다.

그리고 이런 문화적 확산은 바이킹이 한몫했다고 볼 수 있다. 보통 바이킹은 해적, 도끼를 든 야만인, 뿔 투구를 쓰고 술을 많이 마시는 존재들로 생

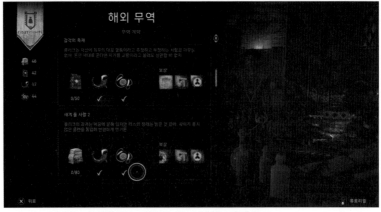

그림 5 〈어쌔신 크리드 발할라〉 DLC 드루이드의 분노에 언급되는 류리크

각된다. 하지만 이들은 탐험가이자, 항해사, 상인으로서의 면모도 있었다. 〈어쌔신 크리드 발할라〉에서는 바이킹으로 나오는 인물 중 일부는 교역이나 상업에 더 치중하는 모습을 보인다. 거기다 대항해시대보다 먼저 그린란드를 거쳐 북아메리카로 건너간 바이킹의 행보를 보면 이들은 야만인이라기 보다는 탐험가에 가까웠다. 북아메리카에서의 내용은 흔히 '빈란드 사가'라 불리는 기록에 적혀있는데, 아메리카 원주민들과 교류를 하면서 생활했으나, 일부 아메리카 부족들의 약탈 행위와 본토에서 멀리 떨어진 상황 때문에 다시 유럽으로 떠났다고 한다.

이외에도 바이킹은 여성들도 전사로서 활동했고, '쉴드 메이든'이라는 여성 전사를 부르는 명칭까지 존재했다. 이것은 바이킹의 신화에 등장한다고 알려져 있으나, 몇몇 다큐멘터리를 보면 매장된 바이킹 여성의 무덤에서 무기들이 같이 나온 것으로 보아 여성 전사들이 존재했다는 주장에 힘이 실렸다. 부정하는 학자들도 있으나, 살기 어려운 지역에서는 여성들이 강해진다는 것을 생각해보면 마냥 부정하기도 어렵다. 적어도 당시 다른 유럽 지역의 여성들에 비해서 바이킹 여성들이 더 지위가 높았다는 것은 사실로 보인다.

바이킹은 자신들이 정복 후 재정착한 땅의 문화를 흡수하는 경향이 많았다. 노르만족의 노르망디 공국이 그러했듯이 동유럽의 류리크 왕조도 그랬다. 류리크 왕조의 시조인 류리크는 여러 설화에서 스칸디나비아 출신 바이킹이라고 알려져있다.

실제로 대학 시절 러시아학과 교수님의 러시아 역사 특강을 들을 기회가 있었는데, 이때도 류리크 왕조가 러시아와 우크라이나를 비롯한 동유럽지역 공국들의 시조이며, 류리크가 속한 민족은 바이킹 중 하나라고 들었다. 〈어쌔신 크리드 발할라〉에서도 직접 등장하지는 않지만, 수집 아이템 퀘스트에 류리크가 언급되기도 한다.

이외에도 바이킹은 동로마에서도 활약했다. 동로마 제국 황실에는 황실근위대 혹은 황제의 친위대라고 불리는 '바랑기안 가드'가 있었다. 이들은 바랑기아인으로 바이킹에 속한다. 앞서 설명한 류리크의 일파인 루스인도 바랑기아인의 일파였으나, 동슬라브인과 융합되어 바랑기아인과는 다른 존재가 되었다. 남은 바랑기아인은 볼가강을 따라 카스피해까지 유입되었다. 이들은 주로 흑해에서 약탈과 방랑생활을 했고, 일부는 상업에도 종사했다.

방랑생활을 하던 바랑기아인은 10~14세기 동안 동로마 제국의 군대(용병) 혹은 개인 경호원으로서 활동했다.

앞서 설명한 것처럼 동로마 제국의 기록에도 바랑기아인이 키예프 루스(우크라이나 지역)에서 건너왔다고 한다.

그림 6 바랑기안 친위대 11세기 연대기 중

동로마 제국에서 활동하던 바랑기아인은 일부를 제외하곤 동로마 제국에 융화된 것으로 보인다. 바랑기아인은 동로마 제국의 구성원이 되자마자 황제의 친위대 겸 군대가 되었는데, 이것은 동로마 제국의 정치적 상황 때문이다.

동로마 제국은 귀족의 힘이 막강했고, 국가는 그대로 존재했지만, 왕조가 계속해서 바뀌었다. 거기다 11세기가 되면 중동에서 이슬람 세력이 강성해진다. 이에 동로마 제국의 중동 영토는 대부분 빼앗기고, 아나톨리아 반도(지금의 터키)까지 계속해서 공격받던 시기였다.

동로마 제국 황제가 보기에 내부의 귀족들은 황제의 힘이 약해지면 황제를 배신하기 일수였고, 외부로는 이슬람 세력 때문에, 골머리를 앓았기에 자신을 뒷받침해줄 강력한 세력이 필요했다. 내부에서 도움을 찾을 수 없다면, 외부에서 도움을 찾는 것이 현명한 방법이고, 군사력이 동반된 세력이 있다면 가장 좋다. 동로마 황제는 바랑기아인이 가장 적절한 파트너라 여겼을 것이다. 외부에서 왔기에, 동로마 제국 내부 사람들과는 접점이 없을뿐더러 용병이기에 값만 제대로 치를 수 있다면 강력한 지지 세력이 될 수 있기 때문이다. 동로마 황제의 생각은 정답이었다. 바랑기아인은 바랑기안 가드로서 비잔티움 제국의 군대이자 친위대로 활동하면서 동로마 황제에게 충성했기 때문이다.

〈미디블 토탈워 2〉에는 비잔티움(동로마) 제국이 등장하고, 고급 병종에 바랑기안 가드가 있다. 이들은 거대한 양손 도끼를 사용하는 군대로 강력한 능력을 자랑한다. 이외에도 확장팩 킹덤즈에서는 바이킹(노르만)이 세운 중동의 기독교 국가도 등장한다.

대부분의 게임에는 바이킹이 나오거나 바이킹을 모티브로 한 캐릭터가 많이 등장한다. 보통 거대한 도끼나, 무기를 들고 싸우면서 분노 특성을 가지고 있거나, 항상 분노해 있는 캐릭터, 혹은 윗옷을 입지 않는 모습 등이 많이 등장한다. 이는 바이킹들의 신화에 존재하는 베르세르크라고 불리는 광전사의 영향이 크다.

▌ 바이킹이 등장하는 게임 썰

PlayStation® 4&5로 발매되었고, 최근에는 PC 버전까지 발매된 〈갓 오브 워〉가 북유럽 신화를 배경으로 하는데, 이 북유럽 신화를 주로 믿었던 민족들이 바이킹이다. 그래서 바이킹과 관련된 문화와 신들의 이야기가 〈갓 오브 워〉에 등장한다. 이외에도 〈마운트 앤 블레이드〉에 등장하는 국가중

그림 7 〈어쌔신 크리드 발할라〉는 바이킹들의 관점에서 이야기를 푼 게임이다

노르드 제국이 있는데, 바이킹을 모티브로 만들어진 국가다. 이들은 추운 지방에 거주하고 있고, 복식도 바이킹과 흡사하다. 최근에는 드라마까지 제작되어 더 많은 인기를 얻고 있는 〈더 위쳐 시리즈〉에서도 바이킹을 모티브로 한 국가가 등장한다. 스켈리게라고 불리는 섬에 거주하는 사람들로 이들의 행동이나 생활 모습은 북유럽의 바이킹과 같다.

국내 게임인 〈마비노기〉에서 등장하는 자이언트 종족도 바이킹을 모티브로 했다고 한다. 〈마비노기〉의 자이언트는 추운 지방에서 살고, 복식을 보면 바이킹과 비슷한 것을 알 수 있다. 이미 언급했던 〈어쌔신 크리드 발할라〉도 주인공이 바이킹인 게임이고, 디스커버리 투어 모드도 생겼다. 바이킹에 대한 자세한 역사가 궁금하다면 〈어쌔신 크리드 발할라〉 디스커버리 투어 모드를 한 번쯤 해보는 것도 좋을 것이다.

모드질을 해야만 재밌어지는 게임 〈엘더스크롤 시리즈〉에서도 노르드라는 종족이 등장한다. 아예 〈엘더스크롤 5: 스카이림〉에서는 스카이림이라는 추운 지방을 무대로 진행된다. 〈엘더스크롤 5: 스카이림〉에 나오는 지역들의 모습을 보면 제국군은 로마에 가깝고, 노르드는 바이킹에 가깝다. 〈월드 오브 워크래프트〉에서도 브리쿨이라는 종족이 등장하는데 이들도 바이킹의 특성이 많이 투영되어 있다. 유비소프트 게임 중 하나인 〈포 아너〉에도 바이킹이 등장한다. 다만 〈포 아너〉는 판타지 세계관을 기반으로 하며, 여성 전사로서 발키리도 등장한다.

전 세계에 많은 팬층을 가지고 있는 워해머 시리즈에도 바이킹을 모티브로 한 종족이 있다. 4만 시리즈에서 스페이스 마린 중 스페이스 울프라는 챕터가 바이킹에 가깝고, 여기서는 선역이다. 워해머 판타지에서는 워리어 오브 카오스와 노스카 종족이 바이킹에 가까운데, 여기서는 악역을 맡고 있다. 그리고 2022년 2월 17일에 발매된 〈워해머 토탈워 3〉에서도 다시 노스카와 워리어 오브 카오스가 등장했다. 아예 첫 번째 정식 DLC에서는 카오스 챔피언이라는 이름으로 워리어 오브 카오스 팩션의 전설군주 4명이 추가되었다. 이 게임은 상당한 인기를 자랑하는 워해머 세계관과 〈토탈워〉라는 게임을 합친 것으로 1, 2편에 이어 3편이 제작되었다. 3편 발매 후 1, 2, 3편의 세계를 모두 합친 불멸의 제국이라는 캠페인이 추가되었다. 이 캠페인은 워해머 세계관의 전 세계를 배경으로 하고 있다. 앞으로 종족 추가 DLC와 전설 군주 DLC가 추가 예정이라 더 많은 기대를 모으고 있는 게임이다.

이외에도 바이킹이 등장하는 게임은 많다. 〈스타크래프트 2〉에서는 아예 메카닉 유닛의 이름이 바이킹으로 등장하기도 했다. 스타크래프트와 비슷한 방식인 RTS 장르 중에서는 〈노스가드〉라는 게임이 있는데, 바이킹의 세력 다툼을 판타지스럽게 만든 것으로 최근에는 한글화가 되었다. 다른 토탈워 시리즈 게임에서도 바이킹이 등장했고, 〈크루세이더 킹즈〉, 〈코난 엑자일〉, 〈에이지 오브 엠파이어 시리즈〉, 〈시드 마이어의 문명〉 등의 다양한 게임에도 바이킹이 등장하는 만큼 바이킹은 이미 문화적으로 성공한 컨텐츠라고 할 수 있겠다.

끝으로 우리가 매체에서 보면서 접하는 바이킹과 실제 바이킹의 모습은 조금 차이가 있을 수 있음을 밝힌다. 의외로 바이킹은 상업과 탐험, 모험에 능한 사람들이었고, 전투뿐만 아니라 대화로 문제를 해결하려고 한 모습도 보인다. 그럼에도 바이킹이 무섭고 야만스러운 약탈자의 모습으로 남은 이유는 그들이 남긴 기록이 많지 않다는 것(유실된 것도 많음)과 이들이 현지 문화에 동화되어 이들을 대변할 자들이 없어진 것과 실제로도 바이킹이 약탈과 파괴를 할 당시에 상당히 잔인했다는 점도 한몫했을 것이다.

바이킹은 왜
야만인으로 기억되었나

그림 1 〈포 아너〉에 등장하는 바이킹 캐릭터 레이더로 전형적인 야만인스러운 바이킹의 모습이다

유독 바이킹하면 우리는 뿔투구를 쓴 채 도끼를 들고 함성을 지르면서 돌격하는 이미지가 많이 연상된다. 우리는 이런 이미지를 어디서부터 각인시키게 된 걸까? 정확한 시기는 특정하기 어려워 보이지만, 영화나 소설, 게임 등의 매체에 등장하면서 자연스럽게 그런 이미지가 굳혀진 것으로 보인다.

다만 이런 이미지가 굳혀지게 된 것은 매체들 때문이라고만 볼 수는 없다. 왜냐면 바이킹을 비롯한 북유럽 사람들이 남긴 기록이 다른 문화권의 기록보다 적기 때문이다. 여기에는 몇 가지 이유가 있다.

바이킹을 대변할 사람들이 없어졌다

엄밀히 따지면 바이킹을 대변할 사람들은 현재 북유럽 국가들이긴 하다. 그런데 문제는 린디스판 수도원 습격을 시작으로 계속해서 전 유럽

(특히 서유럽)을 약탈하고 재정착했던 바이킹이 사라지거나 대부분 기독교 문화권에 흡수되었다. 이렇게 되어버리니 기독교도가 된 바이킹의 입장에서는 과거에 자신들이 수도원을 약탈했던 사실이 신성모독일 뿐만 아니라 엄청난 중죄였고, 무엇보다 기독교 국가끼리 친하게 지내야 하는 상황 속에서 과거의 자신들과 지금의 자신들을 분리할 필요가 있었을 것이다.

바이킹은 중세 기독교 유럽 사회에서 살아남기 위해서 자신들의 과거를 비판하고 참회하고, 참된 기독교인으로 변화하는 모습을 보여줘야 했다는 것이 개인적인 견해다. 애초에 북유럽에서 살던 사람들은 춥고 척박한 환경으로 인해 자연을 두려워하거나 숭배하고, 힘을 강조하는 약육강식의 사회가 당연한 것이었다. 하지만 따뜻한 남쪽으로 내려와 정착한 바이킹에게는 더 이상 과거의 믿음을 유지할 필요가 없었기 때문에, 기독교 사회에 융화되는 모습을 보여야만 했고, 그렇게 했다.

기록의 부재

두 번째로는 바이킹들의 문화나 기록이 현저히 적다는 점이다. 물론 유물이나 유적들이 발굴된다면 더할 나위 없이 좋겠으나, 유물이나 유적이 나온다 한들 그것들을 뒷받침할 기록물이 발견되지 않는다면, 학자들은 발견된 유적과 유물을 토대로 추측하거나 퍼즐을 맞춰가야 하기 때문에 오랜 시간이 필요하고 매우 어려운 작업이 된다. 그런데 만약 발견된 유적과 유물을 뒷받침해줄 기록물이 있다면? 연구는 일사천리로 진행될 가능성이 높다.

앞서 언급한 바이킹을 대변할 사람들이 없어졌다는 부분이 이 기록의 부재와 결합되면 더 심각한 상황이 터진다. 먼저 전 유럽으로 퍼져 재정착한 바이킹들은 둘째 치고, 북유럽에서 살고 있던 사람들마저도 기독교를 받아들였기 때문에, 북유럽 신화나 이야기들은 그저 소설이나, 여러 매체에서 사용될 콘텐츠로서 소비되는 것이 고작이었다.

그리고 지금의 바이킹에 대한 이미지를 확립시키는 데에 일조한 역사적 기록들은 모두 바이킹에게 약탈이나, 침략을 당했던 기독교와 이슬람 문화권 기록뿐이다. 그러니 자연스럽게 바이킹에 대한 이미지는 침략자이자 약탈자로 남았다.

바이킹이 가지고 있는 약탈자이자 파괴자라는 이미지는 절대로 사라질 수 없지만, 그래도 우리는 바이킹이 교역과 상업, 탐험, 항해술이 발달했던 민족이라는 점도 기억해야한다.

앞서 언급한 것처럼 최근에는 바이킹이 모험심이 강하고, 뛰어난 탐험가이자, 상인, 항해사라는 이야기가 나오기 시작했다. 바이킹을 비롯한 북유럽 사람들은 '사가(Saga)'라는 이야기를 가지고 있다. 여기에는 역사와 신화가 혼재되어 있는데, 이런 기록들이 많이 있으면 바이킹의 연구에 도움이 된다. 그런데 공교롭게도 이런 '사가(Saga)' 필사본을 보관하던

그림 2 Heimskringla Sagas 중 남아있는 필사본 중 하나

장소들이 화재로 기록물이 유실되어 전하지 않는 경우도 있다고 한다. 유럽은 같은 시기 아시아와 비교해 종이를 비롯한 기록을 할 수 있는 매개체(종이, 파피루스, 양피지 같은)의 기술이 떨어졌기 때문에 그만큼 기록을 하는 것도 쉬운 일이 아니었다. 인쇄 기술이 발달하기 전에는 수도원 같은 곳에서 수도사가 필사해야 하는데, 이 작업만 하더라도 몇 개월에서 몇 년이 걸리는 경우가 있었기 때문이다.

거기다 기독교 입장에서 바이킹의 기록은 이교도인 북유럽 신앙이라고 여겨질 수 있기에, 아무리 기록이라고 한들 알게 모르게 숨겨지거나 제거되었을 것이다.

북유럽 사람들의 사고방식도 영향이 있다

바이킹의 기록이 다른 문화권에 비해 상대적으로 적은 이유가 하나 더 있다. 이들이 사용했던 문자와 연관이 있는데. 게임에서 자주 등장하는 룬문자가 바로 바이킹이 사용하던 문자다. 룬문자는 바이킹뿐만 아니라 게르만족도 사용하던 문자였다. 북유럽 지역 사람들이 사용하던 문자가 룬이라고 보면 되겠다.

그렇다면 왜 룬문자가 영향을 미쳤을까? 우선 북유럽 신화를 보면 룬문자에 대한 이야기가 나오는데, 룬문자는 원래는 노른 3자매 혹은 운명의 3 여신이라고 불리는 울드, 베르단디, 스쿨드처럼 운명의 여신(남신도 있다고는 함)들 만이 알고 있었다. 그런데 이 룬문자를 이해하기 위해서 오딘이 세계수 위그드라실 가지에 목을 매달고 자신을 창으로 찌른 후 울드의 우물을 바라보아 자신의 가치를 증명해 룬문자를 이해할 수 있게 되었다.

이 이야기를 보면 북유럽 신화의 최고신 오딘마저도 까다로운 조건과 대가를 바탕으로 얻어낸 것이 룬문자인데, 일개 인간인 북유럽 사람들은 룬문자를 안다는 것 자체가 축복임과 동시에 힘이라고 여겼을 것이다. 실제로 북유럽 사람들은 룬문자를 점술에 사용하기도 했다. 그리고 북유럽 사람들은 룬문자 자체에 힘이 있기에 이것을 기록했다가 다른 사람이 그 힘을 훔칠 수도 있다고 생각했다.

이러한 북유럽 사람들의 사고방식으로 북유럽 사람들은 기록을 잘 남기지 않는 축에 속했고, 룬문자를 사용했던 고대 게르만족이나 켈트족, 바이킹의 역사를 연구하는데 많은 시간이 소모되었다. 룬문자를 잘 남기지 않는다는 특성은 최근에 다시 리마스터되어 발매된 〈디아블로 2 리저렉션〉에서도 특정 룬이 여전히 획득하기 어렵다고 하는데, 이는 룬문자의 특성을 어느정도 반영한 것이라고 할 수 있다.

PlayStation 독점작이었다가 최근에 PC 버전으로 발매된 〈갓 오브 워〉도 북유럽 신화를 무대로 하고 있다. 여기서 주인공 크레토스의 아들인 아트레우스가 곳곳에 숨겨진 비석에 남겨진 이야기들을 메모하는데, 아트레우스가 문자를 읽고 기록하면 비석에 새겨진 글들이 사라진다. 이는 아트레우스가 문자를 읽음으로써 그 기록에 대한 지식이 아트레우스에게 옮겨 갔다고 볼 수 있다. 이런 연출은 북유럽 사람들이 룬문자를 기록하면 다른 사람이 그 힘을 가져갈 수 있다는 것을 잘 보여준 사례이다.(물론 게임에서는 다른 사람이 보기 위해 남겼다.) 그리고 게임 자체에서도 바로 해금되는 것도 있지만, 일부 기록들은 처음에는 숨겨져 있다가 빛의 엘프들에게서 빛을 얻고 나서 해금된다.

바이킹이 야만인이라는 인상을 심어주게 만든 원인은 기독교화되면서 자신들의 과거를 적극적으로 대변하지 않았던 바이킹과 그들의 문화적 사고방식에서 온 기록의 부재, 그나마 기록된 것들도 우연한 화재와 사건들로 기록이 소실된 것이 복합적으로 합쳐진 결과물이다.

여기서 우리는 기록이 적으면 손해를 볼 수 밖에 없다는 사실을 배울 수 있다. 21세기 들어 주변 국가들이 우리 문화와 역사, 영토를 약탈하려는 행위가 점점 도를 넘고 있다. 이런 상황 속에서 일찌감치 기록의 중요성을 깨닫고 많은 기록을 남겨주신 우리의 조상님들에게 감사한 마음을 가져야 할 것 같다.

넉분에 우리는 수변국의 짐날 행위를 석≒석으로 방어할 수 있는 기록들을 보유하고 있기 때문이다. 이처럼 바이킹과 우리의 사례를 보면 기록은 매우 중요하다는 것을 알 수 있다. 후대에 이런 일이 일어날 줄 알고 그랬는지는 모르겠으나, 기록을 남겨준 조상님들의 선견지명에 감탄하며, 북유럽 사람들의 기록들도 발견되기를 바래본다.

고대부터 현대까지
바다를 누비는 무법자

해적
Pirates

해적
Pirates

드넓은 바다는 미지의 공포와 탐험, 개척에 대한 로망을 동시에 심어주는 장소다. 새로운 대륙으로 우리를 인도하기도 하고, 죽음으로 인도하기도 한다. 바다는 세계관이 있는 게임에서 빠져서는 안 되는 필수적인 요소다. 이와 더불어 바다가 등장하면 '해적'도 어김없이 등장한다.

그림 1 해적기(졸리 로저)

게임 속에서 해적은 〈메이플스토리〉처럼 낭만적이고, 정의로운 해적으로 표현되기도 하고, 역사 기반 게임에서는 골칫거리로 등장하기도 했다. 가끔은 해적이 동료가 되거나 주인공이 해적인 경우의 게임도 있었다. 해적이라는 것이 어떠한 존재이기에 게임을 비롯한 여러 매체에서 단골 소재로 등장하는지 궁금할 것이다. 이번 챕터에서는 실제 역사 속 해적들은 어떤 모습인지 알아보겠다.

▌ 해적이란 무엇인가? 해적의 정의

해적이란 국제법으로 따져보면

> '공해[1]상에서 국가 또는 정치단체의 명령 또는 위임에 의하지 않고, 사적 목적으로 다른 선박의 안전을 위협하는 폭력을 행하는 자'이다.

이러한 해적 행위는 **인류 공통의 적**으로 여겨진다. 과거에도 해적들은 공공의 적으로 여겨졌지만, 특정 국가들의 비호를 받으며, 활동하기도 했다. 현대는 국가의 기능을 상실한 곳에서 해적들이 많이 활동한다.

---

1) 영유권이나 배타권이 특정 국가에 속하지 않는 공공의 바다를 의미

해적들은 공해를 비롯해 영해[2]나 배타적 경제수역(EEZ)[3]에서도 활동한다. 이들이 주로 하는 행위는 공해나 배타적 경제수역을 지나가는 선박들을 습격해 보물이나 상품을 약탈하고, 사람들을 잡아 노예로 판다. 이들의 힘이 강하던 시기에는 아예 거점을 요새화하고 해안 마을들을 공격해 약탈, 살인을 하거나 사람들을 노예로 팔았다. 고대부터 현대까지 해적들이 생겨난 시기를 보면 중앙정부의 영향력이 약해지거나, 사람들이 살기 힘든 시기에 일어나는 경우가 많다. 이는 비단 해적뿐만 아니라 산적이나 도적도 마찬가지다. 간혹 재미나 도피를 위해 해적을 하는 경우가 있지만, 대부분은 정상적인 생활을 할 수 없을 때 해적이 된다. 그러나 해적질을 한다는 것은 어떠한 경위에서든 정당화될 수 없다.

▌ 역사상 가장 오래된 해적? 바다 민족

그렇다면 역사상 가장 오래된 해적들은 누구일까? 그들이 활동했던 시기를 알게 된다면 상당히 놀랄 것이다. 우선 대학교를 졸업한 20대 중반부터 30대 초반의 사람들이 학교에서 정규 역사 수업을 했을 당시에는 세계 4대 문명과 같은 것들만 배웠지, 그것 외에는 안 배웠다. 최근에 밝혀지는 사실들을 보면 기원전에도 많은 일이 있었음이 발굴로 증명되고 있다.

바다 민족(Sea People)이라고 불리는 이 집단은 현재로서는 정확하게 밝혀진 사실이 없다. 학자들이 여러 가지 가설들을 주장하면서 무엇이 진실인지 조사하고 있다. 따라서 존재하는 가설들만 설명하도록 하겠다. 먼저 바다 민족이라는 것은 특정 하나의 민족을 지칭할 수 없어서 내린 명칭이다. 이 집단은 후기 청동기 시대부터 청동기 시대가 끝나가는 시점에 에게해[4]에서

---

2) 국가의 주권이 미치는 바다를 의미. 기준이 되는 기선부터 12해리
3) 해안에서부터 200해리를 배타적 경제수역으로 지칭한다. 가장 가까운 연안에 위치한 국가가 200해리 내의 자원 채취 및 조사를 할 수 있는 제한적 권리를 얻음
4) 그리스 본토와 터키, 크레타 섬 사이에 위치한 바다를 말함

출발해 동 지중해를 거쳐 아나톨리아, 레반트[5], 이집트를 아우르는 광대한 지역을 침략했다.

후기 청동기 시대 에게해에서 발견된 필로스 선형문자 B 서판에 따르면 당시 약탈의 증가로 노예가 되는 사람들이 증가

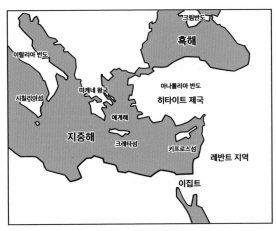

지도 1 바다 민족의 활동 지역

했고, 용병을 고용해 맞서거나, 사람들이 이들을 피해 다른 곳으로 이주해 재정착하는 등의 모습을 기록하고 있다. 이것만 놓고 볼 때 이 시기에 모종의 이유로 동 지중해와 에게해 일대에 대혼란이 일어나고 있었다는 것을 의미한다. 이 상황 속에서 바다 민족이 나타난 것인지, 바다 민족이 나타나 이 상황이 발생했는지는 알 수 없다. 확실한 것은 인류 역사상 최초의 해적은 바다 민족으로 지칭되는 이들에서 시작되었다고 볼 수 있다.(해상과 해안에서 폭력을 행했다.)

현재 바다 민족에 대한 여러 가설이 존재한다. 가장 먼저 기원전 1175년을 전후로 히타이트 제국, 미케네 왕국, 미탄니 왕국 등의 몇몇 문명이 멸망한 것이 바다 민족과 관련되었을 수도 있다는 가설이 존재하며, 이외에도 바다 민족이 크레타섬에서 시작되었다는 가설(산토리니 화산이 바다 민족 출현과 비슷한 시기에 분화했을 수 있다는 주장이 나왔다.), 그리스인들이 바다 민족이 출현하던 시기 즈음 샤르데냐와 시칠리아 섬으로 이주했던 점을 들어 바다 민족의 일부로 이민 갔을 수도 있다는 가설, 아나톨리아 반도 지역에서 일어난 기근으로 인해 많은 사람이 이주했을 수 있다는 가설 등등 많은 가설이 바다 민족과 관련해서 주장되고 있다.

---

5) 지금의 이스라엘, 팔레스타인, 요르단, 레바논, 시리아가 위치한 지역을 의미

방금 언급했던 가설에 등장한 히타이트 제국과 미케네 왕국이 최근에 발매된 〈휴먼카인드〉라는 게임에 등장한다. 이 게임은 신석기 시대부터 시작해 고대 - 고전 - 중세 - 근세 - 산업 - 현대까지 발전할 수 있는 게임이다. 고대시대에 플레이어가 선택할 수 있는 국가로 히타이트와 미케네 문명이 있다. 이 두 문명은 게임 내에서 군사적으로 특화된 문명이다. 고대시대에 군사적으로 특화된 문명은 이 두 문명뿐이다. 그만큼 실제 역사에서도 상당히 군사적으로 뛰어났던 문명이라는 것인데, 문제는 바다 민족이 이 두 국가를 멸망시켰으니, 바다 민족이 얼마나 강력한지 증명하는 것이기도 하다.

바다 민족의 이야기는 기원전에 일어난 문명의 파괴와 여러 민족의 대이동에 대한 수수께끼를 해결할 수 있는 중요한 열쇠가 될 수 있다. 이들은 단순히 생존을 위해 레반트 지역(현재의 팔레스타인 근처다. 주로 이 지역으로 온 흔적이 많다.)으로 온 것일 수도 있지만, 이 과정에서 해적질로 보이는 약탈 행위와 문명 파괴 행위들로 볼 때 해적으로도 분류할 수 있다고 판단이 되어 소개했다.

▌중세 이전까지 기록에 남은 해적들

위대한 여해적 알비다

바다 민족 외에도 해적의 기록은 많이 남아 있다. 그만큼 당시 사람들에게 해적은 골칫거리이자, 공포의 대상이었다는 증거이기도 하다. 알비다라는 이름의 해적은 문헌상 가장 오래된 여자 해적이다. 알비다는 발트해를 무대로 활동했고, 6세기경의 스칸디나비아 왕녀였다고 한다. 왕이 알비다를 덴마크의 알프 황태자와 결혼시키려 하자, 이를 거절하고 다수의 여성들과 함께 뱃사람으로 위장해 발트해로 도망쳤다.

발트해에서 해적 선장이 된 알비다는 유명한 해적이 되었고, 이들을 토벌하고자 덴마크의 왕이 황태자를 보냈다. 선상에서 전투가 벌어졌는데, 알비다는 황태자의 용감함에 매료되어 자신의 정체를 밝히고 배 위에서 결혼했다고 한다. 현재는 일부 학자들 사이에서 알비다에 대한 내용은 진실이 아닌 전설로 여기고 있다. 알비다에 대한 이야기가 전설이라고 하더라도 충분한 가치가 있는데, 보통 전설은 당시 시대상을 재밌게 각색하여 전하는 경우가 많기 때문이다.

알비다의 전설을 해석해보면 당시에는 스칸디나비아 지역에서 여성들이 해적이 되는 일도 종종 있었고, 그중에는 신분이 높은 사람도 있었다는 것이다. 일탈이나, 모험을 위해서 해적이 되었을 수도 있지만, 다르게 생각해보면 신분이 높은 사람들, 여성마저도 해적이 되어야 할 만큼 식량 사정 등이 좋지 않았을 수도 있다. 혹은 자신들의 의지와는 다른 상황에 반대해 저항하고자 한 행동일 수도 있다. 바이킹들이 유럽을 돌아다니며, 약탈과 정착했던 것을 보면 알비다의 전설이 있던 시대부터 이미 북유럽은 식량이 풍부하지 않았던 것으로 볼 수 있다.

바이킹보나 먼저 유럽에서 활동한 앵글로색슨족

바이킹보다 먼저 브리튼 섬(현재 영국)을 침공했던 앵글로색슨족 또한 해적으로 볼 수 있다. 이들은 기본적으로 브리튼 섬을 침공한 후에 자신들이 정착해 앵글로색슨 국가들을 세웠다. 이들도 바다 민족의 행동과 유사하다. 하지만 바다 민족처럼 기존의 문명을 초토화하지는 않았던 것으로 보인다.

앵글로색슨족이 브리튼 섬에 정착하는 과정에서 해적이 된 무리도 있다. 서기 286년에는 갈리아(지금의 프랑스) 출신 로마군 사령관 카라우시우스가 브리태니커(Classis Britannica)[6]의 지휘관으로 임명되어 아르모리카

---

6) 영국 바다를 지키는 함대 or 지방 함대라는 의미를 지니고 있는 로마 해군이다. 영국 해협과 속주 브리타니아(영국) 주변의 해역을 통제하는 역할을 했다고 하나 현재는 남아 있는 자료가 많지 않아 정확하게 어떤 함대였는지는 확인하기 어렵다. 다만 학자들이 추측하기로는 로마의 브리튼 섬 침공때 활약했고, 주로 병참이나 물자 수송 등의 역할을 수행했을거라 여겨진다.

(프랑스 북부 브르타뉴와 노르망디 지방)와 벨가이 골(현 벨기에, 벨기에와 맞닿은 북부 프랑스 지방) 해안을 습격한 프랑크인과 색슨족 해적들을 소탕하는 임무를 수행한 기록이 있기 때문이다. 이러한 기록들을 살펴볼 때, 로마 제국을 괴롭혔던 이민족들(대표적으로 고트, 프랑크 등등)은 대부분 로마를 약탈하는 과정에서 해적질도 병행했던 것으로 보인다.

지중해 해적들을 소탕하여 영웅이 된 폼페이우스

그 밖에도 로마 시대에 삼두 정치로 유명한 폼페이우스가 지중해에서 해적들을 처치해 명성을 얻었다는 기록이 있다. 기록에 따르면, 폼페이우스는 군사적 재능을 발휘해 3개월 만에 지중해에 있던 거의 모든 해적을 소탕했다. 폼페이우스는 해적 소탕 성공으로 영웅이 되었고, 정치권에 신흥 세력으로 부상했다. 카이사르와의 삼두 정치로 로마의 정점에 올라가기도 했다. 폼페이우스의 시작이 해적 소탕이라는 것을 생각해보면 그만큼 고대에 해적으로 인해 피해를 보는 지역이 많았다는 의미이다. 반대로 생각해보면 로마가 영토 확장을 하면서 패배한 국가의 사람들이 해적이나 산적의 형태로 바뀌었다 생각해볼 수도 있다.

앞서 언급한 폼페이우스나 이민족 해적들이 활동한 시기는 로마 시기이기 때문에 게임으로 많이 제작되었다. 대표적으로 〈로마 토탈워〉, 〈로마 토탈워 2〉와 같은 게임은 폼페이우스와 이민족들이 모두 등장한다. 로마로 플레이하면서 이민족들의 침략을 막고 그들을 점령할 수도 있고, 이민족으로 로마를 무너뜨리고, 왕국을 세우거나 해안 도시나 마을을 약탈하면서 해적 플레이도 가능하다.

한국의 해적, 신라구

동양에서는 오나라의 무장이었던 감녕이 20년간 수적질(해적질)을 했다는 기록이 있다. 이외에도 많은 해적의 기록이 있지만, 여기서는 신라구에 대해서만 이야기하겠다. 신라구는 이름에서도 알 수 있듯이 우리의 조상 국가 신라에서 발생한 해적이다. 해적의 이름 앞에 '신라'라는 명칭이 붙었다는 것은 당시 동아시아에서 신라구의 악명이 높았다는 것을 증명하는 것이다.

신라구가 강하던 시기는 준군사 집단 수준이었고, 일본의 규슈 지방도 약탈했다고 알려져 있다. 문제는 우리나라에는 기록이 거의 없고, 일본에 기록이 더 많다고 한다. 일본에 기록이 많은 이유는 당시 신라는 매우 혼란스러운 시기였기 때문에, 기록할 여력이 없었을 것이고, 일본은 그들이 피해자라 기록한 것으로 보인다. 왜구에 대한 기록도 중국과 한국에 비교하면 상대적으로 기록이 적은데, 이는 신라구와 비슷한 맥락이라고 볼 수 있다.

이것을 가지고 일본과 신라를 탓할 수는 없다. 해적이 나타났다는 것은 중앙정부가 통제력을 상실하고 내전이나 반란이 빈번하게 일어나는 시기라는 것을 증명하기 때문이다. 거기다 자신들의 악행을 기록할 집단은 잘 없다. 이처럼 신라구가 활발하게 활동했다는 시기도 통일신라 진성여왕 때인데, 진성여왕은 통일신라의 마지막 군주이다. 진성여왕 이후인 효공왕부터는 후삼국 시대로 넘어간다. 진성여왕이 통일신라를 다스리던 시기는 이미 신라의 문제점들이 터져버린 시기였고, 조세도 걷어지지 않는 상황에 지방 호족까지 반란을 일으키던 시기다. 이런 상황 속에서 신라구에 내한 기록을 상세히 작성한다는 것 자체가 불가능하다고 보는 관점이 많다.

그럼에도 우리나라에 해적을 소탕해 강력한 세력을 형성한 인물이 두 명이나 있다. 첫 번째는 장보고인데, 장보고는 배우 최수종이 장보고를 연기한 드라마 '해신'이 나왔을 정도로 잘 알려져 있다. 두 번째도 역시 배우 최수종이 왕건을 연기한 드라마 '태조 왕건'에 등장한다. 왕건 역시 해상 세력이기는 하나, 여기서 언급할 인물은 후백제를 세운 견훤이다. 견훤은 전라남도의 해적 세력을 소탕해 민심을 얻었고, 후백제를 건국했다. 이는 당시 해적을 소탕하는 것이 새로운 국가를 건국할 수 있을 정도의 영향력을 제공했다는 것으로 해적 세력이 막강했다는 것을 증명한다. 이런 내용을 토대로 살펴볼 때 신라구는 실존했을 가능성이 매우 높다.

▌ 중세~제국주의(19세기) 시대까지 존재한 해적들

중세 유럽을 벌벌 떨게 만든 바이킹

그림 2 잉글랜드를 침략하는 노르드인 (바이킹)

중세시기에 가장 유명한 해적들을 꼽으라면 반드시 바이킹이 등장한다. 스칸디나비아반도와 덴마크 등지에 살고 있던 바이킹(노르드, 데인 등등)이 동유럽과 서유럽을 약탈하고 그곳에 국가들을 세운 것을 생각해보면 바이킹들은 해적질 + 영토 확보(생존)의 성격이 있음을 알 수 있다. 여기서 우리는 고대시대에 있었다는 바다 민족과 바이킹의 연관성을 알 수 있다. 바이킹은 자신들이 약탈하고 돌아다닌 땅에 정착했기 때문이다. 물론 바이킹은 그 지역의 문명을 완전히 파괴하지는 않았다.

기본적으로 바이킹은 해적과는 조금은 다른 양상을 보인다. 바이킹은 춥고 살기 힘든 자신들의 거주 지역에서 살아남기 위해 약탈(농경이 되는 땅이 극히 소수)을 했고, 끝내 살기 좋은 땅에 이주했다. 이들에게는 해적질 이전에 부족의 생존 문제가 있었다.(물론 폭력행위를 한 것에는 변함이 없다.)

보통 해적들의 경우, 거점을 마련해두고 다른 지역으로 이동해 약탈하고, 거점으로 가지고 온다. 양이 많을 경우는 자신들만 아는 곳에 은닉하기도 한다. 하지만 약탈한 지역에 정착하지는 않는다.(전초기지를 만들 수는 있다.) 바이킹의 경우, 처음에는 약탈만 했지만, 시간이 지나 아예 군대를 보내 정복 후, 이주했기 때문에 조금 다르다. 이런 바이킹의 행보는 이교도 대군세라 불리는 역사적 사건을 만들어냈다. 이교도 대군세는 바이킹들이 잉글랜드 땅으로 들어가 기존에 존재하던 7왕국(노섬브리아, 웨섹스, 머시아 등)과 전쟁을 통해 영토를 획득하고 그곳에 정착한 사건을 말한다.

결정적으로 바다민족과 바이킹이 다른 이유는 바이킹은 상인으로서 능력도 뛰어났다는 점이다. 우리는 보통 롱보트라고 알려진 바이킹의 배만 생각하지만, 크노르(고대 노르드어 :knorr)라고 불리는 배가 있다. 이 배는 노르드인들이 사용하는 상선으로 적은 인원으로 많은 화물을 실을 수 있었다. 바이킹들은 유럽 사람들에게는 공포의 대상이자, 악마라고 불릴 정도였는데, 이들이 유럽 사회에 빠르게 동화될 수 있었던 것은 기독교로 개종한 것 외에도 상인으로서의 면모도 있었기 때문은 아닐까 생각된다.

바이킹이 등장하는 게임은 많다. 여기서는 하나만 다루겠다. 나머지는 바이킹 파트에서 다룬다. 앞서 언급한 토탈워 시리즈 작품 중 〈아틸라 토탈워〉라는 게임에서 바이킹이 등장한다. 아틸라 토탈워는 로마가 동과 서로 분열되고 이민족들의 침입이 활발하던 시기를 다루며, 훈족의 왕 아틸라가 주인공이다. 〈아틸라 토탈워〉의 첫 번째 DLC로 등장했던 것이 '바이킹의 선조들'이란 DLC였다. 여기서는 기트족, 주트족, 데인족 등을 플레이할 수 있다. 〈토탈워 시리즈〉는 과거에는 빈약한 DLC 볼륨으로 비난을 받기도 했지만, 현재는 준수한 DLC와 게임을 제작해 인기가 많다.(최근 워해머 토탈워 시리즈 한정)

해적이 직업이 되어버린 사략 선원과 기사 작위를 받은 대 해적 프랜시스 드레이크

중세 시대 바이킹이 유럽을 휩쓴 이후에도 해적들은 존재해왔다. 다만 바이킹만큼의 강력한 인상을 심어주지는 못했다. 중세 이후 대항해 시대가 시작되면서 이번에는 대서양을 중심으로 해적들이 판을 치기 시작한다. 이 시기에는 해적들도 있지만 사략 선원이라는 사람들이 등장한다. 유럽국가들이 상비 해군력(상비군 해군 버전)을 보충하기 위해 만든 제도로 이들은 국가에 정식으로 허가장을 받고 다른 나라 상선을 대상으로 해적질(약탈, 나포 등등)을 한다. 사실상 국가가 공인한 해적이자 직업이었던 셈이다.

그림 3 칼레 해전

이런 시대적 상황에서 사략선원이면서 기사 작위를 받았던 인물도 있다. 바로 프랜시스 드레이크다. 그는 16세기에 살았던 인물이자 영국인으로, 당시 영국의 국왕은 엘리자베스 1세였다. 사략선과 사략 선원은 유럽 열강의 상비 해군력 보충이 이유인 만큼 전쟁에 참여하기도 했다. 프랜시스 드레이크는 젊은 시절 에스파냐(스페인) 해군의 기습으로 그가 속한 선단[7]이 괴멸되고 자신은 목숨만 겨우 부지해 영국으로 돌아왔다. 이때부터 프랜시스 드레이크는 에스파냐(스페인)에 대한 엄청난 복수심을 품게 되었다고 한다.

그는 1570년 이후 서인도 제도[8]에서 에스파냐의 선박과 그들의 식민지 마을을 습격하는 등의 활동을 하기 시작했다. 1577~1578년 사이에는 에스파냐 왕의 재보[9]를 실은 카카푸에고호까지 약탈한다. 이때 프랜시스 드레이크는 혼 곶[10]과 드레이크 해협[11]을 발견하고, 페르디난드 마젤란에 이어 두 번째로 세계 일주를 달성해 영국인으로서는 최초였다.

---

7) 조업이나 일을 공동으로 하는 배의 무리를 지칭, 여기서는 사략행위나 무역, 전쟁을 위해 모인 선단을 의미

8) 카리브해와 대서양 연안 지역을 지칭하는 말로 쿠바와 아이티, 자메이카가 위치한 지역

9) 보배롭고 귀중한 재물, 재화와 보물을 아울러 이르는 말

10) 혼 곶은 남아메리카 대륙 최남단에 위치한 곳, 네덜란드의 도시인 호른(hoorn)에서 유래. 지금은 칠레 영토

11) 티에라델푸에고 제도와 사우스셰틀랜드 제도 사이에 위치한 해협, 1578년에 유럽이 최초로 프랜시스 드레이크가 발견해 그의 이름을 본따 명명됨. 매우 험한 해협이라 1616년에 네덜란드 항해가 빌럼 스하우턴에 의해 에인드라흐트호로 추가 항해가 이루어짐. 남극과 다른 대륙 사이의 거리가 가장 가까운 곳

1580년 9월에 프랜시스 드레이크가 골든 하인드호(선단 중 유일하게 생존)를 이끌고 프리마스 항에 도착해 획득한 재보를 엘리자베스 1세에게 바치면서 그는 영국 해군 중장에 임명됨과 동시에 제독의 칭호와 훈장을 받게 되었다. 에스파냐에서는 그를 처벌하라고 요구했지만 엘리자베스 1세는 이를 거부했고, 결국 에스파냐의 국왕 펠리페 2세가 무적함대였던 '아르마다'[12]를 내세워 영국을 공격한다.

이 전쟁에서 프랜시스 드레이크가 영국 함대 부사령관으로 참전해 큰 활약을 한다. 대표적으로 칼레 해전이 있으며, 당시 무적함대 '아르마다'를 궤멸시켜 영국이 해상 패권을 장악하는데 지대한 공헌을 한다. 말년에는 이질[13]에 의해 사망하긴 했지만, 그는 에스파냐의 무적함대 '아르마다'와 전쟁을 치르기 전인 1581년 엘리자베스 1세에게 기사 작위를 받기도 했을 정도로 유명하고 성공한 해적이라고 할 수 있다.

영국이 에스파냐와의 해전에서 승리할 수 있었던 원동력은 냐략 선단이었다. 정통 함대전을 구사하는 에스파냐의 함대와는 달리 해적의 전략을 사용하는 영국 함대에 에스파냐 함대는 궤멸당했다. 당시 에스파냐 함대의 전략은 함포 사격을 한 이후 상대 함선에 붙어 근접전을 하는 방식이었다고 한다. 하지만 영국 함대의 전술은 화공선을 비롯해 화포를 이용해 석늘을 멀리서 공격하는 방식을 취했다고 한다. 여기에 영국 함대는 냐략선을 비롯해 빠르게 이동할 수 있는 함선들이 많았고, 영국 해군 경포의 사정거리가 에스파냐의 대포보다 길었다. 움직임이 느렸고, 기민하게 움직이지 못했던 에스파냐의 함대는 결국 치고 빠지는 전술을 구사한 영국 함대에 궤멸적인 피해를 받는다.

---

12) 에스파냐의 무적함대(Armada Invencible)라고 불렸던 함대, 위대하고 가장 축복받은 함대(스페인어로 Grande y Felicísima Armada)로 영국과의 전쟁에 투입되었지만 패배하면서 에스파냐의 해상 패권은 영국에게 넘어가게 됨

13) 대장에서 발병하는 급성 혹은 만성 질병으로 이질에 걸린 사람들은 비쩍마르며, 탈수증이나 신부전 등의 합병증으로 사망할 수도 있다. 프랜시스 드레이크는 해적활동을 하는 동안 열대지역을 돌아다닌 것으로 보이는데, 이때 이질의 한 종류인 아메바성 이질에 걸린 것으로 추측된다.

악명 높은 캐리비안의 해적들

그림 4 검은 수염 에드워드 티치의 죽음

제국주의 시대의 해적들은 사략 선원으로서 국가의 해군 역할도 했다. 그렇다고 모든 사략 선원들이 국가에 충성하는 것은 아니었다. 역으로 사략 선원들이 해적이 되는 경우도 종종 발생했다. 검은 수염 에드워드 티치가 그렇다. 반대로 해적이었다가 해적 사냥꾼이 된 케이스도 있는데, 벤자민 호니골드라는 인물이 그렇다. 그는 해적 활동을 통해 바하마에 있는 나소에 해적 공화국을 세우는데 기여했으나, 1718년 2월에 영국 국왕에게 사면을 받고 해적 사냥꾼이 되었다.

이들 말고도 유명한 해적들은 많이 있다. 그중에서 메리 리드와 앤 보니라는 해적이 있는데, 이들은 여성이다. 고대 해적들을 설명하면서 알비다가 등장했던 것처럼 제국주의 시대에도 여성 해적들이 존재했다. 해적들은 기본적으로 여성이 배를 타는 것을 꺼렸다. 여성이 선박에 승선하면 여성 때문에 남자 선원들끼리 분란이 일어날 수 있고, 불행이 따른다는 미신이 있었기 때문이다. 미신과는 별개로 당시 여성들은 주도적으로 자신들의 삶을 선택하기 위해 해적이 되는 경우가 있었다. 이런 경우 대부분 처음에는 남장을 하고 해적 행세를 했다.

앞서 설명한 메리 리드와 앤 보니가 실제로 기록에 존재하는 여성 해적이다. 이들이 붙잡힌 경위를 보면 여성이 승선해서 불행이 따른다는 미신이 거짓이라고 볼 수 있다. 앤보니와 메리 리드가 승선했던 배의 선장은 존 래컴이라는 해적으로, 그는 캘리코 잭이라는 별명을 가진 악명 높은 해적이었다. 존 래컴의 해적단이 붙잡힌 이유는 존 래컴을 포함한 대다수의 선원이 술에 취해 저항 불능 상태에 빠져있었기 때문이다. 이 와중에 저항했던 인물들이 메리 리드와 앤 보니, 그리고 이름 모를 남자 선원 3명이었다고 전해진다. 이런 이야기를 살펴봤을 때, 여성이 승선한다고 불행이 따른다는 것은 그저 미신일 뿐이다.

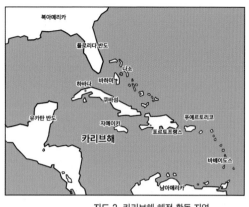

지도 2 카리브해 해적 활동 지역

그림 5 〈어쌔신 크리드 블랙플래그〉는 해적들의 이야기를 담은 명작 중의 명작이다

이 모든 이야기를 담고 있는 게임이 있는데, 〈어쌔신 크리드 블랙플래그〉이다. 이 게임에서는 주인공 에드워드 켄웨이가 되어, 카리브해를 주름잡은 유명한 해적들, 암살단, 템플러의 이야기를 담고있다. 필자가 2~3번 정도 엔딩을 본 게임인 만큼 상당히 재밌으며, 스토리나 해전 시스템이 극찬을 받기도 했다. 스토리는 벤자민 호니골드, 에드워드 티치(검은 수염), 존 래컴, 찰스 베인, 메리 리드, 앤 보니 등의 유명한 해적들이 등장하고, 그들의 실제 인생에 살을 붙여 좋은 스토리를 만들어냈다. 만약 〈어쌔신 크리드〉를 입문할 생각이라면 에지오 사가와 함께 추천되는 작품이다.

이밖에도 해적을 모티브로 한 다양한 게임이 존재한다. XBOX GAME

STUDIOS에서 유통하고 RARE에서 개발한 〈Sea Of Thieves〉는 최대 4인 코옵이 가능한 오픈월드 멀티 게임으로 자막 한국어화가 되었다. 이 게임은 PVP와 PVE 모두 가능하며, 포탄을 옮기고, 조준, 발사, 돛을 조절해 속력을 바꾸고, 방향타로 배의 방향을 정하는 등의 일련의 모든 과정을 플레이어가 직접 해야 한다. 함선이 대포를 맞으면 배에 구멍이 나는데, 직접 목재를 가지고 구멍을 수리하고 양동이로 물을 퍼내야 한다. 플레이어가 사용 가능한 선박은 슬루프(최대 2명), 브리간딘(최대 3명), 갤리온(최대 4명)이 있다. 〈Sea Of Thieves〉는 판타지 게임으로 신기한 존재와 숨겨진 보물을 찾는 재미로 친구들과 같이하기 좋은 게임이다. 최근에는 영화 캐리비안의 해적과 콜라보를 진행해 더욱 재밌는 해적 게임이 되었다.

〈Blackwake〉라는 게임도 있는데, 이 게임은 2017년 2월 25일에 발매된 해전 시뮬레이션 게임으로 방금 소개한 〈Sea Of Thieves〉와 비슷하나 게임의 컨셉이 해적과 해군과의 해전이라는 점에서 다르다. 기본적으로 〈Sea Of Thieves〉는 판타지 해적 게임인데 〈Blackwake〉는 매우 현실적인 해전을 할 수 있다. 여기서는 대포를 쏘려면 화약과 탄환을 따로 넣고 대포를 앞으로 밀어 발사하는 방식이다.

제국주의 시대에 서인도 제도(카리브해)에서 활동한 해적들과 관련된 게임들이 해적을 모티브로 제작되는 게임의 대다수를 차지한다. 상당한 수의 게임들이 있어, 여기서는 간단하게 3가지 정도만 소개해봤다.

이슬람 세계의 해적들

지중해에서는 바르바리 해적이라고 불리는 이슬람계 해적들이 있었다. 이들은 오스만 제국의 후원을 받으면서 성장했고, 남아메리카와 아이슬란드까지 건너가 약탈을 했을 정도로 악명이 높았다. 이들 때문에 영국에게서 막 독립한 미국은 해군을 창설하기도 했으며, 기독교 국가의 선박이나 해안이 15세기 후반부터 19세기 초반까지 바르바리 해적들에 의해 약탈당했다.

바르바리 해적은 카리브해에서 활동한 해적들에 비하면 잘 알려지지 않은 해적들이다. 이들은 기본적으로 오스만 제국의 후원을 받고 있었기에 사실상 오스만의 영향권에 있는 사략 선원이라고 봐도 무방했다.(일부 해적도 있다.) 바르바리라고 불리는 이유는 이들이 활동한 북아프리카 지중해 연안 지역에 거주하는 민족이 베르베르인으로 유럽에서 바르바리라고 불렸고, 주로 북아프리카 연안 지역(바르바리 해안)을

그림 6 프란체스코 몰라의 그림(바르바리 해적)

거점으로 활동해서 그렇다.

바르바리 해적이 제국주의 시대에만 한정해 활동한 것은 아니다. 이들은 이슬람 세력이 본격적으로 정복 사업을 진행했을 때부터 활동한 것으로 보인다. 다만 바르바리 해적이라는 단어는 16세기 이후부터 등장했다. 이들은 주로 스페인, 포르투갈, 프랑스, 영국, 네덜란드 등의 해안 마을을 습격해 선박과 물자를 약탈했다. 이를 통해서 중동에 있는 이슬람 시장에 보낼 기독교 신자 노예를 생포했다. 분명 역사에서 승자인 서양인(기독교도)들이 행한 악행이 많지만, 서양인뿐만 아니라 중동의 이슬림인들도 악행을 저질렀다.

바르바리 해적 말고도 오스만 제국의 후원을 받았던 민족이 있는데, 주로 크림반도 부근에서 활동한 타타르인이었다. 이들은 육로를 통해서 노예를 생포했으나, 오스만 제국과의 노예 거래를 위해서는 선박도 사용해야 했기에 해적 활동도 했던 것으로 보인다. 오스만 제국의 전성기를 이끈 술레이만 1세의 아내 휘렘 술탄 록셀라나(본명 : 알렉산드라 아나스타시아 리소프스카)는 당시 폴란드 왕국의 영토(현 우크라이나 영토)였던 로하틴에서 1502년경에 출생한 인물이다. 그녀는 러시아 정교회 신자 가문의 딸로 태어난 슬라브인이었다. 그런데 1520년대에 크림반도에서 활동한 타타르족에게 잡혀 오스만 제국의 노예로 팔렸고, 이후 술레이만 1세와 결혼해 휘렘 술탄이 되었다.

바르바리 해적은 특히 지중해에 있는 섬과 지역들을 자주 약탈했는데, 이 때문에 스페인과 이탈리아는 19세기 초반까지 해안선에 있는 마을을 포기해 폐허 상태로 남아 있었다. 바르바리 해적에 대한 유럽인들의 적개심은 상당했다. 미국의 경우 영국의 식민지 시기에는 영국의 보호를 받았으나, 독립하게 되면서 바르바리 해적들의 표적이 된다. 1793년에 해적들에게 미국 상선 11척이 나포되는 사건이 발생하면서 당시 미국의 조지 워싱턴 정부는 1793년 3월 27일에 '미해군 무장법 1794'를 미의회에서 통과시켜 미해군을 재건한다. 이후 알제(현 알제리)와의 협상이 원만하게 해결되어 잠잠해졌으나, 다시 해적이 미국 상선을 공격하자 미국의 3대 대통령 토머스 제퍼슨이 바르바리 해적 소탕을 결정한다. 이 결정으로 1801년부터 1805년까지 일어난 제1차 바르바리 전쟁과 1815년에 일어난 제2차 바르바리 전쟁이 벌어졌다. 전쟁에서 승리한 미국은 피해보상을 받았고, 신생국 미국에게 패배한 바르바리 해적을 보고 유럽 국가들은 바르바리 해적을 근절시킬 수 있다고 판단하기 시작했다.

산업혁명을 거치고, 나폴레옹의 통치가 끝난 유럽에서는 빈 회의 이후 빈체제가 들어섰다. 유럽의 열강들은 오랫동안 골칫거리였던 바르바리 해적을 근절하고자 결의하고, 영국과 프랑스의 연합함대가 바르바리 해안 원정을 진행한다. 이 과정에서 프랑스는 1830년에 바르바리 해적의 소굴로 여겨진 알제를 무력으로 점령하고 식민지로 만든다. 바르바리 해적은 근절되었지만, 해적을 명분으로 점령된 알제는 프랑스의 식민지로서 2차 세계대전이 끝나서야 겨우 독립할 수 있었다. 이처럼 역사에서 어마어마한 피해를 준 바르바리 해적은 〈엠파이어 토탈워〉(2009년작)에서 오스만의 속국으로 등장한다. 여기서도 바르바리 해적은 무역로를 자주 약탈한다. 모드를 사용하면 바르바리 해적을 플레이할 수 있지만, 굳이 플레이할 사람들은 없을 거라 생각된다. 그밖에도 〈에이지 오브 엠파이어 3〉에서는 용병으로 등장하는데, 여기서는 바바리 해적이라는 이름으로 등장한다. 스페인의 로델레로의 강화 버전으로 등장해 대 기병 전력이 부실한 국가들에게는 유용한 유닛이라고 한다. 역사 게임하면 자주 언급되는 〈문명 시리즈〉에서도 바르바리 해적이 등장하는데, 오스만의 속국이었던 만큼 5편에서는 일정 확률로 적 함선을 나포하는 오스만 제국의 국가 특성으로 등장하고, 6편에서는 사략선 을 대체하는 고유 유닛으로 등장했다.

동아시아에서 악명을 떨친 왜구

동양에서는 대표적인 해적으로 왜구가 있다. 이들은 대마도와 이키, 규슈섬의 주민 들이 원나라의 일본 원정 이후 경제 기반을 잃어버려 생계유지를 위해 시작한 해적질에 서 기인한다. 왜구는 고려 시대와 조선 시대 한반도의 해안을 약탈했으며, 한반도 해안 에 있는 사찰들은 많은 약탈을 당해 대부분 산 중턱이나 산 근처에 사찰을 옮겼다.

그림 7 왜구의 약탈

왜구들은 한반도뿐만 아니라 명나라 시기 남방지역과 주변을 아예 점령 하기도 했다. 명나라가 남방지역을 제대로 통제하지 못했기 때문이다. 명나 라는 해금 정책을 했는데, 이것도 왜구 때문이었다. 명나라는 해금 정책을 해도 충분히 먹고 살 수 있는 나라였기에 큰 문제는 없었다. 하지만 명나라 가 멸망하게 된 이유 중에는 왜구의 남방지역 침략과 점령도 영향이 있다.

왜구는 도요토미 히데요시가 정권을 잡은 뒤로는 거의 근절되었다고 하는 데, 서양 세력들과의 무역으로 규슈 지역의 다이묘와 막부가 더 많은 이익을 누릴 수 있었기 때문이다. 해적은 해안가 지역에 거주하는 사람들이 힘든 시 기에 생계유지를 위해 어업 대신 하는 행위로 여겨질 수도 있기에 무역을 통 해서 이익이 높아지기 시작하자, 해적은 골칫거리로 전락했다. 다만 이것은 정 부가 자신들의 이익을 위해서 그동안은 해적을 묵인했다는 것을 의미했다.

왜구가 제일 말썽을 피우기는 했으나, 왜구에는 일본인들만 있었던 것 은 아니다. 중국인 해적들도 있고, 아마 한반도에 거주하던 조선인들도 해적

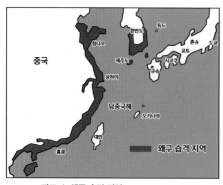

지도 4 왜구 습격 지역

이 된 사람들이 있었을 수도 있다. 기록을 살펴보면 왜구왕(해적왕)이라고 불렸던 인물 중 왕직이 있다. 그는 명나라 사람으로 중국인이었다. 이처럼 왜구라는 단어는 일본을 가리키는 단어이기도 하지만, 일본인과 중국인, 조선인이 섞여 있었다고 봐도 무방하다.

흥미로운 사실은 왜구가 중국에서 큰 피해를 준 기간이 2차례 존재했는데, 첫 번째는 원명 교체기이고, 두 번째는 명나라 가정제의 통치 시기 활동한 가정 왜구라고 불리는 존재들이다. 명나라 초반에 활동했던 왜구들은 일본의 규슈 다이묘의 사략 함대일 수 있다는 주장이 나오고 있는데, 일부 기록을 보면 배에 말을 실어 중국에서 기병까지 운용했다는 이야기가 있기 때문이다. 후기 왜구의 활동을 지칭하는 가정 왜구 시기는 초기보다 더 심각했다고 한다. 왜구의 숫자가 초기보다 더 많아졌기 때문이다.(중국인들이 더 많았다고 한다.) 후에 명나라의 명장 척계광이 1567년 전투 이후로 이 가정 왜구를 소탕한 것으로 여겨지는데, 척계광은 왜구를 토벌하면서 '기효신서'라는 병법서를 저술한다. 한낱 해적을 소탕하기 위해 사용된 병법들이 병법서로 저술된 것이다. 이는 당시 가정 왜구가 얼마나 심각했는지를 알려주는 반증이기도 하다.

이 '기효신서'라는 병법서는 명나라의 군사체계를 새롭게 바꾸었고, 이후 터진 임진왜란으로 엄청난 피해를 본 조선도 '기효신서'를 입수하려는 노력 끝에 이를 입수하고 이것을 토대로 일본과 싸울 수 있는 군대를 양성했다. '기효신서' 덕분에 명나라의 군사체계가 바뀌었듯이, 조선 후기의 군사 체계도 바뀌었다.

왜구가 등장하는 게임도 있다. 국내 게임인 〈거상〉에서는 왜구들이 등장한다. 〈거상〉에서는 왜구가 몬스터로 분류가 되지만, 왜구를 고용할 수 있다. 이외에는 직접적으로 왜구라고 등장하는 게임은 찾아보기가 어렵다. 굳이 따져보면 〈고스트 오브 쓰시마〉라는 게임에서 등장하는 쓰시마 섬 내의 해적들이 왜구라고 볼 수는 있다.

청나라에 대항해 나라를 세운 중국 해적

왜구들이 주로 활동했던 시기는 명나라 시기이다. 과거 무협 영화들을 보면 중국 땅에서 일본군이 나오거나 일본이 점령한 지역이 나오기도 하는데, 이것이 거의 왜구들이라고 보면 된다.

명나라가 멸망하고 청나라가 들어선 뒤에도 해적들은 여전히 존재했다. 이때는 중국인 해적들이 명나라를 다시 일으키자는 복명 운동을 명분으로 청나라를 공격했다. 여기서 등장하는 해적은 정성공을 말하는데, 엄밀히 따지자면 그는 해적은 아니다. 그는 명나라인 정지룡과 일본인 타가와 마

그림 8 정성공의 초상(청나라 전기 17세기 그림. 국립 타이완 박물관 소장)

츠 사이에서 태어난 자식으로 아버지인 정지룡이 무역을 했고, 명나라로 돌아가 지방 장관급에 속하는 도독으로 있었던 것을 보면 정성공은 지방 장관의 자식으로 해적은 아니다.

이자성의 난으로 명나라가 멸망하고 복명 운동을 했지만, 아버지의 배신으로 힘든 상황이 되자, 정성공은 끝까지 싸우기를 결심한다. 남경(난징)을 공략하다 실패하면서 정성공과 그의 세력은 타이완으로 넘어가 네덜란드를 쫓아내고 정씨 왕국을 세웠다. 마지막에는 청나라에게 진압당하여 끝이 났지만, 정성공은 복명 운동을 하는 동안 청나라의 연안 지역을 지속적으로 공격했고, 이 때문에 청나라에서는 해안 주민들을 내륙으로 강제이주시키고 해금 정책을 통해 바다를 봉쇄하는 등의 행동을 취했다. 이는 정성

공의 해적들이 막강했다는 것을 의미한다. 이것은 거점을 두고 지속적으로 약탈하는 해적의 방식과 유사해 정성공도 해적으로 볼 여지가 있다. 다만 그는 자신의 조국을 해방시키기 위해 활동했기에 조금은 다른 선상에서 바라봐야할 여지가 있다.

19세기 남중국해의 해적들

가장 최근이라고 볼 수 있는 19세기 남중국해에서도 해적이 들끓었다. 이때를 기록한 사진들을 인터넷에서 검색하면 찾을 수 있는데, 어린아이부터 여자들까지 해적이 되었다는 것

그림 9 1863년 홍콩에서 교수형된 4명의 중국 해적

을 볼 수 있다. 이 당시 중국은 청나라 말기로 계속해서 유럽 열강에 압력을 받고, 아편전쟁 등을 통해서 식민지로 전락하는 시기였다. 사실상 중앙정부의 영향력이 점점 쇠퇴하는 시기라고 볼 수 있는데, 현대의 소말리아 해적이 들끓은 것과 유사한 상황이라고 볼 수 있다.

1911년에는 신해혁명이 터져 청나라가 망하고 중화민국이 들어선다. 하지만 곧 중국은 다시 공산당과 국민당으로 갈라져 국공 내전으로 혼란에 빠진다. 거기다 군벌들까지 난립하게 되면서(산서, 광서 등) 혼돈의 카오스가 벌어진다. 이런 상황에서 해적들은 여전히 존재했고, 곧 일본의 침략도 있었기 때문에 사실상 중앙정부의 영향력이 0에 가까웠고, 이런 혼란은 해적들이 계속해서 존재하는 이유를 만들어냈다.

그림 10 〈포 아너〉에 등장하는 중국 여성 해적

19세기는 아니지만, 중국 해적이 등장하는 게임이 있어서 소개해본다. 유비소프트에서 제작한 〈포 아너〉라는 게임에서는 중국 여성 해적을 캐릭터로 고를 수 있다. 캐릭터만 따로 판매하며, 게임 내 재화로도 해금할 수 있다. 이 캐릭터는 중국 여성 해적으로서 악명을 떨쳤다는 한 여해적을 모티브로 만들어진 캐릭터이다. 〈포 아너〉는 바이킹과 사무라이, 중세 기사 세력과 DLC로 추가된 중국 세력까지 다양한 캐릭터들이 전상에서 싸우는 판타지 게임이다.

이외에도 해적들의 이야기를 그린 〈어쌔신 크리드 블랙플래그〉의 서브 퀘스트에서 징 랑이라는 중국인 여성 해적이 등장한다. 그녀는 템플러에 소속된 인물로, 에드워드 켄웨이가 그녀를 암살했다. 우리가 잘 몰라서 그렇지, 중국인 해적들도 많았던 모양이다.

현대의 해적

현대에도 해적들은 여전히 존재한다. 특히 소말리아 지역에 많은데, 소말리아 해적은 1990년대 소말리아 내전이 시작되면서 발생했다고 한다. 참고로 소말리아 내전을 다룬 한국 영화가 '모가디슈'이다. 소말리아는 내전이 아직도 일어나고 있는 국가로 생계의 위협을 느끼고 무정부

그림 11 소말리아 해적

상태에 가까울수록 해적이 발생할 확률이 증가한다는 것을 몸소 보여주고 있다.

케냐 외무부에 따르면 소말리아 해적들이 2008년 11월까지 열두 달 동안 미화 1억 5천만 달러를 벌어들였다고 한다. 이 통계만 봐도 내전으로 모든 것을 잃은 소말리아인들이 해적질만 잘해도 돈이 되는 상황이다. 그래서 해적이 근절되지 못하는 것이다. 해적을 근절시키려면 결국 국가가 통제력을 가지고 사회가 정상적으로 돌아가야만 한다. UNDP라고 불리는 유엔 개발 계획에서는 매년 소말리아에 에이즈, 경찰력 강화, 청년고용 등의 목적으로 5000만 달러를 지원하고 있다.

소말리아에서 활동하는 해적들은 대부분이 20세에서 35세 정도이고, 지역 어부, 전직 군인, 기술자 등으로 구성되어 있다. 특이한 점은 지역 어부들이 인근 바다에 대해 잘 알고 있기에 해적의 수뇌부다.(웃픈 현실이지만, 어부가 신분 상승한 셈) UNDP가 소말리아에 5000만 달러를 지원하는 명목 중에 청년고용이 있는 이유도 소말리아의 청년들이 해적이 되지 않고, 정상적인 활동을 하기를 바라기 때문이다.

이처럼 해적이라는 존재는 고대시대부터 지금까지 존재한 오래된 직업이다. 시대에 따라 무법자가 되었다가, 직업이 되었다가 집단이 되는 등의 다양한 모습을 보여 왔다. 현대에 들어 해적은 다양한 매체에 등장하는 단골 소재가 되었으며, 낭만적인 모습을 보이기도 했다.

하지만 해적은 절대로 좋은 집단이 아니다. 그들은 자신들의 딱한 처지를 방패삼아 악행을 저지른다. 그 악행은 절대로 용서해서는 안 될 것이다.

해적은 지역에 따라 국가에 따라 부르는 이름이 달랐다?

인류의 역사에서 해적은 오랜 시간 동안 유지되어온 일종의 직업과 같다. 물론 직업이라는 단어를 쓴다는 것에 거부감을 느끼는 사람들도 있을 것이다. 하지만, 역사에서 해적이 직업이 되었던 적은 분명히 있었고, 그것으로 국가들이 이득을 본 사례가 분명히 있다.

수많은 시간 동안 존재해온 해적인 만큼 해적을 부르는 명칭은 다양하다. 여기서는 해적 파트에서 소개되지 않은 해적들 중에서 알아보도록 하겠다.

버커니어

버커니어는 17세기 카리브해에서 존재한 해적(혹은 사략 선원)들을 부르는 명칭으로 주로 스페인(에스파냐)의 식민지나 서아프리카 일내에서 활동했다. 이들이 스페인의 선박이나 식민지를 주로 약탈했던 이유는 당시 스페인이 해상 패권을 장악하고 있었기에, 막대한 부를 독점하고 있었고, 이것을 약탈하기 위함도 있었다. 거기다 대부분 영국인, 네덜란드인, 프랑스인들로 구성되어 있었는데, 이 3국은 모두 스페인을 견제하거나 싫어하는 국가들이었다. 이들은 1625년 북부 히스파니올라에서 처음 생겨났다. 당시는 정부의 통제력이 강하지 않았기에 해적들이 활동할 수 있는 여건이 되었다. 거기다 국가들도 공식적으로 싸우면 큰 전쟁으로 확전될 수 있어서 해적들을 비밀리에 고용해 약탈하게 했다. 이런 지속적인 약탈로 17세기 이후 해상 패권은 스페인에서 네덜란드로 넘어갔다.

유독 버커니어는 프랑스인이 초기에 많았다고 한다. 프랑스인들은 원래 개척민들로 히스파니올라섬에서 사냥을 해 생계를 꾸려나갔던 사냥꾼이었다. 버커니어라는 명칭도 원래 프랑스어로 사냥꾼을 부르는 말이다. 이 말은 아라와크어라는 남미 인디언들의 언어로 고기를 굽기 위해 사용하는 불을 의미하는 버칸(Buccan)에서 유래했다고 한다.

버커니어들은 히스파니올라섬에서 시작을 했지만, 시간이 흘러 근처에 있던 작은 섬인 토르투가로 이동한다. 이후에는 영국이 스페인에게서 자메이카를 빼앗자 이곳에 위치한 포트 로열로 이동해 그곳을 거점으로 활동했다. 포트 로열은 17세기 자메이카의 해운업 중심지로서 해적들이 가져온 보물이 사용된 곳으로도 유명하다. 영국이 해적을 장려했기 때문이다. 하지만 포트 로열은 1692년 6월 7일에 발생한 지진으로 도시의 3분의 2가 카리브해에 잠기면서 상업의 중심지가 킹스턴으로 옮겨갔다.

이 포트 로열의 이름을 딴 게임이 존재하는데 작년에 4가 나왔다. 게임 명칭은 〈포트 로얄〉로 결국 같은 이름이지만 발음의 차이라고 볼 수 있다. 4편까지 발매된 시리즈로 최신작인 4편에서는 작은 정착지를 무역도시로 성장시키는 과정을 그리고 있다. 이 과정에서 플레이어가 주지사가 되어 도시를 경영하고, 섬들을 연결해 무역로를 만들고, 명성을 모아 마을의 건물이나 선박 등을 해금하고 총독이 부여한 임무를 완수한다. 다른 국적의 해적이나 군인들을 경계하고 경쟁국의 도시를 정복하거나 함대를 공격하는 등의 행동도 할 수 있다.

〈어쌔신 크리드 블랙플래그〉에도 자메이카 섬이 등장하는데 킹스턴과 포트 로열이 자메이카 맵에 포함되어 있다. 다만 포트 로열은 지진으로 잠긴 시점이다. 게임 내에서는 주인공인 에드워드 켄웨이가 영국의 해적이자 전 사략 선원으로 등장해 영국인의 시각에서 카리브해를 바라보는 느낌이 있다. 게임에서도 주로 영국 선박과 스페인 선박이 많이 등장하는 편이다.

이처럼 버커니어는 프랑스인이 초반에는 많았지만 네덜란드, 영국인도 많아진다. 3국의 해적(또는 사략 선원)들은 자신들의 국가에 비호를 받기도 했으며, 특히 네덜란드나 영국은 버커니어들의 약탈 행위를 통해서 초기 자본주의로 진입하는 종잣돈을 마련할 수 있었다고 하니 국가에는 큰 도움이 되었을 것이다. 버커니어는 영화 캐리비안의 해적들과 연관이 있다고 볼 수 있다. 영화에 등장하는 주 무대가 카리브해이기 때문이다.

커세어

커세어 혹은 코르세어, 코르세르 등으로 불리는 해적들도 있다. 특이한 점이 있다면 버커니어는 프랑스인들로 출발해 영국, 네덜란드인까지 불어났지만, 커세어는 주로 프랑스인들로 구성된 해적이나 사략 선원을 지칭한다. 생말로, 던커크 등의 항구 도시에서 기원했다고 알려진 이 해적/사략 선원들은 프랑스 왕국을 위해서 일했다. 이들은 약탈을 통해서 얻은 보물들을 경매를 통해 처리했고, 일부 몫이 선장들에게 주어졌다.

이들은 정식 해군은 아니었지만, 프랑스 왕을 위해 일한다는 명분으로 적에게 붙잡혀도 전쟁포로 대우를 요구할 수 있었다고 한다. 사실상 해적의 탈을 쓴 프랑스 해군이자 사략 선원이었던 셈이다.

하지만 시간이 지나 국가들의 통제력이 강해지기 시작하면서 해적과 사략 선원은 자연스레 자취를 감추게 된다. 대항해시대 초반에는 국가들이 자신들의 이익을 위해 해적과 사략 선원들을 적극적으로 사용했음을 알 수 있다.

〈어쌔신 크리드 로그〉에서는 주인공인 셰이 패트릭 코맥이 7년 전쟁(우리 책 전쟁 파트에 나온다.)의 아메리카 지역 부속 전쟁인 프렌치 인디언 전쟁에 영국군 소속으로 해상에서 활동한다. 코맥은 일종의 사략 선원으로서 활동한 것이고, 동시에 코맥이 상대한 암살단의 함선들도 프랑스의 정식 해군이 아니라면 사략 선원으로 활동한 것으로 커세어라고 볼 수도 있다. 커세어는 특이하게 〈스타크래프트 브루드워〉에서 등장했던 프로토스 유닛 커세어의 이름으로도 사용되었다. 여기서도 한글 번역이 되면서 해적선이라고 바뀌었다.

구호기사단

해적을 설명하는데, 구호기사단이 나와서 당황했을 것이다. 구호기사단은 이슬람 세계에서는 해적으로서 악명이 자자했다. 함께 살펴보도록 하자. 구호기사단은 십자군 전쟁에서 십자군이 예루살렘을 점령한 이후 다른 기사단들과 함께 설립되었다.

이후에 십자군이 세운 국가들이 멸망하면서 다른 지역으로 이동하거나 기능이 축소된 기사단과는 다르게 구호기사단은 키프로스, 로도스, 몰타(모두 지중해에 있다.)와 같은 섬에 남아 항쟁했다. 그리고 이들은 신념을 가지고 같은 기독교 세력의 선박들은 공격하지 않고 보호해주었고, 이슬람 세력의 선박들을 약탈하거나 포로로 잡힌 기독교인들을 구출했다. 이슬람 세력에게는 해적이고, 기독교 세력에게는 든든한 아군이었던 셈이다.

하지만 구호기사단의 거점이었던 로도스섬에는 거대한 노예 시장이 있었을 정도로 구호기사단도 이슬람 세력을 상대로 해적 활동을 매우 활발히 한 것으로 보인다.

이들은 주로 오스만 제국의 선박들을 자주 공격했다고 알려져 있다. 이유는 오스만 제국이 구호기사단의 거점이었던 로도스섬을 점령했고, 지중해에서 오스만 제국의 영향력이 막강했기 때문이다. 나중에는 오스만 제국에게 몰타섬도 공격을 받았다.

여기서 언급된 구호기사단은 〈어쌔신 크리드〉에서 10대 그랜드 마스터 가니에르 드 나폴루스가 등장한다. 〈유로파 유니버셜리스 4〉라는 게임에서는 아예 구호기사단이 플레이어블 국가로 등장하는데, 여기서는 기사단으로 등장한다. 로도스섬에서 활동하던 때로 시작하고, 이벤트로 몰타섬을 할양받는 것이 있지만, 이것은 AI만 가능하다.

코사크 해적

조금 생소한 해적들도 있었다. 코사크 해적이라고 불리는 이들은 사실 우리가 잘 알고 있는 코사크이다. 이들은 상당히 강력한 전투민족이었다고 알려져 있으며, 러시아 제국에서 활동한 민족이다. 주로 흑해에서 활동했는데, 오스만 제국의 해적질에 맞불을 놓는 느낌으로 해적질을 했다. 이때도 크림 반도에는 크림칸국이 있었는데, 이 국가는 사실상 오스만 제국의 속국이나 다름없었다. 이들은 우크라이나 지역 일대의 사람들을 노예로 잡아 오스만 제국에게 판매했고, 이 과정에서 오스만 제국의 술탄 술레이만 1세의 아내인 휘렘 술탄도 노예로 잡혀 오스만 제국으로 갔다. 물론 휘렘 술탄은 운이 좋아 술레이만 1세의 아내가 되었지만, 대부분은 해피 엔딩이 아니었다.

코사크 해적들은 이렇게 노예가 되어 오스만 제국으로 가는 배에 오른 사람들을 흑해에서 구출하기도 하고, 오스만 제국의 선박들을 공격했다. 이들은 사실상 러시아 제국의 사략 선원이나 마찬가지였던 것으로 보인다. 이들은 오스만 제국의 도시들을 약탈하고 심지어 콘스탄티노플의 항구였던 미제브나와 아르키오카에까지 상륙해 약탈했다는 기록도 있다. 이들은 기본적으로 오스만 제국의 노예로 끌려가는 동족을 구하기 위해 해적이 되는 경우가 많았다고 한다.

코사크 민족의 이름을 딴 게임도 있다. 국내에서는 〈코삭(Cossacks)〉이라는 명칭으로 불린다. 영문으로는 사실상 같다고 볼 수 있다. 〈코삭 시리즈〉는 3편까지 나온 게임으로 게임을 많이 아는 사람들은 잘 아는 게임이다. 2편이 2005년에 발매되었고, 3편이 2016년에 발매가 된 상당히 오래된 작품으로 〈스타크래프트〉와 동일한 RTS 장르이다. 여기서는 특이하게 알제리, 터키, 우크라이나, 베니스 등의 마이너 국가도 나온다.

왜구

왜구는 동아시아의 해안을 유린한 골칫거리 해적들을 말한다. 사실상 일본계 해적들이 원류이고, 원나라의 일본 원정 이후 초토화된 해안 지역 주민들이 생존을 위해 해적질을 한 것에서 출발하는 것으로 보이는데, 밀무역도 포함이 된다. 이들은 가난한 사람들이 해적이 되었다고 하기에는 최근에 밝혀지고 있는 내용을 봤을 때, 이들도 사실은 사략 선원에 가까운 것이 아닌가 싶은 생각을 들게 한다. 지방 다이묘들이 이들을 활용한 사례가 있는 것으로 보이기 때문이다. 하지만 시간이 지나 중국인들이 왜구로 많이 활동했고, 조선인들도 있었던 것으로 보아 왜구는 동아시아에서 활동한 해적으로도 볼 수 있겠다.

이처럼 해적들은 상황이나, 비호받는 세력, 지역, 민족에 따라 다른 이름으로 불렸다. 해적의 행위는 용납할 수 없지만, 해적이 등장했다는 것만으로도 이 세상은 아직 빈부격차가 심하고 고통받는 사람들이 존재한다는 것을 의미한다. 해적은 영화나 게임 같은 매체에서만 등장하길 희망한다.

천 년간 일본을 지배한 경호원

사무라이
Samurai

사무라이
Samurai

▌일본을 대표하는 집단 사무라이 그들은 누구인가?

그림 1 사무라이

그림 2 일본도를 휘두르는 사무라이

21세기를 살아가는 우리에게 게임 속에서 가장 많이 본 것들을 손에 꼽으라면 사무라이는 반드시 들어간다. 격투 게임부터, 전략 게임, 액션 게임 등등 모든 장르에 걸쳐서 등장한다. 심지어 장르마다 두각을 나타낸 사무라이 캐릭터를 꼽으라면 뽑을 수 있을 정도다.

하지만 우리는 사무라이의 실상에 대해서는 잘 알지 못한다. 이번 장에서는 역사 속 실제 사무라이에 대해서 알아보도록 하겠다.

사무라이라는 명칭은 무사를 지칭하는 것이 아니었다. 일본 측의 기록을 살펴보면, 고대 일본 아스카 시대[1] 645년에 이루어진 다이카 개신 이후 처음으로 언급된다. 일본은 개혁을 통해 당시 중국 국가 당나라의 정치 구조 및 관료제, 문화와 같은 다양한 것을 본받으려 시도했다.

이 과정에서 관직을 12등급으로 나누게 되는데, 이 중 위계 서열 6위인 관직의 명칭이 사무라이혼(侍品)[2]이다. 일본은 당시만 하더라도 외부 문물

---

1) 아스카 시대는 538~710년으로 한국의 삼국시대 말기(고구려, 백제, 신라)와 같은 시기

2) 12등급으로 나눈 관직에서 6위 이하 혹은 6위 정도의 관직으로 기능직 말단 관리층을 말한다. 이들은 사실상 고대 일본 국가의 말단 실무직이라고 볼 수 있다.

을 수용하는데 긍정적이었다. 단지 막부가 들어서면서 폐쇄적으로 바뀌었을 뿐이다. 전국시대와 같은 예외적인 시대에는 외국 문물을 적극적으로 받아들였지만, 통일되고 강력한 막부가 들어서면 다시 폐쇄적으로 바뀌었다.

사무라이혼이라는 관직이 생긴 시기는 헤이안 시대(794~1185년)보다 이전인 아스카 나라 시대[3](538~794년)라 할 수 있는데, 이 시기에 사무라이는 우리가 아는 무사 집단이 아니라 공무원이었다.

일본에서 사무라이는 侍(모실 시)라는 한자를 사용하여 표기되었다. 한자가 말해주듯 사무라이는 '귀족을 모시는 자'인 것이다. 이를 미루어 볼 때 사무라이는 귀족 12등급 중 가장 낮은 등급으로 귀족들을 모시며, 조직 말단에서 활동하는 공무원이라 생각하면 된다.

현재 사무라이는 무사를 의미한다. 하지만 당시 무사는 일본어로 부시(武士)였다. 무사 집단은 2가지로 나눠져있었는데, 다이후라 불리는 군사 귀족과 사무라이라는 일반 무사 집단이 그것이다. 그러나 시간이 지나면서 사무라이들이 두각을 나타내게 되었다.

헤이안 시대(794~1185년)에 이르러 일본 귀족 계층의 힘이 강력해지자, 천황을 쥐락펴락하는 상황까지 온다. 일본의 아스카, 나라, 헤이안 등의 시기는 황실(천황)과 승려 계층, 귀속 계층 등의 정치적 싸움으로 짐칠된 시기였다. 단적인 예로 승려들의 위세가 강력해지자 천황은 천도를 결정한다. 당시 일본의 건축물은 나무로 되어있어 해체해 다시 조립할 수 있는 방식이었다. 이것을 이용해 수도를 천도하면서 이전 수도에 있던 건축물들과 귀족들의 가옥까지 모두 해체해 새로 천도한 수도로 옮기고 승려들의 거점인 사찰들은 이동하지 못하게 했다. 이런 일련의 사건들이 있고 난 후, 헤이안 시대가 되면서 귀족의 힘이 강해진다.

이처럼 천황은 귀족과 사원 세력의 힘을 견제하기 위해서 수도를 계속해서 옮겼다. 아스카에서 나라로, 나라에서 교토(헤이안)로 옮겨졌다. 고대 일본은 이런 식으로 황권에 도전하는 세력들을 견제했다. 처음에는 효과적

---

3) 아스카 시대 538~710, 나라 시대 710~794 / 한국 : 통일신라, 발해 / 중국 : 당나라

이었지만, 헤이안 시대 말기가 되면 섭관정치[4]와 헤이시 정권[5]이 들어서며, 이런 노력은 무용지물이 되었다. 헤이시 가문이 정권을 잡자 일본은 무가 정권이

지도 1 고대 일본의 수도들 (오사카는 위치 이해를 돕기 위해 표시)

들어섰다. 당시의 무가 정권은 이후 성립된 3개의 막부와는 다르다. 이유는 헤이시 가문의 신분 때문이다. 원래 황족 중에서 분가를 통해 새로운 가문을 만들거나, 황녀가 황족이 아닌 남자와 결혼하면서 신분이 귀족으로 내려가는 것을 '신적강하'라고 부른다.

헤이시 가문(다이라 가문)은 이 '신적강하'를 통해서 분가한 가문이고, 천황의 외척이었다.(뒤에 나올 겐지 가문도 신적강하지만 이들은 쇼군이 힘이 없었다.)

헤이시 정권이 들어선 시기는 대지진이 일어나 혼란스러웠고, 귀족들은 자신의 재산을 지키기 위해서 경호원을 고용하기 시작했다. 이때 고용된 경호원이 사무라이의 시초다. 결국, 혼란 속에서 겐지씨(미나모토)가 힘을 키워 헤이시씨(다이라)와 내전이 일어나는데 이것이 겐페이 전쟁이다. 이 전쟁에서 승리한 겐지씨가 가마쿠라 막부를 창건하면서 일본에서는 귀족들의 정권이 영원히 막을 내리게 된다.

---

4) 천황이 어리거나 병약할 때 대신 정무를 보는 섭정과 천황이 직접 통치하면 고문직인 관백이 되는 것이 원칙이었으나, 대부분의 섭정이 천황이 직접 통치를 하지 못하게 하고 자신이 사실상 실권자가 되면서 섭관정치라 불렀다.

5) 섭관정치 이후 이루어진 이세 헤이시 가문(다이라씨라고도 불림)의 다이라노 기요모리에 의해 통치된 무가 정권을 말한다. 기요모리의 저택이 교토 로쿠하라에 있었던 것에서 착안해 로쿠하라 정권으로도 부른다.

혼란스러웠던 헤이안 시대를 다루고 있는 게임들을 알아보자. 〈쇼군 토탈워 2〉에서는 사무라이의 태동이라는 DLC가 있다. 이 DLC가 헤이시 정권 시기를 다루고 있다. 겐페이 전쟁(1180~1185)이 주가 되며, 헤이시(다이라), 겐지(미나모토), 후지와라 3 가문으로 게임을 할 수 있다. 〈토탈워 시리즈〉는 땅따먹기 형태의 게임으로 국가를 경영하거나 가문을 경영하는 느낌을 받을 수 있다. 이런 종류의 게임을 해보고 재미를 느꼈다면 〈토탈워 시리즈〉는 꼭 해봐야 하는 게임이다.

일본의 역사와 요괴를 엮은 게임인 〈인왕 2〉에서도 DLC 우시와카 전기를 통해 겐페이 전쟁 직후인 1185년부터의 내용을 다루고 있다. 〈인왕 2〉의 DLC는 본편의 엔딩을 본 주인공이 시간 여행을 통해 과거의 역사 속의 인물들을 돕게 되는 이야기다. 첫 번째 DLC에서 주인공이 시간 여행을 통해 겐페이 전쟁시기(xxxx년)로 넘어가 미나모토노 요시츠네를 도와 가마쿠라 막부를 창건하는 일을 돕게 된다. 두 번째 DLC에서는 겐페이 전쟁보다 더 이전인 976년으로 이동해 헤이안 시대 중기를 다루고 있다. 여기서 전설적인 음양사 아베노 세이메이가 등장하니 꼭 해보길 바란다. 세 번째 DLC는 헤이안 시대 초기 797년이 배경으로 등장한다. 3가지 DLC 모두 해당 시기를 간접 체험할 수 있으니 관심이 있다면 강력 추천한다.

▌사무라이의 태동, 쇼군의 등장, 가마쿠라 막부 시대 개창

그림 3 교토 진고지에 소장된 미나모토노 요리토모 초상으로 알려짐 (최근에는 아시카가 다다요시의 초상이라는 설이 유력)

가마쿠라[6]라는 곳을 기점으로 성장하고 있던 겐지(미나모토)씨가 중앙 정부를 장악한 헤이시(다이라)씨와 내전을 벌인 겐페이 전쟁에서 승리하고 미나모토노 요리토모가 초대 쇼군(정이대장군)이 되어 천 년간을 이어지는 무사정권의 시대가 도래한다.

이 무사 정권은 우리나라 고려의 무신정변과 비슷하면서도 다르다. 무사와 무신들이 정권을 잡고, 지도자를 교체하는 등은 행동은 같으나 무신정변은 수도에 있으면서 기존의 체계에서 군사권을 잡고 있었고, 무사정권은 아예 수도에서 막부가 위치한 곳으로 권력이 이동했다. 또한 무신정변의 지도자들은 노비 출신도 있었으나, 일본의 무사정권은 고귀한 혈통이 아니면 될 수 없었다는 차이가 있다.

이 시기부터 사무라이라는 명칭이 조금씩 무사와 동일시되기 시작했다. 일본 쪽 주장에 따르면 사무라이라는 단어가 생긴 것은 16세기쯤이고, 그 이전에는 다른 명칭으로 불러오다가 16세기가 되어 사무라이가 되었을 것으로 보고 있다.

쇼군이란 무엇인가?

우리가 쇼군이라고 부르는 존재는 막부[7]의 지도자로서 사실상 일본의 지도자이다. 쇼군이라는 명칭이 직책으로 사용된 시기는 나라, 헤이안 시대

---

6) 가마쿠라는 도쿄 근방에 위치한 도시로 도쿄를 기점으로 남서쪽 해안가에 있다. 가마쿠라는 간토 지방에 속한 지역으로 현재는 가나가와현 미우라 반도 서쪽에 있는 시다.(가마쿠라시) 이곳에 최초의 막부인 가마쿠라 막부가 세워졌다.

7) 원래는 정이대장군(쇼군)이 원정에 나서면 전투를 위해 설치한 천막을 의미했다. 영화나 게임에서 보면 지휘관이 임시로 거처하는 천막이 등장하는데 이것이 원래 막부였고, 시간이 지나면서 막부가 정권을 뜻하는 말로 바뀌었다.

이다. 고대 일본은 혼슈섬[8]을 완전히 지배하지 못하고 있었다. 혼슈섬의 동쪽 지역은 에미시라고 불리는 토착민들이 살고 있었기 때문이다. 그래서 동쪽에 있는 에미시를 정벌하기 위해 만들어진 임시 직책이 쇼군이었다. 다만 이 시기에는 세이타이쇼군(정이대장군)이라 불렸다. 세이타이쇼군이라는 뜻을 한자로 바꾸면 정이대장군으로, 동쪽의 오랑캐를 정벌하는 대장군이라는 뜻으로 해석될 수 있다. 에미시 정벌이 끝나면 사라질 직책이라 원래는 임시 직책이었다. 에미시 정벌이 필요할 때만 임명을 하고, 에미시 정벌이 끝나면 사라졌기 때문이다.

일본 민족은 섬에서 살았기 때문에 일본 사람들은 그 땅의 토착민이라고 생각하기 쉽지만, 일본 민족도 외부에서 들어왔다. 일본은 한국이 삼국시대였던 시기까지 신석기 문명을 영위하는 민족도 있을 정도로 고립된 상태였다. 그러다 청동기와 철기 문화가 동시에 들어왔다고 하는데, 이는 도래인의 유입 때문이다. 유명한 도래인에는 백제인이 있다. 이외에도 중국인, 고구려인, 신라인도 많았다. 여담이지만 늪지였던 교토를 개간한 사람들이 신라인이었고, 유명한 기술자 집단은 백제인이었다. 사실상 일본의 토착 민족들은 현재 소금 남아있는 아이누족과 사라진 에미시였다. 현재 일본인이라고 불리는 사람들은 야마토[9] 민족이라 부른다.

원래는 에미시나 아이누, 하야토[10]와 같은 민족들이 일본의 토착 민족이었지만, 야마토인이 동서로 세력을 넓히면서 자연스레 흡수되었다. 연구와 조사를 통해서 밝혀진 사실은 이 야마토인의 선조가 고대 한반도에 살았던 사람들이라는 사실이다. 중국에서 건너간 사람들도 일부 있을 수

---

8) 일본을 구성하는 4개의 섬 중 가장 큰 섬으로 도쿄와 교토가 있는 섬을 말한다. 일본을 구성하는 4개의 섬은 왼쪽에서부터 규슈, 시코쿠, 혼슈, 홋카이도이다.

9) 고대 시대 일본의 정체성을 만든 국가이자 정권. 야마토 정권은 250~710년까지 존속했고, 야마토라는 단어 자체가 일본을 뜻한다.

10) 고대에 일본 규슈섬 남부 사쓰마, 오스미 일대에 거주했던 것으로 전해지는 민족. 고대 일본에서는 이들을 정벌하는 장군을 정서대장군(세이세이타이쇼군)으로 불렀다고 한다.

는 있겠지만, 유전학적으로 한반도인이 많다고 한다. 그 근거로 일본의 천황이 자신들의 조상이 백제인이었다는 것을 인정하기도 했다. 현재는 일본인과 한국인이 전혀 다른 문화와 국가를 가지고 살아가고는 있지만, 사실상 인종학적 부분에서는 일본인의 조상은 한국인이 되는 셈이다.

결론적으로 쇼군이라는 명칭은 세이타이쇼군(정이대장군)에서 시작되었다고 볼 수 있다. 그 유래는 오랑캐였던 에미시들을 토벌하는 임무를 맡은 장군이고, 시간이 지나면서 쇼군이라는 단어가 막부의 지배자라는 명칭으로 굳어진 것이라 볼 수 있겠다.

몽골의 침입과 가마쿠라 막부의 붕괴

가마쿠라 막부는 고케닌[11]이라는 가신들에 의해서 운영되는 시스템이었다. 이것은 중세 유럽의 봉건제와 비슷하다. 쇼군과 고케닌이 주종관계를 맺고 있는 형태를 보이고 있다. 또한 가마쿠라 막부에서는 슈고[12]와 지토[13]라는 지방관들을 파견해 권력을 가마쿠라 막부로 한 데 모았다. 슈고는 행정관으로서 구니[14]를 감독했고, 토지를 관리하는 지방관으로 지토를 지방에 보내 그곳에 있는 귀족이나 사원 세력을 통제할 목적도 있었다.

이랬던 가마쿠라 막부의 실권자인 겐지(미나모토) 가문은 3대 이후 빠르게 후사가 끊겨버렸다. 고귀한 혈통만이 쇼군이 될 수 있었던 탓에 4대부터는

---

11) 가마쿠라 시대 쇼군과 직접적으로 주종관계를 맺은 무사들을 의미한다. 쇼군은 고케닌들의 땅(영지)을 인정해주고, 고케닌은 쇼군에게 돈과 군사력, 충성 등을 제공하는 형태로 중세 유럽의 봉건제와 유사한 점이 있다.

12) 슈고는 미나모토노 요리토모가 동쪽으로 도망간 미나모토노 요시쓰네를 체포하기 위해 파견한 지방관의 일종으로 주로 업무는 치안 유지와 감찰이었다. 원래 조정(황실)에서 파견한 고쿠시가 있었으나, 슈고로 대체된다. 슈고에는 유력한 고케닌들이 임명되어 고케닌들을 지휘·통솔한다. 다만 고케닌도 쇼군과 직접적인 주종관계를 가지고 있어 슈고와 고케닌의 관계는 애매하다고 할 수 있겠다. 이들이 무로마치 막부 시기가 되면 슈고 다이묘로 성장한다.

13) 지토는 각 구니의 장원과 공령에 임명해 연공(조세, 세금) 징수와 토지 관리 및 치안 유지의 임무를 부여받았다. 미나모토노 요리토모는 자신의 고케닌들을 지토에 임명해 지방에 대한 지배력을 강화했다.

14) 야요이 시대(BC.300~ AD.250) 인구의 증가와 취락의 발달로 형성된 정치적 공동체를 구니(國)라고 불렀다. 행정 단위라고 볼 수 있는데, 전국시대에는 이 구니가 사실상 국가의 형태가 되기도 한다. 이 구니는 68개가 있었다고 하며, 쓰시마 섬과 이키 섬을 제외하면 66개였다고 한다.

명문 가문이었던 후지와라에서 쇼군이
나오게 되었다. 하지만 후지와라 가문도
5대 이후 후사가 끊겼고, 6대부터 마지
막 9대까지는 황족이 쇼군이 되었다.

황족이 쇼군이 되어도 괜찮았던 이
유는 가마쿠라 막부를 주무르는 가문이
겐지(미나모토) 가문이 아니라 고케닌
이었던 호조 가문이었기 때문이다. 당
시 미나모토노 요리토모의 아내인 마사
코가 호조 가문이었다. 역사적 기록을
참고해 호조 가문을 주인공으로 만들

그림 4 큰 갑옷과 활로 무장한 사무라이

어진 일본 드라마 '가마쿠라도노의 13인'에서 일련의 과정이 자세히 나온다.
무엇보다 고증에 충실하고, 시대 상황을 잘 반영해 매우 허름한 모습을 하
고 있어 당시 모습을 제대로 알 수 있다.

이렇게 호조 가문은 가마쿠라 막부 창건 당시부터 큰 영향력을 행사했
고, 이는 호조 가문이 싯켄직[15]을 차지하고 있었기 때문이다. 초대 싯켄직을
차지한 호조 도키마사는 미나모토노 요리토모의 장인이자 그의 아내 마사
코의 아버지로 요리토모가 사망하자 싯켄으로 임명되어 막부의 정무를 총
괄하였다. 2대 쇼군은 요리토모와 마사코의 아들이었기에 호조 가문이 권력
을 강화하기 더 쉬워졌다. 이에 호조 가문이 가마쿠라 막부가 멸망할 때까
지 싯켄직을 독점하여, 고케닌들의 수장으로서 군림하게 되고, 쇼군은 허수
아비가 되었다. 그래서 황족이 쇼군이 되어도 문제가 없었다.

3대에서 해체될 뻔했던 가마쿠라 막부는 호조 가문에 의해 유지가 되
었다. 하지만 이들의 존속을 위협하는 사건이 터진다. 몽골(원나라)의 일본
원정이 시작된 것이다. 1274년과 1281년 두 차례에 걸쳐 원나라의 공격을

---

15) 가마쿠라 막부 시기 쇼군을 대신해 정무를 보던 직책을 말한다. 헤이안 시대에는 관백, 무로마치 시대
에는 간레이, 에도 시대에는 다이로라는 이름을 불렀다고 한다.

받게 된 가마쿠라 막부는 나라를 지킨다는 명목으로 전국에 대한 지배력을 더욱더 강화했다. 불행 중 다행으로 원나라의 일본 원정은 태풍으로 인해 실패하고 만다. 원나라의 원정은 막았지만, 문제는 지금부터였다.

원래 쇼군과 고케닌의 주종관계는 맹목적인 충성이 아니라 유력 무사들이 자신의 공적에 따라 은상을 요구할 수 있었다. 그런데 원나라의 일본 원정은 가마쿠라 막부의 입장에서는 방어 전쟁이었기 때문에, 전쟁에서 차지한 땅도 없고, 전리품도 있을 수가 없었다. 거기다 전쟁에 동원된 고케닌들도 사비로 전쟁에 참여했기에 복구를 위해서는 은상이 필요했다.

〈고스트 오브 쓰시마〉는 원나라의 일본 원정을 배경으로 하는 게임이다. 여기서는 사카이 진이라는 주인공으로 게임을 플레이하게 되는데, 게임의 주무대는 쓰시마 섬이다. 〈디렉터스컷〉으로 발매된 확장판에서는 이키섬도 갈 수 있다. 하지만 〈고스트 오브 쓰시마〉는 게임이기 때문에 실제 역사와는 조금 다르고 판타지적인 요소도 가미되어있다. 예를 들자면 게임 내에서는 고려군이 등장하지 않는데, 실제 역사에서는 몽골군과 고려군, 멸망한 남송 출신 병사들로 구성된 강남군도 있었다.

이외에도 〈문명 6〉에 일본 지도자로 등장한 호조 도키무네가 가마쿠라 막부 8대 싯켄으로 원나라의 일본 원정을 막은 인물이다.

원래 가마쿠라 막부의 근간이 되는 것은 고케닌들이었다. 그런데 원나라의 일본 침략으로 인해 고케닌들이 붕괴되기 시작했다. 거기다 막부가 세워진 후 많은 시간이 흐르면서 고케닌들은 자신의 영지를 자식들에게 분할, 상속하는 과정에서 점점 작은 단위로 줄어들었다. 급기야 영지를 저당 잡히거나 매각하는 등의 사태까지 벌어졌다. 삶이 궁핍해지고 몰락하는 고케닌

들이 발생하자, 이들 중 일부는 악당[16]이 되기도 했다.

가마쿠라 막부는 고케닌들의 영지 매각과 저당잡는 것을 금지한다. 이미 매각당하거나 저당 잡힌 영지들은 무상으로 돌려주었음에도 고케닌의 몰락을 저지할 수는 없었다. 몰락한 고케닌들을 흡수한 일부 슈고(지방관)의 힘이 강력해지고, 호조 가문의 몰락과 두 명의 천황이 존재한 남북조 시대를 거치며 가마쿠라 막부는 1333년 멸망한다.

▌무로마치 막부의 성립과 붕괴

가마쿠라 막부는 아시카가 다카우지라는 인물에 의해 멸망당했다. 아시카가 다카우지는 천황의 힘을 빌려 막부를 멸망시켰으나, 천황을 배신하고 새로운 막부(이시카가 막부)를 세운다.

아시카가 막부는 3대 쇼군이었던 아시카가 요시미쓰가 교토에 위치한 무로마치에 공관을 마련해 무로마치 막부로 불렸다. 무로마치 막부는 배신으로 세워진 막부인 만큼 시간이 지나면서 결속력이 약해졌다. 그러자 자연스레 지방관들의 힘이 강력해진다. 강력해진 지방관을 슈고 다이묘[17]라 부르게 되었고, 이때부터 슈고 다이묘는 지방 영주가 되었다. 지방의 권력을 장악한 영주들은 서서히 막부를 넘보기 시작했고, '가키츠의 난', '오에이의 난', '메이토쿠의 난', '에이쿄의 난' 등의 반란을 일으켰다. 상황이 이렇게 되자 무사들의 정점에 선 쇼군은 이들을 견제하기 위해서 영주들을 모두

---

16) 악당은 장원영주나 막부체제에 저항한 무사들을 의미한다. 원래는 기존의 막부 체계에 들어갈 수 없었던 신흥 무사들이 주를 이뤘지만 몰락한 고케닌들도 이 집단에 가담하게 된다. 이들은 주로 연공(세금) 납부를 거부하고 연공미(중앙으로 이동하는 세금)를 약탈하는 등의 행위를 했다고 알려져있다.

17) 가마쿠라 막부부터 존재하던 슈고라는 직책이 무로마치 시대에 슈고 다이묘로 변했다. 무로마치 막부도 남북조 시대를 끝내고 각국에 슈고를 파견했는데, 이때 대부분 아시카가 씨 일족(쇼군 일족)을 슈고로 파견했다. 시간이 지나 슈고들의 권한이 확대되어 사법·경찰, 행정, 영지 분배, 재판등의 권한까지 얻은 슈고들이 지토와 고케닌들을 부하로 편입시키고, 여러 구니의 슈고직을 겸하면서 무사들을 사적인 가신단으로 편성하기도 했다. 나중에는 야마나씨 일족이 11개의 슈고직을 소유했고, 오우치씨가 6개국의 슈고직을 겸하는 상황까지 오게 되었다. 이때부터 슈고라는 단어에 지방 유력자라는 뜻의 '다이묘'가 붙어서 슈고 다이묘라고 불리기 시작했다.

교토로 불러들여 거주하게 만들었다. 이것은 영주들을 수도에 두어 그들의 영지 장악력을 줄이기 위함이었다. 이에 영주들은 자신들의 영지를 관리할 대리인인 슈고다이[18]를 두게 된다.

일련의 과정을 거치며 무로마치 막부가 무사들을 잘 통제하는 듯 싶었으나, 이들의 천성은 무사였기에 무슨 문제만 터지면 힘으로 해결하려 했다. 결국, 쇼군의 후계자를 놓고 벌어진 싸움으로 '오닌의 난'이 일어나 수도 교토가 초토화되고, 쇼군의 권위가 땅에 떨어진다.

'오닌의 난'이 끝난 이후 영주들은 자신들의 영지로 돌아갔는데, 대부분이 자신의 대리인과 가신들에 의해 권력을 빼앗기거나 살해당했다. 이렇게 권력을 잡아 영주가 된 인물들을 전국 다이묘(센고쿠 다이묘)[19]라고 부르게 된다.

전국시대의 개막, 에도막부의 성립, 사무라이의 몰락

전국시대가 되자, 영주들은 자신의 영지에서 왕을 자처하고 군대를 모아 더 많은 영지를 점령하려 했다. 이때부터 전쟁에 참여하지 않던 농민이 본격적으로 징집되었고, 이에 아시가루[20]라는 이름의 보병 집단이 두각을 나타냈다.

이때부터 무사 집단은 지방관이나 지역의 유지에서 벗어나 일본 전역을 통치하는 집단으로 변모했다.

---

18) 슈고다이는 슈고나 슈고 다이묘들이 자신들의 구니에서 멀리 떨어져 직접 통치를 할 수 없을 때 이를 대행하기 위해 두는 직책으로 일종의 대리인이다. 슈고와의 차이점이라면 슈고는 막부에서 임명하지만, 슈고다이는 슈고나 슈고 다이묘들이 개인적으로 임명했다. 오닌의 난 이후 전국시대가 되면 일부 슈고다이들이 상관인 슈고 다이묘나 슈고를 배신하고 자신이 다이묘가 되기도 했다. 이들을 센고쿠 다이묘로 부르기도 한다.

19) 센고쿠 다이묘는 말 그대로 전국 다이묘라는 뜻으로 전국시대 다이묘를 말한다. 이들은 슈고 다이묘들이 센고쿠 다이묘로 변화하거나 슈고 다이묘의 대리인이던 슈고다이가 하극상을 일으켜 영지를 장악하는 경우였다. 우리가 잘 알고 있는 오다 노부나가나 우에스기 겐신, 다케다 신겐, 호조 우지야스, 모리 모토나리 등의 다이묘가 센고쿠 다이묘들이다. 다케다 신겐이 속한 가이의 다케다 가문이 슈고 다이묘에서 센고쿠 다이묘가 된 경우고, 이즈모와 에치고의 다이묘가 슈고다이에서 하극상으로 센고쿠 다이묘가 된 케이스다.

20) 아시가루는 발이 가볍다는 뜻에서 유래되었다고 하는데, 중세 초(남북조시대)부터 나타났던 존재들로 원래는 용병이었다. 이들의 주 전략은 게릴라나 방화로 집단 전투가 성행하자 이들의 존재가 부각되었고, 전국 시대에는 조직화 된 보병 집단이 된다. 현재 이들을 하급 무사로 분류하지만 사실상 일반 병사라고 보면 된다. 도요토미 히데요시가 아시가루에서 출세한 케이스이다.

전국시대에는 많은 영웅호걸이 등장한다. 어디선가 이름을 들어본 일본 장수라면 대부분 이 시기의 사람일 가능성이 매우 높다.

그렇다면 어째서 전국시대의 인물들이 유명한 것일까? 그 이유는 에도막부 때문이다. 전국 시대와 아즈치 모모야마 시대를 평정한 도쿠가와 이에야스의 에도 막부는 초대 쇼군 도쿠가와 이에야스를 미화하기 위해서 전국 시대의 인물들을 과장해 띄워주었다. 이를 통해 혼란의

그림 5 이마가와 요시모토

시대를 평정한 도쿠가와 이에야스를 대단한 인물로 만들 수 있기 때문이다.

특이하게도 이 과정에서 과소평가된 인물이 있다. 바로 이마가와 요시모토이다. 그는 관동 지방에서 매우 강력한 이마가와 가문의 가주로 도쿠가와 가문이 마쓰다이라 가문이던 시절 도쿠가와 이에야스의 주인이었다.

이마가와 요시모토는 '도카이도 제일의 무사'라는 별칭을 가지고 있었던 만큼 무예 실력뿐만 아니라 경영 능력까지 출중한 인물이었다. 그는 스무가 국의 영주로서 주변에 있던 도토미, 미카와, 오와리 지역까지 영향력과 영지를 확대해 '천하에 가장 가까운 남자'로 불렸다. 하지만 그는 오다 가문을 침공한 오케하자마 전투에서 오다 노부나가의 기습을 받고 전사하고 말았다.

당시 이마가와 요시모토는 얼굴에 화장을 한 상태였다고 하는데, 오다 군이 야밤에 기습해 끝까지 싸우다 전사했다. 마지막까지 싸우다 전사한 이마가와 요시모토였지만, 에도 막부에서는 초대 쇼군을 억압한 주인(이에야스는 요시모토의 가신)으로 판단하고, 그를 전장에서 화장이나 하는 여성적인 인물이라 깎아내렸다. 하지만 당시 화장(얼굴에 분칠)을 하는 행위는 일본의 귀족 계층이 하던 문화로 매우 수준높은 문화적 행위였다. 거기다 이러한 행위는 무사들 중에서도 슈고 다이묘 이상만 허용되는 행위

였다고 한다.

이마가와 요시모토에 대한 기록이 악의적이라는 것을 증명할 수 있는 기록이 있는데, 풍림화산이라고 일컬어지는 다케다 신겐이 자신의 매부였던 이마가와 요시모토에게는 평생동안 한 번도 대들지 못했다는 것이다. 이 외에도 이마가와 요시모토를 그린 그림들은 대부분 무시무시한 대장군의 모습을 하고 있다.

〈인왕 2〉라는 게임에서 이마가와 요시모토가 등장하는데, 여기서는 그를 중립적으로 묘사했다. 역사처럼 오케하자마 전투에서 얼굴에 분칠을 한 채로 습격을 받지만, 대장부 답게 싸우다 장렬한 최후를 맞이했다. 하지만 당시 풍조를 알지 못하는 현대인에게는 얼굴에 분칠을 하고 있는 모습이 우스꽝스럽게 보여졌다.

이마가와 요시모토를 이긴 오다 노부나가는 전국시대하면 빠질 수 없는 인물이다. 그는 다른 영주와는 달리 서양의 문물을 적극적으로 받아들여 천하를 손에 넣을 뻔한 인물이다. 그의 옆에는 흑인 사무라이도 있었을 정도로 당시에는 매우 선구자적인 인물이었다. 〈인왕 2〉에서는 그의 부관인 흑인 사무라이 〈야스케〉를 비롯해 혼노지의 변으로 오다 노부나가를 죽인 아케치 미쓰히데 등 다양한 인물이 등장한다. 이외에도 오다 노부나가의 이름을 딴 〈노부나가의 야망〉이라는 게임도 있다. 〈쇼군 토탈워 2〉는 아예 전국 시대 일본 전체를 무대로 유명한 사무라이 영주로 게임을 즐겨볼 수도 있다. 〈Sekiro Shadows Die Twice〉도 전국시대를 배경으로 하는 게임이기는 하나 완전 창작물이라고 생각하면 된다.

이외에도 소개하고 싶은 사무라이가 있다. 바로 미야모토 무사시와 사사키 코지로이다.

미야모토 무사시는 단 한번도 대결에서 진적이 없다는 전설적인 검술가이며, 특이하게 서화에도 능했다고 한다. 그는 일본 내에서 니텐이치류(이도류)라고 불린 검법의 시조로 1584년에 출생한 것으로 추측된다. 그가 남긴 '오륜서'는 세계 3대 병법서로 알려져 여러 언어로 번역되었다고 한다. 같

그림 6 고쿠라 성에 있는 두 검객의 결투 동상. 왼쪽 (사사키 코지로), 오른쪽 (미야모토 무사시)

이 언급한 사사키 코지로라는 인물은 미야모토 무사시의 라이벌로서 약 1m에 달하는 장도를 즐겨쓴 인물이라고 한다. 이 둘 모두 아즈치 모모야마 시대부터 에도 막부 초기에 실존한 인물로 후나시마 섬에서 벌인 '간류섬의 결투'가 매우 유명하다. 이 두 인물 모두 〈Fate 시리즈〉에 등장했는데, 사사키 코지로는 남성이었지만, 미야모토 무사시는 여성으로 등장했다.

마지막으로 사무라이가 역사에 등장한 것은 에도막부 말기의 보신 전쟁[21]이다. 보신 전쟁은 막부를 지지하는 막부파와 천황을 지지하는 존왕파 간의 내전으로 이때 신선조와 유신지사라는 유명한 사무라이 집단이 등장했다.

신선조는 일본어로 신센구미라고 불리는 집단으로 이들은 24명에서 시작해 200명까지 불어나 막부의 경찰 노릇을 했고, 유신지사는 막부를 타도하고 천황을 옹립해 새로운 세상을 열어야 한다고 주장한 세력이다.

유신지사 중 유명한 인물로는 사카모토 료마가 있다. 〈용과 같이 시리즈〉에서는 사카모토 료마를 주인공으로 하는 대체역사 게임 〈용과 같이 유신!〉을 발매하기도 했다. 2023년 2월 22일에 한국어화로 리메이크가 결정되어 당시 시대상을 체험해볼 수 있을 것이다.

이외에도 유신지사와 신선조 모두가 등장하는 게임도 있는데, 〈쇼군 토탈워 2 사무라이의 몰락〉이다. 이 게임은 보신전쟁을 배경으로 막부파와 존왕파의 전쟁을 다루는데, 서양 열강도 등장해 사무라이와 총, 대포의 전쟁을 재현할 수 있다.

---

21) 에도 막부를 지지하는 세력들과 천황을 지지하는 세력들 간의 전쟁을 말한다. 천황파에는 삿초동맹(사쓰마번, 조슈번), 도사번, 사가번 등이 있었고, 막부파에는 아이즈, 나가오카, 센다이, 쇼나이, 요네자와, 야마가타, 모리오카, 미토, 이와키 다이라, 조자이, 무라카미번 등이 있었다. 하지만 천황파의 승리로 끝나면서 왕정복고와 함께 에도 막부가 멸망하고 일본 제국이 성립된다.

▌사무라이가 만든 성 천수각

그림 7 고쿠라 성 천수각 전경

사무라이들이 만들었던 성들은 많이 남아 있다. 우리나라와 중국과도 다른 특이한 형태를 하는 것이 일본의 성이다. 일본의 성에는 산성도 있지만 주로 평성이 많이 있다. 이 평성은 평지에 세워진 성을 의미한다.

일본의 성들은 특이하게도 천수각이라는 구조물이 있다. 천수각은 그림 7처럼 높은 건물을 말한다. 이곳은 보통 영주들이 거주하던 공간으로 매우 높게 만들어져 있다. 이것은 영주가 자신의 영지를 다 둘러볼 수 있다는 것을 의미하기도 하며, 감시의 역할도 수행한다.

추가로 영주 자신이 제일 높은 곳에 있음을 의연중에 내비치는 역할도 하게 된다. 군사적인 측면에서는 평지라 천수각에서 주변이 훤히 보인다. 때문에 외부의 적도 쉽게 발견할 수 있다. 일본에서는 성들을 복원 및 유지하면서 관광 코스로 이용하고 있다.

사진의 장소는 규슈섬에 있는 고쿠라 성이다. 에도 시대에는 고쿠라 번의 관청으로 쓰였고, 전국 시대에는 기독교 영주였던 오토모 가문이 차지하기도 했던 성이다. 일본 성을 보면 천수각과 함께 여러 형태의 성곽과 내부 구조가 있다. 특이하게도 성문 바로 뒤는 높은 언덕이 있고, 길이 양쪽으로 나있는데, 이는 성문이 뚫렸더라도 언덕에서 궁수가 활을 쏘고 적들이 천수각으로 빠르게 오지 못하게 막는 역할을 했을 것으로 보인다. 성 주변에는 해자가 파져있는데, 물로 채워져 있지만, 안에는 말뚝과 같은 것들이 있다.

사무라이 영주들이 만든 성들은 현대 일본에게는 엄청난 문화유산임과 동시에 고마운 관광자원인 셈이다.

▌무사도와 사무라이 & 현재의 사무라이는?

일본에는 무사도라고 불리는 것이 있다. 부시도라고 부르기도 하는데, 구체적으로는 일본에서 무사 계급의 윤리 도덕 규범이나 가치 기준 등을 이루는 사상을 말한다. 원래는 이런 무사도라는 것이 정립되어 있지 않았는데, 평

그림 8 1860년대 말 사쓰마 번의 사무라이들

화로운 에도 시대가 되어 사무라이(무사)들의 악습인 츠지기리[22]를 비롯한 무사 계급의 횡포 때문에 정립된 것으로 보인다. 하지만 현대에 우리가 알고 있는 무사도는 이때 나온 것이 아니다. 가장 최근에 무사도가 사용된 것은 2차 세계 대전 중이다.

2차 세계 대전 중 일본이 진주만을 습격해 태평양 전쟁이 터졌고, 이후 전황이 불리하게 흐르면서 연합군에게 일본 제국의 본토가 공격받자 '1억 총옥쇄'와 같이 물러서지 말고 끝까지 싸우라는 식의 이야기를 하면서 무사도를 사용하기 시작한다. 문제는 이 시기의 전쟁은 무사들이 하는 것이 아니라 일반인들이나 식민지인(조선인을 비롯한 식민지인들)들이 전쟁터에 끌려가는 상황이었기 때문에 그저 군국주의 일본 제국의 이데올로기 중의

---

22) 칼의 품질을 확인하기 위해 밤거리를 지나가는 행인들을 베던 행위를 말한다. 이 츠지기리는 중세시대부터 존재했던 것으로 여겨지고 있다. 토오리마라고도 불리며, 토오리마는 후대에 묻지마 살인을 하는 사람을 의미하게 된다. 츠지기리외에도 사무라이 밑 계급들이 사무라이에게 무례나 모욕을 할 경우 즉결 처형할 수 있는 권리인 기리스테고멘이라는 것도 있다.

하나로 전락했다.

현대에는 메이지 유신과 폐번치현[23]을 통해 사무라이들은 사라졌다고 생각할 수 있으나 그렇지 않다. 원래 보신전쟁에서 천왕을 지지했던 삿초 동맹의 사츠마나 조슈도 원래는 번으로 사무라이였다.(다만 하급, 중급, 상급과 같은 신분의 차이는 있었을 수 있다.) 단지 시대의 흐름을 파악하고 신문물을 접했을 뿐이다. 결국에는 현재에 안주하려는 사무라이들과 새로운 시도를 하려는 사무라이들 사이에서 일어난 전쟁이 보신 전쟁인 셈이다. 그리고 새로운 시도를 한 사무라이들은 일본을 제국으로 탈바꿈시켰다. 우리나라를 비롯한 주변 국가들에게는 지옥과 같은 일이겠지만, 일본에는 좋은 일이었던 셈이다. 그리고 폐번치현 이후에도 폐지된 번의 다이묘들은 새롭게 설치된 현에서 지역 유지, 유력 가문(사족)이 된다.

일본 근대화의 주력이라고 불리는 오쿠보 도시미치, 기도 다카요시, 사이고 다카모리 모두 사무라이이거나 사무라이 가문 출신이기도 해 일본의 근대화는 사무라이들과 분리될 수 없다. 일본 제국이 2차 세계 대전에서 패배한 후에도 냉전으로 일부 전범들은 제외하고 대부분 다시 기용되면서 사무라이들은 신분과 명칭을 바꾸고 아직도 일본의 정계나 높은 자리들을 차지하고 있다. 헤이안 시대에 경호집단으로 시작한 사무라이들은 지금도 일본의 상위층으로 활동하고 있는 셈이다.

---

23) 1871년 8월 29일에 지방 통치 단위인 번을 폐지하고 현을 설치한 것을 말한다. 번은 사실상 에도 막부의 다이묘(사무라이)들의 기반이었기 때문에 번을 폐하고 현을 설치하는 것은 무가정권의 실질적인 끝을 의미하기도 한다.

사무라이들은 어떤 갑옷을 입었을까?

그림 1 〈포 아너〉에 등장하는 사무라이 캐릭터 '오로치'

인류 역사에는 다양한 갑옷이 존재했다. 악마를 연상하게 하는 갑옷이나 동물 가죽을 뒤집어쓰던지 말이다. 유럽에서는 튜튼기사단들이 사용하던 투구에 소의 뿔이나 용의 날개처럼 보이는 상식이 되어있다. 이것은 직들에게 충분한 위압감을 줄 수 있다고 한다. 아즈텍과 같은 아메리카 지역의 전사들은 재규어나 표범의 가죽을 갑옷(이 경우는 일반적인 갑옷과는 조금 다른 역할)으로 입은 모습들이 등장하는데 이것도 적들에게 위압감을 줄 수 있다. 육식동물의 가죽을 갑옷으로 입고 있다는 것은 그 짐승을 사냥해서 입고 있다고 느낄 수도 있으니 말이다. 이처럼 지역과 시대에 따라 갑옷의 외형이 다르다.

동양도 다양한 갑옷이 있었다. 이번에는 그중에서 일본 사무라이들이 입던 갑옷에 대해서 알아보도록 하자.

사무라이들의 갑옷

그림 2 〈포 아너〉에 등장하는 사무라이 캐릭터 '켄세이'

원래 사무라이라는 말에는 무사라는 뜻도 있지만, 말을 타고 전투를 할 수 있는 자격을 가진 무사들을 말하는 뜻이기도 했다.

사무라이가 무사 집단을 의미하기 시작하던 헤이안 이후부터 일본의 무사들이 착용한 갑옷의 종류는 생각보다 다양하다. 여기서는 크게 찰갑과 당세구족에 대해서 이야기해보려 한다.

찰갑 종류 갑옷

먼저 찰갑이 뭔지에 대해서 간단하게 알아둘 필요가 있다. 찰갑은 가죽이나 뼈, 철 등 단단한 재료를 물고기 비늘형태로 만들어낸 미늘 조각들에 구멍을 뚫고 엮어 옷 형태로 만들어 입는 것을 말한다. 철제기술이 좋아지고 난 이후부터는 주로 철로 미늘 조각을 만들어 사용했다. 우리나라에 고구려 벽화에 등장하는 개마무사가 입은 갑옷도 찰갑이다.

오오요로이(대개)

이 갑옷은 찰갑의 일종인 오오요로이다. 대개(大鎧)라고도 불리는데 한

자를 풀어보면 말 그대로 큰 갑옷이라는 뜻으로 사실상 중장갑이라고 보면 될 것 같다. 일본의 갑옷들은 상당히 화려함과 함께 남자의 마음을 자극하는 무언가가 있다. 하지만 한편으로는 전투에서 실용성이 떨어질 것 같다.

그림 3 가마쿠라 시대 오오요로이

오오요로이는 헤이안 시대부터 가마쿠라 막부 시대에 유행한 갑옷이다. 이 갑옷은 사무라이를 상징하는 갑옷 중 하나로 여겨지는데 이는 위에서 언급한 초창기 사무라이가 말에 탑승해 전투할 수 있는 자격을 지닌 무사들이었다는 데에 주목해야 한다.

사무라이들은 헤이안 시대부터 가마쿠라 막부 시기까지 말 위에서 활을 쏘며 전투를 하는 방식을 선호했다고 한다. 말 그대로 기마 궁술이 주된 전투 방식이었다는 소리다. 여기서 특이한 점은 기마전에서 왼쪽의 적을 향해 활을 쏘는 것이 기본자세라고 알려져 있다.

허리 밑과 양어깨에 있는 쿠사즈리도 화살을 방어하기 위한 용노로 사용되었다고 한다. 아무래도 기마 궁술이 주된 전투 방식이었던 만큼 공격과 방어를 할 때 화살을 방어하기 위한 용도에 특화되었던 것으로 보인다. 꼭 화살이 아니라도 기마전에서 창이나 검 등의 무기에 공격당할 때 어깨나 허리 밑에 있는 4개의 쿠사즈리가 방어를 해주었을 것이다. 다만 오오요로이는 무로마치 막부 이후 전국 시대에 들어서면서 당세구족이라는 갑옷이 등장하자 전투에서는 사용되지 않고 봉납이나 선물로 서로 교환, 가문의 상징으로 남게 된다. 여러 매체에서 사무라이와 같은 고위층 집에 갑옷이 전시된 경우가 이런 경우다. 게임 〈고스트 오브 쓰시마〉를 보면 주인공 사카이 진의 저택과 일부 성에서 이런 오오요로이가 전시된 경우를 볼 수 있다.

그림 1을 보면 〈포 아너〉에 등장하는 '오로치'라는 캐릭터인데, 이 캐릭터

가 입은 갑옷이 오오요로이와 유사하다. 하지만 완벽하게 같지는 않다. 〈포아너〉는 각 세력의 특징을 잘 활용해서 만들었을 뿐이니 말이다.

도오마루(동환)

이 갑옷는 도오마루(동환)이라고 불리는 갑옷이다. 이 갑옷도 찰갑의 일종이지만 위에서 설명한 오오요로이가 말 위에 탄 사무라이들이 착용한 갑옷이라면, 도오마루라 불리는 이 갑옷은 도보로 다니는 하급 무사들이 주로 착용하던 갑옷이다. 오오요로이와 다른 점은 허리 밑에 있는 쿠사즈리가 4장이 아닌 8장이다. 오오요로이는 말 위에 있을 때 착용하는 것이라 4장이지만, 도오마루는 도보로 이동하며 전투하기 때문에 8장이라고 한다. 쿠사즈리가 8장이 되면 이동하기도 쉽고 4장에 비해 하반신 보호도 쉽다.

그림 4 오야마 기온 신사에 보관된 도오마루 갑옷

보통 게임에서 보면 갑옷을 입은 사무라이 중에서 쿠사즈리가 4개인 경우도 있고, 치마처럼 원통형으로 된 것이 있다. 실제 고증에 따르면 치마처럼 원통형으로 쿠사즈리가 8개 정도 들어간 갑옷이 도보에 적합한 것이라 할 수 있겠다. 4개로 되어 있는 경우는 실존했던 갑옷은 맞으나 기마무사가 입기 적합했다는 것을 기억하자.

토우세이구소쿠(당세구족)

오오요로이 이후 일본 사무라이들이 많
이 착용한 갑옷은 토우세이구소쿠라고
불리는 갑옷이다. 한자로는 당세구족
이라고 부른다. 이 갑옷은 무로마치
시대 후기에서 전국시대, 아즈치 ·
모모야마 시대에 등장한 새로운 갑
옷 양식이다. 한자로 뜻을 살펴보
면 당세구족에서 당세는 지금 현재
라는 뜻으로 그 당시에는 기존의 갑
옷인 오오요로이나 도오마루와는 전
혀 다른 방식의 갑옷이라 그렇게 불렸던
것 같다. 그리고 구족은 충분히 갖
춰져 있다는 의미와 함께 가마쿠라

그림 5 토우세이구소쿠(당세구족)를 입은 사무라이
1860년경 촬영됨

막부 때부터 갑옷을 부르는 이름으로 쓰였다.

토오세이구소쿠가 이전 갑옷들보다 뛰어났던 점은 대량생산이 가능한
데 갑옷의 성능도 준수했다는 것이다. 무로마치 말기부터 아즈지 · 모모야
마 시대는 말 그대로 혼란의 시기였고, 집단 보병전의 양상을 보이자 일반
보병들인 아시가루에게 대여할 병장기와 갑옷도 마련해야 했기 때문에 우
선은 대량생산이 중요했다. 이 시기쯤 되면 철로 갑옷을 만드는 경우가 많
아지면서 과거 갑옷들의 복잡한 구조보다는 구조를 단순화해도 충분히 갑
옷의 성능을 끌어낼 수 있는 상태가 되었다.

난반도우구소쿠(남만동구족)

토우세이구소쿠도 여러 파생형이 있다. 그중에서 남반도우구소쿠(남만
동구족)라고 불리는 갑옷에 대해서 알아보자. 이 갑옷은 특이하게도 가슴
부분이 유럽의 갑옷과 비슷한 느낌이다. 실제로 전국 시대에 포르투갈 상인

들이 일본과 접촉했고, 이 과정에서 탄생한 갑옷이다.

이 시기 도쿠가와 이에야스는 오다 노부나가와 마찬가지로 신문물을 적극적으로 활용한 다이묘 중 하나이다. 도쿠가와 이에야스는 윌리엄 애덤스라는 영국인 항해사가 일본에 표류하자 그를 데려와 가신으로 삼았고, 나중에 윌리엄 애덤스는 미우라 안진이라는 이름과 영지를 하사받고 일본에 귀화한다. 이때 윌리엄 애덤스의 배에서 나온 갑옷을 모방해 만든 갑옷이 난반도우구소쿠라고

그림 6 세키가하라 전투에서 도쿠가와 이에야스가 착용했다고 알려진 남만동구족

알려져 있다. 당시 유럽의 상선이 무장하고 있었던 것을 생각해보면, 충분히 상선에서 갑옷이 나올 수 있다고 추측된다. 추측이라고 하는 이유는 구체적인 사료(기록)가 현재로서는 전하지 않기 때문이다.

이 갑옷은 조총과 같은 총탄 무기를 방어하기 위해 위의 그림처럼 비스듬하게 갑옷을 제작했다. 이 갑옷은 게임에서도 자주 등장하는데, 아이러니하게도 오다 노부나가가 이런 종류의 갑옷을 자주 입고 등장한다. 〈인왕 2〉나 〈오다 노부나가의 야망〉같은 게임에서 말이다.

에도 시대는 평화로웠기에 쇄국 정책을 했으나 혼란스러웠던 전국 시대와 오다 노부나가가 집권했던 아즈치 · 모모야마 시대에는 적극적으로 서양의 신문물을 받아들이는데 거리낌이 없었고, 이런 과정에서 탄생한 갑옷이 난반도우구소쿠라고 볼 수 있겠다.

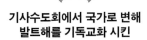

기사수도회에서 국가로 변해
발트해를 기독교화 시킨

튜튼기사단
Teutonic order

튜튼기사단
Teutonic order

■ 튜튼기사단의 형성과 발트해 정착

그림 1 튜튼기사단 문장

게임에는 수많은 기사단이 존재한다. 이 기사단 중에서는 실제 역사에 존재했던 기사단들도 많이 있다. 그리고 이런 기사단 중에서 특히 게임에서 자주 사용되는 것은 성기사이다. 역사에서 여러 기사단과 성기사가 존재했지만, 그중에서도 화려한 전적을 남긴 기사단이 있다. 이번 장에서는 화려한 기사단 중 하나였던 튜튼기사단에 대해서 알아보겠다.

튜튼기사단은 여타 다른 기사단들과 마찬가지로 성지였던 중동의 레반트 지역에서 시작된 기사단이다. 이들은 제3차 십자군 전쟁 당시에 십자군을 지원할 목적으로 예루살렘 근방에 있는 아크레라는 항구 도시에서 야전병원으로 1190년에 시작되었다. 이들은 아크레에서 처음 탄생한 만큼 십자군 전쟁과 기독교 국가들이 중동에 존재하는 동안 아크레의 방위를 맡은 집단이기도 하다.

보통 튜튼기사단은 독일기사단으로 불리는데, 튜튼기사단에 소속된 사람 중에 독일 출신이 많기 때문이다. 실제로 튜튼기사단은 존속하는 동안 지금의 독일인 신성 로마 제국에 충성했다. 이후에는 국가가 되어 독일 기사단국으로 불리기도 했다. 튜튼기사단은 튜토닉 오더, 튜턴기사단 등으로도 불리는데 여기서는 튜튼기사단으로 부르겠다. 튜튼기사단의 기사들은 검은 십자가가 새겨진 흰색 외투를 주로 입었으며, 이들의 휘장은 프로이센과 독일에서 군사 장식이나 휘장으로 사용되었다.

튜튼기사단의 그랜드 마스터 중 헤르만 폰 잘차라는 인물이 있다. 이 인물은 신성 로마 제국의 황제 프리드리히 2세와 교황 사이의 중재자로도 알려진 유명한 인물이다. 헤르만 폰 잘차는 십자군 전쟁에서 기독교 세력이 이슬람 세력에 패하고 중동의 기독교 국가들이 망하자 튜튼기사단을 이끌고 1211년에 트란실바니아(현재는 루마니아 영토)로 이동한다. 당시 동유럽은 유목 민족인 쿠만인에게 고통받고 있었다. 헤르만 폰 잘차는 트란실바니아에서 헝가리 왕국에 귀의해 쿠만인으로부터 헝가리 왕국을 보호했다.

여기서 그랜드 마스터 헤르만 폰 잘차는 〈미디블 토탈워 2 SS 모드 그랜드 캠페인〉 초기 시대에서 지도자로 등장한다. 다만 그랜드 캠페인에 튜튼기사단은 후기 시대에만 등장하므로, 초기 시대에 등장을 시키려면 에디터로 게임의 데이터를 수정해야만 했다. 필자는 과거에 다음 카페에서 에디터 기술을 배워(당시에는 메모장으로 고치는 쉬운 형태였다.) 초기 시대 그랜드 캠페인에 튜튼기사단을 플레이할 수 있게 만들었었는데, 이때 헤르만 폰 잘차를 본 기억이 있다.

〈미디블 토탈워 2〉가 발매된 시기는 2006년 11월 15일이고, 2007년 8월에 확장팩인 〈미디블 토탈워 2 킹덤즈〉가 출시되었는데, 튜튼기사단은 킹덤즈에서 처음 등장했다. 이후에 본편과 킹덤즈를 합친 SS 모드가 등장했고, 여기서 튜튼기사단으로 플레이하는 사람들이 많았다. 아마 대부분의 사람들이 튜튼기사단을 처음 접한 것이 〈에이지 오브 엠파이어 2〉일 가능성이 높지만, 튜튼기사단이 가진 상징성과 독특한 갑옷 디자인은 〈미디블 토탈워 2 킹덤즈〉에서 본 사람들이 많을 것이다.

튜튼기사단은 1198년에 기사수도회로 격상되었고, 1211년에는 트란실바니아로 이동해 헝가리군을 도와 쿠만인을 물리치고 헝가리 국왕에게 트란실바니아 브르첸란트 지역을 받았다. 튜튼기사단은 성을 기점으로 주변의 쿠만인을 소탕하며 영토를 확장했다. 튜튼기사단이 영토를 확장하기 시작하자 기사단이 차지한 영토를 탐내는 귀족이나 주교가 생겨나기 시작했다.

이들은 기사단에게 영지에 대한 소유권을 주장했지만, 기사단은 이를 받아들이지 않았고, 헝가리의 왕위 계승자였던 벨라 왕자가 귀족들과 동맹을 맺고 튜튼기사단을 축출할 준비를 한다. 1224년에 튜튼기사단은 벨라 왕자가 왕위를 계승하게 되면 자신들에게 피해가 생길 것으로 판단하고 교황

호노리우스 3세에게 도움을 요청(독자적인 자치를 행사하는 수도원이 되게 해달라는 요청)했으나, 1225년에 헝가리 왕국이 튜튼기사단을 추방해 그동안 기사단이 확장한 영지를 잃게 되었다. 하지만 이는 헝가리 왕국의 실수였다. 쿠만인의 위협은 여전히 사라지지 않았는데, 헝가리 왕국은 욕심으로 인해 자신들을 지켜주던 튜튼기사단을 쫓아낸 것이다.

헝가리 왕국에게 추방당한 튜튼기사단은 그동안 쌓은 경력이 있었기에 이듬해(1226년)에 마조비아 공작인 콘라트 1세의 요청으로 국경을 방어하고 프로이센 지역을 정복해 달라는 요청을 받게 된다. 당시 프로이센 지역에서 살고 있는 고대 프로이센인들은 기독교가 아닌 이교도들이었다. 자신의 영토 가까이에 이교도들이 있는 것을 탐탁치 않게 생각한 마조비아의 공작은 이 문제의 해결을 튜튼기사단에게 의뢰한 것이다. 콘라트 1세는 요청을 수락한 튜튼기사단에게 첼름노(Culmerland)라는 지역을 튜튼기사단이 프로이센 원정의 기지로 삼을 수 있도록 해주었다. 이때까지도 튜튼기사단의 그랜드 마스터는 헤르만 폰 잘차였고, 그는 프로이센이 레반트 지역의 이슬람 세력들과 싸우기 전에 전투경험을 쌓기 좋은 곳으로 판단했다.

튜튼기사단은 프로이센 지역으로 이주하려는 이주민들을 흡수해 병력을 강화하고 프로이센 지역을 정복하기 위해 준비했다. 이주민들은 독일인이 많았는데, 때문에 2차 세계 대전 직전에도 프로이센 지역은 독일의 영토였다. 신성 로마 황제 프리드리히 2세는 Golden Bull of rimini(리미니의 황금황소)라는 이름의 칙령을 발표해 튜튼기사단이 영토를 정복하고 획득할 수 있는 특권을 부여했다. 이를 통해 튜튼기사단은 영토를 얻게 되면 주권 국가가 될 수 있는 특권을 받은 것이다.

당시 교황이었던 호노리우스 3세는 프로이센을 정복하는 것에 대한 십자군을 선포하기도 했다. 이 십자군을 후대에는 발트 십자군 혹은 북방 십자군이라 부른다. 여기서 우리가 알 수 있는 사실은 성전기사단의 경우는 해체되었지만, 구호소와 야전병원으로 시작했던 구호기사단과 튜튼기사단은 주권을 가진 국가가 되었다는 사실이다. 그리고 지금도 두 기사단은 존재하고 있다.

1235년에는 프로이센 초대 주교였던 크리스티안이 1225년에 설립한 도브린 혹은 도브진 기사단을 튜튼기사단이 흡수했다. 튜튼기사단은 프로이센 정복에만 50년 가량을 사용했다. 튜튼기사단은 프로이센 지역에 살고 있던 고대 프로이

지도 1 튜튼기사단의 활동 지역(본부였던 곳들)

센인을 무차별적으로 학살했다. 세례를 받은 사람들은 살아남았지만, 개종하지 않은 사람들은 죽임을 당했다. 동시에 기독교 세력에 귀의한 프로이센인 귀족은 특권을 누렸다. 프로이센 지역은 몇 차례 반란이 일어났지만, 모두 튜튼기사단에게 진압당한다. 튜튼기사단은 프리드리히 2세 신성 로마 제국 황제의 칙령으로 로도스 혹은 몰타 기사단(구호기사단)처럼 주권을 가진 수도원 국가가 되었다. 그리고 살아남았던 일부 프로이센인들은 독일에 흡수되었다. 여기서 알 수 있는 점은 기사수도회 국가였던 구호기사단과 튜튼기사단에게는 이교도에 대한 처분은 가차없었다는 것을 알 수 있다.

프로이센을 정복하면서 명실상부한 주권을 가신 수도원 국가가 된 튜튼기사단은 1237년에 리보니아 검의 형제단도 흡수한다. 이후 지금의 에스토니아 지역까지 확장을 시도한 튜튼기사단은 1242년 노브고르드의 알렉산드르 네프스키에 의해 큰 패배를 당하면서 동방정교(후의 러시아 정교)의 영역으로는 확장하지 못한다. 이후 각지에서 일어난 반란을 진압하고 1346년에 덴마크에 에스토니아 공국을 매입한다. 튜튼기사단은 계속해서 발트해에서 활동했지만, 1291년에 예루살렘 왕국이 아크레에서 멸망하면서 이곳에 있던 본부를 베네치아로 옮긴다. 이후 1309년은 되어야 튜튼기사단의 본부가 마리엔부르크(폴란드 북부 도시)로 이동한다. 튜튼기사단의 본부가 마리엔부르크, 쾨니히스베르크 등에 존재하면서 튜튼기사단은 후에 프로이센 공국의 전신이 되었다.

▌수도원 국가로서의 튜튼기사단의 행보

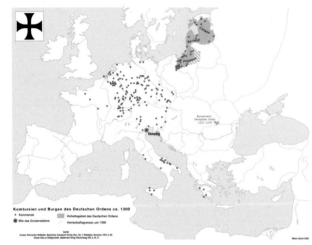

지도 2 1300년경 유럽 각지 튜튼(독일)기사단의 지부 소재지(CC BY-SA 4.0) 작성자 : Marco Zanoli

1241년 4월 9일에는 유럽을 강타한 공포의 군단인 몽골을 상대로 레그니차에서 전투가 일어났다. 이 전투 당시 몽골 제국군을 상대로 유럽의 연합군이 전투를 치렀다. 당시 튜튼기사단이 참전했다고 알려져 있으나, 실제로 그들이 참전했는지는 알 수 없으며, 이 전투에 참가한 독일, 폴란드, 리투아니아 연합군은 궤멸되었다. 이 레그니차 전투를 최근에 발매된 게임인 〈에이지 오브 엠파이어 4〉에서 몽골제국으로 할 수 있다.

14세기 초부터는 포메라니아 공국의 계승에 대한 문제로 갈등에 휘말리게 된다. 이 갈등은 브란덴부르크가 소유하고 있던 소유권 주장을 구입하고, 포메라니아 지역을 통제하면서 일단락되었다. 이때부터 국경이 맞닿게된 폴란드는 튜튼기사단의 적이 되었다.

튜튼기사단은 14세기 말까지 비기독교로 남아있던 리투아니아를 상대로 십자군을 선포했다. 리투아니아와의 전쟁은 오랜 시간이 소요되었고, 1348년에 스트레바 전투에서 리투아니아를 상대로 큰 승리를 거두어 이들을 약화한 후, 1370년 루다우 전투에서 결정적인 승리를 거둔다. 〈미디블 토탈워 2 킹덤즈〉에 등장하는 튜튼기사단 캠페인이 이 시기를 다루고 있다.

이교도 국가였던 리투아니아를 상대하는 테마를 가지고 있으며, 캠페인 자체에서 모든 세력에게 공격당하기 좋은 위치에 있지만, 병력이 매우 강력하다.

그림 2 그룬발트 전투

한동안 튜튼기사단은 영향력을 행사하면서 강력한 주권 국가로 남아있었다. 하지만 폴란드의 여왕 야드비가가 1386년에 기독교로 개종한 리투아니아의 대공 요가일라와 결혼을 통해 폴란드 리투아니아 연방을 만들어내자, 튜튼기사단의 힘은 약해지기 시작했다. 1410년 7월 15일에 일어난 그룬발트 전투에서 튜튼기사단이 폴란드 리투아니아 연방에게 대패하는데, 이때부터 튜튼기사단은 힘을 잃고 쇠퇴하기 시작했다.

방금 언급한 폴란드의 야드비가 여왕은 〈문명 6〉의 DLC에서 추가된 폴란드 문명의 지도자로 등장한다. 또한 〈에이지 오브 엠파이어 2 네끄니트 에디션〉에서 2번째 확장팩 군주들의 여명에 야드비가가 주인공인 캠페인이 등장하기도 한다.

튜튼기사단의 오랜 숙적이었던 리투아니아와 폴란드가 손을 잡게 되면서, 튜튼기사단은 강력한 적과 맞서야 했다. 이후 계속된 전투로 튜튼기사단은 쇠약해지다가 종교개혁과 1519년부터 1521년까지 치러진 폴란드-튜튼 전쟁 이후 브란덴부르크의 그랜드 마스터 알베르트가 1525년에 루터교로 개종하면서 프로이센 지역에서 튜튼기사단이 완전히 축출되었다. 알베르트는 나머지 프로이센 영토를 세속화시켰고, 프로이센 공국이 탄생했다.

튜튼기사단은 프로이센에서는 축출되었지만, 리보니아와 신성 로마 제국 내에는 영토가 존재했었다. 하지만 이것도 1525년까지 있었던 독일 농민 전쟁으로 인해 제국 내에 있는 영지는 많은 부분이 파괴되고, 프로테스탄트 영주들에게 몰수된다. 리보니아 지역 또한 리보니아 전쟁 중에 이웃해 있는 다른 세력들에게 분할되었다. 이후 30년 전쟁에서 영향력을 더 상실하게 되었고, 마지막 기사단령은 1808년 나폴레옹 보나파르트에 의해 완전히 해체되었다.

▌튜튼기사단이 독일에 미치는 영향

튜튼기사단은 프로이센 공국이 들어서면서 쇠퇴의 길을 걸었고, 마지막 영지는 나폴레옹에게 해체당했다. 하지만 나폴레옹의 패배 후 오스트리아 제국이 1834년에 튜튼기사단을 부활시킨다. 1929년에는 명예 가톨릭 단체로 바뀌었고, 오스트리아 빈에 본부가 존재한다.

기사단이 사용한 하얀 바탕에 검은 십자가 문양은 독일 제국과 나치 독일에서 군사 상징으로 차용되어 사용된다. 나치 독일의 경우 독일 민족주의 선전을 위해서 튜튼기사단을 이용하였다. 근대 독일의 뿌리에는 튜튼기사단이 있었기 때문이다. 근대 독일은 프로이센 공국이 모태였고, 프로이센 공국의 모태는 튜튼기사단이었다.

그렇다보니 1차 세계 대전 이후 독일 동부 영토가 프로이센만 남은 독일에게는 튜튼기사단을 민족주의 선전으로 사용해 동부 영토를 되찾으려 한 것이다.

문제는 프로이센 지역을 나치 독일이 민족주의 선전을 위해 사용하자, 2차 세계 대전에서 승리한 연합군이 프로이센 지역을 폴란드와 소련에게 넘겼다. 이는 또다시 튜튼기사단과 프로이센 지역을 이용해 민족주의를 선전하지 못하게 하려는 의도도 있었다. 소련도 과거 튜튼기사단이 프로이센 지역 동쪽의 동방정교 지역으로 확장을 시도한 전력이 있었기 때문에, 이를 막기 위해 영토를 연합군에게 넘겨받는다.

튜튼기사단은 기사수도 회로서 당시에도 강력한 국가였다. 〈미디블 토탈워 2 킹덤즈〉에서 등장하는 리터브뤼더라고 불리는 기사들은 투구에 황소와 황소의 뿔, 용이 장식되어 있고, 투구에 용의 날개가 달려있다. 이들이 말을 타고 돌격을 한다면 상대는 상당한 심리적 압박감을 받았을 것이다.

〈유로파 유니버셜리스 4〉에서도 튜튼기사단은 등장한다. 다만 쇠퇴한 시점부터 시작하기 때문에, 어려운 국

그림 3 1920년 독일 국민당의 포스터(폴란드인과 사회주의자들에게 공격받는 독일인 기사) '동쪽을 구하라'라고 적혀있다

가에 속한다. 프로이센 공국의 전신이라 하는 사람들도 있지만, 상대적으로 좀 더 쉬운 브란덴부르크로 프로이센 공국과 녹일 연방을 만드는 경우가 너 많다. 사실상 튜튼기사단은 어려운 난이도를 위한 사람들이나 하는 국가가 되었다.

튜튼기사단은 독일에게 각별한 국가이자 단체이며, 그들의 민족 정체성과도 연관이 되는 존재라 할 수 있다. 지금은 나치 독일의 패배로 인해서 폴란드와 러시아의 영토가 되었지만, 독일인에게 튜튼기사단은 우리가 고구려 백제 신라에 가지는 마음과 비슷할 것이다. 다만 이들의 경우는 전범국이기 때문에, 마음놓고 이야기를 할 수 없을 뿐이다.

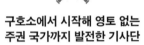

구호소에서 시작해 영토 없는
주권 국가까지 발전한 기사단

구호기사단
Knights Hospitaller

구호기사단
Knights Hospitaller

▌병원(구호소)에서 시작한 기사단

가장 유명한 기독교 기사단을 꼽으라 면, 단연코 성전기사단(템플러), 구호기사 단, 튜튼기사단을 꼽을 것이다. 이외에도 많은 기사단이 존재하지만, 역사에서 아주 강력한 영향력과 발자취를 남긴 기사단들

그림 1 구호기사단

은 방금 언급한 세 기사단이 독보적이다. 이들 중 성전기사단은 순례자들 의 경호와 금융 관련 업무를 맡았고, 튜튼기사단은 야전병원, 구호기사단 은 구호소(병원)로 시작했다. 아이러니하게도 병원의 역할로 시작한 단체 들만 살아남았다.

구호기사단의 시작은 603년 교황 그레고리우스 1세의 명령에 따라 성 지인 예루살렘으로 향하는 순례자들을 치료하고 돌볼 목적으로 병원을 지 으려 하면서 시작된다. 800년에는 프랑크 왕국의 샤를마뉴 황제가 교황 그레고리우스 1세의 명을 받아 프로부스가 세운 병원을 확장함과 동시에 도서관을 추가했다.

이후 약 200년이 지난 1009년 이슬람 세력의 6대 파티마 칼리프 알-하킴 바이-암르 알라가 예루살렘에 존재하던 병원과 다른 건물들 3,000 개 가량을 파괴한다. 이전까지만 하더라도 이슬람 세력이 예루살렘을 점 령한 이후에도 기독교 세력의 구호소가 예루살렘에 존재해도 크게 문제가 없었던 모양이다. 하지만 6대 파티마 칼리프의 파괴 행위로 구호소는 파 괴되었다.

1023년 이탈리아의 아말피 상인들과 살레르노의 상인들이 7대 칼리프 였던 아불리 이븐-알 아킴에게 허가를 받고 예루살렘에 병원을 재건하려 했다. 병원은 세례자 성 요한의 묘지에 세워지고, 성 베네딕토 수도회에서 봉사(구호)활동을 했다. 이후 십자군에 의해 예루살렘이 점령될 때까지 계속해서 구호활동을 했다고 한다.

그림 2 초대 구호기사단장
복자 제라드

영어로 생각해보면 보면 더 이해가 빠르다. 성전 기사단은 Templar 혹은 Temple Knights라고 불리는데, 구호기사단은 Knights Hospitaller라고 불린다. 이 Hospitaller라는 뜻은 구호사이며, 말 그대로 수도사이지만 치료나 구호활동을 한다고 생각하면 이해가 쉽다. 이렇게 구호사에서 시작된 단체가 왜 기사단이 되었을까?

구호사가 기사단이 된 이유는 십자군 전쟁 때문이다. 1096년에 시작된 1차 십자군은 역사상 존재한 십자군 중 가장 성공한 십자군으로 성지인 예루살렘을 되찾아 레반트 지역에 기독교 국가들이 세워진다. 원래는 이슬람 세력이 예루살렘의 소유권을 가지고 있었을 당시에는 성지 순례를 오는 기독교인을 보살피는 정도였다. 하지만 예루살렘을 십자군이 되찾자, 구호사들은 기존의 순례자 외에 예루살렘을 점령한 기독교인들도 보살피기 시작한다.

1080년에는 복자 제라드가 베네딕토 수도회 평신도 형제(Lay brother)로서 예루살렘에 있던 호스피스의 목사(rector)로 임명되었다. 1099년에 1차 십자군 원정이 성공적으로 끝나면서 구호사들은 기독교 국가인 예루살렘 왕국에서 구호 활동을 했다. 이전과 달라진 점이 있다면, 이슬람 세력들이 예루살렘을 다시 탈환하려 했다는 사실이다. 이에 1113년에 교황 파스칼 2세의 승인을 받아 성전 구호사들은 구호기사단으로 알려진 예루살렘 성 요한 기사단이 되었고, 복자 제라드는 창립자로서 초대 구호(병원)기사단장[1]이 되었다.

이때까지만 하더라도 구호사들은 기사단 보다는 구호소에 가까웠다. 하지만 기사단으로 정식 승인이 떨어지고 난 뒤부터는 순례자들이 성지까지 오는 동안 거치는 중요한 요충지에 구호소들을 설립하기 시작했고, 곧 순례자들을 위한 무장 호위 서비스도 제공하게 된다.

---

1) 병원장(Rector of the Hospital)이라고도 불린다. & 구호기사단장이라고도 불린다.

1118년 복자 제라드[2]의 뒤를 이어 2대 구호기사단장(병원장)이 된 레이몽 뒤 퓌는 곧바로 구호기사단을 기사(Knights), 일반 병사(보병, men at arms), 군목 (Chaplains)[3] 3계급으로 나누어 관리했다.

그림 3 성 요한(세인트 존) 기사단의 깃발

구호기사단의 계급을 나누어 군대 체계를 만든 레이몽 뒤 퓌는 구호기사단에 민병대를 조직한 셈이었다. 이후 레이몽은 에데사의 백작이자 예루살렘의 3대(성묘수호자 고드프루아 드 부용을 포함) 왕인 보두앵 2세에게 구호기사단의 민병대가 군대로 복무하겠다는 제안을 했다. 이 제안이 받아들여져, 구호기사단은 군대로서 십자군에 참여하게된다.

구호기사단은 군대로서 십자군에 참여하게 되었으나, 여전히 구호소를 운영하고, 구호기사단에 속하는 동안에는 결혼을 금지하는 등 조직의 기본 강령을 지켰다.

구호기사단은 1153년에 있었던 아스칼론 공성전에서 큰 두각을 나타냈다. 1130년에는 교황 인노첸시오 2세가 구호기사단의 정식 문장인 붉은 바탕에 흰색 십자를 수여하기도 했다. 이때부터 구호기사단의 국기는 우리가 잘 아는 그 국기로 바뀐다. 1248년에는 교황 인노첸시오 4세가 구호기사단의 병력이 전투 시에 입을 표준 군복을 승인했다. 이로써 흰색 십자가가 새겨진 붉은 외투를 입고 있는 구호기사단의 모습이 완성되었다.

여기서 잠시 설명하자면, 맨 앳 암즈(Men at arms)와 군목(Chaplains)이 게임에서 자주 등장한다. 기사(Knights)는 너무 많은 게임에 등장하니 넘어가기로 하고, 맨 앳 암즈부터 보도록 하겠다.

---

2) 복자 제라드는 1120년 9월 3일에 예루살렘에서 사망한 것으로 알려져있다.
3) 흔히 군종 목사 군종 장교라고 불린다. 영어로는 채플린이며, 호라이즌 포비든 웨스트에서는 전쟁 사제로 번역되었다.

맨 앳 암즈는 중무장을 한 전문 군인들을 말한다. 〈크루세이더 킹즈 3〉에서는 군대의 중심을 이루는 핵심 병종으로 등장한다. 최근에 신작이 발매된 〈워해머 토탈워 시리즈〉 브레토니아 팩션에도 맷-앳-암즈라는 명칭의 병종이 그대로 등장한다.

군목은 군종장교로서 부대 내의 종교적 문제를 해결하는 장교를 의미한다. 군목의 경우 영어로 읽으면 채플린이 되는데, 〈워해머 40K 시리즈〉에는 인류의 수호자 스페이스 마린 소속에 군종장교로 분류된 채플린이라는 병과가 있다. 장교로 스페이스 마린 중대 내에 캡틴 다음가는 서열이라고 한다. 이외에도 최근에 발매된 PlayStation®의 신작이자 독점작인 〈호라이즌 포비든 웨스트〉에 전쟁 사제라는 이름으로 등장했다. 서부 금역에 위치한 테낙스 부족에 있는 직책으로 이들은 고대인들이 남겨놓은 선전 홀로그램을 듣고 기억하며, 전승을 이어나가는 역할을 맡고 있다.

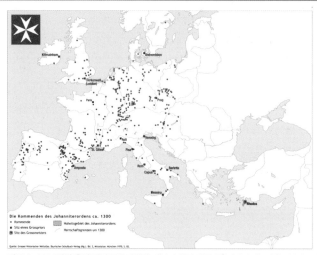

지도 1　1300년경 유럽 각지 구호기사단 지부 소재지 (CC BY-SA 4.0) 저작 : Marco Zanoil

구호기사단도 성전기사단과 튜튼기사단처럼 유럽 곳곳에 지부가 있다. 구호기사단은 애초에 구호소의 성격을 가지고 있어, 성지로 가는 주요 도시나 거점에 구호소들이 만들어 지기 시작한 것으로 보인다. 어느새 성전기사단과 구호기사단은 성지인 예루살렘 지역에서 가장 강력한 군대로 변모해 있었다. 신성 로마 제국의 황제 프리드리히 바르바로사는 1185년에 성 요한 기사단(구호기사단)을 보호하겠다는 서약까지 하면서 이들의 입지는 더욱 커졌다.

한 가지 흥미로운 사실은 예루살렘을 포함한 성지에 건설된 기독교 세력의 요새들은 대부분이 구호기사단과 성전기사단에 의해 건설되었다는 점이다. 예루살렘 왕국이 전성기를 누리던 시기에 구호기사단은 7개의 거대한 요새와 140여개의 영지를 보유하기도 했다.

▌구호기사단의 첫 번째 시련, 키프로스 기사단 & 로도스 기사단

구호기사단도 원래는 다른 기사단들과 마찬가지로 예루살렘에 본부가 있었다. 성전기사단도 예루살렘에 본부가 있었고, 튜튼기사단은 예루살렘 근처의 아크레에 본부가 있었다. 하지만 이들의 본부는 모두 다른 곳으로 피난 가야 했다. 그 이유는 기독교 국가들이 차례차례 이슬람 세력들에 의해 멸망했기 때문이다.

구호기사단도 1291년 예루살렘 왕국이 멸망(마지막 수도는 아크레)한 이후 사실상 중동 레반트 지역에서는 트리폴리 백국에서만 활동할 수 있는 상태가 되었다. 구호기사단은 키프로스 왕국[4]으로 이동해 항전하기

그림 4 프랑스의 예술가 외젠 고예의 풀케 드 빌라레의 초상화(상상화) 1843년작

로 결정했다. 키프로스 왕국으로 피난 온 구호기사단이었지만, 이들은 금방

---

4) 아나톨리아 반도 밑에 있는 섬이다. 지금의 터키 밑에 있는 섬 국가 키프로스가 키프로스섬에 있다.

키프로스 왕국 내의 정치에 휘말리게 된다. 이곳에서는 오래 있을 수 없음을 인지한 구호기사단의 24대 그랜드 마스터 기욤 드 빌라레가 구호기사단의 새로운 거점을 획득하기 위해 계획을 수립하게 된다.

기욤 드 빌라레는 비잔티움 제국(동로마 제국)의 영역이었던 로도스 섬을 후보로 꼽았다. 그의 후임으로 25대 그랜드 마스터가 된 풀케 드 빌라레[5](Foulques de vilaret)가 약 4년 이상의 원정을 통해 1310년 8월 15일에 로도스 섬을 정복한다. 구호기사단은 로도스섬 인근에 있는 여러 섬의 통제권도 획득했다. 이때부터 구호기사단은 로도스섬을 거점으로 활동하기 시작했다. 구호기사단이 로도스섬에서 활동했던 시기를 통틀어 로도스 기사단이라고 한다.

그림 5 1291년 아크레 공방전 당시 성벽에서 싸우는 기사단을 표현한 1840년경의 회화. 아크레 공방전은 기독교 세력의 패배로 끝났다

1312년에 구호기사단과 같이 예루살렘에 본부를 두고 활동했던 성전기사단이 교황 클레멘스 5세에 의해서 해산되기에 이른다. 이때 교황의 칙서에는 성전기사단의 재산 대부분을 구호기사단에 넘긴다고 적혀있었다.

구호기사단은 로도스 섬에서 활동을 계속해 나갔다. 하지만, 비잔티움 제국이 멸망하고, 그 땅에 오스만 제국이 들어서게 되자, 구호기사단의 주목표는 오스만 제국과의 전쟁이 되어버린다. 엄밀히 따지면 오스만 제국의 앞마당에 기독교 무

---

5) 풀케 드 빌라레는 프랑스인으로 구호기사단 전체로 보면 25대이지만, 로도스 기사단으로는 초대로 분류되기도 한다. 풀케 드 빌라레는 선임 그랜드 마스터인 기욤 드 빌라레의 조카이다.

장 세력이 있는 것이라 오스만 쪽에서 쳐들어오는 경우가 더 많았다.

구호기사단이 유명한 이유 중 하나는 이들이 전투에서 매우 용맹했다는 점이다. 1374년에는 서머나의 방어를 맡기도 했다. 구호기사단은 1402년 티무르가 이끄는 군대에 포위되어 점령당할 때까지 서머나를 방어했다. 이외에도 구호기사단은 1291년 예루살렘 왕국의 아크레가 함락될 당시에도 그곳에서 격렬한 전투를 치렀다. 1444년 이집트 술탄의 침략과 1480년에는 오스만 제국의 술탄 메흐메드의 침략을 겪고도 구호기사단은 성공적으로 방어했다. 1522년에는 오스만 제국의 술레이만 대제의 공격까지 받았다.

당시 400척의 함선에 10만의 군대가 동원되었다. 이들에 대항해 구호기사단의 그랜드 마스터 필리프 비에어 드 리슬레-아담은 약 7,000명의 군대를 이용해 방어했다. 하지만 군대의 수가 너무 열세였고, 패배할 수밖에 없었다. 하지만 이들은 무려 6개월간이나 요새에서 항전했고, 살아남은 구호기사단원들은 시칠리아섬으로 철수할 수 있었다. 당시 이 사건을 두고 기독교와 이슬람 세계 모두 구호기사단의 그랜드 마스터 필리프 비에어 드 리슬레-아담의 행동을 용감하다고 여겼다. 구호기사단이 계속해서 군사적으로 강력해질 수밖에 없었던 이유는 지중해에서 활동하는 바르바리 해적들의 영향도 있었다.

〈유로파 유니버셜리스 4〉에는 가장 빠른 게임 시작연도가 1444년이다. 이 시기에 구호기사단은 로도스섬에서 시작하고, 게임 내에서는 매우 약하다. 특이한 점은 이들의 그랜드 마스터가 프랑스인이라 그런지 프랑스 영토를 모두 획득하면 프랑스 왕국이 될 수 있고, 중동 지역을 모두 획득하면, 예루살렘 왕국으로도 변할 수 있다. 보통 바람 앞에 등불인 상황에서 국가를 재건하는 컨셉 플레이를 좋아하는 고수들은 기사단을 선택해 로도스섬에서 시작해 예루살렘 왕국을 재건하는 플레이를 한다.

이외에도 〈미디블 토탈워 2〉에서는 아예 구호기사단의 건물을 지으면 기독교 국가들이 구호기사단의 병력을 운용할 수 있게 해주었다. 이것은 구호기사단의 지부가 유럽에 많이 있었던 것을 생각해보면 당연한 일이라고 볼 수 있겠다. 〈에이지 오브 엠파이어 2〉의 캠페인에도 등장하는데, 살라딘의 임무는 적으로, 프리드리히 바르바로사 임무는 동맹군으로 나온다. 프리드리히 바르바로사는 앞서 설명한 대로 구호기사단을 수호하겠다 서약한 신성 로마 제국의 황제이다.

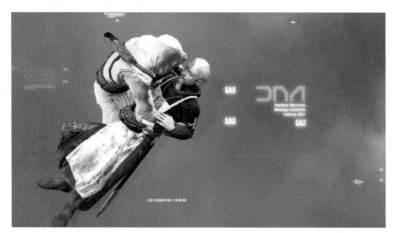

그림 6 〈어쌔신 크리드〉에 등장하는 구호기사단의 그랜드 마스터 가니에르 드 나폴루스

〈어쌔신 크리드〉의 시리즈 첫 번째 작품이었던 〈어쌔신 크리드〉에서도 구호기사단이 등장하는데, 주인공이 암살단인 만큼, 적으로 등장한다. 여기서는 10대 그랜드 마스터 가니에르 드 나폴루스가 등장한다. 이 인물은 실존인물이다. 다만 게임에서는 인체 실험까지 하는 모습으로 등장한다. 〈크루세이더 킹즈 2〉에서는 십자군이 선포되면 사용할 수 있는 기사단으로 등장한다고 한다.

▌구호기사단의 두 번째 시련 몰타 기사단 그리고 몰락

술레이만 대제에게 패배해 로도스섬을 잃고 시칠리아로 철수한 구호기사단은 교황 클레멘스 7세의 도움으로 신성 로마 제국의 황제이자 스페인과 시칠리아의 왕이었던 카를 5세에게 시칠리아섬 아래의 몰타섬을 거점으로 받았다. 이때부터 구호기사단은 몰타 기사단이라고 불린다.

구호기사단은 몰타섬을 거점으로 지중해에서 계속 이슬람 세력들을 괴롭혔다. 이들은 이슬람 세력 바르바리 해적들과 교전하면서 바르바리 해적에 의해 노예로 팔려가던 기독교인들을 해방

그림 7 1652년 몰타 해협에서 오스만 선박을 포획하는 구호 기사단 갤리선

하는 등의 활동을 한다. 기독교 세력의 배들은 약탈하지 않았고, 이슬람 세력의 배들만 약탈했다.

오스만 제국은 로도스섬을 점령하면서 더 이상 구호기사단이 바다에서 활동하지 않을 것이라 생각했지만, 그들이 몰타섬에 거점을 마련해 다시 활동한다는 것을 알고 몰타섬을 공격한다. 오스만 제국은 1551년에 몰타섬을 공격했으나, 실패했고, 1565년에 약 4만 명의 병력을 보내 몰타섬에 있던 700명의 기사와 8천의 군사를 포위했다. 상황은 구호기사단에게 매우 불리했지만, 기독교 동맹들의 공격이 있기까지 잘 버텨 몰타섬에서 오스만 제국을 몰아냈다.

이후 1571년에 치러진 레판토 해전에서 기독교 동맹(스페인 제국, 베네치아 공화국, 교황령, 제노바, 우르비노, 투스카니, 구호기사단, 성 스테판 교단, 사보이 왕가)이 오스만 제국을 상대로 승리했다.

기독교 세계에 공포심을 안겨준 오스만 제국은 레판토 해전을 기점으로 점점 내리막을 타게 된다. 가장 중요한 사실은 레판토 해전에서의 승리로 기독교 국가들이 오스만 제국에게서 이길 수 있다는 희망이 생겼고, 오스만 제국이 더이상 옛날의 무시무시한 오스만 제국이 아니라는 사실을 전 유럽에 알리는 계기가 되었다. 그리고 이 해전에서 오스만 제국과 오랫동안 싸운 구호기사단은 큰 역할을 해냈다고 볼 수 있다.

구호기사단은 오스만 제국의 침공을 이겨내고 오랜 시간 동안 존속하게 되었다. 그 와중에 구호기사단은 대항해 시대가 열린 틈을 타 17세기 중반에는 카리브해의 섬 4개를 정복해 신대륙(아메리카)에 식민지를 건설하기도 한다. 구호기사단은 신대륙(아메리카)에 식민지를 건설한 가장 작은 세력으로 기록되기도 했다.

구호기사단은 몰타섬에 있으면서 시칠리아의 제후국으로 존재했다. 시칠리아는 스페인의 소유였다. 식민지까지 건설한 구호기사단이었지만, 이들도 마틴 루터가 일으킨 종교개혁에 자유롭지 못했다. 튜튼기사단이 종교개혁으로 인해 기사수도회 국가에서 프로이센 공국으로 변경되었던 것처럼, 구호기사단도 종교개혁이 활발하게 일어난 지역에 있던 구호기사단 지부들이 가톨릭이 아닌 신교쪽으로 개종하기 시작하면서 많은 재산을 잃었다.

문제는 종교개혁이 일어난 중부 유럽 지역(독일, 네덜란드, 벨기에 등등)은 부유한 지역이었는데, 이 지역의 지부들이 신교로 개종하자, 구호기사단이 받은 재정적 피해는 어마어마했다. 점점 쇠퇴의 길을 걷던 구호기사단은 1798년에 나폴레옹 보나파르트에 의해 점령당하게 된다.

나폴레옹은 이집트 원정을 가기 위해 구호기사단에 항구와 보급을 제공하기를 요구하며 협박을 했고, 구호기사단은 같은 기독교 세력에게는 무력을 사용하지 못하는 규정이 있었기에, 항복하게 되었다. 거점을 잃은 구호기사단은 유럽을 떠돌게 되며, 러시아 제국에게 많은 도움을 받았다.

1834년에는 로마에 본부를 가지게 되어 정착했다. 하지만 이때부터는 군사적 성격은 사라지고 본래 설립 취지에 맞는 구호 활동에 힘쓰는 단체가 되었다. 다만 그 이전까지 주권 국가로서 존재해왔기 때문에, 지금도 여전히 주권 국가로 취급은 받고 있다. 그래서 특이하게도 구호기사단은 영토 없는 국가가 되었다.

구호기사단은 구호소에서 시작한 단체로 십자군 전쟁이라는 시대적 상황 때문에, 군대를 소유하고 전쟁터에 나가는 군대가 되었다가 주권을 가진 국가까지 된 특이한 경우이다. 이들은 독실한 믿음과 신념으로 같은 기독교인들에게는 무력을 행사하지 않으려고 노력했고, 이슬람 세력에게 고통받는 기독교인들을 구출하기도 했다. 구호기사단은 십자군 전쟁 외에도 베네치아와 오스만 제국의 전쟁에서 베네치아편으로 전쟁에 참여하기도 했고, 오스만 제국과 합스부르크 가문과의 전쟁에도 참전했다.

구호기사단이 오스만 제국을 상대로 계속해서 싸운 것을 보면 이들은 용맹하기도 하지만 오스만 제국에 대한 원한이 매우 깊다는 것을 알 수 있다. 다만 이렇게만 보면 연합군의 일원이라 구호기사단의 행적이 너무 과장된 게 아닌가 할 수 있지만, 로도스섬에서 보여준 구호기사단의 행보를 보면 이들의 이야기는 사실이다.

구호소에서 시작된 구호기사단이 전쟁을 수행하는 군대가 되고 주권 국가가 될 수밖에 없었던 이유는 기독교 세력과 이슬람 세력의 오래된 분쟁이 원인이다. 지금은 군사적인 기능은 사라지고 국제 구호 단체가 되었듯이, 구호기사단의 사례를 보면서 다시는 큰 전쟁이 없었으면 한다.

수많은 음모론의
중심에 있는 기사단

성전기사단
Knights Templar

성전기사단
Knights Templar

▌십자군 전쟁과 함께 등장한 기사단

성전기사단이라는 명칭을 들어본 적이 있는가? 아마
많이 없을 것이다. 그렇다면 질문을 바꿔보겠다. 템플기사
단 혹은 템플러는 들어본 적이 있는가? 아마 성전기사단이
라는 명칭보다 많이 들어봤을 것이다. 여러 매체에서 이들
의 이야기를 다뤄왔고, 게임 〈어쌔신 크리드〉에서는 템플
러를 집중 조명하고 있다. 이번 장에서는 성전기사단에 대
해서 알아보겠다.

그림 1 성전기사단 흔히
말하는 템플기사단

그림 2 성전기사단

성전기사단은 1099년 제1차 십자
군과 함께 시작되었다. 제1차 십자군
은 역대 십자군 중 가장 성공한 십자
군이다. 1차 십자군은 이슬람 세력들
이 점거하고 있던 예루살렘을 포함한
기독교 성지들을 탈환했다. 십자군
이 탈환한 성지에는 기독교 국가들이
세워졌다. 에데사 백국, 트리폴리 백
국, 안티오키아 공국, 예루살렘 왕국
등이 세워졌다. 성지가 기독교 세력
에 의해 점령되자, 전보다 더 많은 사람이 성지 순례를 위해 이동하기 시작
한다. 하지만 유럽에서 시작하는 성지 순례는 먼 거리였을 뿐만 아니라, 가
는 길에 산적이나 강도들이 판을 치고 있었기에 이러한 문제를 해결하기 위
해 결성된 것이 성전기사단이었다.

1119년 프랑스의 기사 위그 드 파앵은 예루살렘 왕국의 국왕 보두앵 2
세와 예루살렘의 총대주교 워문드(warmund 혹은 Garmond, Gormond)에
게 찾아가 성지를 순례하고자 하는 이들을 보호하기 위한 목적의 수도회를
창설할 것을 제안한다. 당시 예루살렘 왕국의 의사 결정 입법 기관인 나블

루스 공의회에서 1120년 1월에 위그 드 파앵의 요청이 승인되면서 예루살렘 왕국의 성전산에 있던 알아크사 모스크 내의 한 구역을 성전기사단에게 내어주었다.

이곳은 솔로몬의 성전이 있었던 자리라고 하여 템플이라는 이름으로 불리었는데, 위그 드 파앵은 성전기사단을 세울 때 여기에 착안하여, 수도회의 명칭을 '그리스도와 솔로몬 성전의 가난한 전사들'이라고 했다. 이것이 정식 명칭이지만, 보통은 성전기사단으로 불린다. 그리고 이 수도회에 속한 수도사들은 주로 성전사(템플러, Templar)라고 불렸다.

템플러라는 이름은 여러 매체에서 많이 등장한다. 멀리 가지 않아도 한국인의 민속놀이 〈스타크래프트〉의 프로토스 종족에 하이템플러와 다크템플러가 등장하니 말이다.

여기서 템플러라는 이름은 〈스타크래프트 2〉에서 기사단이라 번역되었다. 게임에 등장하는 두 유닛은 성전기사단의 군사적인 성격과 집단적인 성격이 투영된 것이라 생각된다. 물론 종교적인 부분으로 따지면 칼라에 대한 신앙으로 해석할 수 있다.

다른 게임의 성전사나 템플러 중에는 종교적인 색채가 매우 강한 경우도 존재하는데, 〈드래곤 에이지 시리즈〉에 등장하는 템플러가 그러하다. 이들은 주로 마법이 사악하다고 이야기하며, 마법으로 인해 타락할 수 있기에 마법을 끔찍이 싫어한다.

템플러들은 종교 기사단으로 여겨지고, 〈드래곤 에이지 인퀴지션〉에서는 아예 플레이어가 마법사와 템플러 중에 한 집단을 선택해야 한다. 이 선택은 게임 스토리에 매우 큰 영향을 미친다. 선택받지 않은 세력은 악세력이 되기 때문이다.

〈에이지 오브 엠파이어 2〉에서는 살라딘의 캠페인에서 등장했다. 다만 성전기사단 종족이 없어 튜턴족(튜튼기사단)으로 나왔다. 〈크루세이더 킹즈 시리즈〉에서도 등장하는데 2편과 3편에서 십자군이 결성되면 등장한다.

이들이 처음으로 성전기사단을 창설한 당시에는 경제적으로 매우 궁핍한 상황이었고, 실제 기사 신분을 가진 사람은 9명밖에 없었다. 때문에, 성전기사단은 자신들의 인장으로 기사 2명이 말을 같이 탄 모습을

그림 3 템플러의 인장

사용했는데, 이것은 성전기사단의 시초가 경제적으로 궁핍하다는 것을 의미하는 것이다.

'가난한 전사들'이라는 단어가 정식 명칭에 있는 것처럼 말 그대로 우리는 가난하니 적선을 해달라는 것을 은연중에 내비친 것이다. 성전기사단은 실제로 기독교인들의 기부금으로 운영되었다. 하지만 아이러니하게도 이들의 가난은 그리 오래가지 않았다. 프랑스의 수도원장으로 있었던 성자 베르나르 드 클레르보[1]가 성전기사단의 창립자 중 한 명이었던 앙드레 드 몽바르의 조카였기 때문이다.

원래부터 십자군을 옹호하던 클레르보는 성전기사단을 강력하게 옹호하면서 〈새로운 기사단에 대한 찬사〉라는 서한을 작성했다. 1129년 트로이 공의회에서 클레르보의 노력으로 성전기사단은 공식적으로 승인과 지원을 받을 수 있게 되었다. 이를 통해 성전기사단은 기독교 세계에서 가장 사랑받는 자선 단체가 될 수 있었고, 곧이어 막대한 기부금까지 받게 된다.

성전기사단은 돈, 토지, 사업체, 성지에서 싸우기를 열망하는 귀족 자제들까지 지원받았다. 1139년에는 교황 인노첸시오 2세가 〈Omme Datum Optimum〉[2]이라는 '완벽한 선물' 교서(혹은 칙서)를 발표한다. 이 교서는 성전기사단이 모든 기독교 지역내 법의 영향을 받지 않고, 모든 국경을 자유

---

1) 베르나르 드 클레르보(1090~1153 8. 21)는 시토 수도회를 창시한 인물로 성자라 불린다. 프랑스인으로 제2차 십자군 원정 중 설교를 한 인물이다. 클레르보는 많은 수도원을 설립했고, 당시 열악하던 수도원의 상태를 개선한 인물로 평가된다. 〈강론집 아가〉, 〈신애론〉 등의 많은 저술을 남긴 것으로 알려져 있다. 클레르보는 교황 알렉산드르 3세에 의해서 그가 죽은 지 21년만에 시성(성인으로 인정하는 것)되었다.

2) 이 명칭은 라틴어로서 '모든 완벽한 선물'이라고 해석된다. 1139년 3월 29일 교황 인노첸시오 2세가 내린 교서로 이 교서의 내용은 성전기사단을 승인하고 교황이 이들을 보호한다는 것을 의미한다.

롭게 이동할 수 있고, 세금을 내지 않아도 된다는 내용이 담겨있다. 이외에도 교황을 제외한 모든 권력 앞에 독립되어 있고, 이슬람 세력을 정복해 얻는 모든 전리품이 약속되며, 성전기사단의 교회, 묘지, 주택을 건설할 수 있게 허용, 수도회(성전기사단)의 지도자는 합당하지 않다고 판단되는 회원을 추방할 권리와 수도회의 주인은 외부인이 될 수 없는(외부 세력의 압박과 잠식을 막기 위함) 등의 여러 혜택을 주었다.

성전기사단은 성지 순례자들을 보호하기 위한 목적으로 설립되었다. 그렇기에 성전기사단은 튜튼기사단이나 구호기사단과는 달리 처음부터 군사적 목적이 존재했다. 이런 설립 목적은 성전기사단의 군사력을 빠르게 강화했다. 이들이 가진 순례자 보호 명분에는 성지를 수호하는 것도 함께 포함되었기 때문이다.

확고한 목적과 함께 막대한 자원이 뒷받침되자 성전기사단은 날아올랐다. 이들은 십자군 전쟁의 주요 전투에 자주 투입되었는데, 대부분 충격부대로 운용되었다. 충격부대는 적들의 진형에 돌격해 적 진형을 무너뜨리는 것을 의미하며, 한 마디로 강력한 중기병이다.

이들의 위용이 세상에 알려진 것은 1177년에 있었던 몽기사르 전투[3] 덕분이다. 살라흐 앗 딘은 3만의 군대로 예루살렘 왕국을 침공했다. 그는 예루살렘 왕국의 군대가 적었기에 크게 문제없을 것으로 판단, 군대를 넓게 퍼뜨렸다가 예루살렘 왕국 군대에 궤멸에 가까운 피해를 보았다. 성전기사단의 주된 전략은 앞서 언급한 충격부대의 운용 전술이었다. 이 전략은 유럽의 중기병들이 사용하는 전략과 같았다. 몽기사르 전투는 전략 전술과 예루살렘 왕국 연합군의 독실한 믿음, 이슬람 세력에 대한 적개심이 승리 요인이라고 볼 수 있겠다.

---

3) 몽기사르 전투는 1177년 11월 25일에 있었던 전투로 예루살렘 왕국의 연합군과 아이유브 술탄국의 살라흐 앗딘의 군대가 격돌한 전투다. 살라흐 앗 딘의 군대는 3만 명이었지만, 군대가 넓게 포진되어 있었고, 예루살렘 왕국의 군대는 만 명도 되지 않은 군대였지만, 성전기사들과 함께 중앙을 돌파하는 전략을 이용해 살라흐 앗 딘의 3만의 군대중 약 9할에 달하는 2만 6~7천명의 사상자를 만들어 사실상 궤멸시켰다. 몽기사르 전투는 성전기사단의 활약이 부각된 전투이다.

우리가 자주 오해하는 사실 중 성전기사단이 군사적인 기록들을 보유하고 있고, 순례자를 경호할 목적으로 시작되었다고 하여 성전기사단이 오로지 군사적인 목적만 가진 기사단이라고 생각할 수 있는데, 꼭 그렇지만은 않다. 기본적으로 이들도 구호기사단이나 튜튼기사단처럼 기사수도회이기 때문에, 수도사들이 존재한다. 오히려 성전기사단내에서 전투 수도사들의 수가 일반 수도사들의 수보다 적었다는 기록도 있다. 이들은 전투가 아니라 재정 기반 시설을 관리하거나 기사들을 지원하는 위치였다.

앞서 언급했듯이 성전기사단의 정식 명칭에는 '가난한 전사들'이라는 문구가 들어가 있지만, 이들은 기독교 세계에서 기부금을 받았기에 가난하지 않게 되었다. 거기다 십자군 전쟁에 참여한 귀족들이나 귀족 자제들이 자신들의 재산을 성전기사단에게 맡기기도 했다. 그러다 참전한 귀족이나 귀족 자제가 죽는다면 그 재산은 성전기사단의 것이 되었기에 성전기사단은 더욱더 부유해져만 갔다. 이렇게 부유해진 성전기사단은 중세 유럽에서 획기적인 경제 네트워크을 구축하게 된다.

▌중세 유럽에 초기 금융(은행업) 시스템을 구축한 성전기사단

성전기사단이 구축한 금융 시스템은 초기 은행업이라고 봐도 무방할 정도였다. 1150년에 이들이 발행하기 시작한 신용장이 초기 은행업의 형태를 가지고 있다. 이 신용장이라는 것은 상당히 획기적인 시스템이다.

중세 유럽은 지금처럼 치

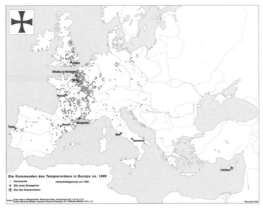

지도 1 1300년경 성전기사단의 지부 소재지(CC BY-SA-4.0) 저작자 : Marco Zanoli

안이 안정되어 있던 것도 아니고, 도시나 성, 마을에서 조금만 벗어나면 야생 동물이나 산적, 강도들에게 공격당하기 쉬운 조건을 갖추고 있었다. 이런 상황에 순례자들이 성지까지 방문하는 동안 발생하는 비용과 성지에서 사용할 비용, 자신의 집으로 돌아갈 비용을 마련하기 위해서는 돈이나 그에 상응하는 물건을 가지고 가야만 했다. 물건으로 가지고 가면 무게 때문에 이동하는 시간도 길어지고, 이것을 노리고 접근하는 도적이나 산적, 강도가 증가한다. 하지만 성전기사단이 발행한 신용장은 이 문제를 해결했다.

여기 성지로 가려고 하는 한 순례자가 있다. 이 사람은 성지까지 가는 동안 많은 위험이 도사리고 있다는 이야기를 들어서 걱정이 태산이다. 같은 도시에 사는 윌리엄도 몇 년 전에 성지 순례를 했는데, 강도를 만나 큰일이 날 뻔했다고 한다. 다행히 그는 자신을 호위해줄 사람들을 고용해서 살아남았지만, 그만큼 비용도 많이 들었다고 했다.

이에 걱정하던 순례자는 때마침 성전기사단이 발행한 신용장 덕분에 걱정을 한시름 놓게 된다. 순례자는 성지로 떠나기 전 근처에 있는 성전기사단 지부에서 자신의 물건을 맡기고 신용장을 발급받았다. 그리곤 성지로 여행을 떠난다. 성지로 가는 길 중간중간에는 성전기사단의 지부가 존재했고, 이곳에서 신용장을 이용해 자신이 맡긴 물건에 상응하는 가치의 물건이나 돈을 받아 성지로 가는 여비를 마련할 수 있었다. 성지에 무사히 도착한 순례자는 성전기사단의 신용장에 감사함을 표하며, 다시 같은 방식으로 고향으로 돌아갔다.

방금 이야기한 내용은 역사에 기록된 신용장을 바탕으로 상상해본 가상의 성지 순례 여정을 설명한 것이다. 성전기사단이 발행한 신용장은 오늘날의 우리가 사용하는 수표와 같은 방식이었다. 이것을 보고 학계에서는 은행 업무의 초기 형태라고 판단하고 있다. 자신들의 정식 명칭에 '가난한 전사들'이라는 문구가 적혀있는 성전기사단이 초기 은행업의 형태를 창시해 운영했다는 것이 아이러니이지만, 이를 통해 중세 유럽의 금융 시스템이 발전하기 시작했다는 것은 부정할 수 없는 사실이다.

금융 시스템을 구축한 성전기사단은 교황이 성전기사단을 승인할 때 발표한 완벽한 선물 교서의 내용대로 거대한 석조 대성당이나 성들을 건설하기도 했다. 이것은 성전기사단이 가지고 있던 막대한 부가 있었기에 가능한 일이었다. 이런 막대한 부를 이용해 성전기사단은 제조, 수입, 수출과 관련된 일들에도 관여하게 된다. 이들은 사실상 중세 유럽에서 최초로 금융, 무역, 제조, 군사 등의 계열사를 가진 다국적 기업이었던 셈이다.

▌성전기사단의 몰락

하지만 이런 성전기사단도 점점 쇠퇴하기 시작했다. 가장 큰 이유는 12세기 중반부터 이슬람 세력에 십자군 세력이 점점 밀리기 시작했기 때문이다. 십자군 전쟁이 벌어졌던 초창기에는 이슬람 세력도 서로 사분오열된 상태로 있었기에 각개격파가 가능했다. 하지만 성지를 빼앗긴 이슬람 세력은 살라흐 앗 딘과 같은 유능한 지도자가 등장해 이슬람 세력을 규합하고 있었다. 결과적으로 12세기 중반은 이슬람 세력들이 뭉치기 시작했다.

그림 4 십자군 전쟁의 전환점이 된 1187년 하틴 전투

그와중에 십자군 세력은 오히려 분열하고 있었다. 성전기사단은 구호기사단, 튜튼기사단과 마찰이 계속 일어나고 있었고, 성지에 세워진 기독교 국가들도 힘이 약해지거나, 멸망, 분열된 상태였다. 처음에는 성지를 되찾기 위해서 어마어마한 종교적 열의를 가지고 참가했던 십자군이지만, 성지를 되찾고 시간이 흐르자 점차 자신들의

이권을 찾기 시작했고, 유럽의 귀족들이 중동에 유럽 국가를 세운 것과 다를 바 없는 상태가 되었다.

이러던 중 십자군 세력은 하틴 전투[4]에서 패배하게 된다. 하틴 전투의 패배로 십자군의 세력은 점점 쇠퇴하기 시작했고, 이슬람 세력은 더 강한 기세로 십자군을 공격하기 시작한다. 1187년 살라흐 앗 딘이 이끌던 이슬람 군대에 의해 예루살렘이 함락되고 만다. 이에 대응하고자 하틴 전투가 있고 2년이 지나 3차 십자군[5]이 결성되기도 했다. 하지만 3차 십자군도 성지에 있는 기독교 국가들을 구원해줄 수는 없었다. 십자군에 참가한 신성 로마 제국의 프리드리히 1세는 1190년 6월 10일에 강에서 익사했고, 영국의 리처드 1세와 프랑스의 필립 2세는 일부 성과는 있었지만, 끝끝내 빼앗긴 예루살렘을 다시 탈환하지는 못했다.

이 3차 십자군과 관련된 내용이 〈미디블 토탈워 2 킹덤즈〉에서 등장한 십자군 캠페인이다. 여기서는 리처드 1세와 필립 2세 등의 주요 인물들이 등장하며, 브로큰 크레센트(줄여서 BC) 모드도 3차 십자군을 배경으로 하고 있다. 다만 등장하는 지역이 중동 지역과 북아프리카, 북인도 등으로 유럽은 등장하지 않는다. 역사적인 전투로 아르수프 전투가 있다. 플레이어는 리처드 1세로 플레이해 살라흐 앗 딘을 물리쳐야 한다.

---

4)   하틴 전투는 1187년 7월 4일 중동 레반트 지역을 통치하던 십자군 세력들과 아이유브 왕조의 살라흐 앗 딘이 격돌한 전투이다. 이 전투에서 이슬람 세력은 십자군 군대의 대다수를 무력화(처치)시켜 십자군의 전력에 큰 타격을 주었다. 하틴 전투 이후 이슬람 세력은 십자군이 장악했던 예루살렘을 포함한 여러 도시를 다시 탈환하게 된다. 하틴 전투의 패배로 2년 후에는 3차 십자군이 결성되기도 했다. 이 전투의 의의는 이전까지는 이슬람 세력에게 강했던 십자군 세력이 서서히 쇠락하는 시작점이라는 것이다.

5)   프랑스의 필립 2세, 영국의 리처드 1세, 신성 로마 제국의 프리드리히 1세가 참가한 십자군으로 1187년에 예루살렘이 함락된 것에 충격을 받은 기독교 세력이 1189년에 일으킨 십자군이다. 하지만 원정 초기부터 신성 로마 제국의 프리드리히 1세는 강에서 익사, 대다수의 독일 십자군은 돌아갔으며, 일부 독일 십자군과 영국의 리처드 1세와 프랑스의 필립 2세의 군대가 레반트 지역에 도착했다. 이들의 노력으로 일부 도시들은 되찾을 수 있었지만, 끝내 예루살렘은 탈환하지 못했다.

〈미디블 토탈워 2〉의 모드인 SS 모드에서는 성당기사단이라는 이름으로 성전기사단의 마지막 거점이기도 했던 토르토사에서 플레이할 수 있다. 이외에도 〈어쌔신 크리드 시리즈〉의 첫 번째 작품인 〈어쌔신 크리드〉가 3차 십자군 시기를 배경으로 하고 있다. 게임에서는 성전기사단(템플러)과 튜튼기사단, 구호기사단이 등장하며, 실존 인물로는 구호기사단의 10대 기사단장인 가니에르 드 나폴루스, 튜튼기사단의 초대 기사단장인 시브란드, 성전기사단의 11대 기사단장이자 키프로스의 영주이기도 했던 로베르 드 사브레와 리처드 1세도 중요한 인물로 등장한다.

그림 5 〈어쌔신 크리드〉에 등장하는 성전기사단 화면은 〈어쌔신 크리드 3〉

성전기사단은 본부였던 예루살렘을 잃고 아크레로 본부를 옮기게 된다. 이때 튜튼기사단도 아크레에 본부가 있었다. 구호기사단은 아예 로도스로 거점을 옮긴다. 하지만 아크레도 1291년에 함락당하면서 본부를 다시 다른 곳으로 이전해야만 했다.

이때부터 유명한 세 기사단의 운명이 달라지는데, 튜튼기사단은 동유럽으로 활동 무대를 옮겼고, 구호기사단은 로도스로 옮겨가 계속해서 항전했다. 성전기사단은 알-아슈라프 칼릴이라는 맘루크 술탄국의 술탄에 의해 아크레가 함락된 후 이들이 보유하고 있던 중동 레반트 지역의 요새 토르토사와 키프로스 섬에서 항전했지만, 1302~1303년 사이에 맘루크 술탄국에 패배하면서 마지막 거점을 잃게 되었다.

성전기사단의 설립 취지는 성지 순례자의 보호가 주된 목적이었지만, 성지에 있던 거점을 모두 잃게 되면서(키프로스는 제외) 자연스레 이들에 대한 지원이 줄어들기 시작했다. 하지만 그렇다고 성전기사단이 해체되는 것은 현실적으로 어렵게 되었다. 왜냐하면, 십자군 원정과 함께 시작된 성전 기사단은 300년 동안 금융 시스템, 보건, 복지 등 사회 전반에 뿌리를 내렸기 때문이다.

거기다 성전기사단은 기독교 세계 내의 어느 곳에서도 그 지역의 법에 영향을 받지 않고 영토를 마음대로 돌아다닐 수 있었는데, 성전기사단이 성지에서는 패배했다 하여도 군대는 여전히 존재했고, 이 때문에 유럽의 귀족과 왕들은 성전기사단의 군대가 신경 쓰이기 시작했다. 성전기사단이 다른 기사단처럼 기사수도회 국가를 세우려는 움직임을 보였기 때문이다.

기사수도회 국가를 세운 다른 기사단은 기독교 세계의 변방에서 활동했지만, 성전기사단은 유럽의 한복판에서 국가를 세우려 했다. 이들의 출신이 프랑스인 것도 있지만, 성전기사단이 다국적 기업이 되면서 유럽에 너무 깊게 뿌리를 박아 이들의 기반이 유럽에 있었기 때문이다.(기부 받아 운영되던 사업체들) 그런 성전기사단이 국가를 세우려는 움직임을 보이니 유럽에 있던 기존의 왕과 귀족들은 두려움을 느낄 수 밖에 없었다. 자신들의 땅이나 국가, 지위를 위협하는 것으로 보였기 때문이다. 만약 성전기사단이 다른 기사단들처럼 덩치가 작았다면 괜찮았을지도 모른다. 하지만 유럽의 왕과 귀족들의 눈에 성전기사단은 무시하기에는 너무 큰 덩치였다.

성전기사단을 그대로 지켜볼 수 없었던 왕과 교황, 귀족이 본격적으로 나서기 시작했다. 1305년 프랑스 아비뇽에 거점을 두고 있던 교황 클레멘스 5세는 마지막 성전기사단의 단장이던 자크 드 몰레와 구호기사단의 단장이던 풀케 드 빌라레에게 서한을 보내 두 기사수도회를 병합시키겠다는 의견을 전달한다. 두 기사단장 모두 이것을 받아들일 수 없었고, 클레멘스 5세는

1306년에 두 기사단장에게 프랑스로 와서 이 문제를 논의할 것을 제안했다.

자크 드 몰레는 1307년에 이미 도착해있었지만, 풀케 드 빌라레는 몇 달 동안 도착하지 않았다. 그러다 2년 전에 성전기사단에서 축출되었던 성전사에 대한 범죄혐

그림 6 이단으로 몰려 화형당하는 성전기사단들

의를 논의하기 시작했고, 여기에는 프랑스의 필리프 4세[6]도 개입했다. 축출된 성전사들의 혐의가 거짓이라는 것에는 대부분 동의하고 있었지만, 교황 클레멘스 5세는 필리프 4세에게 해당 수사에 대한 도움을 요청했고, 결국은 이단으로 낙인찍혀 화형당하게 된다.

여기서 성전기사단에게 붙여진 오명으로는 십자가에 불경한 행동을 하고, 동성애를 저질렀다는 내용이었다. 동성애는 당시 매우 불경한 행위였다. 그런데 동성애를 죄목으로 처형된 사람들은 귀족이나 부유층이 많았는데, 오늘날에 이르러 이 사례들을 조사하면 대부분 동성애에 대한 죄목은 근거가 거의 없고, 처형당한 사람들의 재산이 대립하던 사람, 가족, 친척에게 넘어가거나 처형 당한 사람의 반대편에 있던 사람들이 이득을 보는 경우가 대다수였다.

이외에도 고문을 통해 비밀스러운 의식, 부패, 사기 등의 혐의가 성전기사단에 추가로 덧붙여진다. 이 내용이 이상하지 않은가? 전형적으로 상대를 음해할 때 사용하는 혐의들이다. 설령 거짓으로 판명 나더라도 상대방의 도덕성과 이미지를 실추시킬 수 있는 내용이다.

---

6) 필리프 4세(발음에 따라 필립으로도 불림)는 잘생긴 외모로 미남왕이라는 별명을 지닌 군주로 카페왕조 출신이다. 그는 프랑스 최초로 삼부회(프랑스 대혁명에 나옴)를 연 인물이기도 하며, 교황을 꼭두각시로 만든 아비뇽 유수(따로 각주가 있음)를 일으킨 왕이기도 하다.

네놈들을 저주한다! 대대손손 13대까지 저주를 받으리라!

그림 7 〈어쌔신 크리드 유니티〉에서 자크 드 몰레가 화형당하면서 필리프(필립) 4세에게 저주를 퍼붓는 장면(스크린샷 속 인물은 필리프 4세)

　자크 드 몰레와 성전기사단은 끝내 이단으로 몰려 화형당했고, 성전기사단은 해체되고 만다. 몰수된 성전기사단의 재산은 카스티야 왕국, 아라곤 왕국, 포르투갈 왕국에 있던 재산을 제외하고는 구호기사단에게 넘어갔으며, 마지막 기사단장이었던 자크 드 몰레는 1314년 3월 18일에 화형당했다. 이때 자크 드 몰레는 이런 말을 남겼다.

> "Dieu sait qui a tort et a péché. Il va bientot arrivalr malheur à ceux qui nous on condamnés à mort"
> 하나님은 누가 잘못하고 죄를 지었는지 알고 계신다! 머지않아 재앙이 닥칠 것이다! 우리를 사형에 처하게 만든 자들에게 일어날 일을 말이다!

　당시에도 자크 드 몰레와 성전기사단의 혐의가 거짓이었음을 아는 사람이 많았다. 그럼에도 이들이 화형당한 이유는 프랑스의 왕 필리프 4세와 교황 클레멘스 5세 때문이다. 원래 교황의 거처는 로마여야 하는데, 필리프 4세가 아비뇽 유수[7]로 교황을 꼭두각시로 부렸다. 그 결과 필리프 4세는 교황을 이용해 성전기사단을 해체했다.

---

7)　14세기에 교황청이 일시적으로 프랑스 남부 아비뇽으로 이전했던 일을 말한다. 1309년부터 1377년까지 아비뇽에서 교황이 머물렀고, 총 7명의 교황이 아비뇽을 거처로 이용했다. 이 사건은 프랑스의 필립 4세가 교황 보니파시오 8세와의 대립에서 시작된 사건으로 프랑스군이 1303년 9월 7일에 이탈리아 아나니 별장에 있었던 교황을 습격한 아나니 사건에서 출발한다. 이때 심한 구타와 욕설을 교황이 받게 되었고, 한달 뒤에 그는 사망했으며, 이후에 교황들은 필립 4세의 꼭두각시가 되었다. 이때 프랑스 출신 베르트랑 추기경이 교황 클레멘스 5세로 즉위했고, 필립 4세의 요청으로 프랑스 남부 아비뇽으로 교황청이 이전했다.

오늘날의 학계에서는 필리프 4세가 성전기사단을 해체한 이유가 빚 때문이라 보고 있다. 당시에 필립 4세는 영국(잉글랜드)과의 전쟁으로 인해 성전기사단에게 막대한 양의 빚을 지고 있었다. 성전기사단을 해체하면 자신이 진 막대한 빚이 탕감될 것으로 보았던 듯하며, 왕권의 강화 목적도 있었던 것 같다.

성전기사단은 해체되어 역사상에서 사라졌다. 하지만 자크 드 몰레가 죽기 전에 남긴 말(저주)은 클레멘스 5세와 필립 4세에게는 현실이 되었다. 클레멘스 5세는 한 달 뒤에 사망했고, 필리프 4세는 자크 드 몰레가 화형당한 그해가 끝나기 전에 사냥중에 사망했다.

거기다 필리프 4세가 속한 카페 왕조는 필리프 4세 사후 3명의 아들이 다 죽자 카페 왕조의 직계 후손은 끊겨 필리프 4세의 조카 샤를 드 발루아에 의해 발루아 왕조가 창시된다. 필리프 4세에게는 딸 이사벨라가 있었는데, 프랑스에서 여성을 왕위 계승권자로 인정하지 않았다. 이 일로 이사벨라의 아들인 영국의 에드워드 3세에게 명분이 생겨 백년전쟁의 단초가 되었다.

공교롭게도 성전기사단이 체포되었던 날은 1307년 10월 13일 금요일로 13일의 금요일에 대한 불행한 미신의 기원이 여기서 비롯되었다고 믿어지기도 했다. 물론 낭설이다. 하지만 자크 드 몰레가 퍼부은 저주는 현실이 되었다.

필리프 4세와 교황 클레멘스 5세에 의해 성전기사단이 해체되었지만, 그렇다고 전 유럽에 퍼져있던 성전기사단들이 한순간에 사라지진 않았다. 남아있는 성전기사단원들을 체포하기 위해 프랑스 왕과 교황의 세력이 행동했지만, 실제로 체포되어 유죄 판결을 받은 사람은 없었다. 이것도 자크 드 몰레와 성전기사단의 혐의가 없음을 증명하는 증거이기도 하다.

오히려 기사단원들은 다른 가톨릭 기사수도회로 흡수되거나 연금을 받고 평화롭게 살 수 있었다. 포르투갈의 왕 데니스 1세는 다른 가톨릭 국가와는 다르게 기사단원들을 박해하지 않았고, 기사단을 보호했다. 그리하여 포르투갈에서 기사단원들은 그리스도 기사단이란 이름으로 다시 활동했고,

교황청에서는 그리스도 최고기사단이라는 이름으로 활동을 했다. 이들은 성전기사단을 계승했다.

▌ 성전기사단의 의의와 몰락의 진실

2001년 9월에는 바티칸 비밀 문서고에서 '시농 양피지'라는 문서가 발견된다. 이 문서는 1308년 8월 17일부터 20일 사이에 작성된 것으로 '클레멘스 5세가 성전기사단을 해체하기 전에 성전기사단에 대한 모든 혐의가 거짓이고, 혐의없음을 인지하고 있다.'는 내용이 담겨있었다. 결론적으로 필리프 4세에게 꼭두각시로 있던 클레멘스 5세가 사실을 알고서도 필리프 4세의 명령(요청)대로 이행했다는 결론이 나온다. 로마 가톨릭교회의 현 입장 또한 필리프 4세의 외압에 클레메스 5세가 억지로 행동했다고 보고 있다.

그림 8 〈어쌔신 크리드 유니티〉에 등장하는 성전기사단으로 추정되는 병사들

성전기사단의 몰락과 관련된 내용은 〈어쌔신 크리드 유니티〉의 초반부에 등장한다. 튜토리얼 격인 초반부에 플레이어는 성전기사단의 이름 없는 한 인물이 되어 시작하는데, 자크 드 몰레 옆에 있는 것으로 보아 그랜드 마스터는 아니더라도 그 밑에 간부 정도는 되어 보인다. 주된 내용은 필리프 4

세의 명령을 받아 파리에 있던 탕플 성에 주둔한 성전기사단이 공격받는 내용이고, 여기서 마지막에 에덴의 조각(검)과 책으로 보이는 무언가를 가지고 도망가다 당시 암살단의 멘토였던 토마 드 카네이용에게 암살당하며 에덴의 조각을 빼앗긴다. 그리고 자크 드 몰레는 나머지 템플러와 함께 화형을 당하는데 이때 필리프 4세와 클레멘스 5세에게 저주를 퍼붓는 장면이 나온다. 〈에이지 오브 엠파이어 4〉에는 프랑스 캠페인으로 백년전쟁을 다루고 있다. 앞서 언급했듯이 백년전쟁이 벌어진 이유는 필리프 4세의 세 아들이 죽고 직계 후손이 끊겼기 때문으로 자크 드 몰레의 몰락과 그가 퍼부은 저주를 생각해보면 바로 그다음에 일어난 일을 다루고 있다고 볼 수 있다.

〈어쌔신 크리드 유니티〉의 초반 이후 헬릭스 균열 미션 중에는 중세 시대 파리의 모습이 잠깐 등장했는데, 여기서 주인공에게 싸움을 거는 중세 기사들의 모습을 보면 성전기사단으로 보인다. 그들이 주로 입던 옷의 색상이 아니라 오히려 구호기사단으로 보이기도 하지만, 〈어쌔신 크리드〉의 대표적인 악 세력이 성전기사단이라는 점과 이들이 프랑스인으로 시작되었다는 것을 볼 때 성전기사단으로 추측된다.

성전기사단은 십자군 전쟁과 함께 등장해 유럽의 금융 시스템과 사회 전반에 걸쳐 영향을 끼친 기사단이다. 다국적 거대 기업이라는 것도 의미가 있지만, 이들이 운영하던 사업체(포도 재배 및 포도주 제작과 같은 사업체들)에서 많은 사람이 일하고 있었다는 것도 의미가 크다. 중세 유럽의 일반인에게는 성전기사단이 자신들의 삶에서 매우 중요했다는 것을 의미하기 때문이다.

성전기사단은 가장 강했음에도 다른 기사단(튜튼, 구호) 중 먼저 허무하게 해체되고 말았다. 어마어마한 부와 규모를 자랑하던 세력이 한순간에 사라지게 되어 여러 매체에서는 주로 성전기사단이 비밀스러운 무언가와 관련이 있었기에 먼저 사라진 것으로 표현하고 있다. 성전기사단의 몰락은 인간의 탐욕을 여과 없이 보여준 사건이라고 볼 수 있다.

템플기사단(성전기사단)은 왜
음모론에 휩싸였나?

십자군 전쟁 시기에 창설되어 가장 유명해진 기사단 3곳이 있다. 성전기사단(템플기사단), 튜튼기사단, 구호기사단이 그것이다. 그런데 유독 템플기사단이 계속해서 음모론과 관련된 매체에서 끊임없이 음모론의 주체로 등장한다. 이것은 왜 그런 것일까? 쉬어가는 코너에서 왜 이렇게 된 것인지 알아보도록 하자.

템플기사단은 유일하게 완전해체된 기사단이다.

위에서 언급한 3개의 기사단 중에서 유일하게 해체된 것이 템플기사단이다. 물론 해체 후 템플기사단을 계승하는 기사단들이 등장하기는 했으나, 템플기사단 만큼의 위세는 떨치지 못했기에 사람들의 기억 속에서 사라졌다. 튜튼기사단과 구호기사단의 경우는 기사수도회 국가까지 되었지만, 템플기사단은 국가가 되지 못하고 사라졌다. 튜튼기사단과 구호기사단이 음모론에 사용되지 않는 이유는 간단하다.

튜튼기사단과 구호기사단은 아직까지 단체가 남아있다.

튜튼기사단과 구호기사단은 야전 병원과 구호소에서 시작한 단체다. 그렇기에, NGO의 성격을 띠고 있었다. NGO란 비정부 조직이라는 뜻이 있는데, 사람들이나 민간단체에 의해 조직되는 단체로서 주로 구호단체나 자원봉사단체를 뜻한다. 사실상 민간단체이다. 이 두 기사단은 설립된 후에 성지를 지키기 위해서 군사적인 부분이 강화되었을 뿐, 설립 목적 자체가 퇴색된 것은 아니었다. 그래서 국가가 멸망한 후에 다시 설립 목적으로 돌아가 구호 단체로의 역할을 계속할 수 있게 되었다. 단체가 남아있고, 자료들이 있기에, 이들에게서 음모론이 나온다는 것 자체는 거의 불가능에 가깝다.

이에 비해 템플기사단이 음모론에 자주 사용되는 이유도 비슷한 이유 때문이다.

템플기사단은 갑작스럽게 해체되었다.

템플기사단은 튜튼기사단과 구호기사단에 비해서 어마어마한 세력을 자랑하고 있었다. 이들은 애초에 성지로 순례하는 사람들을 경호할 목적으로 설립되었고, 처음부터 군사적인 목적이 존재했다.

이후 유럽의 초기 은행업 형태를 보이는 사업까지 하게 되면서, 재정적으로도 부유해졌다. 그리고 모든 기독교 세력에게서 후원을 받았기 때문에, 갑작스럽게 멸망 당한다는 것 자체가 이해할 수 없다. 하지만 템플기사단은 교황을 꼭두각시로 두고 있던 프랑스 왕에 의해 억울한 누명을 쓰고 해체당했다. 엄청난 이권을 가지고 있던 단체가 하루아침에 사라진 것 때문에, 그 속에 일반인이 알기 어려운 비밀스러운 무언가가 있을 것이라는 음모론이 만들어지기 좋았다. 그리고 처음부터 설립 취지가 좋았고, 조력자를 만나 엄청난 후원을 받게 되었는데, 이것 또한 각국의 유명 인사들이 템플기사단이라는 이름 아래에 모여 비밀 결사를 만들기 좋아 보였을 것이다.

템플기사단을 이용한 음모론은 무엇이 있을까?

1. 템플기사단이 성유물을 찾았다?

가장 유명한 음모론 중 하나는 템플기사단이 비밀 결사 세력이었고, 성스러운 유물인(성유물) 성배를 찾았다는 음모론이다. 이 음모론은 2000년대에 다큐멘터리를 제작하는 내셔널지오그래픽에서도 '템플기사단의 비밀 공간을 찾아서'라는 이름으로 다큐멘터리를 제작했을 만큼 유명하다. 이 음모론에서 등장하는 내용은 대부분 템플기사단(성전기사단)이 막대한 보물이나 성배와 같은 성유물을 찾아다니고 수집 및 보관했을 것이라는 내용이다. 충분히 가능성은 있다고 생각한다.

템플기사단 파트에서 이야기한 것처럼 템플기사단은 초기 은행업의 형태를 보이는 사업을 하면서 돈이 되는 물건들을 받고 신용장을 발급해줬다. 그러면서 많은 양의 보물들이 쌓였을 것이고, 그들이 가지고 있던 사업체에서 나오는 돈을 이용해 보물들을 구매했을 수 있다. 그리고 다른 국가의 영토를 마음대로 돌아다닐 수 있고, 그곳의 법에 영향을 받지 않았다는 것은 어디든지 들어가거나 탐사할 수 있었다는 것을 증명한다. 이런 내용을 토대로 템플기사단이 정말로 성배를 비롯한 여러 보물을 찾아 보관했을 거라는 이야기는 유명했다. 요즘은 잠잠한 것으로 보이지만, 한동안 템플기사단에 대한 음모론은 유명했다.

2. 템플기사단이 프리메이슨의 뿌리이다?

이외에도 프리메이슨이 템플기사단을 계승했다는 이야기도 있다. 프리메이슨의 경우 실존했던 비밀 결사조직이다. 인도주의적 박애주의를 지향하는 단체 혹은 취미 클럽으로 현재는 알려져 있고, 세계 곳곳에 여러 가지 형태로 존재한다. 템플기사단이 해체된 이후 프리메이슨이 템플기사단을 계승했다는 이야기가 잠시 돌았었다. 하지만 이것을 확인할 방법은 현재로서는 없다. 그저 하나의 음모론에 불과하다. 심지어 프리메이슨은 지금도 존재하기 때문에, 이것에 대해서 너무 많이 파헤치는 것은 좋지 못한 행동이다.

프리메이슨이라는 단체의 역사를 잠깐 설명하자면, 처음에는 석공 길드에서 시작되었다. 이후에 1600년대 초중반에 석공들의 비밀 단체에서 철학적인 성격이 더해졌다고 하며, 이 프리메이슨의 사상은 진보적이며, 왕정이나 전제정[1]을 하는 국가들에게는 위협적이었다. 때문에, 탄압을 받거나 반

---

1) 전제정이란 후기 로마 제정의 정치형태를 의미하는 말로서 특정 한 명의 지배자에 의해서 통치되는 것을 의미한다.

대하는 여론이 만들어진 적이 있고, 이 때문에, 악마로 몰리는 등의 상황으로 음모론에서 자주 등장하게 된다. 실제로 프리메이슨은 멕시코 혁명과 러시아 혁명에 관여했다는 이야기가 있다.

하지만 지금까지 한 이야기들은 모두 음모론에 불과하다. 그리고 이러한 음모론들이 만들어진 시기는 대부분 밀레니엄 시대라고 불리는 2000년대에 제기된 이야기들이 대부분이다. 이 시기에 랩틸리언[2]과 일로힘[3]을 비롯한 음모론들이 쏟아져 나왔다. 2000년대 초는 음모론이 유행하던 시기였다. 우리나라에서도 휴거 사건이라는 웃지 못할 일이 있었듯이 말이다. 개인적으로 템플기사단이 음모론에 자주 사용되는 이유는 이단으로 몰려 해체되었고, 이들의 해체에 교황과 프랑스 왕이 개입했다는 합리적인 의심과 그것을 뒷받침하는 증거들이 나왔기 때문이다.

이러한 템플기사단의 음모론을 바탕으로 제작된 게임이 있다. 가장 유명한 것이 〈어쌔신 크리드〉이다. 〈어쌔신 크리드〉는 암살단과 템플러 사이의 갈등과 충돌을 그린 게임으로 흔히 역사 관광 시뮬레이터라는 말이 있을 정도로 유명한 게임이다. 많은 작품이 나온 시리즈이고, 여기서 템플기사단은 질서와 통제를 추구하며, 암살단은 자유를 추구한다.

그리하여 템플기사단이 템플러로서 등장하고, 마지막 기사단장이었던 자크 드 몰레의 몰락도 게임에서 등장한다. 다만 〈어쌔신 크리드〉는 게임이기 때문에, 자크 드 몰레 이후에 템플기사단은 음지에서 계

그림 1 〈어쌔신 크리드 유니티〉 속의 자크 드몰레의 처형 장면

2) 지구의 원주민으로서 공룡이나 그 이전의 파충류들이 오랜 시간을 거쳐 인간형태의 모습으로 진화했고, 외계에서 온 인간 형태의 외계인과의 전쟁에서 패배해 지구 지하로 숨어들어가 살고 있다는 음모론
3) 일로힘은 랩틸리언과 관련이 있는 음모론으로 랩틸리언을 공격한 인간형 외계인이 일로힘이라고 한다. 음모론이기 때문에, 큰 관심을 갖지 않는 것이 좋으나, 궁금하다면 라쎄타 인터뷰를 검색해보시라

그림 2 런던 소재 템플기사단의 성당

속 활동한 것으로 등장한다. 그만큼 기사단장도 실제 역사와는 다르게 새로운 인물이 계속 배출된다.

영화 〈어쌔신 크리드〉에서는 현대 파트에서 마지막에 칼럼 린치가 서 있는 건물이 있다. 근데 지금 보니 런던에 있는 템플기사단의 성당이었다. 실제 템플기사단의 성당으로 입회식에 사용되었다고 알려진 이 건물을 영화에서 이용한 것이다. 실제로 이곳은 유명한 관광지이기도 하다.

지금까지 한 이야기를 종합해보면, 템플기사단이 음모론의 아이콘이 될 수밖에 없었던 이유는 이렇다.

첫째 : 거대한 세력을 자랑하다 갑작스럽게 해체되었다.

둘째 : 이들이 가진 특권을 통해 수많은 부를 축적했을 것이고, 이 과정에서 성배와 같은 성유물을 찾았을 가능성이 높다.

셋째 : 이들이 해체된 가장 큰 이유는 이단으로 낙인찍혔기 때문이다.

넷째 : 이들의 해체에 프랑스의 왕과 교황이 누명을 씌웠다는 증거가 발견되었다.

정도로 볼 수 있겠다. 우리는 여기서 사람들이 음모론에 대해 갖는 호기심을 생각해볼 필요성이 있다. 대부분의 사람들이 자신들의 생활이 따분하다고 생각한다. 그렇다보니 음모론을 통해서 사람들은 새로운 것을 생각하고 탐구하는 등의 행동을 통해 따분한 삶의 활력을 찾기도 한다. 이것은 음모론의 긍정적인 부분이다. 어쩌면 음모론이라는 것은 갑작스럽게 사라진 무언가와 우리가 알지 못하고, 궁금해하는 미지의 무언가를 증명하고 알아가고자 하는 호기심에서 출발한 하나의 수단이 아닐까?

소실된 지식의 보고
알렉산드리아 도서관

그림 1 〈어쌔신 크리드 오리진〉 디스커버리 투어에 등장하는 알렉산드리아 도서관

인류 문명사에서 전쟁과 자연재해로 인해 중요한 문화재나 사료가 소실되는 경우는 송송 있었다. 그래서인지 유독 소실된 중요한 문화재나 사료들이 게임에 언급이 되거나 이용될 때가 있는데, 알렉산드리아 도서관이 대표적인 예이다. 어떠한 이유로 알렉산드리아 도서관이 많이 등장하는지 그 이유를 알아보자.

알렉산드리아 도서관은 이집트 알렉산드리아에 존재한 도서관이다. 고대 시대를 통틀어 가장 거대한 규모와 영향력을 자랑했던 도서관 중 하나로 현재는 남아 있지 않다. 이 도서관은 알렉산더 대왕의 사후 이집트 지역을 다스린 프톨레마이오스 1세 소테르의 통치 시기에 건립되었다고 전해진다. BC 306년에 무세이온[1]을 설립했는데 이것이 알렉산드리아 도서관의 기원이 되었다.

---

1) 원래는 고대 그리스에서 학술과 예술의 여신인 뮤즈의 사당이 학당으로 발전한 것. 무세이온은 현대 박물관과 미술관을 뜻하는 Museum의 어원

그림 2 〈어쌔신 크리드 오리진〉 디스커버리 투어 모드에 등장하는 알렉산드리아 도서관의 내부

알렉산드리아 도서관은 당시 세계에 있던 다양한 책들을 복사해 원문은 보관하고 복사본은 돌려주었다고 한다. 그리고 프톨레마이오스 왕조의 지원 아래 세계 여러 학자가 자유로이 연구할 수 있는 환경을 지원했다. 알렉산드리아 도서관에서는 천문학, 물리학 자연과학, 수학 등 다양한 분야의 연구 성과가 있었다.

지식의 보고였던 알렉산드리아 도서관은 로마 시대를 거치면서 훼손된다. 카이사르의 알렉산드리아 전쟁, 팔미라 여왕 제노비아의 반란 진압, 로마 가톨릭의 국교화로 인한 피해(도서관이 신전 구역에 있었기 때문)가 있고 난 후 642년에 알렉산드리아가 무슬림 군대에 점령된다. 마지막으로 무슬림이 도서관을 점령한 후에 완전히 파괴가 되었긴 하지만, 무슬림 군대 혼자서 지식의 보고를 파괴했다고 보기는 어렵다.

프톨레마이오스 왕조의 지원을 받고 있던 도서관은 왕조의 몰락과 함께 쇠퇴의 길을 걸었고, 기독교가 로마의 국교화가 되면서 또다시 외면당하고 파괴되었다. 도서관은 무슬림의 파괴로 인해 끝난 것이 아니라 사람들에게 외면당하면서 파괴되었다는 것이 현재로서는 가장 설득력 있다.

알렉산드리아 도서관은 지식의 보고라는 말처럼 당시의 모든 지식이 담긴 서적들이 보관되고 학자들이 상주하면서 다양한 연구를 진행하던 공간이었다. 그렇기에 게임에서 지식이나 과학에 관한 언급이 많다. 〈문명 시리즈〉의 최신작 〈문명 6〉에서는 알렉산드리아 도서관을 건설하면 위대한 과학자, 위대한 작가 점수가 각각 1씩 추가되며, 걸작 저서 슬롯이 2개 추가된다. 추가로 모든 고대/고전 시대 기술에 유레카가 촉발되어 다른 문명에 비해 연구 속도가 향상되고 다른 문명에서 위대한 과학자가 나타날 때마다 무작위 기술에 대한 유레카를 얻을 수 있다. 이는 당시 알렉산드리아 도서관에서 유명한 학자들을 초빙, 연구를 지원했던 것에 대한 고증이다.

이외에는 유비소프트에서 제작한 〈어쌔신 크리드 오리진〉에서 알렉산드리아 도서관이 등장한다. 남겨진 기록과 상상을 통해 구현되었으며, 플레이어는 직접 도서관 안을 들어갈 수 있다. 〈어쌔신 크리드 오리진〉 디스커버리 모드의 설명에 따르면 알렉산드리아 도서관이 그리스의 신들에게 헌정된 도서관이었기에 그리스도교와의 갈등과 전쟁으로 도서관이 파괴되어 에페수스 켈수스 도서관의 시각자료에서 영감을 얻어 알렉산드리아 도서관을 구현했다고 밝히고 있다.

적이 사정권 안에 들어왔단 것은
당신도 사정권 안에 들어갔다는 것이다.

|

콜 오브 듀티 4 : 모던 워페어

〈톰 클랜시의 더 디비전 2〉에 등장하는 워싱턴 D.C.의 모습

게임 속 전쟁

종교를 내세운 그릇된 욕망

십자군 전쟁
Crusades

십자군 기사
Crusades

▌십자군 전쟁의 시작 원인

십자군이라는 단어만 들
어도 게이머들은 가슴이 웅장
해질 것이다. 십자가가 새겨
진 무거운 갑옷을 입은 기병
이 이슬람 기병과 격돌하는
장면이 떠오르지 않는가? 십
자군 전쟁은 게이머들에게는
자주 등장하는 단골 소재이면

그림 1 제 2차 십자군 전투

서, 기본에만 충실하면 재밌는 게임이 되는 무난한 역사적 소재다.

하지만 실제 역사에서는 인간의 탐욕이 종교와 결합되면서 만들어지는
끔찍한 참극이기도 하다. 십자군 전쟁은 단어에서도 알 수 있듯이 종교적인
성격을 띄는 전쟁이다. 정치가 종교와 결합되면 어떤 결과가 나오는지 단
적으로 보여주는 예시이기도 한 것이다. 이번 장에서는 십자군 전쟁에 대한
이야기를 해보고자 한다. 이와 동시에 십자군 전쟁과 관련이 있는 게임들도
살펴보자.

십자군 전쟁은 11세기[1]의 복잡한 상황 속에서 발생한다. 당시 유럽은
8~9세기경에 일어난 성상숭배금지령[2]으로 인해 서유럽의 가톨릭, 동유럽의
동방 정교회(비잔티움 제국)로 분리되어 있었다. 이런 상황 속에서 7세기부
터 힘을 키운 이슬람 세력이 빠르게 동로마 제국을 중동지역에서 몰아냈고,
지금의 터키가 있는 아나톨리아 반도까지 밀고 들어갔다.

---

1) 1001년부터 1100년까지를 의미함
2) 구약에 등장하는 모세의 십계명 중 "우상을 짓지 마라"라는 내용이 근거가 되어 발생한 성상 파괴 운동.
    간단히 말해서 신을 어떠한 모습으로 단정짓지 말라는 의미다. 예수님 혹은 하느님의 모습을 석상이나
    동상으로 만들지 말라는 의미로, 당시 서유럽에서는 게르만을 비롯한 자신들보다 야만스럽다고 여기는
    민족을 개종시키기 위해서는 성상이 필요하다는 입장이었고, 이에 동로마와 서로마의 교회 세력이 분열
    되는 계기가 되었다.

이때 비잔티움 제국은 영토를 되찾기 위해 노력했으나, 만지케르트 전투[3]에서 패배해 아나톨리아 반도의 영향력마저 대부분 상실했다.

이후 시간이 흘러 동로마 제국의 황제로 즉위한 알렉시오스 1세는 성상 숭배금지령 이후 갈라진 서방 가톨릭 세계에 도움을 얻고자 했다. 이에 당시 교황 우르바노 2세에게 도움을 요청, 교황은 황제의 요청에 응해 1095년 십자군을 일으킨다.

교황 우르바노 2세가 십자군을 일으킨 것은 대립교황[4] 클레멘스 3세와의 권력 다툼이 하나의 원인이었다. 우르바노 2세가 십자군 전쟁을 선포하면, 자신이 진정한 교황임을 알리는 홍보 수단이 되어 대립교황 클레멘스 3세를 견제할 수 있는 좋은 구실이 됨과 동시에, 예루살렘을 포함한 가톨릭의 성지를 수복해 가톨릭 세력의 확장과 정치적 우위도 점할 수 있었기 때문이다.

예나 지금이나 전쟁에서는 명분이 매우 중요한데, 십자군 전쟁에 대한 명분은 비잔티움 제국을 도와 이슬람 세력에게 빼앗긴 옛 영토를 수복함과 동시에 예루살렘으로 가는 순례자들을 보호하기 위함이었다. 이러한 명분으로 영주들을 비롯한 많은 기독교도가 십자군 전쟁에 호응했다. 유럽인들이 십자군 전쟁을 찬성한 것은 유럽의 인구가 급증하고 경제성장이 두드러진 중세 성기였기 때문이다. 시대적 상황으로 모든 것이 여유로웠던 중세 유럽인들은 자신들의 이익을 위해 십자군 전쟁에 참여한다.

상인들은 새로운 판로와 미지의 땅에서 오는 진귀한 상품을 탐냈다. 영주와 기사들은 포화상태가 되어버린 유럽에서 벗어나 새로운 땅과 권력, 모험을 위해 십자군 전쟁에 뛰어든다. 특히 차남들의 참여가 많았는데, 유럽이 장자 상속제라 차남들(나머지 아들들)은 각자 살길을 찾아야했기 때문이다. 보통은 기사나 용병이 되거나 수도원에 들어가 성직자가 되는 경우가 많았

---

3) 1071년 8월 26일에 비잔티움 제국과 셀주크 투르크 사이에 일어난 전투. 이 전투로 인해 로마노스 4세 디오예니스 황제가 적에게 포로로 잡히고, 비잔티움 제국은 셀주크 투르크에게 결정적인 패배 당함
4) 교황의 직위에 올랐으나, 정당한 교회법의 절차를 거치지 않은 자를 말함

는데, 십자군 전쟁은 이런 차남들에게 새로운 기회를 제공했다. 이렇게 다양한 이유가 있었으나, 무엇보다 당시는 신앙심이 최고조인 상황이라 성지를 탈환하고자는 열망이 컸다.

십자군 전쟁이 일어나기 직전의 시기를 체험해보고 싶다면 〈미디블 토탈워 2〉(2006)을 추천한다. 게임 기술의 한계로 인해 많은 수의 국가가 등장한 것은 아니지만, 게임 내의 십자군 시스템으로 당시의 상황을 체험해볼 수 있을 것이다.

▌어설픈 시작 군중 십자군(0차 십자군)

교황 우르바노 2세의 부름에 응답해 십자군 전쟁에 나간 군대가 1차 십자군이다. 그런데 1차 십자군 보다 먼저 출발한 십자군이 있었다. 우리는 이들을 군중 십자군 혹은 0차 십자군이라 부른다. 이들을 이끈 것은 은자 피에르였다.

그림 2 은자 피에르의 군중 십자군 1096년
-장 콜롬브-

은자 피에르는 성 베드로[5]가 자신의 꿈에 나와 이슬람에게서 예루살렘을 포함한 성지를 되찾으라는 계시를 받았다고 주장한다. 그는 당나귀를 타고 서유럽을 돌면서 십자군 결성을 외쳤고, 많은 군중을 포함한 일부 하급 기사나 하급 성직자도 십자군에 참여했다.

---

5) 예수의 열두 제자 중 한 사람으로 초대 교황

원래 1차 십자군은 1096년 8월 15일에 출발할 예정이었으나, 은자 피에르와 군중 십자군의 지도자들은 1차 십자군보다 먼저 출발한다. 군중 십자군은 대략 4만이 출발했으나 노인과 여성을 비롯한 민중들이 대다수를 차지했다. 결국 이들은 성지에 도착하기 전에 거의 전멸하고 만다.

군중 십자군이 전멸한 이유는 이들이 오합지졸이었기 때문이다. 이들은 1096년 4월 12일에 쾰른에 집결해 독일에서 십자군을 더 증원해 이동할 생각이었으나, 프랑스의 하급 기사 고티에 생자부아를 따르는 프랑스인 십자군 군대는 먼저 헝가리로 출발했고, 독일에서 증원을 기다리던 군중 십자군들은 독일에 있던 유대인들을 학살했다. 이는 고리대금업을 통해 부를 쌓았던 유대인들에 대한 분노와 이들이 기독교인이 아닌 이교도라는 점, 식량과 보급의 문제를 해소하려는 행위들이 겹쳐 행해졌다. 이슬람 세력과 싸워 성지를 탈환하겠다는 십자군의 목표는 시작부터 유대인 학살이라는 잘못된 방향으로 움직였다. 이는 훗날 퇴색된 십자군 전쟁의 모습을 미리 보여주는 것이기도 하다. 다만 이들은 정식 십자군은 아니었다는 점에서 변명의 여지는 있다. 그러나 이들이 먼저 출발해 난리를 피운 덕에 1차 십자군은 성지까지 이동하는 과정이 더 험난해졌다.

독일인들의 증원을 기다리지 않고 먼저 출발했던 고티에 생자부아의 프랑스인 십자군 군대는 5월 8일에 헝가리의 영토로 들어갔다. 이들은 큰 마찰 없이 헝가리와 비잔티움 제국의 국경이었던 베오그라드에 도착한다. 베오그라드의 비잔티움 제국 사령관은 황제에게 십자군이 당도했음을 알렸다.

이들은 통행 허가를 받고 비잔티움 제국의 수도였던 콘스탄티노플로 이동했지만, 문제는 후발대로 따라오던 본대였다. 은자 피에르가 속해있던 본대는 쾰른에 도착 후 8일이 지난 4월 20일에 출발한다. 헝가리와 비잔티움 제국의 국경까지 이동한 군중 십자군은 국경 지대 시장에서 사소한 실랑이가 붙은 끝에 전면전이 벌어져 헝가리인 4천명 가량이 살해당했다. 이어 비잔티움 제국의 국경을 넘는 와중에 제국 국경 수비대와 충돌하게 되었고 이를 본 베오그라드 시민들은 도망, 군중 십자 군은 텅 빈 베오그라드로 들어가 약탈후 도 시를 불태운다.

이들의 다음 목적지는 니시였다. 니시에 도착한 군중 십자군은 최대한 충돌을 자제 하고 콘스탄티노플로 향하려 했지만, 또다시 충돌이 일어났다. 이번에는 군중 십자군이 잘 무장된 니시의 비잔티움 제국군에게 대패

지도 1 0차 십자군 루트

한다. 처음 4만으로 시작했던 군대는 순식간에 만 명가량이 죽었다. 남은 3 만은 8월 1일에 콘스탄티노플에 도착한다.

콘스탄티노플에 당도한 피에르의 본대는 고티에 생자부아의 군대와 합 류했다. 비잔티움 제국의 황제 알렉시오스 1세는 이들에게 1차 십자군이 도 착하면 같이 이동하기를 권유했지만, 거절했다. 결국 알렉시오스 1세는 이 들을 아나톨리아 반도로 이동시켜 주었고, 이들은 이곳에서 약탈과 전투를 일삼다가 룸 술탄국의 군대에 의해 전멸하고 만다.

이들을 다룬 게임은 없다. 그 이유는 매력적이지도 않거니와, 십자군의 역사 중 대표적인 치부이기 때문이다.

굳이 게임에서 군중 십자군을 구현해보고 싶다면 〈미디블 토탈워 2〉에 서 구현이 가능하다. 십자군 선포가 되면, 농민을 비롯해 저렴한 하급 병종 으로만 꾸린 군대를 만들면 된다. 하지만 추천하지는 않다. 역사처럼 전멸할 확률이 100%이기 때문이다.

성전의 시작과 전성기 (1차 ~ 4차 십자군)

군중 십자군이 허망하게 궤멸된 이후 교황 우르바노 2세에게 축복의 의 식을 받고 출발한 제1차 십자군은 콘스탄티노플에 도착했고, 이곳에서 군중

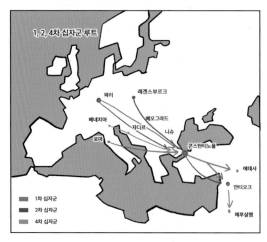

파리
레겐스부르크
베네치아
베오그라드
자디르
로마
니슈
콘스탄티노플
에대사
안티오크
예루살렘

1차 십자군
2차 십자군
4차 십자군

지도 2 3차는 사실상 정치전이었기 때문에 따로 표기하지 않았다

십자군의 생존자들과 합류해 니케아를 공격한 후 안티오키아도 공략한다. 1차 십자군에는 레몽[6], 고드프루아[7], 보에몽[8] 등의 유명한 인물들도 합류하고 있었는데, 이들 모두 야망이 있던 인물로 명목상 총사령관인 아데마르 주교가 겨우 군대를 규합한 상황이었다. 하지만 그가 사망하면서 십자군은 분열될 조짐이 보이기 시작한다.

그림 3 1차 십자군의 예루살렘 공격 1099년

십자군은 예루살렘에 도착해 1099년에 도시를 정복했다. 전리품에 눈이 먼 십자군은 예루살렘에서 학살과 약탈을 저질렀다. 1차 십자군이 성공할 수 있었던 배경은 이슬람 세력이 하나로 통합되지 않았기 때문이다. 거기다 서유럽 국가와의 전면전은 사실상 처음이었는데, 군중 십자군을 먼저 접하고 자만해버린 탓도 있었다.

1차 십자군으로 레반트(지금의 시리아와 이스라엘이 있는 지역) 지역에는 예루살렘 왕국을 비롯한 몇 개의 십자군 국가들이 세워진다. 이들 중 유

---

6) 레몽 4세 드 툴루즈 백작으로 툴루즈(프랑스 지방)의 백작, 프로방스(프랑스 남부 지역) 제후로 성지 탈환 이후 트리폴리 백국의 기반을 닦았다.

7) 고드프루아 드 부용으로 예루살렘 초대 성묘 수호자이자 니더로타링겐(독일 지역) 공작이었다. 시온수도회의 설립자이며, 십자군 국가 예루살렘 왕국의 초대 통치자이다.

8) 보에몽 1세로 아나톨리아해(아나톨리아 반도에 위치한 바다) 동쪽 영지를 물려받아 타란토의 공작이었고, 성지 탈환 후 십자군 국가인 안티오키아 공국의 공작이 되었다.

명한 국가들이 예루살렘 왕국, 에데사 백국, 안티오키아 공국, 트리폴리 백국 등이다. 여담으로 은자 피에르는 이 과정에서 롱기누스의 창을 찾았다고 주장했지만, 시죄법[9]으로 처형당했다.

2차 십자군은 이슬람 세력 중 하나인 '장기'라는 인물이 에데사 백국을 점령하자 교황 에우제니오 3세의 호소로 시작된 십자군이다. 이 십자군에는 프랑스의 루이 7세와 독일왕 콘라트 3세도 참가했다. 왕들의 참여에도 불구하고 2차 십자군은 이렇다 할 성과 없이 실패했다. 이유는 주요 참가자들이 모두 다른 생각을 했기 때문이다. 오히려 대립하던 이슬람 세력을 결집하게 만들어, 레반트 지역에 만들어진 십자군 국가들까지 몰락하는 결과를 가지고 왔다.

3차 십자군은 파티마 왕조를 멸망시키고 아이유브 왕조를 창시한 살라흐 앗 딘에 의해 예루살렘이 함락당하면서 시작된다. 신성 로마 제국의 황제 프리드리히 1세 바르바로사와 프랑스의 필리프 2세, 영국의 사자심왕 리처드 등이 이 십자군에 참가했다.

프리드리히 1세는 킬리아 살레흐 강에서 익사했고, 이로 인해 독일군은 거의 와해되었다. 사자심왕 리처드와 필리프 2세는 해로로 함께 출발했지만, 관계가 악화되어 따로 이동했다. 리처드의 경우 약혼녀와 합류하기 위해서 키프로스로 향했다. 하지만 키프로스의 통보나 세국 태수였던 이사기우스 콤네누스가 약혼녀를 사로잡는 무례를 범했고, 분노한 리처드는 키프로스를 점령하여 보급기지로 사용하고 팔레스타인으로 향한다.

시작부터 많이 꼬여버린 3차 십자군은 아크레를 포위해 함락에는 성공했지만, 예루살렘은 탈환하지 못하고 십자군 원정이 끝나고 만다. 이 3차 십자군을 배경으로 만들어진 게임이 발매 15주년이 된 〈어쌔신 크리드〉 시리즈의 첫 번째 작품이다. 〈어쌔신 크리드〉는 당시에는 획기적이었던 오픈월드 시스템

---

9) 시죄법이란 시련 재판이라고도 불리는 것으로 물, 불, 독 등을 써서 피고에게 육체적 고통이나 시련을 가하고, 그 결과에 따라 죄의 유무를 판단하는 중세의 재판 방법을 말한다. 이를 거부하면 유죄로 확정된다. 이 법은 신만이 결과를 알고 있다는 황당한 판결 내용을 가지며, 사실상 대상을 죽이겠다는 의도를 가지고 있다. 롱기누스의 창을 찾았다고 주장한 피에르는 불의 심판을 받았는데, 화상으로 인해 죽었고, 십자군 내에서 분열이 더 생겼다고 한다.

윌리엄 마일즈
감안하면, 더 오래 됐을지도

그림 4 〈어쌔신 크리드 3〉에 등장하는 3차 십자군 당시의 알테어 이븐 라 아하드

을 도입한 게임이었고, 이 오픈월드는 지금까지 발매되고 있는 오픈월드 게임의 정형을 만든 작품이 되었다.

〈어쌔신 크리드〉에서는 이슬람 종파 중 이스마일파의 한 분파인 하사신파를 각색하여 만들어낸 암살단이 존재한다. 당시에는 시리즈가 정립되기 전 처음 제작된 작품이라 지금과는 달라진 설정들이 있을 수는 있지만, 그럼에도 탄탄한 세계관을 가진 게임이었다. 여기서 플레이어는 암살단의 인물인 알테어 이븐 라 아하드로 플레이한다. 3차 십자군을 배경으로 했기 때문에, 예루살렘, 아크레, 다마스쿠스 등의 대도시가 오픈월드로 등장하고, 암살단의 거점인 마시아프도 있다. 그리고 왕토라고 불리는 도시들 사이의 거대한 지역이 등장하고, 아르수프라고 불리는 지역이 직선 진행으로 등장한다. 아르수프는 살라흐 앗 딘이 사자심왕 리처드 1세에게 대패를 당한 장소이다.

4차 십자군은 교황 인노첸시오 3세에 의해 예루살렘이 아닌 이집트 카이로(현 이집트 수도)를 목표로 시작되었다. 하지만 4차 십자군부터는 종교적인 목적보다는 세속적인 목적이 더 강하게 나타나기 시작했다. 당시 십자군은 이집트로 가는 배삯을 구하지 못해 베네치아에서 대기하고 있었다. 베네치아의 도제 엔리코 단돌로는 배삯을 면해주는 대신 헝가리 왕국령인 차

그림 5 콘스탄티노플을 약탈하는 십자군

라를 점령해달라 말한다. 십자군은 이를 수락했고, 달마티아 해안에 있는 차라를 점령한다. 차라는 원래는 베네치아령이었으나, 헝가리 왕에게 복종한 상태였다. 차라는 기독교 세력에 속했기에, 교황은 십자군에게 철군을 요구했다. 하지만 엔리코 단돌로는 십자군을 선동해 차라를 점령했고, 교황은 해당 점령전에 동원된 십자군과 엔리코 단돌로를 파문시켰다.

교황의 처분에 십자군은 배삯이 없어 한 일이라 변명했다. 그들이 파문에 대해 왈가왈부하던 중에 동로마 제국의 황자인 알렉시우스 앙겔루스가 망명해왔다. 그는 자신의 큰 아버지 알렉시우스 3세를 몰아내고 아버지의 제위를 되찾아달라 부탁한다. 명분이 생긴 십자군은 고민했다. 교황은 같은 기독교 국가를 공격할 수 없다며 반대했으나, 엔리코 단돌로는 십자군을 설득해 콘스탄티노플을 공격한다.

콘스탄티노플이 함락되고, 4차 십자군은 그곳에 라틴 제국을 세운다. 플랑드르의 보두앵이 황제가 되었고, 동로마 제국은 에페이로스 왕국과 트라페준타 제국, 니케아 제국으로 나누어졌다. 이후 니케아 제국이 콘스탄티노플을 다시 점령하면서 동로마 제국이 부활하기는 했지만, 오스만 제국에게 콘스탄티노플이 함락되면서 멸망하고 만다.

▌제5차 ~ 9차 십자군

지도 3 5, 7, 8, 9차 십자군 루트

5차 십자군 전쟁은 헝가리왕 엔드레 2세와 오스트리아 제후 레오폴트가 참가한 십자군이다. 4차 십자군의 원래 목표였던 이집트를 공격하기 위해 시작되었다. 이들은 예루살렘 왕 휘하에서 나일강 어귀의 다미에타를 점령했다. 하지만 1221년 카이로로 진격한 것이 실패해 완패했다.

6차 십자군은 신성 로마 제국 황제 프리드리히 2세가 시작한 십자군이지만 직접적인 전투는 없었고, 1229년 조약으로 예루살렘을 획득했다. 하지만 1244년 예루살렘의 3분의 2는 이집트군에 다시 점령당하고 말았다.

7차 십자군은 프랑스 왕 루이 9세가 주도한 십자군이다. 이들은 다시 다미에타를 점령했고, 카이로로 진격했지만 실패하고 만다. 결국 루이 9세는 고액의 몸값을 지불하고 풀려날 수 있었다. 이 시기에 아이유브 왕조 이집트는 반란으로 멸망하고 맘루크 왕조 이집트가 들어섰다.

8차 십자군은 맘루크 왕조에 대항해 루이 9세가 일으킨 십자군으로 목표는 튀니지였다. 원래는 카이로로 가려고 했던 것으로 보이나 시칠리아 왕샤를 당주의 제안을 받아들여 튀니지로 가게 되었다. 하지만 튀니지에서 루이 9세는 병사하고 말았고, 십자군은 흐지부지되었다.

9차 십자군은 8차 십자군을 지원하러 뒤늦게 출발했던 영국의 에드워드 왕자의 군대가 일으킨 십자군이다. 원래는 튀니지로 이동하고 있었는데, 루이 9세가 병사하면서 중단된 십자군을 규합해 시칠리아에 잠시 머무르다 아크레로 향했다. 아직 아크레는 예루살렘 왕국의 수도로 기독교의 거점이었다. 9차 십자군 시기에 몽골군(일 칸국)이 원군으로 참전하기도 했지만,

맘루크 왕조에 의해 실패하고 결국 교황의 지원을 받는 공식적인 십자군은 9차를 끝으로 끝이 나고 말았다.

▌십자군 전쟁의 결과

십자군 전쟁은 동로마 제국의 원군 요청으로 시작되었으나, 점점 변질되어 레반트 지역에 가톨릭 국가를 건설하고, 콘스탄티노플을 점령하는 등의 기행을 보였다. 일부는 아동 십자군이라고 하여, 십자군에 나서겠다는 청소년~아동들을 노예로 팔아버리는 등의 만행을 서시르기도 했다. 이외에도 북방 십자군으로 프로이센 지역을 독일인들이 개척해 기사수도회 국가를 세우기도 했으며, 후스파, 알비파 등의 기독교 분파들이 이단으로 지목되어 십자군의 표적이 되기도 하였다.

하지만 십자군 전쟁의 결과로 유럽은 유라시아 대륙에서 고립되어 있던 위치에서 벗어나 아시아 세력들과 교류를 하기 시작했다. 9차 십자군이 마무리된 당시는 몽골 제국이 있던 시대였다. 유럽은 동양과의 교역을 통해 막대한 지식과 선진문물을 받아들여 발전하기 시작했다.

동양과의 교역 이외에도 그리스 고전과 수학, 천문학 등을 비롯한 고대 그리스 문화의 정수들이 이슬람 세계에서 다시 유럽으로 수입되면서 유럽의 발전에 탄력이 붙었다. (그리스 문화는 이슬람 언어로 번역되어 연구 및

그림 7 마지막 십자군을 낭만적으로 묘사한 그림

유지 되어오다 십자군 전쟁 시기 다시 유럽 언어 혹은 그리스어로 번역되어 들어왔다.)

끝으로 십자군 전쟁이 끝나고 약 200년 뒤에 동로마 제국의 콘스탄티노플이 함락되면서 동로마 제국에 있던 예술인, 지식인, 기술자들이 다시 이탈리아 지역으로 망명하게 되면서 이들이 르네상스 운동을 시작하게 하는 하나의 원인이 되기도 했다.(서로마와 동로마로 나누어졌을 때, 황제가 지식인들과 예술인, 기술자들을 데리고 동로마로 건너갔기 때문)

이슬람권에서는 십자군 전쟁으로 인해 레반트 지역이 피해를 봤고, 몽골의 침입으로 바그다드처럼 이슬람 문화의 정수였던 도시들이 파괴되었다. 하지만 이 시기 십자군 전쟁으로 인해 분열되어 있던 이슬람 세력이 결집하면서 살라흐 앗 딘이라는 강력한 지도자가 등장하기도 했다. 살라딘(살라흐 앗 딘)이 없었다면, 이슬람 세계는 위태로울 수 있었다. 그런데 정작 살라딘의 민족인 쿠르드족은 현재 국가와 영토가 없는 민족이 되었다. 살라딘이 이슬람 세계를 구했지만, 아이러니하게도 그의 후손들은 핍박받고 있다.

십자군 전쟁은 기독교 세계뿐만 아니라 중동의 이슬람 세계까지 어마어마한 영향을 미친 전쟁이다. 성지를 되찾고 기독교의 부흥을 외친 전쟁이지만, 십자군 전쟁의 종교적 열정은 정치적으로 변질되면서 기독교 세계에 르네상스 운동을 촉발시켰고, 유럽이 점점 발전하는 계기를 만들었다.

▌게임 속 십자군 이야기

〈어쌔신 크리드〉 이외에도 십자군이 등장하는 게임들은 많이 있다. 먼저 〈토탈워 시리즈〉인 〈미디블 토탈워 2〉에서는 십자군 시스템이 존재한다. 그리고 〈아틸라 토탈워〉의 모드인 AD 1212는 4차 십자군 후 라틴 제국이 만들어진 시점에서 시작하는 모드다. 〈미디블 토탈워 2〉의 시스템을 상당히 많이 활용해 만들어졌다.

〈유로파 유니버셜리스 4〉와 비슷한 시스템인 〈크루세이더 킹즈 시리즈〉에서도 십자군 전쟁이 등장한다. 십자군 전쟁이 〈미디블 토탈워 2〉와 같은 하나의 시스템으로 등장하고 십자군이 시작되면 뽑을 수 있는 병종도 있는 듯하다. 〈에이지 오브 엠파이어 2〉에서는 캠페인들이 많이 있는데, 여기서 오트빌, 살라딘, 바르바로사, 키프로스, 에드워드 1세 캠페인에서 십자군이 등장한다.

〈워해머 판타지 시리즈〉에서는 기사의 나라 브레토니아와 제국이 아라비를 상대로 한 원정이 십자군 전쟁으로 표현된다. 제국과 브레토니아는 신성 로마 제국과 프랑스를 모티브로 했고, 아라비는 중동을 모티브로 했기에 이것이 십자군 전쟁에서 가지고 왔음을 알 수 있다. 다만 실제 역사와는 다르게 여기서는 아라비가 먼저 제국 남부의 에스탈리아를 침공해서 브레토니아가 아라비에 원정을 떠났고, 아라비는 멸망하고 철저하게 박살이 난다.

마지막으로 2022년 5월 기준으로 출시 예정 작품인 〈The Valiant〉는 은퇴한 십사군이 주인공이 되어 유럽과 중동을 돌아다니며 유물들을 찾는 내용을 다루고 있다. RTS 게임으로 분대를 기반으로 하는데, 이는 과거에 렐릭에서 제작했던 〈워해머 40K 던 오브 워 시리즈〉와 비슷한 방식이라고 할 수 있다. PlayStation 5와 PlayStation 4로도 발매될 예정이라고 한다. 여기서도 성전기사단이 주인공으로 등장할 것으로 보인다.

이외에도 〈워해머 40K〉에 등장하는 스페이스 마린 챕터들 중 블랙 템플러라는 챕터는 성전기사단처럼 십자가를 챕터 문양으로 하고 있다. 이들은 임페리얼 피스트 군단에서 뻗어 나온 챕터로 그들의 모습은 다른 스페이스 마린과는 다르게 수도사와 비슷한 느낌의 복장을 하고 있다. 블랙 템플러의 문양이나 이러한 복장은 십자군에서 모티브를 가져왔다고 볼 수 있다.

유럽 중심의 세계대전급 종교 전쟁

30년 전쟁

Thirty Years' War

30년 전쟁
Thirty Years' War

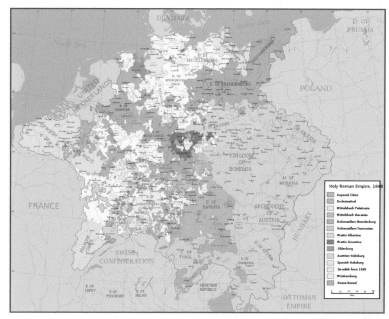

그림 1　1648년 베스트팔렌 조약 이후 신성로마제국

교전국	
개신교 측	가톨릭 측
보헤미아 왕국 ~ 1620 팔츠 선제후국 ~ 1623 네덜란드 공화국 사보이아 공국 트란실바니아 공국 ~1619 잉글랜드 왕국 1625 ~ 30 스코틀랜드 왕국 1625 ~ 38 덴마크 – 노르웨이 왕국 1625 ~ 1629 스웨덴 제국 1630 ~ 프랑스 왕국 1635 ~ (프랑스는 가톨릭임에도 개신교에 참전) 오스만 제국 ~ 1634 브란덴부르크 프로이센 ~ 1635 작센 선제후국 ~ 1635 헤센 카셀 방백국 브라운 슈바이크 뤼네부르크 공동 교전국 　러시아 차르국 　포르투갈 왕국 　베네치아 공화국	신성 로마 제국 　가톨릭 제후 연맹 　오스트리아 대공국 　헝가리 왕국 　보헤미아 왕국 1620 ~ 　바이에른 선제후국 　크로아티아 왕국 　로렌 공국 스페인 제국 　시칠리아 왕국 　나폴리 왕국 덴마크 – 노르웨이 왕국 1643 ~ 1645 폴란드 리투아니아 연방 ~ 1634 제노바 공화국 공동 교전국 　교황령

30년 전쟁에 등장한 인물이나 국가와 관련된 것은 많지만, 30년 전쟁 자체를 다루고 있는 비디오 게임은 거의 없다. 그럼에도 30년 전쟁의 많은 부분들이 게임, 영화, 만화 등에 차용되기 때문에 한번 짚고 넘어가려고 한다.

▌30년 전쟁 전의 유럽 상황

그림 2 30년 전쟁 전야의 신성 로마 제국 종교 분포도 (연주황 : 루터교, 분홍 : 후스파, 주황 : 취리히 개혁교회, 진주황 : 칼뱅파) [저작자 : ziegelbrenner]

30년 전쟁이 일어난 17세기(1618년) 유럽은 종교적으로 매우 혼란스러운 시기였다. 마틴 루터가 독일에서 종교 개혁을 단행한 지 1세기 정도 지난 시기였기 때문이다.

이야기를 진행하기에 앞서 독자들의 이해를 돕기 위해 마틴 루터 이전의 상황을 이야기해보고자 한다. 다소 저속하게 들릴지는 모르나, 10세기 로마 가톨릭은 창부정치로 골머리를 앓았다. 이 창부정치는 로마 대주교직(교황)이 특정 여성들에 의해 간섭을 받던 시기를 말한다. 실제로 매춘부는 아니었으나, 로마의 유력 귀족 가문 테오필락투스 귀부인들이 자신들의 권력을 위해서 애인을 여럿 두었고, 이를 통해 교회 권력에 간섭하였기에 그렇게 부르는 듯하다.

실제로 이 시기 해당 가문의 귀부인 테오도라와 그녀의 딸 마로치아에 의해 교황의 선출이 간섭을 받았고, 마로치아의 경우는 교황을 세우고 교황 사이에서 아들을 낳아 그 아들을 교황으로 선출하기까지 했다. 마음에 들지 않는 경우는 선출 이후에 살해하는 것도 서슴치 않았다.(보통은 교살. 목을 졸라 살했다는 뜻이다.)

거기다 교황을 비롯한 교회 권력이 강해지자, 이들은 종교인으로서가 아니라 정치인으로서 활동하기 시작했고, 도덕적으로도 해이해졌으며, 민족적 차별 및, 차별적인 세금부과 등의 악행을 저질렀다. 이 모든 문제가 마틴 루터가 종교 개혁을 하는데 원동력이 된 것은 맞지만, 마틴 루터가 강하게 주장한 원인은 면죄부 판매에 있다.(면벌부가 옳은 명칭이라고 한다.)

이것은 매운 큰 문제였는데, 영주가 초야권[1]을 행사한 경우도 면벌부로 사면을 받았다. 교황과 교회가 면벌부를 판매한 이유는 이 돈으로 성당을 건축하기 위함이었다.

로마 가톨릭의 부패한 모습을 종교인들이 보게 되면서, 후스파가 등장해 종교개혁을 주장했다. 하지만 이 사건은 후스파 십자군으로 진압당하고 만다. 꺼져가는 듯 보인 종교개혁의 불씨는 마틴 루터와 칼뱅 등의 종교 개혁가들이 움직이면서 재점화 되었다. 이는 곧 유럽 사회의 혼란을 의미했고, 종교개혁이 시작된지 1세기가 지나면서 유럽은 구교(가톨릭)와 신교(개신교) 사이의 대립이 발생했다.

종교 개혁의 여파를 가장 크게 받은 것은 독일 지방이었다. 당시 독일 지방은 신성 로마 제국의 강역이었으나, 신성 로마 제국은 여러 제후국이 난립해있는 형태였다. 그렇다 보니 제후국[2]마다 구교와 신교를 믿는 경우가 생겼고, 지도자가 구교인데 백성이 신교이거나 그 반대인 상황도 발생했다. 이에 신성 로마 제국의 황제는 종교 개혁의 열풍을 막아야만 하는 상황에

---

1) 초야권이란 초혼권이라고도 불리는데, 풀어서 이야기하자면 첫날 밤에 대한 권리를 뜻하며, 영주가 자신의 영지에서 보호받는 농노의 딸 또는 결혼하는 신부의 처녀성을 취할 수 있는 권리라고 한다. 기원은 고대 사회로 거슬러 올라가기는 하지만, 이는 농노라는 단어에서 나왔듯이 농민을 노예로 취급했기에 가능했다. 중세 유럽 영주의 경우 자신의 영지에 사는 사람들을 모두 소유물로 여겼기에 가능했다. 문제는 이 초야권에 대한 잠벌(연옥에서 받게 되는 처벌을 주로 말함)까지 면벌부가 없애주었기에 문제가 되었다.

2) 제후국은 신성 로마 제국의 영토 내에 속한 국가로서 신성 로마 제국의 황제에게 충성을 맹세한 봉건제도의 시스템과 유사한 것이라 생각하면 편하다. 신성로마제국이라는 하나의 거대한 간판을 달고 그 아래에 작은 간판으로 자신들을 표한한 것으로 생각할 수 있다.

놓인다. 신성 로마 제국은 구교가 국교였으며, 신성 로마 제국의 황제는 '가톨릭의 수호자'라는 위치에 있었기 때문이다.

하지만 예상보다 신교의 영향력이 강했고, 제국은 16세기에 루터교(개신교)를 용인했다. 17세기가 되자 칼뱅과 같은 다른 종교 개혁가의 주도로 다양한 프로테스탄트(개신교) 종파가 생겨났다. (개신교, 개혁교회 등등) 문제는 여기서 발생하게 된다. 원래 16세기 신성 로마 제국의 황제가 아우크스부르크 화의에서 공인한 개신교는 루터교뿐이었다. 조금 늦게 생겨났던 칼뱅파, 재세례파, 아르미니우스파 등의 다른 종교 개혁 종파들은 공인되지 못한 상태였다. 가톨릭의 입장에서 이들은 여전히 이단이었고, 아우크스부르크 화의는 국가 지도자의 종교에 따라 해당 국가의 종교가 결정되는 상황이었기에 백성들의 의사는 전혀 반영되지 못했고, 이는 루터교를 믿는 지도자들에게도 좋은 일은 아니었다.

당시 패권 국가였던 스페인이 영국과의 해전에 패배(칼레 해전 등등)하면서 쇠퇴하기 시작했다. 1567년 3월 13일부터는 스페인의 지배를 받던 네덜란드가 독립 전쟁을 시작하면서(스페인은 가톨릭, 네덜란드는 프로테스탄트) 유럽 내의 가톨릭과 개신교간의 갈등이 점점 커졌다.

▌30년 전쟁의 원인 (제2차 프라하 창문 투척 사건)

30년 전쟁의 직접적인 원인은 신성 로마 제국의 차기 황제 선출 때문이었다. 당시 황제였던 마티아스는 아들이 없어 친척이자 가톨릭 신자(혹은 지지자)였던 이스트리아의 페르디난트 2세를 후계자로 내정하고, 황위 계승을 위해 그에게 보헤미아 왕위(지금의 체코지역)를 넘겨주려고 했다.

한편 신성 로마 제국의 일부인 보헤미아는 선왕 루돌프 2세의 칙서로 후스파 개신교가 공인되고 있는 상황이었다. 하지만 페르디난트 2세가 후계자로서 보헤미아의 왕이 된다면 루돌프 2세의 칙서는 무효화 될 거라 우려한 보헤미아의 개신교 지도자들은 개신교 선제후였던 팔츠의 프리드리히 5세를 지지하게 된다. 이런 종교적인 갈등으로 시작된 우려는 거대한 전쟁의 서막을 열게 된다.

1617년에 페르디난트 2세가 보헤미아 왕국의 국왕이 되면서 개신교 지도자들의 우려는 현실이 되었다.

그림 3 상당히 생소한 프라하 창문 투척 사건

거기다 그는 2명의 가톨릭 의원을 보헤미아 왕국의 수도 프라하(훗날 체코의 수도)로 보내 자신이 없는 동안 대리 통치를 명한다. 이때, 보헤미아의 개신교 의회 사람들이 페르디난트 2세가 보낸 가톨릭 의원들을 창문 밖으로 던져버렸다. 창문 밖으로 던져진 이들은 건물 3층 21미터 높이에서 떨어졌는데, 운 좋게 살아남았다. 이 사건을 제2차 프라하 창문 투척 사건이라고 부른다.(1차 프라하 창문 투척 사건은 1419년 7월 30일 프라하 후스파 군중들이 평의원 7명을 창밖으로 던져 죽인 사건으로 이 사건으로 후스파 십자군(전쟁)이 결성된다.)

2차 프라하 창밖 투척 사건의 피해자들을 두고 가톨릭에서는 천사나 성모의 은총으로 살아남았다고 선전했지만, 개신교에서는 거름더미에 빠져 살아남았다고 알렸다(아마 개신교 측의 말이 맞을 것이다. 혹은 건초더미이거나) 이 사건만으로도 구교와 신교는 첨예하게 대립했던 것이다. 훗날 창밖으로 던져진 사람 중 필리프 파브리키우스라는 인물은 황제에게 귀족으로 서임받고 호헨팔 남작으로 봉해지는데, 이 호헨팔[3]이라는 뜻은 '높은 곳에서 떨어지다'라는 뜻이다. 귀족이 된 것은 좋은 일이나 맥이는 것이 아닌가 생각이 들기는 하지만, 가톨릭 신자인 신성 로마 제국의 황제 입장에서는 좋은 의미였던 듯하다.

---

[3] 보통 독일계 귀족들은 '이름' '폰' '가문명' 이렇게 작명이 된다. 결국 호헨팔 남작의 이름을 한국어로 번역해보자면, '하늘에서 떨어진 가문의 영철 남작' 정도로 해석이 가능하다.

더 큰 문제는 이 사건이 있은 직후다. 보헤미아의 귀족들은 '30인 집행위원회'를 구성했다. 그들은 독자적인 헌법과 군대 소유를 선언하는 등 사실상 보헤미아 왕을 따르지 않고, '독립'을 선언한 것이다. 신성 로마 제국의 황제 마티아스가 사망하자, 보헤미아의 국왕인 페르디난트 2세는 신성 로마 제국의 황제가 된다.(보헤미아 왕 작위가 신성 로마 제국 황제의 후계자와 비슷한 위치였다.) 그러자 보헤미아의 '30인 집행위원회'에서는 페르디난트 2세를 인정하지 않고, 영국 제임스 1세의 사위인 프리드리히 5세 폰 팔츠를 보헤미아 국왕으로 즉위시킨다. 프리드리히 5세는 개혁교회(구교와 대립한 신교 중 하나) 신자였고, 이로 인해 신성 로마 제국의 황제 페르디난트 2세는 자신의 위신에 큰 손상을 입었고, 이것은 30년 전쟁의 원인을 제공했다.

▌본격적인 30년 전쟁의 시작과 가톨릭 세력의 우세

30년 전쟁이 벌어진 이유는 정당한 보헤미아의 국왕이었던 페르디난트 2세가 보헤미아 국왕에서 폐위되고(하지만 그는 여전히 신성 로마 제국의 황제이다. 당시에는 한 사람이 여러 작위를 가지는 경우가 많았다.) 프리드리히 5세 폰 팔츠가 보헤미아의 국왕으로 즉위했기 때문이었다. 보헤미아의 '30인 집행위원회'는 결과적으로 정당한 왕을 폐위시킨 귀족들의 단체일 뿐이었고, 다른 나라들의 지지를 받는 것이 매우 어려웠다. 30년 전쟁은 구교와 신교의 전쟁이었기 때문에, 유럽 내의 국제적 지지는 필수적이었는데, 개신교는 여기서 시작부터 불리한 전쟁을 시작한 셈이다.

30년 전쟁은 주변 지역으로 확대되기 시작했고, 신성 로마 제국의 황제가 된 페르디난트 2세는 자신의 조카인 스페인 국왕 펠리페 4세에게 도움을 요청했다. 이미 펠리페 4세는 신교인 네덜란드 독립 전쟁(1567년 3월 13일 ~ 1648년 10월 24일)을 진행 중이었으나, 네덜란드가 개신교인 만큼 30년 전쟁에 개입하기로 결정했다. 이로써 30년 전쟁은 빠르게 확대된다. 네덜

그림 4 결정적 전투 중 하나였던 백산 전투 1620년

란드와 스페인이 이 전쟁에 자동으로 개입하는 모양새가 되었고, 신교였던 스웨덴 제국, 덴마크 노르웨이 왕국, 포르투갈 왕국, 영국(잉글랜드 왕국), 프랑스 왕국 등이 개입하거나 관망하며 전쟁을 지켜봤다. 이미 전쟁은 유럽 내의 세계 대전으로 커져버린 것이다.

이 와중에 1620년 11월 8일에 벌어진 백산 전투에서 개신교가 패배하면서 가톨릭 세력을 이끌던 페르디난트 2세가 다시 보헤미아의 시배권을 되찾게 된다. 백산 전투는 30년 전쟁의 시작을 알린 전투로 여겨진다.

30년 전쟁은 구교 VS 신교의 대결 구도가 되었고, 결과적으로는

구교		신교
스페인, 신성 로마 제국, 합스부르크 왕가	VS	보헤미아 개신교 제후연맹, 영국, 스코틀랜드, 네덜란드

가 되었다.

개신교였던 네덜란드는 펠리페 4세에 의해 자동으로 전쟁에 참여하게 되었다. 영국과 스코틀랜드는 성공회와 칼뱅파 장로회로 이들도 구교가 아닌 신교의 일종이었기에(영국은 영국만의 독자적인 분파로 다르다.) 개신교도의 편으로 가담하게 되었다.

그러던 와중에 트란실바니아의 공작이자 헝가리 개신교도의 국왕 베틀렌 가보르가 합스부르크 왕가가 소유한 헝가리로 진격했다. 트란실바니아는 오스만 제국의 속국이었고, 오스트리아와 오랜 악연이 있었던 오스만 제국은 트란실바니아 공작을 지원해 오스트리아를 포함한 신성 로마 제국을 약화시키려 했다. 이 결정의 여파로 폴란드 – 오스만 전쟁이 발발하기도 했다. 오스만 제국이 종교가 다름에도 개신교를 지원하는 모양새가 된 것은 라이벌이던 오스트리아의 군주 합스부르크 가문이 사실상 신성 로마 제국의 황제도 겸임했기 때문에 벌어진 일이다.

여러 세력들이 전쟁에 뛰어들었지만, 30년 전쟁의 시작을 알리는 백산 전투에서 보헤미아가 패배하면서 가톨릭 세력이 우위를 점하게 되었다. 페르디난트 2세는 프리드리히 5세에 대한 처벌로 라인팔츠와 오버팔츠에 있던 선제후[4]의 지위를 빼앗고 가톨릭 세력을 지원한 바이에른 공작 막시밀리안 1세에게 선제후 지위를 부여했다.

신성 로마 제국의 급격한 변화와 함께, 에스파냐(스페인)와 오스트리아(신성 로마 제국, 합스부르크 왕가)의 팽창을 경계하던 프랑스의 추기경 리슐리외(재상)는 프랑스, 네덜란드, 영국, 스웨덴, 덴마크를 포함한 대 합스부르크 동맹을 결성하고 신성 로마 제국 내의 가톨릭 제후 연맹과 황제를 견제하기 시작한다. 또한 베네치아와 사보이 등도 스페인을 견제하기 위해 대 합스부르크 동맹에 합류한다. 당시 프랑스 왕국은 하나로 합쳐진 강력한 국가가 되어 전쟁의 키를 가지고 있었다. 초반에는 가톨릭 세력이 우세했지만, 프랑스가 가톨릭임에도 신교 세력을 지지함으로서 전쟁의 판도는 변화하기 시작했다.

구교(가톨릭)		신교(개신교, 대 합스부르크 동맹)
스페인, 신성 로마 제국, 합스부르크 왕가	VS	프랑스, 네덜란드, 영국, 스웨덴, 덴마크 이후 합류한 국가 : 베네치아, 사보이, 덴마크

---

4) 신성 로마 제국의 황제를 선출할 수 있는 권리 혹은 투표권을 가진 제후를 선제후라 부른다.

하지만 영국과 프랑스는 자신들이 직접 나설 수 없는 상황이었다. 자신들이 직접 나서면 전쟁이 걷잡을 수 없이 더 커질 우려가 있었기 때문이다. 결국 1625년에 덴마크를 개신교 세력으로 전쟁에 개입시키게 된다. 이때부터 30년 전쟁의 성격은 종교 전쟁에서 정치적 전쟁으로 변질되기 시작했다. 표면적인 명분은 가톨릭에 대항하기 위해 개신교도인 덴마크의 왕 크리스티안 4세가 참전하는 것이었으나, 속마음은 덴마크가 북독일을 점령해 발트해에 대한 영향력을 강화하기 위함이었기 때문이다.

프랑스, 영국, 스웨덴에게 지원을 받아 전쟁을 수행하던 덴마크는 알브레히트 폰 발렌슈타인의 제국군에 의해 각개격파 당하고 덴마크 본토마저 짓밟히게 된다. 덴마크의 국왕 크리스티안 4세는 스웨덴의 도움으로 덴마크 본토에서 제국군을 몰아내는데 성공한다. 하지만 이미 많은 전력을 소모해 전쟁할 여력이 남아있지 않았고, 결국 얻는 것 없이 덴마크는 전쟁에서 빠지게 된다.

▌ 개신교의 우세 스웨덴과 프랑스의 참전

덴마크가 전쟁에서 빠지자, 스웨덴이 개신교 세력으로 참전할 준비를 한다. 1630년 스웨덴의 국왕 구스타브 2세 아돌프는 프랑스의 재상이었던 추기경 리슐리외에게 군사비 원조를 받아 독일 우제돔에 상륙한다. 국왕이

그림 5 1631년 브라이텐펠트 전투에서 승리한 스웨덴 군대와 국왕 구스파브 2세 아돌프

직접 이끄는 스웨덴 군대는 독일 내에서 일진일퇴를 반복했다.

1631년 9월 17일 브라이텐펠트 전투에서 스웨덴의 구스타브 2세 아돌프가 군제 개혁으로 탈바꿈한 스웨덴군으로 승리한다. 구스타브 2세 아돌프와 스웨덴군의 활약으로 전쟁의 판도는 개신교가 우세를 잡기 시작한다.

스웨덴군은 남하하기 시작했다. 당시 신성 로마 제국은 유능한 지휘관인 틸리 백작이 레흐 강 전투(1623년)에서 입은 부상으로 사망하면서 스웨덴 군을 막을 방도가 사라진다. 결국 두려움을 느낀 페르디난트 2세(황제)는 이전에 자신이 해임시켜 보헤미아에서 재기를 노리고 있던 발렌슈타인을 재기용했다.

발렌슈타인과 구스타브 2세의 군대는 라이프치히 남서쪽 뤼첸에서 전투를 치렀다. 치열한 접전 끝에 스웨덴군이 승리했지만, 구스타브 2세는 총탄에 맞아 전사하고 말았다. 국왕의 전사 소식을 들은 스웨덴에서는 크리스티나 여왕이 즉위한다.

크리스티나 여왕은 〈문명 6〉에 등장하는 스웨덴의 지도자로서 사망 후에 남성이 아니었겠냐는 추측이 있기도 했다. 시간이 흘러 크리스티나 여왕의 유골을 조사한 결과 여성임이 확인되었다. 그녀의 아버지인 구스타브 2세 아돌프는 〈에이지 오브 엠파이어 3 결정판〉에서 스웨덴의 지도자로도 등장했고, 〈문명 5〉에서도 스웨덴의 지도자로 등장했다. 그 외에도 〈문명 6〉에서는 위대한 장군으로도 등장한다.

스웨덴의 국왕이 전사하면서 스웨덴은 독일의 개신교 제후들과 동맹을 체결하고 방어 전쟁의 형식으로 전쟁을 계속 이어나간다. 이 소식을 들은 프랑스의 재상 리슐리외는 프랑스가 가톨릭 국가임에도 프랑스의 이익을 위해서 스웨덴과 동맹을 맺고, 개신교 동맹에 참가한다. 다만 아직 개입은 하지 않았다.

구스타브 2세의 사망 이후 스웨덴-개신교 제후군이 뇌르틀링겐 전투에서 제국군과 스페인군에 맞서 싸웠지만 대패한다. 스웨덴은 전쟁의 주도권을 잃게 되었고, 제국이 유리한 상황에서 프라하 조약이 체결된다. 이대로 신성 로마 제국의 황제와 가톨릭 세력의 승리로 끝날 것 같았던 전쟁은 스웨덴의 재상 옥센셰르나가 프랑스를 개신교 동맹으로 전쟁에 개입시키면서 달라진다. 프랑스는 명장이라 칭송받은 튀렌과 콩데 공 등을 보냈고, 이때부터 개신교쪽으로 전세가 기울게 되었다. 구스타브 2세의 죽음 이후 방어 전쟁으로 일관하던 스웨덴군도 비토슈토크 전투에서 황제군을 격파, 독일을 재침공하면서 1640년부터는 합스부르크와 가톨릭 세력의 패색이 짙어지기 시작한다.

한편 네덜란드에서는 네덜란드 연방공화국이 스페인군을 격파하고 요충지인 브레다 요새를 함락시킨다. 이로써 네덜란드의 독립은 확실시되었고, 스페인은 유럽에 대한 패권을 상실했다. 또한 네덜란드가 브레다 요새를 함락시킨 덕에 스페인은 네덜란드와 프랑스에게 계속해서 패배하는 상황이 만들어지게 된다. 이런 상황 속에서 페르디난트 2세 황제가 사망하고 아들인 페르디난트 3세가 황제가 된다. 전쟁은 프랑스군과 스웨덴군에 의해 제국군의 패배가 확실해지기 시작한다. 1642년 브라이텐펠트(앞에서 언급한 전투와는 다르다.) 전투, 토르스텐손 전쟁(덴마크(가톨릭)와 스웨덴(개신교)의 전쟁), 얀카우 전투 등에서 제국군이 참패한다. 결국 1648년 스웨덴-프랑스 연합군이 황제-바이에른 연합군을 격파하고, 1648년 11월 2일 프라하에서 베스트팔렌 조약이 체결되면서 30년 전쟁은 끝이 난다.

▌30년 전쟁의 의의

30년 전쟁은 스페인의 패권을 종식시키고, 프랑스와 스웨덴의 새로운 패권 성립, 네덜란드가 독립, 독일 지역에서 프로테스탄트 공인 등 굵직한 사건으로 유럽에 영향을 줬다. 이외에도 베스트팔렌 조약으로 봉건 제도가 쇠퇴했고, 신성 로마 제국에 속한 제후국들은 지방 분권화가 가속화 되었다.

그림 6 전쟁의 엄청난 비극 / 프랑스 화가 자크 칼로의 그림

이제 제후들은 종교를 직접 정할 수 있게 되었고, 개혁 교회도 공인된다. 또한 백성들은 거주 중인 국가에 자신이 믿는 교회가 없는 경우, 할당된 시간 동안 사적으로 자신이 믿는 신앙의 의식을 치를 수 있게 했다. 이것은 종교의 자유가 과거보다 더 많이 보장됨을 의미하는 것이었다.

이 전쟁의 무대가 된 독일은 전체 인구의 3분의 1에서 2에 해당하는 인구가 사망했다.(민간인 포함 800만명 사망)

30년 전쟁은 '최초의 국제전쟁'이 되었다. 이 전쟁을 끝낸 프랑스는 가톨릭 국가임에도 국익을 위해서 개신교 동맹에 가담했다. 가장 큰 이유는 합스부르크 가문의 힘이 강해지면, 프랑스가 위험했기 때문이다.(당시 스페인, 신성 로마 제국 모두 합스부르크 가문의 소유였다.)

프랑스를 제외한 다른 유럽 국가들이 개신교 동맹을 지원했던 이유는 독일에 강력한 세력이 나오지 않기를 원했기 때문이다.

독일은 유럽의 중심이라 매우 중요한 지역이었고, 이곳에서 강력한 국가가 탄생하면 전 유럽이 위협을 받을 수도 있을 거라 생각했기 때문이다. 실제로 통일에 성공한 독일은 2번이나 세계 대전을 일으켰다.

여러모로 30년 전쟁은 프랑스에게는 유익한 전쟁이었다. 프랑스는 전쟁의 막바지에 참전해 막대한 이익을 얻었고, 유럽의 패권을 장악했으며, 최초의 근대적 조약인 베스트팔렌 조약을 체결하면서 외교 관련 용어는 모두 프랑스어에서 유래가 되었다.(외교관이라는 직업도 프랑스에서 시작)

또한 800만 명이나 되는 사망자가 발생하면서 전쟁의 참혹함을 알린 전쟁이기도 하다. 오늘날에는 독일 지방에서 일어난 대규모 전쟁으로 기록되지만, 당시 유럽인에게는 세계대전급 전쟁이었을 것이다. 7년 전쟁은 말 그대로 전 세계에서 크고 작은 전투와 전쟁이 있었지만, 30년 전쟁은 유럽을 무대로 거의 모든 유럽 국가들이 참전한 전쟁이었기 때문이다.

▌게임 속 30년 전쟁 이야기

앞서 언급한 것처럼 30년 전쟁을 배경으로 하는 게임은 메이저 비디오 게임 중에서는 거의 찾아보기 어렵다.

그럼에도 30년 전쟁을 배경으로 하는 게임이 하나 있는데, 바로 〈유로파 유니버셜리스 4〉이다. 이 게임도 온전히 30년 전쟁을 배경으로 하는 게임은 아니고, 르네상스 시대부터 프랑스 대혁명까지 쭉 게임이 진행되는 방식이다. 그중에서 7년 전쟁도 있고, 30년 전쟁도 있을 뿐이다. 〈유로파 4〉에서는 신성 로마 제국이 국가가 아니라 명목상 하나의 제국으로 존재하고, 선제후 시스템과 황제가 선택할 수 있는 제국 칙령 등 나양한 시스템이 구현되어 있다. 여기서 30년 전쟁 시나리오를 직접 선택하거나, 그 이전의 시나리오로 게임을 진행하다 종교 개혁이 터지면서 자연스레 30년 전쟁을 경험하는 것도 가능하다.

플레이어는 구교나 신교의 국가로 선택해 가톨릭과 개신교 세력에 참가해 실제 역사대로 가거나, 대체역사를 써내려 갈 수도 있다. 아니면 전혀 관계없는 다른 국가나 유럽이 아닌 아메리카, 아시아, 인도, 아프리카의 국가들로 관망하는 것도 가능하다.

역사상 최초의 세계 대전

7년 전쟁

Seven Years' War

7년 전쟁
Seven Years' War

▌2개 이상의 대륙에서 발생했던 최초의 세계 대전

세계 대전하면 무엇이 떠오르는가? 히틀러와 처칠이 붙었던 2차 세계 대전이 가장 먼저 생각날 것이다. 이에 따라 〈콜 오브 듀티〉나, 〈배틀필드〉, 〈컴퍼니 오브 히어로즈〉, 〈하츠 오브 아이

그림 1 7년 전쟁 쿠너스도르프 전투 Alexander Kotzebue 1848년작

언〉 등의 세계 대전이 배경이 되었던 게임들도 덩달아 떠오른다. 그런데 2차, 1차 세계 대전 이전에 이러한 조건을 부합하는 전쟁이 있었다. 이 챕터에서는 최초의 세계대전이라고 불리는 7년 전쟁에 대해서 알아보겠다.

7년 전쟁은 1756년부터 1763년까지 일어난 전쟁으로 7년에 걸쳐 벌어진 전쟁이라 그렇게 부른다. 이 전쟁은 오스트리아 왕위 계승 전쟁에서 프로이센에게 패배해 독일 농부의 슐레지엔 지역을 빼앗겼던 오스트리아 합스부르크 왕가가 일으킨 전쟁이다.

이 전쟁은 오스트리아가 동맹이 더 많았음에도 오스트리아가 패배했다. 그 이유는 상대편에 영국과 떠오르는 신흥 강자 프로이센이 있었기 때문이다. 물론 프로이센은 개혁을 통해서 19세기쯤 되어야 진정한 열강이 되지만 이 시기부터 강해지고 있었다.

우리가 7년 전쟁을 주목해야만 하는 이유는 세계 대전 이전에 있었던 세계대전급 전쟁이라는 사실 때문이다. 어마어마한 피해가 나온 것은 아니었지만, 전쟁이 벌어진 지역이 유럽, 아메리카, 남미, 서아프리카, 인도에 걸친 전세계였다.

▌유럽 지역(포메라니아 전쟁) 1757. 9. 13 ~ 1762. 5. 22

지도 1 포메라니아 전쟁 지역과 각국의 영토

가장 먼저 유럽에서 일어난 전쟁을 포메라니아 전쟁이라고 부르는데, 독일의 포메라니아 지방에서 전쟁이 벌어졌기 때문이다. 이 전쟁은 1757년 9월 13일에 시작되어 1762년 5월 22일에 끝이났다. 7년 전쟁은 1756년에 시작되었다고 하는데, 포메라니아 전쟁이 1757년인 것이 의아할 것이다. 이는 직접적인 전쟁이 시작되기 전에 벌어진 외교전도 포함된 것으로 보인다. 왜냐하면 이미 영국과 프랑스는 계속해서 영토분쟁과 무역 분쟁으로 다투고 있었고, 오스트리아와 러시아 제국, 프랑스가 동맹을 맺고 프로이센을 고립시키는 통에 프로이센은 영국과 동맹을 맺는 등 매우 복잡한 상황이었기 때문이다.

프랑스와 오스트리아는 오랫동안 적대 관계였는데, 1756년에 러시아를 포함한 세 국가가 베르사유 조약으로 동맹이 되면서 유럽의 정세는 급변한다. 우리는 이것을 '외교 혁명'이라고 부른다. 오스트리아가 프랑스와의 오랜 적대관계를 청산한 이유는 독일 지방에서 영향력을 키워나가던 프로이센 때문이었다.

이 당시에 프로이센과 오스트리아의 지도자는 유명한 인물이다. 프로이센의 국왕은 프리드리히 2세로 흔히 감자 대왕이라고 불리는 국왕이다. 그의 일화는 인터넷에 자주 등장한다. 당시 감자는 돼지 사료로 쓰이는 작물이라 사람들이 먹지 않았는데, 일부로 귀족들과 국왕만 먹을 수 있는 음식으로 만들고, 감자밭에 경비를 배치, 맛있다는 소문을 내고 밤에는 경비를 없애 백성들이 몰래 훔치게 하여(혹은 몰래 재배) 먹게 했고, 감자를 백성들에게 보급한 후 국왕은 감자를 백성들이 먹을 수 있게 바꾸어 감자를 프로이센에 널리 보급했다.

프로이센의 국왕이 감자 대왕 프리드리히 2세였다면, 오스트리아의 지도자는 마리아 테레지아였다. 〈문명 5〉에 오스트리아의 지도자로 등장하기도 한 만큼 마리아 테레지아는 매우 유명하다. 그녀는 거의 20년 동안 임신한 상태였고, 빅토리아 여왕보다 자식이 더 많았다. 그녀는 16명의 자녀를 낳았고, 12명이 성인으로 자랐으며, 그중에는 단두대의 이슬로 사라진 유명한 프랑스의 왕비 마리 앙투아네트도 있었다.

유럽에서 벌어진 포메라니아 전쟁에서 유심히 봐야할 것은 원래는 프로이센이 멸망 직전까지 갔었다는 사실이다. 당시 프랑스 국왕의 애첩 퐁파두르 부인과 오스트리아의 마리아 테레지아, 러시아의 엘리자베타 여제가 구성한 세 여인의 동맹은 매우 강력했다. 하지만 러시아 제국의 여제 엘리자베타가 1762년에 사망하면서 뒤를 이은 황제 표트르 3세가 문제를 일으켰다. 당시 프리드리히 2세는 유럽의 젊은 이들에게 아이돌을 넘어 숭배의 대상에 가까웠다. 표트르 3세 또한 그의 열렬한 지지자였고, 그는 다 망해가던 프로이센에게 러시아가 점령한 영토를 돌려주고, 스웨덴과 프로이센의 정전 협상까지 중재했다.

러시아 제국의 갑작스러운 이탈로 프로이센은 생기가 돌아왔고, 러시아 제국도 표트르 3세가 만든 문제들을 아내인 예카테리나 2세가 정변을 일으켜, 표트르 3세를 축출하는 선에서 끝이 났다. 여담이지만 예카테리나 2세는 〈문명 2〉 이후 〈문명 5〉까지 러시아 문명의 군주로 등장했다.

이 전쟁은 4년 8개월 동안 벌어졌다. 유럽에서는 대부분 스웨덴, 러시아 제국 VS 프로이센의 전투였다. 이 전쟁에서 누구도 결정적인 승리를 거두지는 못했지만, 프로이센은 7년 전쟁의 원인이었던 슐레지엔 지역의 영유권을 확고히 할 수 있었다. 스웨덴은 전쟁 이후 몰락의 길에 접어들기 시작했다.

〈유로파 유니버셜리스 4〉에서는 아예 게임 시나리오 중에서 7년 전쟁이 존재한다. 여기서 플레이어는 7년 전쟁의 승리자인 국가를 골라서 게임을 할 수도 있고, 패배자인 국가를 골라서 실제 역사와는 다르게 그들이 승리하게끔 역사를 바꿀 수도 있다. 혹은 아예 관계없는 국가를 선택해 관망하는 것도 가능하다.

이외에도 〈토탈워 시리즈〉에서 처음으로 제국주의 시대의 등장과 함께 해전을 직접 할 수 있는 혁신적인 시스템이 도입된 〈엠파이어 토탈워〉가 있다. 〈엠파이어 토탈워〉도 나폴레옹이 쿠데타(테르미도르 반동)를 일으켜 권력을 장악한 1799년까지 총 100년의 기간을 게임으로 즐길 수 있다. 따라서 1699년부터 게임이 시작되는 것인데, 〈엠파이어 토탈워〉는 아메리카(남미 일부 포함), 유럽, 페르시아, 인도가 월드맵으로 구현되어 실제 7년 전쟁을 체험할 수 있다.

▌아메리카 지역(프렌치 인디언 전쟁) 1754. 5. 28 ~ 1763. 2. 13

그림 2 브라독 원정대가 뒤케인 요새를 탈환하지 못하고 프랑스군과 인디언군에게 총격을 받는 영국군

아메리카 지역에서 일어났던 전쟁은 프렌치 인디언 전쟁으로 불린다. 이 전쟁에서는 프랑스와 프랑스 식민지였던 누벨 프랑스와 여러 인디언 부족 VS 그레이트브리튼, 영국령 북아메리카, 이로쿼이 연맹, 체로키족 같은 인디언 부족 간의 전쟁이었다. 이 전쟁은 1754년 5월 28일부터 1763년 2월 13일까지 일어났다.

이 전쟁이 7년 전쟁의 부속 전쟁으로 불리는 이유는, 오스트리아와 프로이센의 동맹으로 프랑스와 영국이 참전했기 때문이다. 다만 영국과 프랑스는 오래전부터 갈등을 빚어왔기에, 프렌치 인디언 전쟁은 7년 전쟁이 터지기 전에 진행되고 있었다.

프렌치 인디언 전쟁에서 승리한 국가는 영국이었다. 영국은 이 전쟁의 승리로 스페인이 소유하고 있던 플로리다 식민지와 프랑스 식민지를 획득했다. 프랑스의 북아메리카 식민지는 결국 미시시피강을 기점으로 동쪽은 영국이 모두 차지했고,

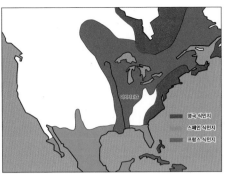

지도 2 각 국가별 북미 식민지

서쪽은 스페인이 가져갔다. 프랑스는 아메리카에서의 패배로 상당한 타격을 입었고, 이로 인해 프랑스 대혁명이 발생하는 데에 간접적인 영향을 주게 된다. 프랑스 대혁명이 터진 이유 중에서는 기근도 있지만, 대외 전쟁으로 인해 발생한 막대한 전쟁비용 때문이었다. 전쟁에서 이겨서 배상금을 받은 것도 아니었기 때문이다. 그리고 이 프렌치 인디언 전쟁은 미국 독립 전쟁에도 간접적인 영향을 주었다.

미국의 경우는 7년 전쟁 동안 13개 식민지가 영국군으로 전쟁에 참여했고, 전쟁을 수행하기 위해서 13개 식민지에게 전쟁 물자나 자금, 인력 등을 영국이 징발했다. 이에 따라 자연스레 13개 식민지는 자치나 독립 이야기가 나오게 되었고, 전쟁이 끝난 이후 13개 식민지를 대하는 방식을 잘못 선택한 영국은 미국 독립 전쟁에 휘말리게 되었다.

그림 3 〈어쌔신 크리드 3〉에 등장하는 에드워드 브라독

프렌치 인디언 전쟁을 배경으로 한 게임도 존재한다. 바로 〈어쌔신 크리드 시리즈〉이다. 〈어쌔신 크리드 3〉에는 주인공 코너 켄웨이의 아버지인 하이담 켄웨이로 먼저 게임을 시작한다. 여기서 하이담 켄웨이는 과거 동료였던 에드워드 브라독과 대치하고, 마지막에는 그를 암살한다. 그리고 그에게서 템플

러의 반지를 회수하는데, 당시에 많은 사람이 암살자니까 템플러를 죽였겠거니 했지만, 하이담 켄웨이는 마지막에 찰스 리를 일원으로 받아들이는 장면에서 템플러였다는 사실이 밝혀져 충격을 주었다.

이 게임에 등장하는 에드워드 브라독은 실존 인물로 앞서 언급된 그림 4에 등장하는 브라독 원정대의 대장이었다. 그리고 이 원정대에는 훗날 미국의 초대 대통령이 되는 조지 워싱턴도 있었다. 게임에서도 에드워드 브라독 옆에 있는 워싱턴을 볼 수 있다.

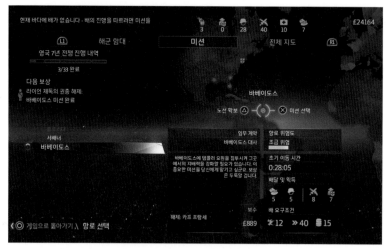

그림 4 〈어새신 크리드 로그〉에 등장하는 미니 게임 7년 전쟁 함대 캠페인

〈어쌔신 크리드 3〉는 미국 독립 전쟁이 주 무대이기 때문에, 7년 전쟁의 부속 전쟁이었던 프렌치 인디언 전쟁을 코너의 아버지 하이담 켄웨이를 통해서 아주 잠깐 보여주었다. 하지만 〈어쌔신 크리드 로그〉는 〈어쌔신 크리드 유니티〉 바로 직전의 이야기면서 〈어쌔신 크리드 3〉에 등장하는 하이담 켄웨이와도 관련이 있다. 보통은 암살단 소속의 암살자로 주인공이 등장했는데, 〈어쌔신 크리드 로그〉만큼은 템플러가 주인공이었다.

주인공 셰이 패트릭 코맥은 북미 암살단 지부의 암살자였으나, 포르투갈에 에덴의 조각을 회수하러 갔다가 대지진이 나는 바람에 암살단의 행동에 의문을 품고 결국 반대하다가 생명이 위태로운 상태까지 간다.(포르투갈에 회수하러 간 에덴의 조각이 지층과 지각이 흔들리는 걸 막아주는 장치였다. 이걸 건드렸기 때문에, 지각이 흔들리면서 대지진이 났던 것. 이 사건은 1755년에 실제로 일어난 리스본 대지진이다.)

셰이는 절벽에 떨어져 죽을뻔 했으나, 뉴욕의 피네건 부부가 간호해 살아났고, 자신을 도와준 먼로 대령이 템플러였음에도 자신을 구해준 것에 감사함을 느꼈다. 셰이는 암살단과 관련된 자들이 범죄를 행하는 것을 보고 암살단을 저지하고 1년 후에 템플러로 전향해 템플러의 삶을 살았다. 이 〈어쌔신 크리드 로그〉는 7년 전쟁이 있었던 시기로 셰이의 함선 모리건 호에서 해상 캠페인을 진행할 수 있는데, 여기에는 영국 7년 전쟁이라고 나와 있다. 이 7년 전쟁이 바로 지금 이야기하는 7년 전쟁이다.

유명한 게임인 〈에이지 오브 엠파이어 3〉에서도 메인 캠페인에 액트 2장 얼음에서 아메리카 대륙에서 일어난 프렌치 인디언 전쟁과 조지 워싱턴이 잠깐동안 등장한다.

▌인도 지역(제3차 카나틱 전쟁) 1758 ~ 1763

열강들이 벌인 전쟁은 식민지 지역에도 퍼져나갔다. 대표적인 것이 아메리카의 프렌치 인디언 전쟁과 인도에서 터진 제3차 카나틱 전쟁이다. 인도에서는 무굴 제국의 분열을 기점으로 영국과 프랑스의 동인도 회사들이 영향력을 키워나갔고, 1744년부터 계속 전쟁이 일어나고 있었다. 이런 혼란스러운 상황 속에서 7년 전쟁이 시작

그림 5 플라시 전투 이후 미르 자파르를 만나는 로버트 클리브

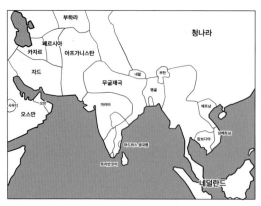

부하라 / 청나라 / 페르시아 / 카자르 / 아프가니스탄 / 자드 / 네팔 / 부탄 / 무굴제국 / 벵골 / 사우디 / 오만 / 마라타 / 베트남 / 오스만 / 남베트남 / 캄보디아 / 마드라스 영국령 / 트라반코어 / 네덜란드

지도 3 7년 전쟁 당시 인도와 주변의 대략적인 상황

되었고, 이 여파로 제 3차 카나틱 전쟁이 발발했다. 당시 인도에는 영국 프랑스 말고도 실론섬을 장악한 네덜란드와 고아를 차지하고 있던 포르투갈 등 열강들이 인도에서 영향력을 행사하던 시기다.

인도에서는 그레이트브리튼 왕국과 영국 동인도 회사 VS 프랑스 왕국과 프랑스 동인도 회사, 네덜란드 공화국 VS 무굴 제국, 하이데라바드 왕국의 구도가 되었다. 결과는 영국의 승리로 끝났고, 영국은 인도 내에 남아 있던 프랑스의 식민지와 영향력을 뿌리째 뽑아냈고, 영국이 인도를 완벽하게 지배하는 발판으로 삼게 되었다.

프렌치 인디언 전쟁을 언급하면서 프랑스 대혁명의 간접적인 원인을 제공했다고 했는데, 프랑스가 인도에서의 영향력을 상실한 것도 한몫했다고 할 수 있다. 앞서 언급한 〈엠파이어 토탈워〉에서 인도 지역이 등장하기 때문에, 7년 전쟁의 인도 지역도 직접 체험해 볼 수 있다. 혹은 무굴 제국으로 시작해 인도 내에서 서양 열강의 영향력을 축출하고 강한 인도를 만드는 것도 가능하다.

▌그 외 지역

큰 전쟁이 있었던 3곳을 제외하고도 2곳에서 전투가 더 있었다. 서아프리카 지역에서는 1758년에 윌리엄 피트가 프랑스 식민지에 원정군을 보내어 5월에 세네갈을 점령하고 고레와 감비아에 있던 프랑스의 무역기지에도 추가 원정을 보내 점령했다. 프랑스는 이 패배로 큰 경제적 타격을 입었다.

아시아 지역에서도 약간의 전투가 발생했는데, 스페인이 필리핀을 식민지로 가지고 있었는데, 영국군이 필리핀을 공격해 빼앗기도 했다. 하지만 필리핀은 일시적으로 영국이 점령했을 뿐, 평화조약을 통해서 스페인에 반환되었다.

마지막으로 남미 지역에서도 전투가 발생했는데, 포르투갈이 프로이센과 영국 편에 참전하면서 지금의 우루과이와 브라질 지역에서도 전투가 벌어졌다. 다만, 다른 지역에 비하면 비교적 관심이 떨어지는 장소였고, 대부분 스페인과 포르투갈의 식민지 쟁탈전에 가까웠다.

7년 전쟁이 중요한 이유는 이 전쟁으로 인해 몰락하기 시작한 열강들이 존재했기 때문이다. 스웨덴은 이때 이후 힘을 쓰지 못했고, 프랑스 왕국은 식민지들을 빼앗기고, 전쟁비용이 늘어나면서 결국 프랑스 대혁명이 터지고 말았다. 폴란드 리투아니아 연방도 최대한 전쟁을 관망하려고 했지만, 이후에 러시아와 프로이센, 오스트리아에 의해 분할되어 국가가 사라져버린다.

또한 아시아의 필리핀, 남미, 인도, 유럽, 북아메리카, 서아프리카 등에서 동시다발적으로 전쟁이 일어나면서 사실상 세계 대전 수준의 선생 범위를 보여주었다.

유럽의 7년 전쟁으로 인해 유럽에서는 프로이센이 부상하고, 오스트리아가 몰락하기 시작한다. 프랑스는 프랑스 대혁명의 간접적인 원인을 제공했고, 영국은 인도를 본격적으로 완전히 지배하는 발판을 마련했으며, 미국 독립 전쟁에도 간접적인 원인을 제공하는 등, 서양사에서는 상당히 중요한 전쟁으로 기억되고 있다.

황태자 부부의 죽음으로 시작되어
동물, 과학기술, 인력 모든 것이 총동원된

1차 세계 대전
The Great War

1차 세계 대전
The Great War

▌ 1차 세계 대전 이전의 상황과 전쟁의 발발

그림 1 제1차 세계 대전, 솜 전투 포격전으로 파괴된 마을

두 차례에 걸친 세계 대전은 인류에게 많은 생각을 심어주는 동시에 이 대로 가다가는 인류가 멸망할 수도 있다는 공포감을 심어주었다. 또한 비참한 전쟁 속에서 많은 드라마가 생겨났고, 그 이야기들은 FPS, RTS, 슈팅, 액션, RPG 등의 다양한 장르의 게임으로 만들어졌다.

이번 장에서는 두 차례의 세계 대전 중 첫 번째로 일어난 1차 세계 대전에 대해 이야기를 하고자 한다.

1차 세계 대전이 일어나기 직전은 일촉즉발의 상황이었다. 세계 여러 곳에서 생긴 갈등은 터지기 일보 직전이었고, 무엇보다 뒤늦게 성장한 독일 제국이 철혈 재상 비스마르크의 시도아래 급부상했나. 비스마르크는 당시에 외교를 잘해서 독일 제국이 뒤늦게 산업화와 식민지 확보에 뛰어들었음에도 큰 마찰이 없었다. 하지만 비스마르크가 해임되면서 이야기가 달라진다.

당시 유럽에서는 삼국 동맹(독일 제국, 오스트리아-헝가리 제국, 이탈리아 왕국)과 이에 맞서는 삼국 협상(대영제국, 러시아 제국, 프랑스 제3공화국)이 치열하게 대립하고 있었다.

거대한 두 세력이 서로를 견제하는 동안 발칸 반도에서는 오스만 제국이 이탈리아 왕국과의 전쟁에 대패하면서 오스만 제국의 허약함이 폭로되었다. 이에 오스만 제국에게 억압받던 발칸 국가들이 독립과 옛 영토 회복을 위해 오스만 제국과 전쟁을 일으켜 승리했고, 오스만 제국에게서 되찾은

그림 2 사라예보 사건을 묘사
한 삽화

영토를 분할하는 과정에서 발칸 국가들끼리 또다시 전쟁이 일어난다. 이 과정에서 슬라브계 국가인 세르비아가 같은 슬라브계 국가인 러시아의 지원속에서 두각을 나타냈다.

오스트리아-헝가리 제국(이하 오형 제국으로 지칭)은 다민족 국가라 세르비아가 범슬라브주의를 주장할 경우 제국이 붕괴될 위험이 있다 판단하여 세르비아를 경계했다.

1차 세계 대전 직전 발칸 반도는 매우 혼란스러웠는데, 이는 앞서 언급한 발칸 반도에서 일어난 국가들의 독립과 전쟁들의 영향이었다. 오스만 제국이 붕괴하기 시작하면서 독립한 국가들은 저마다 자신들이 영토의 정당한 민족 혹은 국가라고 주장하며, 전쟁을 치렀다. 거기다 러시아, 오-형 제국이 발칸반도로 진출을 꾀하면서 발칸반도는 '유럽의 화약고'라는 별명이 붙었다.

오-형 제국은 발칸 반도 진출의 일환으로 1908년에 보스니아를 완전히 합병했는데, 1차 세계 대전의 첫 불꽃은 이곳에서 시작된다. 오-형 제국의 프란츠 페르디난트 폰 외스터라이히에스테 대공과 조피 초테크 폰 호엔베르크 여공작 황태자 부부가 보스니아 수도 사라예보에서 세르비야계 민족주의자 가브릴로 프린치프에게 암살된 것이다.

이 암살은 보스니아 다음은 세르비아의 차례가 될 것을 우려한 세르비아 민족주의자 단체에 의해 실행되었고, 예상치 못한 피살은 큰 여파를 몰고 오게 된다.

사라예보 사건 이후 황태자 부부를 잃은 오-형 제국은 세르비아에 최후통첩을 했고, 러시아 제국은 총동원령을 발동한다. 독일 제국도 동원령을 발동했고, 러시아에게 최후통첩을 했다. 오-형 제국과 러시아 제국, 독일 제국, 프랑스 제국, 대영제국은 서로의 이익과 전략전술에 따라 외교전을 펼치고 끝내 1914년 7월 28일 1차 세계 대전이 발발한다. 최근에 발매된 〈빅토리아

3)에서는 이러한 전쟁의 모습을 아주 잘 보여준다. 전쟁 전에 외교전을 치르고 실패하면 전쟁이 시작되는 구조이다.

▌전쟁의 시작

1차 세계 대전이 일어나기 직전 오-헝 제국의 영토였던 사라예보에서는 오-헝 제국 정부의 주도하에 크로아티아, 보스니아인들에 의한 반세르비아 폭동이 일어났다. 이것은 발칸 반도의 정세를 더 혼란스럽게 했다.

결국 1914년 8월 12일 오-헝 제국과 세르비아군 사이에 체르

그림 3 1914년 6월 29일 사라예보 반세르비아 폭동의 여파로 거리에 모여든 군중

전투, 코루바라 전투가 일어났다. 오-헝 제국은 전쟁 초기 세르비아 전선을 신속하게 해결하려 했지만, 이 전투에서 오-헝 제국군이 패배하면서 세르비아 전선에서의 신속한 해결은 좌절되고 말았다. 오-헝 제국과 동맹군들은 전쟁 초기부터 어려운 난관에 봉착하게 된다.

세르비아 전선에서 1차 세계 대전 중 가장 어린 군인이 참전했었다. 츠부스니카에서 출생한 몸칠로 가브리치라는 인물로 8살에 세르비아 육군에 입대해 10살에 상병, 11살에 하사 대리 병장이 되었다고 한다.

그림 4 1914년 로즈니차에서 몸칠로 가브리치

오-헝 제국의 세르비아전 실패로 독일군은 서부 전선(프랑스)과 동부 전선(러시아)을 모두 방어하고 공략해야만 하는 상황이 된다. 독일 제국군은 동부 전선을 방어하면서 서부 전선을 빠르게 해결할

그림 5 1914년 전선으로 가고 있는 독일 군인

작전을 구상한다. 이에 독일 제국과 프랑스의 국경(훗날 마지노선)에 집중하는 것보다 벨기에를 지나 공격하는 것이 효율적이라 판단하고 알프레트 폰 슐리펜 야전원수의 슐리펜 계획에 따라 중립국인 벨기에를 침략한다.

독일 제국은 기동전을 펼쳐 성공적으로 벨기에를 침공하고 이어서 프랑스 파리로 진격한다. 독일 제국의 기동전략에 프랑스와 영국 연합군은 후퇴를 거듭했다. 마른강까지 후퇴한 연합군은 전열을 가다듬고, 밀려오는 독일군을 막아 낸다.(1차 마른강 전투), 독일군의 전선을 50Km 후퇴시키는 것에 성공한 연합군이었지만, 곧바로 엔 강 근처의 고지대에 방어선을 구축한 독일군을 연합군이 돌파하지 못하면서, 서부 전선은 1917년까지 지긋지긋한 참호전에 빠지게 되었다.

한편 동부 전선에서는 파울 폰 힌덴부르크가 이끄는 제8 야전군을 철도를 통해 오스트리아와 프로이센 지역으로 이동시켜, 러시아 제국군과 전투를 치른다. 8월 17일부터 9월 2일까지 이어진 타넨베르크 전투에서 독일군은 러시아군을 격파해 러시아군의 진격을 막았다.

원래라면 독일 제국은 오-헝 제국의 삽질로 인해 양면 전선에서 공격을 당해서 끝났어야 정상이지만, 기술의 발달로 인해 살아남았다. 독일 제국군이 서부 전선을 먼저 밀고 동부 전선으로 군대를 추가 투입할 수 있었던 것은 철도의 발명으로 가능한 일이었다. 철도는 처음에는 인적, 물적 자원을 빠르게 옮기기 위해서 사용된 것이었지만, 전쟁이 터지자 군대와 전쟁 물자를 빠르게 이동하는 역할을 했다. 독일 제국군이 상대적으로 좋은 참모진과 우수한 군사력을 바탕으로 초반 전쟁을 잘 치러냈던 것도 있겠으나, 이는 철도가 있었기에 가능한 일이었다.

철도를 주제로 삼은 게임이 있는데, 〈레일웨이 엠파이어〉라는 게임이다. 이 게임은 DLC를 통해 철도가 처음 활성화되던 1800년대부터 1900년대까지의 기차와 철도 부설을 통한 도시의 성장등을 직접 체험해볼 수 있는 게임이다. 본편은 미국을 배경으로 하고 있지만, DLC를 통해 영국, 멕시코, 남미, 프랑스, 북유럽, 일본, 독일 등의 여러 지역에서 철도를 부설하고 게임을 즐길 수 있다.

이외에도 최근에 발매된 〈빅토리아 3〉에서는 산업화를 통해 국가를 발전시키고, 철도를 연결할 수 있다. 게임에서는 자신이 선택한 국가의 도시가 계속해서 커지고 기차가 도시들을 이동하는 모습을 볼 수 있다.

▌서부 전선 : 참호전의 시작

서부 전선은 1차 마른강 전투와 엔강 전투 이후 고착상태에 빠졌다. 당시의 전투 교리로는 빠르게 발전한 과학 기술을 이겨낼 수 없었기 때문이다. 1차 세계 대전에서 새롭게 사용된 최신식 과학기술은 기관총과 참호, 철조망이었다. 이 3가지 요소는 방어하는 사람들에게는 엄청나게 유용했지만, 공격하는 상대에게는 지옥이었다. 그렇다 보니 전선이 고착화 되었으며, 기나긴 참호전이 시작되면서 서부 전선은 죽음의 웅덩이가 되고 말았다. 양측은 어떻게든 전선 돌파를 하기 위해 고민했지만, 돌아오는 것은 엄청난 인력 손실뿐이었다. 이를 타계하기 위해 고민하여 개발된 것들이 화학 무기, 전차와 같은 새로운 무기 체계였다.

그림 6 솜 전투 첫째 날 통신 참호에 있는 영국 얼 그림 7 1917년 비미 리지 전투에서 전진하는 캐나
스터 소총병   다군과 영국군 마크 2 전차

　화학 무기는 1915년 4월 22일 제2차 이프르 전투에서 독일군이 처음으로 염소 가스를 사용했다. 원래는 만국 평화 회의(헤이그 특사 사건이 일어난 회의장에서) 헤이그 협정을 위반하는 행동이었지만, 한 번 사용하게 되자 양측이 모두 다양한 종류의 가스를 사용하게 된다.

　전차의 경우 1916년 9월 15일에 일어났던 솜 전투에서 처음 사용되었다. 처음에는 영국군이 먼저 개발해 사용했다. 그러나 독일군이 영국군의 전차를 노획(탈취)해서 사용하거나, 일부 전차들을 설계해 사용하면서 또다시 전쟁의 상황은 알 수 없어졌다.

　서부 전선의 참호전은 어느 한쪽이 승기를 잡지 못해 전쟁 기간의 대부분 교착 상태로 있었다. 이런 상황을 해결하고자 독일군이 실시한 베르됭 공세와 연합군이 실시한 솜 공세, 니벨 공세 등은 얻은 성과에 비해 어마어마한 사상자만 만들어냈고, 인류의 기억과 역사에 끔찍한 전쟁으로 기록되었다.

　베르됭 공세의 이름을 딴 〈베르됭 1914-1918〉이라는 게임이 있다. 이 게임은 화학전과 참호전, 크리스마스 정전 등 1차 세계 대전을 배경으로 만들어진 게임이다. 2015년 4월 28일에 발매되었고, FPS 장르로 스팀에서 플레이할 수 있다. 동일한 이름으로 〈탄넨베르크 1914 ~ 1918〉도 있다. 베르됭이 서부전선을 배경으로 한 게임이라면 탄넨베르크는 동부전선을 배경으로 한 게임이다.

　〈베르됭〉에서는 아르곤, 아르투아, 플랑드르, 피카르디, 엔, 두오몽, 샹파뉴, 보쿠와, 보주 등의 맵이 등장하고, 〈탄넨베르크〉에서는 동프로이센, 폴란드, 갈리치아, 루마니아, 도브루자, 발트, 우크라이나, 카르파티야 산맥 등이 맵으로 등장한다. 모두 실제 격전지이니 만큼, 해당 전투를 체험해보고 싶다면 플레이해보는 것도 좋을 것이다.

▌1차 세계 대전의 해전 : 유틀란트 해전

1차 세계 대전은 바다에서도 많은 전투가 있었다. 전쟁 초기 독일 제국의 순양함들은 전세계에 흩어져 있었다. 독일 제국은 흩어진 순양함과 함대들을 하나로 합치는 것이 현실적으로 어려우니 일부는 연합국의 상선

그림 8 1917년 독일 대양함대의 전함

을 공격하고, 일부는 독일 제국의 영토로 항해하게 했다. 영국 해군은 흩어져 있던 독일 제국의 함대와 함선들을 각개 격파하는 전략을 선택했다.

전쟁이 발발했을 당시 독일 동아시아 함대는 임무를 하달받지 못한 상태에서 영국 함대를 만나자 독일 제국으로 귀환을 시도했다. 이 과정에서 영국 해군 남대서양 함대와 코로넬 해전이 일어났다. 이 해전에서는 독일 함대가 승리했으나, 1914년 12월에는 포클랜드 해전과 마스아티에라 해전을 통해 독일 제국 함대의 대부분이 파괴되거나 나포되었다.

영국은 1차 세계 대전 발발 직후 독일에 대한 해상 봉쇄를 선언했다. 봉쇄 전략은 지난 2세기 동안 여러 국제법으로 금지되었지만, 독일 봉쇄를 통해 민간/군사적 자원 공급 차단 효과가 있음이 밝혀졌다. 독일도 이에 제한적으로 무제한 잠수함 작전에 돌입했다.

1차 세계 대전과 2차 세계 대전에서 해전은 역사 수업에서 중요하게 다루지 않는다. 하지만 1차 세계 대전에 있었던 유틀란트 해전만큼은 언급이 된다. 1916년에 일어난 유틀란트 해전은 1차 세계 대전 중 일어난 가장 거대

한 해전이면서, 유일하게 전함들이 격돌한 전투였다. 유틀란트 해전 이후로는 전함간의 전투를 볼 수 없었는데, 2차 세계 대전부터는 항공모함의 중요성이 더 커졌기 때문이다.

유틀란트 해전은 존 젤리코 제독이 지휘하는 영국 대함대와 셰어 부제독이 이끄는 독일 외양 함대간의 전투였다. 장소는 덴마크 근처 북해였고, 영국 대함대는 총 151척의 군함(전함은 28척, 순양전함 9척), 독일 외양 함대는 99척의 군함(전함 16척, 순양전함 5척)이 참가했다. 해전 이후 양쪽 모두 승리를 선언했지만, 영국 해군의 사상자와 함선 피해(배수량 기준)가 더 많았기 때문에, 독일의 전술적인 승리로 기록이 되었다. 하지만 전략적으로는 무승부로 보고 있다.

함선 위주의 전투를 하는 게임 중에서는 〈월드 오브 워쉽〉이 있다. 이 게임은 1차 세계 대전에 사용된 함선부터 2차 세계 대전과 그 이후에도 사용된 함선들이 등장한다. 실제로는 독일에게 없었던 항공모함이 페이퍼 플랜(계획만 존재하고 실행되지 않은 것들)을 통해 등장하기도 했고, 영국, 독일, 프랑스, 이탈리아, 일본, 소련 등등 여러 국가의 함선이 등장한다. 우리나라 함선도 일부 등장하기는 한다. 최근에는 잠수함도 등장했다. 항공모함, 전함, 순양함, 경순양함, 중순양함, 구축함, 잠수함을 이용한 전투를 해보고 싶다면 〈월드 오브 워쉽〉이 적격이라고 볼 수 있겠다.

▌무제한 잠수함 작전과 미국의 참전

독일은 유틀란트 해전을 끝으로 해상에서 직접적인 교전은 피하고, 무제한 잠수함 작전에만 몰두한다. 영국의 해상 봉쇄에 대응하기 위해 북아메리카에서 영국으로 향하는 보급선들을 차단하기 위해서였다. 하지만 이 과정에서 독일의 유보트 잠수함이 미국의 여객선 루시타니아호를 침몰시키면서 독일에 대한 미국 내 여론이 급격하게 나빠지기 시작한다.

미국 내의 여론에도 불구하고 미국은 섣불리 전쟁에 참여하지는 않았다. 하지만 1917년 1월 16일 독일 외무 장관 아르투르 치머만이 멕시코 주재 독일 제국 대사 펠릭스 폰 에카르트에게 보낸 암호 전문을 영국이 감청해 미국에게 전달하면서 미국이 연합국에 참전하게 된다.

치머만 전보의 내용은 '멕시코가 미국을 공격할 경우, 멕시코가 1848년에 미국에 빼앗긴 모든 영토를 되찾을 수 있도록 해주겠다.'였기 때문에, 미국에게는 위협이었다. 미국은 독립전쟁 이후 영토를 확장하면서 서부에 있던 멕

그림 9 1917년작 미국의 샘 아저씨 모병 포스터

시코의 영토를 무력과 전쟁으로 대부분 차지했기 때문이다.

미국의 1차 세계 대전 참전으로 인해 동맹국은 상당히 난처한 상황에 놓이게 된다. 미국은 1917년 4월 6일부터 참전했고, 이때부터 동맹군이 서서히 밀리기 시작한다.

▌독일군의 동부 전선 승리 1914 ~ 1918

서부전선이 교착상태에 빠지는 사이 동부전선은 동맹군에 유리하게 흘러갔다. 앞서 언급한 것처럼 1차 세계 대전이 시작되자마자 슐리펜 계획으로 서부 전선을 공략한 후 동부 전선으로 힌덴부르크의 군단을 철도를 이용해 신속하게 이동시켰다. 그 후 타넨베르크 전투에서 러시아군을 격파함으로써 러시아 제국군의 독일에 대한 공세를 저지시키는데 성공했다. 타넨베르크 전투가 있었던 지역은 동부 프로이센 전선이었다. 이곳이 뚫리면 러시아는 바로 공격당할 수 있는 위치였다. 당시에는 폴란드도 1700년대 말에 프로이센, 오-헝 제국, 러시아 제국에게 분할되어 멸망했었기 때문이다.

그림 10 동부 전선 (주요 국가 : 독일 제국, 오 - 헝 제국 VS 러시아 제국)

동부 전선의 다른 방면이었던 갈리치아 지역에서는 오-헝 제국군이 러시아 제국의 국경을 넘어 침공했다. 하지만 독일군에 비해 준비가 덜 된 군대였던 오-헝 제국군은 러시아 제국이 반격하면서 갈리치아 깊숙이 후퇴했다. 이후 독일군이 합류해 러시아 제국에 대한 공세를 펼쳐 러시아 제국군에 큰 피해를 입혔다.

독일 제국군과 오-헝 제국의 군대는 러시아 제국군을 서서히 패퇴시키기 시작했다. 결국 바르샤바가 함락되고, 러시아 제국은 동쪽으로 계속해서 밀려나게 된다. 보통 동부 전선에서는 러시아 제국과 독일 제국만 많이 알려져 있는데, 루마니아와 불가리아도 동부 전선에 참여했었다.

1916년 6월 러시아군은 브루실로프 공세로 반격을 시도한다. 공세는 일시적으로 성공했으나, 이미 러시아 제국 내에서는 반전 여론이 강했고, 내부분열의 조짐이 보이기 시작했다.(라스 푸틴 등) 결국 1917년 3월 페트로그라드(상트페테르부르크)에서 일어난 시위로 니콜라이 2세가 퇴위하면서 러시아 임시 정부가 잠시 동안 통치를 하다 블라디미르 레닌의 볼셰비키가 1917년 11월 무장봉기를 성공시켜 소비에트 연방이 탄생했고, 12월 독일과 휴전 협상을 시작했다.

동부 전선은 1918년 3월 8일 브레스트-리토프스크 조약이 체결되면서 끝이 났다. 이 조약으로 러시아 제국은 폴란드, 우크라이나, 라트비아, 리투아니아, 에스토니아 등의 영토를 빼앗겼고, 지금의 벨라루스가 있는 지역은 곧 이어 발생한 러시아 적백내전으로 백러시아가 차지한다. 이 적백내전에서 적군이 승리하면서 확실하게 소련 연방이 들어선다. 다만 적백내전은 1

차 세계 대전 기간에 시작되었고, 1
차 세계 대전 중이던 동맹국과 협상국
의 국가들이 내전을 지원했기에 1차
세계 대전의 부속 전쟁으로도 취급받
는다.

독일 제국은 동부 전선에서는 승
리했지만, 확보한 러시아 제국의 영토
를 관리할 주둔군이 필요했고, 이 때

지도 1 타넨베르크 전투의 위치와 독일군의 이동

문에, 서부 전선에 모든 자원을 투입할 수 없었다. 러시아는 동맹국과의 전
쟁은 끝이 났지만, 방금 언급한 대로 적백내전으로 인해 더 혼란스러워졌다.
협상국들은 백러시아군을 지원했지만, 각자의 목표를 가지고 소규모의 지
원만 했고, 수적으로 열세였던 백러시아군이 소비에트 연방군에게 패배하
면서 러시아 제국은 몰락하고 소비에트 연방이 들어서게 되었다.

▌루마니아와 불가리아의 참전 1916 ~ 1917 / 1914 ~ 1918

그림 11 1917년 마라세스티 전투에서의 루마니아군

루마니아는 1882년
부터 동맹국인 독일 제
국, 오-헝 제국과 동맹
상태였으나 협상국에
가담하여 동맹국에 전
쟁을 선포했다. 루마니
아가 배신을 한 이유는
협상국이 루마니아인들이 많이 살던 지역이지만 루마니아 영토가 아닌 트란
실바니아와 바나트를 전쟁 이후 넘긴다는 약조를 했기 때문이었다.

하지만 강력한 우군이었던 러시아 제국이 브레스트-리토프스크 조약으로 전쟁에서 빠지자 전의를 상실하고 동맹국에 항복하게 된다. 루마니아는 협상국의 외교전에 속아 결국 자충수를 두었고, 부쿠레슈티 조약으로 영토를 빼앗기고 독일에게 90년 동안 석유채굴권을 주게 된다. 부쿠레슈티 조약은 루마니아에게는 굴욕적이고 불합리한 조약이었다. 하지만 동맹국이 패배하면서 부쿠레슈티 조약은 무효화된다.

불가리아 왕국도 1차 세계 대전에 참가했다. 불가리아 왕국은 1차 세계 대전이 시작된 발칸 반도에서 동맹국으로 참전한다. 1차 세계 대전 당시 오-헝 제국은 전선이 너무 많았기 때문에, 오-헝 제국의 외교관이 불가리아 왕국을 설득해 세르비아를 공격하도록 했다.

그림 12 비행기의 폭격을 피해 참호에 들어간 불가리아 군인

불가리아 왕국과 오-헝 제국은 세르비아를 둘로 나눠 점령한다. 한동안 잠잠하던 발칸 반도는 1915년 말에 연합군(영국군, 프랑스군)이 테살로니카에 상륙하면서 다시 전투가 시작되었다.

연합군은 그리스 정부에 협상국 편에 참전하라는 압박을 하기 시작했다. 그리스의 국왕 콘스탄티노스 1세(친독일 성향)는 이를 반대했고, 결국 친연합국 성향의 엘레프테리오스 베니젤로스 임시 정부가 들어선다. 그리스는 사소한 내분 끝에 친연합국 성향의 임시 정부가 승리하면서 협상국 편으로 참전했다.

그리스의 참전과 연합군의 공세로 독일과 오-헝 제국군은 후퇴했고, 불가리아 왕국군은 도브로 폴 전투에서 대패하면서 1918년 9월 29일에 항복했다.

▮ 이탈리아와 오스만 제국의 참전 1915 ~ 1918 / 1914 ~ 1918

1차 세계 대전 당시 이탈리아 왕국은 주세페 가리발디의 주도로 이탈리아가 통일된 지 얼마 안 되었다. 이탈리아 왕국은 원래 삼국 동맹의 일원으로 독일 제국과 오-헝 제국의 동맹이었지만, 이탈리아 왕국이 생각하던 이탈리아인의 영토에는 오-헝 제국의 티롤, 트리에스테, 달마티아 등이 있었기에, 동맹 관계는 불편한 상태였다.

1차 세계 대전이 오-헝 제국의 주도로 일어나게 되자 이탈리아 왕국은 중립

그림 13 이탈리아 전선 (주요 국가 : 이탈리아 왕국 VS 오스트리아 - 헝가리 제국)

을 선언했다. 원래는 상호 방위 조약의 일환이었기 때문에, 먼저 선전 포고를 한 오-헝 제국을 도울 수 없다는 이유였다. 이에 오-헝 제국은 혹시라도 전선이 길어질 것을 걱정해 이탈리아에게 프랑스령 튀니지와 오-헝 제국의 영토 중 이달리아 왕국이 되찾지 못한 일부를 할양하겠다는 조건을 제시했다. 오-헝 제국이 이런 조건을 제시하자 협상국은 이탈리아에게 더 좋은 조건을 제시했고, 1915년 4월 26일에 런던 조약(비밀 조약)을 체결한다.

이탈리아는 삼국 동맹을 폐기하고 협상국으로 참전해 오-헝 제국과 전쟁을 시작한다. 1915년 여름부터 이탈리아 전선에서는 잘 알려진 이손초 전투가 벌어진다. 이탈리아 왕국의 이손초 전투는 11차까지 이어졌고, 약간의 성과는 있었으나, 여기도 역시 지루한 참호전이 지속된다.

독일군이 이탈리아 전선에 증원되고 독가스 포격을 실시한 카포레토 전투까지 이탈리아 왕국군은 홀로 전쟁을 수행했다. 카포레토 전투에서 이탈리아군이 치명적인 피해를 입자, 영국과 프랑스가 군대를 파병했고, 연합군에 조금씩 유리하게 변하기 시작했다.

1918년에 서부 전선에서 독일군의 춘계 공세가 실패하고, 미군의 증원으로 동맹군이 패배하게 되면서 이탈리아 왕국은 런던 조약에서 약속된 달마티아를 점령했다. 하지만 종전 이후 런던 조약으로 약속된 영토와 이권의 대다수가 백지화되자 이탈리아 왕국은 자신들이 속았다는 사실을 알게 되었다.(사실 이탈리아 왕국이 지나친 요구를 한 느낌도 있다.) 결국 이탈리아는 전쟁으로 큰 손실을 당했음에도 참전 당시 보장받은 대가에 못 미치는 보상으로 배신감과 분노를 느꼈다. 이는 베니토 무솔리니와 파시즘 운동이 이탈리아에 퍼지게 만드는 계기가 되었다. 자신들의 전쟁도 아닌 전쟁에 끼어들어서 피해를 보고 보상도 제대로 받지 못했기 때문이다.

오스만 제국은 원래 영국과 사이가 크게 나쁘지 않았다. 중립국으로서 전쟁에 참여하지 않을 수 있는 상황이었지만, 영국의 치명적인 실수로 동맹국으로 참전했다. 물론 1914년 8월에 오스만-독일 동맹 비밀 조약을 체결하고는 있었지만, 미온한 태도를 보였다.(사실 오스만 제국은 전쟁에 참여하기에는 상황이 좋지 않았다.)

오스만 제국이 동맹국에 참전하게 된 이유는 윈스턴 처칠 때문이다. 오스만 제국은 영국에게 레샤디에급 전함 2척을 발주한 상태였고, 브라질이 발주했다 파산해 인수가 거절된 드레드노트급 전함 한 척도 구매한 상태였다. 그런데 윈스턴 처칠이 1차 세계 대전이 터지기 직전 전쟁을 예견하고 해군력을 모으는 과정에서 전함 2척(레샤디에급 1번 전함과 드레드노트급 전함)을 인수하기 위해 배에 타고 있던 오스만 해군을 강제 퇴거 조치하고 배를 강탈했다.

이 사건으로 오스만 제국은 지불금을 100% 모두 낸 상태에서 전함을 빼앗기게 되었고, 영국에 대한 여론이 나빠지기 시작한다. 한편 영국 해군을 피해 오스만 제국의 수도에 숨어있던 독일 해군 순양전함과 경순양함, 그 승조원을 독일 황제 빌헬름 2세가 오스만 제국에게 선물하면서 반영친독 여론이 형성되었고, 이 2척의 함선이 오스만 제국의 국기를 걸고 러시아 항구들을 기습하면서 1차 세계 대전에 반강제로 참가한다. 왜냐하면, 오스만

제국에게 함선을 선물해도 승조원
이 모두 독일인이라 사실상 독일
제국의 명령에 따랐고, 그들은 오
스만 깃발을 함선에 올려둔 상태
였기 때문이다.

이후 윈스턴 처칠이 갈리폴리
전투를 구상해 실시했다 대패하면
서 윈스턴 처칠은 실각당하고, 연
합군은 치명적인 피해를 입는다.
반대로 오스만 제국에서는 오스만
을 살린 대승리이자, 협상국에 대
한 깊은 원한을 갖게 만들었다. 거
기다 갈리폴리 전투에서 영국의
유명한 예술가나 작가들이 무의

그림 14 갈리폴리 캠페인

미하게 희생당했다. 그렇다 보니 윈스턴 처칠의 정적들은 그에게 갈리폴리
의 사나이라고 놀렸고, 윈스턴 처칠도 갈리폴리만 들으면 노발대발 화를 내
었다고 한다. 동시에 오스만 제국에서 갈리폴리 전투를 승리로 만든 인물이
터키의 건국 아버지 무스타파 케말 아타튀르크였다.(현재는 국호를 튀르키
예로 변경한 상태)

결과적으로 갈리폴리에서는 오스만 제국이 승리했지만, 영국이 오스만
의 영토였던 중동 지역에서 인근 국가들과 협력해 게릴라전을 진행하고, 전
쟁이 협상국의 승리로 끝나면서 오스만 제국은 지금의 터키 영토만 남고 열
강의 지위도 상실하게 되었다.

1차 세계 대전을 다루고 있는 AAA급 게임인 〈배틀필드 1〉에서는 캠페인
에서 이탈리아 전선, 미국 흑인부대의 유럽 전선, 호주 부대의 갈리폴리 전
투, 아랍지역에서 유명한 아라비아의 로렌스 등의 1차 세계 대전 전선이 배
경으로 등장한다. 〈배틀필드 1〉은 맵이 상당히 많은데, DLC까지 포함해서

아미앵, 아르곤 숲, 수에즈, 시나이 사막, 수아송, 베르됭 고지, 타위르 점령전, 알비온, 갈리치아, 브루실로프 성채, 볼가강, 헬레스 곳, 파스샹달, 카포레토, 솜강 등이 있다.

〈배틀필드 1〉에서는 1차 세계 대전에서 등장한 다양한 무기가 등장한다. 야전삽부터 시작해서, 기관총, 가스 수류탄, 방독면, 철조망, 참호전까지 모두 체험해볼 수 있는 게임이 〈배틀필드 1〉이다. 거기다 전차와 복엽기, 거대한 비행선인 체펠린도 등장한다.

▌전쟁의 끝 & 모든 것이 동원된 역사상 최대의 전쟁

동맹국은 동부 전선에서는 승리했지만, 서부 전선이 고착화되고 미국이 참전하면서 결국 패망의 길로 접어들었다. 불가리아 왕국을 시작으로, 오스만 제국, 오-형 제국이 항복했고, 오-형 제국이 항복한 날에는 독일의 킬 군항에서 해군 수병들에 의한 폭동이 일어났다. 이 폭동으로 인해 빌헬름 2세는 네덜란드로 망명했으며, 독일은 1918년 11월 11일 휴전을 맺고 전쟁에서 패배하게 되었다.

그림 15 영국군 군견 치료 키트에서 붕대를 회수하는 모습
(출처 : 미국 의회 도서관)

1차 세계 대전은 거의 모든 것을 동원한 최초의 전쟁이었다.

말이나 노새, 낙타 말고도 동물원에 있던 코끼리까지 징발해 무거운 자재를 옮기기도 했으며, 강아지를 정찰, 의무견, 전선(통신 관련) 확충, 가스 탐지로 사용했고, 비둘기는 전서구의 역할로 사용하거나 카메라를 가슴에 달아 공중에서 사진을 찍어 정찰하는 용도로 까지 사용했기 때문이다. 거기다 고양이나 코알라 같은 동물은 군의 마스코트로 이용하기도 했다.

동물 말고도 이 시기에 여성들이 공장에서 일하고, 야전 병원에서 부상병을 치료하는 등 사실상 총력전의 형태가 되었다. 2개의 큰 전쟁은 이후 여성의 참정권이 인정되게 하는 중요한 역할을 하기도 했다. 여성들도 전쟁에 참여했기 때문이다.

〈배틀필드 1〉을 제외하고 1차 세계 대전을 포함한 메이저 게임으로는 〈빅토리아 시리즈〉가 있다. 최근에 〈빅토리아 3〉가 출시되면서 나름 메이저 게임이 되었다. 이 게임은 1836년부터 1936년까지 진행되며, 근대화와 계몽주의, 식민지 등에 초점이 맞춰져있다. 1차 세계 대전 자체는 1914년 이전에 있었던 모든 사건이 원인이 되었다고 볼 수 있기 때문에, 〈빅토리아 3〉에서 1차 세계 대전은 마지막 피날레 같은 느낌이다.

참고로 〈빅토리아 3〉는 그래픽도 좋아졌고, 한글 자막으로 출시했기 때문에, 쉽게 게임을 할 수 있다. 거기다 전세계를 배경으로 해서 조선을 선택해 근대화시키고, 일본을 식민지배하는 것도 가능하고, 아예 1차 세계 대전에 참전하는 것도 가능하다.

게임의 소재로써 전쟁은 참 매력적인 주제이다. 수많은 드라마와 전투가 넘실거리는 전쟁은 그 자체로 인류가 얼마나 변할 수 있는지 보여주었기 때문이다. 하지만 전쟁은 무서운 것이라는 경각심은 항상 가지고 있어야 할 것이다. 게임 속 전쟁이 화면을 넘어 현실이 되는 순간이 오지 않도록 말이다. 하지만 안타깝게도 우리는 이미 그러한 현실을 보고 있다. 앞으로는 이런 일이 두 번 다시 일어나지 않기만을 바랄 뿐이다.

세계 1차 대전 : 최초의 전차들

　제국주의 시대 유럽의 전쟁들은 현대전에 비하면 나름 귀족적인 전쟁[1]
이라는 평가가 있다. 여기서 말하는 귀족적인 전쟁이 뜻하는 것은 서로 게
임 혹은 경기하는 것처럼 정해진 방식으로 전쟁을 했다는 것이다. 흔히들
라인 전투[2]라고 불리는 전쟁 방식 때문이었다. 그런데 1차 세계 대전이 일
어나자 참호와 철조망, 기관총 등의 신무기들이 등장하면서 전쟁은 우리가
아는 진흙탕 싸움이 되어버린다.

그림 1 1916년 서부전선 참호 안에서 11
예비 Hussar 연대 독일병사들

　1차 세계 대전을 보통 참호전이라고
부르는데, 이는 전쟁을 치른 4년 106일
(1914. 7. 28 ~ 1918. 11. 11)의 대부분이
참호전이었기 때문이다. 특히 서부전선이
매우 심각했는데, 다른 전선들은 상대적으
로 참호전보다는 일반적인 전투가 많았지
만 서부전선은 압도적으로 참호전이 진행
된 기간이 길었다. 흥미로운 사실은 동부
전선이나 중동지역에서는 여전히 기병들
이 효과적이었고, 이는 2차 세계 대전에서
도 기병들이 운용되는 결과를 낳았다.

---

1)　전쟁이란 것은 모두 잔인하고 끔찍할 뿐이다. 다만 제국주의 시대 전쟁이 귀족적이라고 말하는 것은 1
　　차 세계 대전 이후의 전쟁과 비교했을 때 그렇다는 것이다. 보통 귀족들은 장교나 지휘관들인데 1차 세
　　계 대전 이전에는 장교나 지휘관이 죽는 경우가 적었으나, 1차 세계 대전부터는 장교나 일반 병사 가리
　　지 않고 기관총을 비롯한 새로운 무기들에 죽어 나갔기 때문에 이 시기부터 보통 개죽음이라는 이야기
　　가 나왔다.
2)　제국주의 시대 유럽국가들의 전투에서 행해진 전술로 서로가 합의한 것처럼 전열 보병을 일렬로 배치
　　후, 서로 공격을 주고받는 형식을 말한다. 게임 〈엠파이어 토탈워〉에 이런 모습이 나오며, 2000년에 개
　　봉한 영화 〈패트리어트 : 늪 속의 여우〉를 보면 이 라인전이 자세하게 묘사된다.

기관총과 참호, 철조망 등의 새로운 요소들은 방어전에 유리하게 만들어 주었지만, 역으로 공격은 불리하게 만들었다. 이렇다 보니 각국이 진전없는 서부전선을 해결하기 위해 고민 끝에 발명한 것이 전차(Tank)였다. 여기서는 최초로 개발된 전차들에 대해서 알아보겠다.

독일군에게 충격을 가져다준 최초의 전차 MK 시리즈

1차 세계 대전을 끝내기 위해서는 서부전선이 해결되어야 했는데, 참호전으로 시간만 보내는 상황이었다. 이것을 해결하기 위해 각국의 수뇌부는 철조망과 기관총을 뚫고 적군의 참호로 진입할 방법을 연구하기 시작했다.

그림 2 1916년 솜 공세에서 초기 모델 MK.I

이에 영국은 윈스턴 처칠을 비롯한 당시의 수뇌부들이 독일의 참호를 뚫을 수 있는 비장의 무기로 비밀리에 육상전함(Landship) 혹은 지상함 같은 것을 만들기 위한 위원회를 소집한다. 이 위원회의 결과로 탄생한 것이 전차(Tank)다.

초기 전차의 모습은 우리가 알고 있는 전차와는 거리가 멀었다. 양 옆에 포신이 장착되었고, 가운데에 기관총을 단 형태였다. 애초에 전차는 새롭게 만들어진 무기였고, 윈스턴 처칠을 비롯한 해군 고위 간부들의 영향으로 인해 지상에서 움직이는 전함을 만든다는 느낌이었다.(이 전차 개발에 필요한 예산은 윈스턴 처칠이 해군 예산으로 자금을 조달하겠다는 언급을 했다.)

이런 육상전함이 판타지에도 등장한다. 〈워해머 판타지〉 세계관 속 제국의 한 국가인 마린부르크에 육상전함이 있는데, 이것은 사실상 말 그대로 함선에 바퀴를 달아서 지상에서 사용할 수 있는 느낌이다.

연구 개발을 통해 영국에서 전쟁에 투입한 전차는 MK.I이다. 보통 MK 시리즈 전차라고 불린다. MK 시리즈 전차가 최초로 투입된 전투는 1916년에 있었던 솜 공세로 49대의 전차가 투입되었다고 전해진다.

첫 전차 부대는 솜 공세 중 일부인 플레르-쿠르셸레트 전투에 투입되었다. 이 전투에서는 큰 실적을 올리지는 못하였는데, 그 이유는 당시 전장이 뻘판(진흙탕)이었기 때문이다. 그럼에도 협상군(영국 연방군과 프랑스군)은 이 전투에서 승리한다. 그도 그럴 것이 전차를 본 독일군은 트랙터나 자동차도 아닌 무언가가 자신들을 향해 다가오는데 기관총도 무용지물이자 겁에 질려 도망갔기 때문이다. 이것은 전쟁에서 사기가 얼마나 중요한지 보여주는 사례이기도 하다.

솜 공세는 최초의 전차가 투입된 것으로 기록되었고, 이 전차들이 직접적인 성과를 낸 전투는 캉브레 전투이다. 캉브레 전투는 1917년에 일어났고 378대의 전차가 투입되었다. 이 전투에 관련된 사진들을 보면 독일군이 MK.IV 전차를 노획한 사진들도 다수 존재했다.

보통 전차가 등장하는 게임 중에서는 1차 세계 대전보다는 2차 세계 대전을 다룬 게임들이 많이 등장한다. 메이저 게임 중에서는 〈배틀필드 1〉이 1차 세계 대전을 잘 표현한 게임이라고 할 수 있다. 이 게임에서는 최초의 전차들이 모두 등장하는데, MK 시리즈 전차도 등장한다. 싱글 캠페인에서는 캉브레 전투에서 MK V 전차 블랙 베스의 승무원들의 이야기가 등장하기도 한다.

MK 시리즈 전차가 등장하는 또 다른 게임으로는 〈어쌔신 크리드 신디케이트〉가 있다. 이 게임에서는 주인공 제이콥 프라이의 손녀인 리디아 프라이의 시점에서 공습받는 런던을 보여주는데 여기서 MK 전차가 잠시 등장하지만 탑승하거나 상호작용은 할 수 없다. 이외에도 〈문명 5〉에서 모든 국가가 공통적으로 사용할 수 있는 유닛으로 MK

그림 3 〈어쌔신 크리드 신디케이트〉에 등장하는 MK 전차

전차가 등장한다. 여기서는 '지상함'이라는 이름으로 등장하며, 현대시대 유닛이다. 마지막으로 〈Warhammer 40K 시리즈〉에 스페이스 마린이 사용하는 랜드 레이더라는 전차가 있는데, 이 기체가 MK 시리즈의 모습과 매우 흡사하다. 〈던 오브 워 시리즈〉 게임에서 직접 볼 수 있다.

흥미로운 사실은 우리가 전차를 부르는 영어 단어가 Tank인 이유는 당시 영국이 전차를 만드는 것을 숨기기 위해 급수차를 만든다고 이야기를 했기 때문이다. 여기서 급수차는 영어로 Water Carrier라는 단어였는데, 이것을 Tank라는 단어로 바꿨다고 한다. 이후 적국을 속이기 위해 만든 암호명인 Tank는 그대로 받아들여져 정식 명칭이 되었다.

하나 더 추가하자면, 당시 영국이 급수차를 만든다는 첩보를 독일이 듣고 납득한 이유가 어렴풋이 짐작해볼 수 있다. 당시 기관총은 전선을 사수하는데 매우 중요한 무기였는데, 오래 사용하다 보면 총열이 과열되어 사용할 수 없고, 고장도 날 수 있었다. 이에 총열을 교체해가며 사용했을 것이다. 하지만 전장에 보급되는 총열은 한정적이었을 것이고, 이에 뜨겁게 달궈진 총열을 빠르게 식히기 위해 물이 필요했던 것으로 보인다. 이외에도 참호전 상황에서 씻지도 못하고 참호 안에 있는 병사들에게 물을 제공하기 위해 급수차를 만든다고 생각했을 수도 있다.

영국의 MK 전차에 충격으로 독일 제국이 만든 전차 A7V

그림 4 전장에서 노획된 A7V 전차

MK 전차의 등장에 독일군은 공포와 혼란의 도가니에 빠진다. 이에 독일 제국도 MK 전차에 대응하기 위해서 위원회를 구성해 전차 개발에 뛰어든다. 독일 제국은 이 과정에서 자체적으로 연구와 개발을 하기도 하며, 기록된 캉브레 전투 사진처럼 MK 전차를 노획해 연구하기도 했다. 이런 성과를 바탕으로 독일은 A7V 라는 전차를 만들어낸다. 이 전차는 MK 시리즈 전차와 마찬가지로 중전차라고 볼 수 있으며, 특이하게도 엔진이 2개였다. 독일 제국도 전차 개발에는 성공했지만, 큰 성과는 얻지 못한다. 당시 전차들은 모두 기계적인 결함이나 잔고장들이 많았기 때문이다. 더군다나 A7V의 경우 1918년 3월 21일에 처음으로 전투에 투입되었으나 이때는 이미 독일 제국의 패색이 짙어지던 시기였다.

전쟁은 1918년 11월 11일에 끝났으니 사실상 전쟁이 끝나기 8개월 전에 전장에 투입된 전차가 A7V였던 셈이다. 수량도 많지 않고, 잔고장 등이 많았던 만큼 딱히 성과를 남기지는 못했다. 다만 방어력만큼은 좋았던 것으로 보이는데, 협상국이 노획한 A7V 전차를 뒤에 설명할 프랑스의 경전차 르노 FT-17로 테스트해본 결과 비관통이 되었다고 한다.

인터넷에는 '독일의 기술력은 세계 제일!'이라는 밈이 있는데, 1차 세계 대전 당시 독일 제국은 기술력이 그리 좋지는 않았다. 때문에 독일이 만든 A7V 는 별다른 성과를 얻지 못한 것이다. 물론 2차 세계 대전 때의 나치 독일도 판터 전차나 티거 전차 중에 기계적 결함으로 고장난 전차들도 존재했다고 하니 이런 밈은 1, 2차 세계 대전에서 해결한 기술력의 진보라고 봐야할 것이다.

A7V 전차의 특이사항으로는 1차 세계 대전 중 최초로 전차전을 치른 기체라는 것이다. 1918년 4월 24일에 일어난 제2차 빌레-브르토뇌 전투에서 3대의 A7V와 3대의 MK.IV 전차가 격돌했다. 대규모의 전차전은 2차 세계 대전의 쿠르스크 전투로 알려져 있으나, 최초의 전차전은 제2차 빌레-브르토뇌 전투이다.

A7V가 등장하는 게임은 사실상 〈배틀필드 1〉 뿐이다. 게임 내에서 가장 많은 인원이 탑승할 수 있고, 전후좌우를 모두 공격할 수 있어 매우 유용한 전차라고 한다. 다만 실제 역사에서는 고장과 기계적 결함, 전쟁 끝에 등장했기 때문에 큰 성과는 없었지만, 게임에서나마 못다 한 위용을 펼치고 있다.

현대식 전차의 원형이 된 프랑스의 전차 르노 FT-17

최초의 전차들을 보면 '왜 최초의 전차들은 현대의 전차와 생김새가 다를까?'라는 질문이 떠오른다. 결론만 놓고 보면 위에서 언급한 MK 시리즈와 A7V는 현대 전차의 원형이 아니기 때문이다. 신기하게도 현대 전차

그림 5 미군이 운용한 프랑스제 르노 FT 전차

의 원형이 된 전차를 개발한 국가는 프랑스다. 르노 FT-17이라 불리는 전차인데, 이것은 경전차에 속한다. 위에서 먼저 언급한 두 전차는 모두 중전차에 해당한다.

르노 FT-17 전차는 이름에서부터 알 수 있듯이 프랑스의 자동차 제조 회사 르노에서 개발된 경전차다. 1차 세계 대전 당시 프랑스에서는 영국이 중전차 MK 시리즈를 최초로 사용하는 것을 목격하고 중전차와 경전차 중 무엇을 개발할지 고민에 빠진다.

고민 끝에 경전차를 사용하기로 마음먹은 프랑스는 홀트 트랙터[3]를 기반으로 한 전차를 개발하기 시작했고, 그 결과로 만들어진 것이 르노 FT-17이다.

이 전차는 영국과 독일의 전차와는 다르게 주포가 장착된 포탑이 차체에 붙어있었다. 이 포탑은 360도 회전이 가능하다. 차체에는 밖으로 돌출된 무한궤도, 전차 뒤에 배치한 엔진 등으로 당시에는 혁신적인 디자인이었다. 이러한 디자인은 현대 전차의 원형이 된다. 르노 FT-17은 1918년에 프랑스군이 사용했고, 중전차에 비해 상대적으로 많은 양의 전차가 제작 및 투입되었다.(기록에 의하면 1918년 말까지 3,000대 이상이 생산되었다.)

르노 FT-17 전차가 처음으로 투입된 것은 1918년 5월 31일 제3차 에이스네 전투이다. 다만 당시의 전차들은 보병들이 지원을 해줘야 했는데, 당시 전투에서 보병 지원이 없어 나중에는 후퇴했다고 한다. 이는 전략적으로도 필요한 조치이다. 전차는 당시 최고의 기술력이 모여 만들어진 최신 무기이기 때문에 적군에게 노획되는 순간 심각한 타격을 받을 수 있었기 때문이다. 물론 이는 지금도 마찬가지다.

르노 FT-17의 특이한 이력으로는 프랑스에서 개발되었지만, 다른 나라들이 이 전차를 복사하거나 기반으로 자국의 전차들을 만들기 시작했다는 점이다. 대표적으로는 미국의 M1917 경전차, 소련의 T-18, 이탈리아의 피아트 3000등이 있다. 이외에도 일본이나 중국, 벨기에, 핀란드, 에스토니아, 러시아 백군, 네덜란드, 리투아니아, 터키 등의 여러 국가도 르노 FT-17 전차를 이용했다고 알려져 있다. 르노 FT-17 전차는 2차 세계 대전이 터진 후에도 일부 사용되었는데, 프랑스에서 많이 이용되었다. 프랑스는 추축국의 공격에 맞서 자국의 식민지 지역에서 부족한 화력을 보강하고자 르노 FT-17 전차를 투입했다. 이 전차가 마지막으로 사용된 전투는 1980년대에

---

3) 미국 캘리포니아의 홀트 제조회사의 이름을 따서 홀트 트랙터라고 지어졌다. 이 트랙터는 무한궤도를 장착한 다목적 트랙터이다.

있었던 소련-아프간 전투로, 전투용보다는 필박스(벙커의 일종)나 장애물의 형태로 사용되었다.

르노 FT-17 역시 〈배틀필드 1〉에서 경전차로 등장했다. 〈배틀필드 1〉에서는 FT-17이 매우 빠른 속도와 360도로 회전되는 포탑 덕에 고수가 사용하면 혼자서 전장을 지배할 수 있다. 또한 중전차들보다도 훨씬 성능이 좋았다.

FT-17은 〈월드 오브 탱크〉에서도 등장하는데, 프랑스, 소련, 이탈리아, 중국, 일본 등이 FT-17 혹은 그 개량형 전차를 1티어로 사용한다. 〈월드 오브 탱크〉를 보면 전차에 대한 스펙이 상세하게 나와있는데, 게임 내에서 프랑스 1티어 FT-17을 보면 13.2mm 기관포를 5발씩 3연사가 가능하다 소개하고 있다. FT-17의 엔진을 보면 가솔린을 사용하고 무게가 266Kg이며, 화재가 일어날 확률이 20%라고 되어 있다. 당시 전차들이 기계적 결함이 자주 있었다는 것을 고증한 것이다. 또한 엔진의 마력이 39마력이라고 하는데, 현대의 스포츠카인 2013년식 코닉세그 아제라 S가 1030마력이라는 것으로 미루어보아 FT-17은 마력이 매우 약하다는 것을 알 수 있다. 이외에도 통신 장비는 300m까지 통신이 가능하다고 나온다. 전차에서 통신 장비는 생명이라고 할 수 있는데, 밀폐된 공간에서 전차끼리 통신이 잘되어야 잘 싸울 수 있기 때문이다.

지금 우리가 보고 있는 전차가 처음에는 육상전함에서 시작했다는 것이 매우 놀랍다. 앞으로도 전차는 계속해서 발전될 것이지만, 개인적으로 이 전차가 사용되는 일은 없었으면 한다.

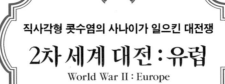

직사각형 콧수염의 사나이가 일으킨 대전쟁

2차 세계 대전 : 유럽

World War II : Europe

아돌프 히틀러
Adolf Hitler

▌2차 세계 대전 직전의 상황

그림 1 1차 세계 대전 당시 아돌프 히틀러

1차 세계 대전이 끝나고 베르사유 조약이 체결되면서 독일 제국, 오스트리아-헝가리 제국, 오스만 제국을 포함한 동맹국들은 식민지와 자국 영토를 잃었고, 심한 경우 국가 자체가 멸망하는 사태까지 이르렀다.

독일 제국의 경우는 영토의 18%를 상실했고(이 와중에 동프로이센 지방만 고립된 영토가 된다.), 가지고 있던 해외 식민지도 모두 빼앗겼다. 거기다 어마어마한 전쟁 배상금과 군대까지 제한되어 다시 일어서는 것이 거의 불가능한 상황까지 이르게 되었다.

오스트리아-헝가리 제국은 가지고 있던 영토의 대부분을 빼앗기고, 오스트리아와 헝가리가 분리된다. 사실상 발칸반도와 중부 유럽 사이에 있던 거대한 제국은 해체되고 말았다. 오스만 제국 또한 지금의 터키 영토를 제외한 나머지 지역을 모두 상실하고 나라가 멸망했다. 이 과정에서 1차 세계 대전 갈리폴리 전투 승리의 주역이었던 무스타파 케말 아타튀르크를 국부로 터키 공화국이 탄생했다. 동맹국이었던 불가리아도 영토를 상실하고 말았다.

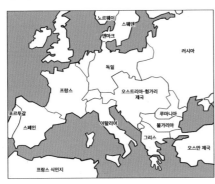

지도 1 1차 세계 대전 직전의 대략적인 유럽   지도 2 2차 세계 대전 직전의 대략적인 유럽

그림 2 1931년 무료 급식소에 모여 있는 시카고의 남성 실업자들 (대공황)

1차 세계 대전은 당시에는 역사상 전례 없는 끔찍한 전쟁이었다. 수많은 군인이 죽거나 다쳤고, 민간인들도 죽었으며, 많은 사람이 집을 잃기도 했다. 1차 세계 대전은 전쟁에서 패배한 동맹국만 피해를 본 것이 아니라 전쟁에 참여한 국가는 모두 정도만 다를 뿐이지 피해를 보았고, 전쟁에 참여하지 않은 국가들도 미세하게 여파를 느낄 수 있는 정도였다.

1차 세계 대전에 참여했던 모든 국가가 피해를 본 이유는 이 당시만 하더라도 전쟁터에 참전한 군인들에 대한 보상이 제대로 이루어지지 않았기 때문이다. 미국만 하더라도 군인의 대우나 보상이 지금처럼 되어있지 않았고, 흑인으로 이루어진 부대들도 미군으로 참전했기에 당시에 미국에서 행해지던 인종차별 문제도 수면 위로 떠오르고 있었다. 대표적으로 당시 미국은 분리법으로 백인과 흑인이 같은 자리에 있을 수 없게끔 했다. 버스에서도 흑인은 탈 수 없거나, 아예 칸이 달랐다. 1차 세계 대전에 참가했던 미국 흑인 부대들도 흑인과는 같이 싸울 수 없다는 백인들의 불만으로 프랑스군에 소속되어 전투를 치렀다. 흑인 부대는 할렘 헬파이터스라는 별명으로 불렸고, 이들은 많은 전공을 쌓았음에도 프랑스에서만 훈장이 수여되었고, 미국에서는 훈장조차 주지 않았다. 프랑스군 소속이었다는 변명이었으나, 흑인이라는 이유 때문이었다.

이런 모든 위험요소를 안고 세계는 1차 세계 대전의 상흔을 치유하기 위해 움직였다. 하지만 그 치유는 이기적인 열강들에 의해 잘못된 방향으로 가고 있었고, 이내 2차 세계 대전이 터지게 된다. 1차 세계 대전과 2차 세계 대전 사이에는 대략 21년 정도의 시간이 있었다. 이 21년은 결코 작은 시간이 아니다. 역사에 만약은 없지만, 이 어려운 시기를 함께 잘 넘겼다면 2차 세계 대전은 일어나지 않았을지도 모른다. 하지만 전쟁에서 막대한 피해를 봤던 프랑스와 일부 협상국 국가들은 용서와 관용보다는 복수를 원했다. 그들의 눈에는 오로지 분노만 가득했고(특히 프랑스), 패전국인 독일에 전쟁의 모든 책임을 물었다.

1차 세계 대전을 시작한 것은 분명 오스트리아-헝가리 제국이었으나, 그들이 해체되면서 책임을 물 곳이 마땅치 않아졌고, 모든 비난의 화살이 독일에 돌아갔다. 따라서 독일이 막대한 전쟁 배상금과 불합리한 조약을 들이미는 협상국과 합의를 봐야만 했다.

독일이 루마니아와 러시아에게 밀어붙였던 불합리한 조약처럼 협상국도 악랄하게 독일을 몰아세웠다. 특히 프랑스가 독일에 요구하는 것들은 같은 협상국이었던 미국이 보기에도 너무 가혹하다는 이야기가 나올 정도였다. 그러던 와중 전 세계를 휘청거리게 하는 사건이 터졌다.

1차 세계 대전 후 약 10년이 지난 1929년에 갑작스럽게 대공황이 터져 버린다. 미국에서 시작된 이 대공황은 곧 전 세계에 영향을 끼치게 된다. 대공황은 은행들을 파산시켰고, 기업들이 도산하여 수많은 실업자를 낳았다. 미국의 피해가 심각한 수준에 이르자, 당시 미국에 경제 원조를 받던 국가들도 덩달아 같이 무너지게 되었다. 이들에게 대공황은 사실상 사형선고나 다름없었다. 이 여파를 빠르게 받기 시작한 것은 전쟁의 패배보 과노한 배상금을 갚아야 했던 독일이었다.

독일은 패전 이후 무리하고 불공정한 요구를 계속하는 프랑스와 협상국의 말을 듣지 않을 수 없었다. 협상국에게 착취당하며, 최빈국으로 살아가야 할지 모른다는 불안감에 휩쌓인 독일이었지만, 미국이 지원을 해주어 희망이 보이기 시작했다. 독일은 1차 대전 직전까지 산업화를 이루고 유럽에서 TOP 5안에 들었던 국가였기에 미국이 지원하자 빠르게 회복하기 시작했다.

미국이 독일을 지원한 이유는 독일의 동쪽에 있던 러시아 제국이 무너지면서 등장한 소비에트 연방 때문이다. 소비에트 연방은 사회주의(공산주의와는 조금 다름 하지만 소련은 공산주의이기도 함) 국가였고, 소련에서 시작된 붉은 물결은 서유럽으로 퍼질 우려가 있었다. 이에 미국은 붉은 물결을 막

그림 3 베니토 무솔리니와 아돌프 히틀러

을 방파제로 독일을 이용하고자 했고, 전범국이었음에도 막대한 지원을 한 것이다. 하지만 대공황이 터지면서 미국의 지원은 끊기게 되었고, 프랑스는 대공황의 여파를 독일과 자신의 식민지에 떠넘긴다. 경제적인 압박은 독일을 점점 궁지로 내몰게 된다.

이런 최악의 상황 속에 두 명의 남자가 두각을 나타내니, 바로 베니토 무솔리니와 아돌프 히틀러다. 두 남자는 세계 대전 이후 대공황으로 혼란스러운 상황을 정치적으로 이용했다.

패전 이후 독일은 제국에서 바이마르 공화국으로 바뀌었다. 이 바이마르 공화국은 히틀러가 집권하기 전까지 유지되었다. 여기서는 설명하기 쉽게 독일로 이야기하겠다. 당시 대통령이었던 파울 폰 힌덴부르크(1차 세계 대전 타넨베르크 전투의 영웅)는 정치적으로 혼란스러웠던 독일을 통제하기 위해 여러 행동을 했다. 그러던 중 그의 눈에 들어온 것은 급부상한 나치당(국가사회주의 독일 노동자당)의 아돌프 히틀러였다. 이에 힌덴부르크는 아돌프 히틀러를 이 혼란을 잠재우기 위해 수상으로 임명했다. 힌덴부르크의 선택으로 전 세계는 다시 한번 끔찍한 전쟁의 소용돌이에 빠지게 되었다.

▌2차 세계 대전의 전초전

많은 사람이 2차 세계 대전의 시작이 독일의 폴란드 침공이라고 생각한다. 하지만 2차 세계 대전이 터지기 전에 전초전의 성격을 띠는 사건들이 있었다. 이 사건들의 심각성을 영국과 프랑스, 미국은 인지하지 못했고, 대응하지 못한 결과로 인류 역사상 최악의 전쟁이 시작되었다. 완전히 같다고는 할 수 없지만, 비슷한 상황은 우리가 살아가는 21세기에도 있었는데, 러시아의 크림반도 합병과 남오세티야 전쟁[1]이다. 서유럽은 당시에 유야무야 넘어갔고, 결국 우크라이나 전쟁이 터지고 말았다.

전초전의 시작은 1935년 10월부터 1936년 5월에 끝난 제2차 이탈리아-에티오피아 전쟁이다. 이 전쟁에서 이탈리아는 에티오피아를 점령 및 병합했고, 1차 대전 이후 만들어진 국제연맹이 유명무실하다는 것을 보여주었다.

패러독스사의 게임 〈하츠 오브 아이언 4〉에는 2차 세계 대전의 전초전을 경험해 볼 수 있다. 해당 게임에서는 1936년과 1939년 2가지 시나리오가 존재하는데, 1936년 시나리오로 시작하면 독일은 비무장 지대였던 라인란트를 재무장하고 이탈리아는 에티오피아를 침공한다. 공식적인 2차 세계 대전의 시작은 1939년이지만 〈하츠 오브 아이언 4〉는 1936년에 일어난 에티오피아 침공 자체를 2차 세계 대전의 전초전으로 보고 있는 것이다.

이탈리아의 에티오피아 병합 이후 곧바로 스페인 내전이 일어났다. 이 내전에서 이탈리아와 독일, 포르투갈 등은 프랑코파[2]를 지원했고, 소비에트 연방은 스페인 인민 전선을 지원했다. 이들은 의용군도 파병하고 물자를 전달 혹은 판매까지 했다. 이 내전을 그서 대공황을 이겨내고 자신들의 이념을 퍼트릴 수단이라고 판단했던 강대국들은 스페인 내전에 개입했다. 이로 인해 스페인 국민도 고통을 받았지만, 전 세계 자체가 지옥을 향해 달려가게 되는 계기가 되었다.

한편 동아시아에서는 일본이 국제 연맹의 회원국임에도 불구하고 루거우차오(노구교) 사건을 일으켜 1937년 7월에 중국의 수도 베이징을 점령하

---

1)   남오세티야 전쟁은 2008년 8월 1일부터 2008년 8월 12일까지 벌어진 전쟁으로 러시아와 터키 사이에 있던 조지아라는 국가의 영토 내에서 남오세티야라는 곳이 독립을 선언하고 이에 러시아가 개입해서 벌어진 전쟁이다. 이 전쟁 이후 2014년에 크림반도 합병을 통해 러시아는 계속해서 확장을 했고, 2022년 올해 우크라이나 전쟁이 터졌다.

2)   프랑코파는 스페인 내전을 승리하고 독재자가 된 프란시스코 프랑코를 지지한 파벌을 말한다. 프랑코는 스페인 제2공화국을 멸망시키고 스페인국을 수립했으며, 자신이 총리가 되어 1938년부터 1973년까지 스페인국을 통치했다.

그림 4 악기를 연주하고 있는 스페인 공화파 수병 | 그림 5 스페인의 독재자 프란시스코 프랑코

고 중일전쟁이 발발했다. 이 시기에 난징 대학살도 일어났다.

조금 썰을 덧붙이자면, 1938년에 황하에서 홍수가 발생하는 바람에 일본군의 중국 진출에 지장이 생겼다. 그래서 그런지는 몰라도 일본은 7월 29일에 소련의 외몽골도 침공했으나, 소련의 붉은 군대에게 큰 피해를 받는다. 1년 후 또다시 외몽골을 침공한 일본은 1939년 5월 11일부터 9월 16일까지 소련과 할힌골에서 전투를 벌이는데, 이번에도 패배했다. 이때 소련의 유명한 장군인 게오르기 주코프가 소련군을 지휘했다. 참고로 2차 세계 대전은 1939년 9월 1일 독일이 폴란드를 침공하면서 일어났다.

〈하츠 오브 아이언 4〉에서는 이 시기의 내용도 포함이 되어있다. 스페인에서 내전이 일어나면서 다른 열강들은 의용군을 파병할 수 있고, 무기를 대여하는 등의 행동도 가능하다. 일본의 경우 루거우차오(노구교) 사건을 일으킬 수 있는데, 문제는 이 루거우차오 사건 자체가 말도 안 되는 황당한 이유로 일어난 사건이라 디버프를 받은 상태로 바로 전쟁에 뛰어드는 국가 중점이 있을 정도다. 루거우차오 사건을 일으킨 장본인은 우리나라 인터넷에서 어둠의 독립운동가라는 밈이 있는 무타구치 렌야이다.(무다구치 렌야라고도 하는데 발음의 문제로 보인다.)

중일전쟁과 이탈리아의 에티오피아 합병, 스페인 내전 등이 일어나면서 세계가 혼란에 빠지자 히틀러는 본격적으로 움직이기 시작한다. 1938년 3월에 오스트리아를 병합, 뮌헨 협정과 1차 빈 협정 등을 통해 체코슬로바키아를 분할하고 그단스크(단치히) 자유시 할양까지 요구했다.

후대의 학자들은 이 당시 유화정책을 펼치던 영국의 네빌 체임벌린 수상이 아돌프 히틀러를 오판했다고 말한다. 체임벌린 수상은 아돌프 히틀러의 주장과 행동이 터무니 없는 것은 아니라고 여겼던 것 같고, 무엇보다 히틀러의 요구를 들어주면, 전쟁이 일어나지 않을 것이

그림 6 뮌헨 협정 당시 왼쪽부터 네빌 체임벌린, 에두아르 달리디에, 아돌프 히틀러, 베니토 무솔리니, 갈레아초 치아노 (출처: 독일 연방 문서 보관소) CC BY-SA 3.0 de

라고 생각했다. 하지만 이는 정반대의 결과를 낳게 되었고, 체임벌린 수상과 영국은 전쟁의 피로도 때문에, 히틀러의 숨은 의도를 보지 못했다.

1939년 4월에는 이탈리아가 알바니아를 병합했고, 영국과 프랑스가 폴란드와 루마니아, 그리스와 방위 협정을 맺자, 독일과 이탈리아는 강철 조약을 통해 동맹을 맺었다. 1939년 8월에는 독일이 소련과 몰로토프-리벤트로프 조약(독소불가침 조약)을 맺었다.

방금 언급한 여러 협정, 독일과 이탈리아의 영토 병합은 〈하츠 오브 아이언 4〉에 국가 중점으로 모두 해볼 수 있다. 〈하츠 오브 아이언 4〉는 굉장히 마니악한 게임이지만 그만큼 2차 세계 대전을 충실하게 구현한 게임이다. 육군, 해군, 공군을 비롯해 최근에는 여러 DLC를 통해 철도가 구현되고 열차포와 보급의 세분화까지 구현되었다. 제대로 된 2차 세계 대전 시뮬레이션 게임을 즐기려면 조금은 어렵더라도 한글패치가 있으니 〈하츠 오브 아이언 4〉를 해보는 것이 좋다.

모드를 통해 1차 세계 대전도 해볼 수 있으며, 1차 세계 대전에서 독일을 필두로 한 동맹국이 승리한 카이저 라이히 모드도 인기가 많다. 일본으로 대한민국을 해방해 우리나라로 게임을 플레이할 수 있지만, 우리나라는 아무것도 없어서 어려운 편에 속하고 모드를 통해 국뽕을 치사량까지 주입한 모드도 존재한다.

█ 전쟁의 시작 독일의 서부전선 전격전

그림 7 프랑스 공방전 이후 파리의 에투알 개선문에
행진하는 독일군

1939년 9월 1일 독일과 슬로바키아, 소련이 폴란드를 침공한다. 9월 3일에는 프랑스와 영국, 영연방 국가들이 상호 방위 협정을 근거로 독일에 선전포고했다. 1939년 9월부터 프랑스 공방전이 시작된 1940년 5월까지를 '가짜 전쟁'이라고 부르는데, 이유는 독일군과 영국, 프랑스 군이 직접적인 충돌은 하지 않았기 때문이다. 하지만 폴란드는 양쪽에서 공격당해 빠르게 점령되었다.

당시 프랑스에서는 독일이 폴란드에 집중하고 있을 때 공격해야 한다는 목소리도 있었다. 몇몇 자료와 다큐멘터리를 보면 이 당시에 독일군은 동부전선에 집중해 서부전선이 상대적으로 약했는데, 만약 프랑스가 공격했다면 전쟁이 끝났을 수도 있었다. 종전 후 뉘른베르크 재판에서 독일 국방군 지도참모장이었던 알프레트 요들은 1939년 폴란드 전역이 시작된 이후 얼마간은 서부 국경의 영불 연합군 110개 사단에 대해 독일 육군은 23개의 사단으로 방어하고 있었다는 증언이 있었다. 하지만 전면전을 두려워했던 영국과 프랑스로 인해 전쟁이 빨리 끝날 수 있었던 기회는 날아가 버린다. 그 이유는 1차 세계 대전의 참호전에 대한 악몽과 전쟁에 개입된 국가와 인물들의 이해관계 때문이었다.

가짜 전쟁 중에는 소련의 핀란드 침공(겨울 전쟁 1939. 11. 30 시작)과 독일의 덴마크와 노르웨이 침공이 있었다. 핀란드와 노르웨이를 지키지 못한 프랑스와 영국의 총리와 수상(에두아르 달라디에, 네빌 체임벌린)이 책임을 지고 사임했다. 가짜 전쟁이라고는 하나 대서양에서는 전쟁이 시작되고 바로 해전이 발생했다. 전쟁이 시작된 당일 독일은 잠수함을 투입해 몬트리올로 가던 정기여객선 SS 아테니아 호를 헤브리디스 제도 해상에서 침

그림 8 〈어쌔신 크리드 유니티〉에 등장하는 2차 세계 대전 당시 프랑스를 점령한 독일군

몰시켜 112명의 인명피해를 입혔다. 전쟁 시작 다음날인 9월 4일에 연합국은 독일 봉쇄령을 발표했고, 이에 독일도 봉쇄령을 발표했다.

비교적 최근에 발매된 게임인 〈배틀필드 V〉에서는 이 가짜 전쟁 시기에 일어난 독일의 노르웨이 침공이 잠깐 등장한다. 나르비크라는 맵이 있고, 이곳에서 벌어진 전투를 직접 할 수 있다. 실제로 노르웨이는 프랑스 공방전이 시작되고 난 이후에도 독일군을 어느 정도 방어했지만, 결국 전쟁에서 패배했다.

폴란드를 점령한 독일은 주력 부대를 서부전선에 배치하고, 프랑스와 베네룩스 3국을 공격한다.(베네룩스 3국은 네덜란드, 벨기에, 룩셈부르크) 프랑스는 독일을 막기 위해 마지노선을 요새화해 방어했으나, 녹일군이 아르덴 지역의 울창한 숲 지역 측면으로 공격하면서 붕괴했다. 독일은 빠른 전격전을 바탕으로 프랑스를 공격했다. 당시 독일군은 3~4일 밤 낮없이 진격했고, 마약과 각성제를 지급해 군인들이 계속해서 진군할 수 있게 했다. 당시 전격전은 독일의 군인이었던 하인츠 구데리안이 고안한 이론이다. 전격전에 대해서 설명을 좀 하자면 이렇다.

먼저 급강하 폭격기나 일반 폭격기 등을 이용해 적의 공군과 주요 거점을 폭격해 적의 통신망과 보급로를 차단한다. 이렇게 하면 적은 어디서 적이 오는지 확인할 수도 없고, 보급이 끊겨 사기도 떨어진다. 이후 공수부대를 적 전선 후방에 투입해 주요 통로를 확보한다. 이때 포병들이 포격을 해 지원한다. 이후는 전격전의 핵심 부대인 선봉 부대(보통 전차나 기계화보병이 들어간다.)가 빠르게 아군 공수부대가 확보한 주요 통로로 진격한다. 또한 포병의 포격과 끊긴 보급로와 통신망으로 적군은 발이 묶인다. 마지막으로 일반 보병사단이 진격하면서 남은 잔당을 소탕하고 거점들을 점령하는 것이 전격전의 핵심이다.

결국에는 독일군의 전격전으로 인해 프랑스에 원정 왔던 영국군은 후퇴하고 이탈리아도 덩달아 영국과 프랑스에 선전포고했다. 프랑스는 독일의 침공을 받은지 단 6주만인 1940년 6월 22일에 항복했다.

프랑스는 독일 점령지역, 이탈리아 점령지역과 비시 프랑스로 나뉘었고, 독일과 소련은 협력을 약속했지만, 협력에는 미온적인 태도를 보이고 서로 전쟁을 준비했다. 한편 서부전선에서는 독일군이 영국 본토를 침공하기 위해 제공권을 장악하려 시도했으나 실패한다. 그러자 독일은 U 보트를 이용해 해상에서 영국을 고립시키는 전술을 사용했다. 1940년 9월에는 독일, 이탈리아, 일본 제국이 삼국 동맹 조약을 체결했고, 11월에는 헝가리와 슬로바키아, 루마니아도 가입했다.

1941년에는 영국군이 북아프리카 전선에서 공세를 시작해 이탈리아군을 밀어내기 시작한다. 하지만 독일군이 개입하면서 밀려났고, 불가리아가 삼국 동맹 조약에 가입하고 추축국이 유고슬라비아와 그리스를 공격해 연합국을 발칸반도에서 밀어냈다. 이 시기 일본은 프랑스령 인도차이나를 공격했다. 이때까지 전쟁은 유럽과 동아시아 일부에서만 벌어지고 있었다. 하지만 전쟁의 소용돌이는 점점 커져 전 세계를 집어삼킬 준비를 하고 있었다.

2차 세계 대전을 배경으로 한 게임은 많이 있다. 특히 FPS 게임들이 많이 있는데, 〈배틀필드 시리즈〉와 〈콜 오브 듀티 시리즈〉가 대표적이다. 이 2개의 게임 말고도 〈메달 오브 아너〉, 〈울펜슈타인〉(독일이 이긴 가상 시나리오), 〈레드 오케스트라〉, 〈라이징 스톰〉 등이 있다. 대부분 서부전선을 많이 다루고 그 이후로 동부전선과 북아프리카 전선을 많이 다루고 있다. 일부는 태평양 전선도 다룬다. 하지만 이탈리아 전선은 거의 다루지 않고 있다.

RTS 장르 게임 중에서는 가장 유명한 게임으로 〈컴퍼니 오브 히어로즈〉

가 있다. 〈컴퍼니 오브 히어로즈〉는 현재 2편까지 발매되었고, 3편이 제작 중이다. 3편은 북아프리카 전선과 전쟁 말기 이탈리아 전선을 게임으로 상세하게 다루는 첫 메이저 게임이 될 예정이다. 〈컴퍼니 오브 히어로즈〉는 1편에서 서부전선을 무대로 활용했고, 2편에서는 동부 전선을 주 무대로 이용했다. 〈컴퍼니 오브 히어로즈 시리즈〉 말고도 〈서든 스트라이크〉, 〈R.U.S.E.〉와 〈코만도스〉 등 여러 게임들도 2차 세계 대전을 배경으로 하고 있다. 2차 세계 대전 배경이 여타 다른 전쟁을 배경으로 한 게임 중 가장 많다. 이외에도 〈월드 오브 탱크〉, 〈월드 오브 워쉽〉, 〈월드 오브 워플레인〉, 〈워썬더〉 모두 2차 세계 대전 당시에 사용된 전차나 함선, 전투기들이 등장하기도 한다. 아예 정말로 보드게임 형식으로 실시간 전략 게임을 즐기는 〈Steel Division〉과 앞서 계속 소개한 〈하츠 오브 아이언 4〉도 있다. 〈하츠 오브 아이언 4〉에는 전격전 설명 때 언급한 하인츠 구데리안도 장군으로 사용할 수 있다.

이렇게 2차 세계 대전을 배경으로 하는 게임이 많은 이유는 비교적 최근에 있었던 가장 큰 규모의 전쟁이었기 때문이다.

게임이라는 매체를 통해 전쟁의 참혹함을 알려주거나 미화하는 등의 시도가 계속해서 있어왔는데, 영화나 드라마 같은 다른 매체에서는 전쟁의 참혹함과 미화를 비판하는 활동을 했다.

필자는 전쟁의 참혹함을 알려주고 미화를 없애는 데 이바지한 게임으로 〈컴퍼니 오브 히어로즈 시리즈〉를 꼽는다. 1편에서는 독일군의 시점으로 전쟁을 사실적으로 표현했고, 2편에서는 소련군의 모습으로 전쟁을 사실적으로 표현했기 때문이다.

▍독·소전의 시작과 미국의 참전 / 전쟁의 끝

프랑스를 점령하고 서부전선을 정리한 독일은 곧바로 소련을 침공할 계획을 세운다. 소련침공은 소련의 풍부한 천연자원을 얻기 위한 목적과 잠

재적인 적 제거를 겸하고 있었다. 여담으로 독일의 지도자인 히틀러는 공산주의자를 극도로 싫어했다고 알려져 있다. 독일의 계획은 1941년 6월 22일에 바르바로사 작전으로 실행되었다.

그림 9 1941년 6월 프루자니 근처 도로에 있는 독일 제3기갑군의 부대들

소련은 독일의 전격전에 속수무책으로 당하고 짧은 시간 안에 많은 영토를 빼앗긴다. 당시 소련은 스탈린이 벌인 대규모 숙청의 여파로 군 내부가 회복되지 않았다. 결론적으로 전략적 방어가 최선이라고 생각한 소련 최고 명령부(사령부)는 227호 명령을 발동해 방어를 명령했다. 하지만 파죽지세로 밀고 들어오는 독일의 전격전 앞에 소련의 군대는 속수무책으로 당했다.

당시 스탈린이 내린 227호 명령이 상당히 유명한데, 이 명령은 "한 발짝도 물러서지 마라!"였다. 러시아어로 번역하면 Ни шагу назад! 이렇다. 그리고 이 명령과 함께 소련의 악명높은 형벌부대에 대한 기록이 남아있다. 기록에는 각 전선군이 1~3개의 형벌부대[3]를 편성해 가장 위험한 전선에 보내야 한다고 규정되어 있다. 다른 나라들도 형벌부대가 있었으나, 유독 소련이 형벌부대가 유명한 이유는 여러 매체에서 다루고 있기 때문이다.

소련은 정치범이나 NKVD[4]에 찍힌 사람들도 형벌부대로 갔다는 이야

---

3) 형벌부대 혹은 죄수부대라 불리는 부대는 사형 집행이 선도될 정도로 극악무도한 범죄자들만 모아서 창설한 비인도적 부대를 말한다. 대부분 목숨을 담보로 해야하며, 성공할 가능성조차 매우 희박한 작전에 투입되는 부대를 말한다. 성공하면 죄를 사면한다는 조건을 달고 있지만, 성공률은 매우 낮다. 소련의 형벌부대가 유명한 이유는 여러 매체에서 보였듯이 한 분대에 소총 한정을 주는 등의 극악한 보급과 인구수로 밀어붙인 물량공세에 총알받이로 사용된 여러 전례 때문이다. 프랑스, 영국, 미국, 독일도 죄수부대가 있었다.

4) NKVD는 내무인민위원회의 줄임말로 1934년부터 1946년까지 소련의 내무부이자 최고 정보기관이었다. 이곳은 매우 악명 높은 곳으로 '소련의 안전'을 지키기 위해 정치적 숙청과 소련에 반하는 정치인사들을 제거하거나 강제 수용소인 굴라그를 운영하기도 했다. 이는 우리나라의 안기부와 비슷하다.

기가 있기에, 더 문제가 된다. 〈컴퍼니 오브 히어로즈 2〉에서도 형벌부대가 등장한다. 거기다 당시 소련군은 총기 보급도 원활하지 못했는데, 〈콜 오브 듀티 2〉에서는 정식 훈련에 수류탄 대신 감자를 던지거나 총이 없어서 죽은 아군 병사의 총을 주워 쓰는 등의 묘사가 나왔다. 이것은 2차 세계 대전 관련 영화에서도 많이 등장했다.

추가로 227호 명령은 영어로는 "no step back"이라고도 해석할 수 있는데, 〈하츠 오브 아이언 4〉에서 최근에 발매된 DLC의 제목이 No Step Back이었다. DLC의 주요 컨텐츠는 소련을 개편하고 소련에 국가 중점 등이 추가되었다. DLC 이름부터가 스탈린이 내린 227호 명령으로 DLC자체가 소련 느낌이 물씬 난다.

227호 명령과 관련해 당시 후퇴하는 자들은 모두 즉결 처형 대상이었는데, 이걸 모티브로 제작된 게임 설정도 있다. 〈워해머 40K〉 세계관에 등장하는 인류 제국 임페리얼 가드(현재는 아스트라 밀리타룸)에는 커미사르라는 장교가 있는데, 이 장교는 후퇴하거나 패닉상태에 빠진 가드맨(일반 병사)을 즉결 처형하는 옵션이 게임에 자주 등장한다. 이것은 소련의 227호 명령에서 비롯되었다고 할 수 있다.

소련은 독일에 순식간에 밀리기 시작했고, 많은 피난민들이 동쪽으로 이동하기 시작했다. 이에 크림반도에 있던 세바스토폴도 함락 위기에 놓인다. 세바스토폴은 소련군의 해군기지가 있는 천혜의 요새로서 독일군은 이곳을 점령할 필요가 있었다. 히틀러는 스탈린그라드를 점령하라는 명령을 내렸는데, 스탈린그라드를 점령하려면 후방에 있는 세바스토폴을 함락시켜야 했기 때문이다. 거기다 세계에서 가장 강력한 요새 중 한 곳인 이곳을 점령한다면, 추축군에는 사기를 진작시킬 수 있고, 소련군에게는 사기 저하의 효과도 노릴 수 있었다. 여러 매체를 통해 잘 알려진 이 전투는 세바스토폴 포위전으로 기록되었다. 이 전투에서 소련군은 247일을 버텼고, 부상자를 포함한 사람들을 잠수함까지 동원해 피난시켰지만, 약 10만 명의 소련

지도 3 주요 전투 및 작전의 위치

군이 추축군의 포로가 되었다.

이 세바스토폴 포위전에서 소련군이 패배하면서 독일군은 카프카스 산맥의 유전지역(이곳이 도입부에 설명한 남오세티야와 조지아가 있는 곳이다.)으로 진출할 수 있었고, 북쪽에 있는 교통의 요지이자 지도자의 이름을 딴 도시인 스탈린그라드가 독일군에게 노출되고 말았다. 그리고 그 스탈린그라드는 2차 세계 대전에서 매우 유명한 전투가 일어난 곳이기도 하다.

1941년 12월 7일에는 일본이 미국의 진주만과 영국의 식민지를 기습공격하면서 태평양 전쟁이 벌어진다. 태평양 전쟁이 터지면서 미국도 본격적으로 전쟁에 참전하게 되었고, 일본은 인도차이나와 인도네시아 지역을 점령하고 싱가포르도 점령하면서 대동아 공영권을 완성하려 했다. 하지만 전선이 점점 확대되고, 일본 대본영 특유의 해군과 육군의 권력 다툼과 미드웨이 해전을 기점으로 패색이 짙어지게 된다.

독일은 소련을 계속 압박하여 모스크바 공방전과 레닌그라드 포위전 등을 실시했지만 모두 실패했다. 스탈린그라드에서는 양측이 치열하게 시가전을 펼쳤다. 당시의 전투 기록을 보면 얼마나 치열했는지 알 수 있다. 예시를 들어보자면 한 건물의 1층과 3층에는 독일군이 매복하고 있었고, 2층은 소련군이 매복하고 있는 등 말 그대로 아비규환의 현장이었다. 이런 이야기의 진위여부보다 중요한 것은 말도 안 될 것 같은 이야기가 전해진다는 것만으로도 스탈린그라드 전투가 매우 격렬했다는 것을 의미한다.

격렬한 전투 끝에 독일군이 항복했고, 소련군은 이때쯤부터 재정비가 끝났다. 미국의 랜드리스 법이 통과되어 물자 지원을 받은 소련은 겨울이 오자 점점 독일군을 밀어내기 시작했다. 그리고 쿠르스크 전차전에서 독일군이 패배하면서 독일군은 점점 소련군에게 밀리기 시작했다.

한편 북아프리카 전선에서는 영연방이 크루세이더 작전을 실시해 독일군과 이탈리아군이 확보한 영토를 탈환했다. 이후 알람 엘 할파 전투 등에서 연합군이 승리해 추축군을 튀니지까지 몰아붙였다. 1943년 9월 초에는 서부 연

그림 10 스탈린그라드 폐허의 참호 속을 달리는 소련군 병사들

합군이 이탈리아를 침공해 이탈리아와 정전협정을 체결한다. 이에 독일군이 이탈리아를 점령, 이탈리아군을 무장 해제하고 대응했으나, 노르망디 상륙작전 이후 점점 더 밀리게 된다.

연합군이 실시한 이탈리아 상륙작전(시칠리아 섬 상륙)을 배경으로 나오는 게임이 〈컴퍼니 오브 히어로즈 3〉이다. 현재는 개발 중이며, 베타 버전을 플레이해볼 수 있었다. 메이저 RTS 게임에서 이탈리아가 배경으로 나오고 이탈리아군이 등장하는 경우는 매우 드물다. 2023년 2월 23일 발매 예정이며, 공식 한글자막 지원 예정이다. 〈컴퍼니 오브 히어로즈 3〉는 이탈리아와 북아프리카 전선을 다룰 것으로 알려졌고, 시리즈 최초로 〈토탈워 시리즈〉의 캠페인 맵과 비슷한 시스템이 추가되었다.

그림 11 1944년 6월 6일 노르망디 상륙 작전

연합군은 1944년 6월 6일에 북프랑스를 침공했다. 이것이 유명한 노르망디 상륙 작전이다. 노르망디 상륙 작전 이후 이탈리아에 있던 연합군도 드라군 작전으로 남프랑스를 침공한다. 연합군은 프랑스를 되찾는 데에

는 성공했지만, 연합군이 네덜란드를 탈환하기 위해 실시한 마켓가든 작전은 실패하고 말았다.

이 노르망디 상륙 작전과 마켓 가든 작전은 〈컴퍼니 오브 히어로즈〉 1편에 다 등장한다. 1편 본편 스토리에는 D-데이에 오마하 해변에 상륙한 미군의 이야기를 다루고 있고, 확장팩 〈어포징 프론트〉는 독특하게 마켓 가든 작전 당시에 네덜란드에 주둔해 있던 독일군의 시점에서 이야기를 풀어가고 있다.

1944년 12월 16일 독일군은 반격을 위해 서부전선에서 벌지 전투를 시작한다. 그러나 벌지 전투에서 독일군이 패배하면서 패색이 짙어졌다. 1945년 4월 29일에 독일군이 이탈리아에서 항복했고, 소련군이 베를린을 1945년 5월 7일에 점령하면서 2차 세계 대전 유럽 전선은 끝이 난다.

태평양 전선에서는 미군이 계속해서 승리를 거두며, 일본을 압박했지만, 일본은 항복하지 않았고, 미군은 일본의 본토라고 할 수 있는 오키나와와 이오지마 섬을 공격해 점령하기도 했다. 일본이 '1억총옥쇄'를 외치자 결국 나가사키와 히로시마에 원자 폭탄이 투하되고 일본은 1945년 8월 15일에 항복했고, 우리나라는 이날 일본 제국에게서 해방되었지만, 곧 이념과 연합국의 맹주였던 소련과 미국의 이해관계로 분단되고 말았다.

▌여군의 참전과 곰 하사 보이텍

2차 세계 대전에 대한 연구를 통해 새로운 사실들이 밝혀지면서 여군들에 대한 이야기도 덩달아 부각되고 있다. 이미 1차 세계대전부터 여성들도 전쟁에 참여해 공장이나 야전 병원에서 근무를 했지만, 2차 세계 대전부터는 국가의 존속을 위해 많은 여성이 여군에 복무했다.

하지만 소련의 경우는 달랐다. 수도 앞까지 밀고 들어오는 독일군을 막고자 여성들도 전투부대에 투입되었다. 여군은 그 전부터 존재했지만, 여성들도 모국인 소련을 지키기 위해 전쟁터에 자원했다. 대표적으로 저격수나 공군 파일럿으로 많이 배치되었다고 알려졌다. 그중에서도 저격수가 많다. 분량상 모두를 소개할 순 없으니 일부만 소개하겠다.

그림 12 류드밀라 파블리첸코 309명 저격 │ 그림 15 1942년 9월 워싱턴 D.C에서 로버트 잭슨 대법관(왼쪽)과 미국 영부인 엘리너 루즈벨트(오른쪽)와 함께 있는 파블리첸코(가운데)

첫 번째는 류드밀라 파블리첸코이다. 그녀는 매우 유명한 여성 저격수로 1916년 7월 16일에 태어나 1974년 10월 10일에 사망했다. 그녀는 러시아 제국 시기의 현 우크라이나 지역 빌라체르크바에서 태어났고, 14살에 가족들과 키예프(키이우)로 이주했다. 준군사조직 산하 사격부에서 활동하며, 키예프에 있는 무기고에서 분쇄기 전문 노동자로 근무했다고 한다. 1937년에 보흐단 흐멜니츠키의 생애에 대한 논문을 작성해 키예프 대학교로부터 역사학 석사학위를 받는다.

독일이 침공해오자 류드밀라는 키예프 대학교에 재학중 소련 제25소총병사단에 입대 신청을 하고 간호사로 복무하는 것을 거절, 저격수로 복무했다. 그녀는 1941년 8월에 일어난 오데사 포위전에 참가하여 오데사 인근에서 187명의 적군 병사들을 사살했고, 1941년 10월에는 추축군이 오데사를 점령하자 세바스토폴로 철수했고, 앞서 설명한 매우 중요한 전투 세바스토폴 포위전(1941년 10월)에서 독일군 병사 257명을 사살했다.(숫자가 다른 이유는 사살과 저격의 차이로 보인다.) 1942년 5월에 육군 중위 계급으로 격상되었고, 1942년 하반기에는 캐나다와 미국을 방문하고 소련인사로서는 처음으로 백악관을 방문해 루스벨트 대통령을 만나기도 했다. 1943년에는 소련 정부에게 금성훈장, 소비에트 연방영웅 칭호을 받았고, 퇴역 직전에는 육군 소령 계급을 받았다고 한다. 그녀의 별명은 '죽음의 여인'이었다.

두 번째 여성 저격수는 로자 게오르기예브나 샤니나이다. 그녀는 1924년 4월 3일에 태어나 1945년 1월 28일에 사망했다. 샤니나는 여성 저격수로서 2차 세계 대전 당시 공인된 59건의 적병 사살을 기록

그림 13 로자 게오르기예브나 샤니나 59명 저격 | 그림 14 1944년 11월 남성용 울 필드 셔츠와 울 스커트를 입은 샤니나

했다. 1941년 남자 형제가 사망하면서 자원입대했고, 최전선 저격수로 지원했다. 그녀는 영광 훈장을 받았는데, 이 훈장은 소련군 여성 저격수 중 최초이자 제3 벨라루스 전선군 여성 장병 중 최초였다고 한다. 샤니나는 동프이센 공세 작전 중 사망했다고 알려져 있다.

그녀의 꿈은 전쟁이 끝난 후 대학에 가는 것이었다고 한다. 하지만 그녀는 동프로이센 공세에서 20살의 꽃다운 나이에 전사하고 말았다. 그녀가 소련에서 유명해진 이유는 그녀의 일기장이 전쟁 이후에 출판되면서였고, 이를 소비에트 언론에서 보도했기 때문이라고 한다. 로자 샤니나의 별명은 '동프로이센의 보이지 않는 공포'였다.

특이한 것은 〈하츠 오브 아이언 4〉의 소련 DLC인 No Step Back의 메인 아트의 오른쪽에 모신나강을 들고 웃고 있는 금발의 여군이 있는데, 그녀가 바로 로자 샤니나이다.

2차 세계 대전에서는 동물들도 전쟁에 참전했다. 그중 가장 유명한 동

물인 보이텍만 소개하려고 한다. 보이텍은 1941
년 이란에서 태어난 시리아 불곰으로 태어나자마
자 어미를 잃었고, 1942년 4월 이란에서 팔레스타
인으로 떠나던 폴란드군 병사가 현지 이란인 소년
에게 아기곰인 보이텍을 샀다. 보이텍은 음식을 잘

그림 16 폴란드 육군의 보이텍 하사(곰)

먹지 못해 빈 보드카 병에 우유를 담아 먹였는데, 그 이유 때문인지 평생토
록 물이나 주스, 우유 등을 병에 담아 마시는 걸 즐겼다.

　　보이텍은 자유 폴란드군 제22보급 중대원들에게 길러졌고, 과일, 설탕,
시럽, 마멀레이드, 꿀, 맥주만 먹고 자랐다. 고기를 먹지 않아서인지 성격이
온순했다고도 한다. 보이텍은 1944년에 몬테카지노 전투에서 동료 병사들
을 따라 참전했다. 전투 중에 동료들과 함께 포탄을 운반했고, 단 한발도 떨
어뜨리지 않았다.

　　보이텍은 부대원을 따라 전쟁 이후 스코틀랜드에 주둔했고, 에든버러
동물원에서 살았다. 보이텍의 최종 계급은 하사였고, 지금도 제22보급 중대
의 깃발은 탄약을 든 보이텍이 그려져 있다. 보이텍은 1963년 12월 2일에
22세의 일기로 자연사했다. 참고로 곰의 평균 수명은 25년이라고 한다.

▌2차 세계 대전의 숨겨진 이야기들

그림 17 연행되어온 유대인 레지
스탕스, 바르샤바, 게토, 1943년

　　모든 전쟁에는 전쟁 범죄가 뒤따른다. 2차 세
계 대전에서는 조직적으로 유대인과 일부 인종을
청소하는 임무가 수행되었다. 우리는 이것을 보
통 홀로코스트라고 부른다. 많은 사람이 안네의
일기 등을 토대로 유대인들이 연행되어 아우슈비
츠와 같은 수용소의 가스실에서 죽임을 당했다고
알고 있다.

그림 18 10월 혁명 2주년을 기념하는 레닌과 사람들

그림 19 1933년 열병식에서 히틀러, 괴링, 괴벨스와 루돌프 헤스

이러한 수용소에서 죽은 사람들은 유대인이 590만 명, 소련군 전쟁 포로 2~3백만명, 폴란드인 1.8~2백만명, 집시(로마니) 220,000~1,500,000명을 포함해 장애인, 프리메이슨, 슬로베니아인, 동성애자, 여호와의 증인, 스페인 공화주의자 등이 있었다.

2차 세계 대전은 다양한 이야기가 많이 남아있다. 그중에서 독일군의 군복이 자주 언급되는데, 독일군의 군복은 참고 자료 19처럼 군복임과 동시에 패션적으로 매우 뛰어난 군복이라고 알려져 있다. 하지만 이것은 패션적 요소가 좋을 뿐 방한 능력이 떨어진다는 것을 의미했는데, 결국 소련과의 전쟁 중에 겨울이 오자 많은 독일군이 동사했다. 참고 자료 그림 18을 보면, 소련은 혹독한 겨울 때문에, 방한복을 잘 준비했다.

그래서 스탈린그라드 전투 당시 알려진 기록 중 -44도까지 떨어진 적도 있었는데, 독일군 소련군 모두 추위와도 싸워야 하는 상황에서 소련군은 독일군에 비하면 상대적으로 견뎌낼 수 있었다고 한다.

2차 세계 대전 중에서 유명한 화기를 꼽으라면, MG42를 꼽을 것이다.

그림 20 라페테 42 삼각대와 MG42

'히틀러의 전기톱'이라는 별명이 붙은 이 화기는 경기관총부터 분대지원화기 뿐만 아니라 삼각대와 대공 조준 장치만 추가해도 중기관총, 대공기관총까지 다양하게 사용할 수 있었다. 그밖에도 전차나 장갑차 위에 장착해 사용할 수도 있었던 다용도 기관총이다.

MG42는 1942년에 개발 되었으며, 기존에 존재하던 MG 34를 대체하기 위해 만들어졌다. 설계도상 구조도 단순해 고장이 잦던 전작 MG34에 비해 고장도 덜 생겼다. 거기다 생산단가도 싸고, 빠른 생산속도를 자랑해 전장에서 많이 보급되었고, 연합군에게는 공포의 무기가 되었다.

참고로 전작인 MG34는 기관총 한 정을 생산하는데에 150시간이 걸렸는데, MG42는 75시간이 걸렸다고 한다. 이렇게 '히틀러의 전기톱'은 전쟁 말기인 1945년까지 도합 40만 정이 생산되었다.

전쟁이 끝나자, 유럽은 동과 서로 또다시 나뉘게 되었다. 소련을 필두로 한 공산주의 세력과 미국과 영국을 필두로 한 자유주의 세력의 냉전이 시작된 것이다. 이 냉전은 1950년에 우리나라의 전쟁인 6.25로 번지게 되었고, 이후 1955년부터 1975년까지 일어난 베트남 전쟁으로도 확산되었다.

여기서 우리는 공산권 국가들을 봐야한다. 소련은 거의 반강제로 동유럽을 공산주의 세력에 편입시켰다. 이 과정에서 전쟁 전부터 유지되어 오던 자유 폴란드군은 고국으로 돌아가지 못했다. 이들은 많은 전공을 세웠지만, 고국이 공산화되면서 대부분이 망명을 선택했다고 한다.

'전쟁은 겪어보지 않은 자들에게만 즐거울 뿐이다'라는 말이 있다. 2차 세계 대전은 인류가 악의를 가지고, 질서가 무너지면 벌어질 수 있는 최악의 상황을 보여준 사례라고 생각한다. 혹자는 인간의 본능은 무질서하고 파괴적이라고 말한다. 그 말은 틀리지 않았다. 그러나 우리가 인간으로서, 하나의 인격체로서 존재하기 위해서는 반드시 질서와 도덕이 필요하다고 생각한다. 2차 세계 대전은 후세에 많은 경고를 남겼다. 가장 중요한 것은 다시는 전쟁을 하지 말라는 경고였다. 하지만 우크라이나 전쟁이 일어난 것을 볼때 아직 인류는 이 교훈을 이해하지 못하고 있는 것 같다. 전쟁은 모든 것을 망치고 모든 것을 파괴한다. 그리고 피해자로 만들 수도 가해자로 만들 수도 있다. 사람이 사람으로 있을 수 있는 것은 도덕과 법, 양심이 있어서이다. 하지만 전쟁은 그러한 것들을 부숴버린다. 애초에 전쟁이 일어나지 않기를 바랄 뿐이다.

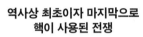

역사상 최초이자 마지막으로
핵이 사용된 전쟁

2차 세계 대전 : 아시아

World War II : Asia

2차 세계 대전
World War II : Asia

▌태평양 전쟁 직전의 동아시아 상황

역사상 처음이자 마지막으로 핵이 사용
된 전쟁이었던 태평양 전쟁. 이 전쟁은 우리
나라를 포함한 아시아의 여러 국가를 점령한
일본 제국이 미국의 금수 조치에 분노해 진
주만 습격을 감행해 벌어진 전쟁이다.

보통 근·현대전을 소재로 한 게임들은
유럽이 많이 등장한다. 그 이유는 게임을 제
작하는 개발사들이 서양에 본사를 두고 있는

그림 1 태평양 전쟁

경우가 많기 때문이다. 그만큼 서양 역사를 더 잘 안다는 것으로 해석 되기
도 한다. 태평양 전쟁은 일본이 일으킨 전쟁이고, 동양에서 벌어진 전쟁이라
서양의 관심도가 낮을 수는 있지만, 미국이 참전한 전쟁이기에 FPS로 유명
한 〈콜 오브 듀티〉 시리즈에서도 태평양 전쟁을 다룰 만큼 아주 유명하다.

이번 장에서는 2차 세계 대전의 아시아 전구였던 태평양 전쟁에 대해서
알아보겠다.

그림 2 만주사변 묵덴(선양) 서문에 있는 일본군 29연대

2차 세계 대전 직전의 유
럽처럼 태평양 전쟁 직전의
동아시아 상황도 혼란의 연
속이었다. 1931년 9월 18일에
일어난 만주사변을 통해 일
본은 만주 지역에 괴뢰정부인
만주국을 세웠다. 이 사건으로
1차 세계 대전 이후 설립된 국제연맹에서 일본이 탈퇴했고, 전쟁을 막고자
설립된 국제연맹의 효력이 없다는 것이 증명되었다.

최근에 만주사변에 대해서 '묵덴사건'이라고 말하기도 하는데, 만주어로
선양을 묵덴이라 부른다.

지도 2 1937년 노구교 사건

만주사변 이후 일본은 노골적으로 중국을 침략할 준비를 한다. 당시 중국은 마오쩌둥이 이끄는 중국 공산당과 장제스가 이끄는 중국 국민당 정부를 비롯해 여러 군벌이 난립한 상황이었다. 이런 혼란스러운 상황에 일본은 1937년 루거우차오 사건(노구교 사건)을 일으킨다. 이 사건은 우리나라에서도 꽤나 유명한 무다구치 렌야가 관련되어있다. 당시 일본군 중대에서 총소리가 들린 후 일본군 병사 1명이 행방불명이 되는 일이 발생했다. 행방불명된 병사는 20분만에 다시 부대에 복귀했다. 하지만 일본군은 중국군 주둔지역에 군대를 보내 수색하겠다며 요청했고, 중국군은 거절한다. 이때 무다구치 렌야가 일본군에게 공격명령을 내렸다고 한다. 원래는 중일 외교 교섭이 진행 중이었는데, 공격 명령으로 인해 일본군의 불법 기습공격이 되었다.

루거우차오 사건으로 1937년부터 1945년까지 총 8년 동안 중일 전쟁이 개전되었다. 중일 전쟁으로 난징 대학살이 일어났고, 일본군은 1939년 소비에트 연방과 벌어진 할힌골 전투에서 패배했다. 소비에트 연방에게 패배한 일본군은 이때부터 남쪽으로만 진출하기 시작한다. 1940년 9월에는 프랑스령 인도차이나 반도를 침공했고, 1940년 9월 27일에는 나치 독일, 이탈리아 왕국과 군사 동맹을 체결하고 추축국의 일원이 되었다.

프랑스령 인도차이나 반도를 점령하고 일본은 동남아 지역으로 눈을 돌리게 된다. 그 이유는 자원 때문이었다. 석유와 고무 등의 자원이 동남아 지역에 있었기 때문이다. 특히나 고무가 이 지역에는 많이 생산되었다. 일본 제국이 본격적으로 침략 전쟁을 시작하자 오스트레일리아(호주), 영국, 미국, 네덜란드 망명정부 등의 서방 국가들은 일본에게 자원 수출금지 제제를 하게 된다. 금수조치를 받은 일본 제국은 내적으로든 외적으로든 판을 뒤집을 큰 한방이 필요했다. 결국 1941년 12월 7일 일본이 선전포고 없이 미국 태평양 함대가 주둔 중이던 진주만에 공습을 하면서 태평양 전쟁이 시작되었다.

▌일본의 진격 & 태평양 전쟁의 시작

그림 3 진주만 공습에서 일본군에게 공격당한 미국 전함 애리조나 | 그림 4 야마모토 이소로쿠 | 그림 5 해군복을 입은 야마모토 이소로쿠 컬러 사진

　일본 제국의 진주만 기습을 감행한 인물은 누구보다도 미국과의 전쟁을 극구 반대했던 '야마모토 이소로쿠'였다. 그는 일본 해군의 엘리트 장교로서 '주미 일본 대사관'에서 해군무관으로 근무한 이력이 있었다. 그는 주미 일본 대사관에서 미국의 산업 생산력과 경제력, 기술력 등을 몸소 체험한 인물이었다. 일본의 군인 중에서 누구보다 미국에 대해 잘 알았기에 미국과의 전면전을 극구 반대했던 것이다.

　이소로쿠는 만약 일본 제국이 미국과 전면전을 감행한다면, 초반에는 승기를 잡을 수 있을지 모르나, 장기전이 된다면 100% 일본 제국이 질 것이라 말했다. 이소로쿠의 이러한 우려 섞인 조언에도 불구하고, 천황은 미국과의 전쟁을 지시한다. 당시 내각총리대신이었던 도조 히데키 등의 일본 육군 출신들의 압력이 강했기 때문도 있었다.

　결국 미국과의 전면전을 하라는 천황의 명령이 떨어지자, 애국심이 투철했던 야마모토 이소로쿠는 명령을 이행하기로 결정했다. 그는 이왕 전쟁을 하겠다면, 선제적인 기습공격을 감행하는 것 말고는 좋은 수가 없다는 결론을 내렸다. 속전속결로 미국과의 전면전에서 승리하지 못한다면 자신의 조국인 일본 제국이 패망할 것을 알고 있었기 때문이다.

이소로쿠는 이러한 생각을 가지고 진주만에 정박해있는 미국의 태평양 함대를 공격해야 한다고 주장했다. 1차 세계 대전 이후 항공모함의 중요성이 대두된 해전에서 이소로쿠는 미국의 항공모함을 최우선 목표로 잡았다. 그는 진주만과 지형이 비슷한 일본의 가고시마에서 모의 훈련을 계속해서 진행했고, 움직이는 목표물에 명중률을 70%까지 끌어올렸다.

만반의 준비를 마치고 진주만 공습을 성공리에 마무리한 이소로쿠는 "이번 공격이 잠자는 사자를 건드린 것은 아닐까"하는 말을 한다. 진주만 공습을 주제로한 〈도라 도라 도라〉라는 영화에서도 이 말이 등장하는데 사실이 대사는 영화를 위해서 만들어진 것이 아닌 이소로쿠가 실제로 한 말이었다고 한다. 그만큼 이소로쿠는 미국을 두려워하고 있었다.

이소로쿠는 해군 장관이 되어야할 시점에서 해군장관이 아닌 연합함대 사령장관으로 취임했는데, 이는 육군 강경파들의 암살 위협과 암살 시도를 피하게 위해서였다고 한다. 당시 미국과의 전쟁을 밀어붙인 도조 히데키(A급 전범)와 육군에 맞서 전쟁에 반대했던 야마모토는 해군 출신이었다. 여기서도 일본 육군과 해군의 사이가 매우 나빴다는 것이 단편적으로 나온다.

진주만 공습은 성공했으나, 미군의 항공모함을 격침하지는 못했고, 유류 저장고도 파괴하지 못했다. 이 실책은 일본 제국에게는 치명적인 실수로 돌아왔다. 이때 살아남았던 엔터프라이즈를 비롯한 항공모함들이 이후 전쟁의 판도를 바꾸었기 때문이다.

흥미로운 사실은 미국이 진주만 공습 이전에는 유럽에서의 전쟁 개입도 반대했고, 영국과 소련에 무기를 대여하는 법(랜드리스)도 반대했다. 하지만 일본이 진주만을 공습하면서 분위기가 바뀌었고, 미국이 2차 세계 대전에 뛰어들면서 랜드리스법도 통과되었다. 여러 가지 의미에서 야마모토 이소로쿠가 우려했던 것처럼 일본 제국의 2차 세계 대전 참가는 나치 독일과 이탈리아 왕국, 일본 제국 모두를 파멸의 길로 이끈 선택이었다.

진주만 공습은 게임보다 영화가 유명하다. 2001년에 개봉한 〈진주만〉 때문이다. 2019년에 개봉한 〈미드웨이〉도 진주만 공습을 먼저 다루고 있다. 게임에서도 등장하기는 한다. 모바일 게임 〈벽람항로〉는 2차 세계대전 함선들을 여성으로 만든 수집형 게임으로 PlayStation 게임인 〈벽람항로 크로스웨이브〉도 발매되었다. 모바일 벽람항로의 프롤로그에서 진주만 공습을 모티브로 하고 있다.

2004년에 발매된 〈메달 오브 아너 퍼시픽 어썰트〉의 캠페인 초반부에 진주만 공습이 등장했다. 이외에도 패러독스에서 발매한 〈하츠 오브 아이언 4〉에서도 등장하는데, 2차 세계 대전 시뮬레이션 게임인 만큼 일본 제국으로 플레이 시 국가 중점에 진주만 도박이라는 이름으로 존재한다. 이후에 DLC를 통해서 국가 중점의 명칭이 변경되었다. DLC 중에서 〈연합군 연설 팩〉이 존재하는데, 여기에는 프랭클린 루즈벨트 대통령의 치욕의 날 연설이 수록되어있다. 이 치욕의 날은 진주만 공습을 의미한다.

일본 제국은 진주만 공습 이후 신속하게 동남아시아를 공격한다. 당시 연합군은 나치 독일, 이탈리아 왕국과의 전쟁으로 동남아시아까지 신경 쓸 수 없었다. 거기다 동남아시아 지역의 연합군은 재정비를 위한 시간이 필요한 상황이었다. 반면에 일본군은 계속해서 이어진 전쟁으로 전투에서 익숙한 상황이었다. 이에 연합군은 태평양 전

그림 6 일본 전함 야마시로, 후소, 하루나 | 그림 7 프린스 오브 웨일스와 리펄스가 일본 항공모함의 공격을 받음

쟁 초기 6개월 동안 연이은 패배를 경험했다. 1941년 12월 10일에는 일본 항공모함의 공격으로 영국군의 전함 HMS 프린스 오브 웨일스와 HMS 리펄스가 침몰했다. 이 기세를 몰아 일본 제국은 타이(태국)를 침공해 5시간 만에 항복을 받아냈고, 타이와 동맹을 맺었다. 12월 25일에는 홍콩(영국령)과 괌(미국령), 웨이크 섬(미국령)이 일본군에 점령되었다.

1942년 1월부터는 버마(미얀마), 네덜란드령 동인도, 솔로몬 제도, 뉴기니 등을 침공하고 마닐라, 라바울, 쿠알라룸푸르 등을 점령했다. 싱가포르로 쫓겨난 연합군은 저항했지만, 2월 15일에 일본군에 전원 항복한다. 이 당시 13만 명 정도의 영국, 오스트레일리아(호주), 인도, 네덜란드군이 전쟁포로가 되었다.

▌연합군의 반격 시작 미드웨이 해전과 과달카날 전투

1942년 중반이 되자 일본 제국은 인도양에서 태평양을 아우르는 넓은 지역을 차지했다. 하지만 야마모토 이소로쿠가 경고했던 대로 일본군은 이 넓은 지역을 방어할 물자가 부족하다는 사실을 인지했다. 연합군은 시간이 지나면서 반격 준비를 하고 있었으나, 일본군은 벌써 물자 부족이 시작되고 있었다.

그림 8 산호해 해전 당시 불타고 있는 USS 렉싱턴

이 시기 연합군의 암호 해독가들은 일본군의 암호를 해독하여 그들의 작전을 알 수 있는 상황이었다. 물론 일본군도 감청될 수 있다고 생각해 은어를 사용하고 있었다. 하지만 감청되었다는 사실은 몰랐던 일본군은 연합군에게 불리한 입장에서 계속 전쟁을 수행하게 된다. 일본군은 포트모르즈비를 점령해 오스트레일리아를 고립시키려고 했는데, 이를 막고자 1942년 5월에 미군의 USS 렉싱턴과 USS 요크타운, 오스트레일리아

(호주) 기동부대가 산호해 해전에서 일본군과 맞붙는다. 이 전투는 전함 없이 항공기만 사용된 첫 전투로 기록되었다.

산호해 해전에서 미군은 렉싱턴이 격침되었고, 요크타운은 큰 피해를 받는다. 일본군 또한 항공모함인 쇼호가 격침되고 쇼카쿠는 큰 피해를 받았으며 즈이카쿠의 공군이 막대한 피해를 받았다. 이 전투 이후 일본군은 오스트레일리아에 대한 침공 계획을 폐지했고, 해전은 연합군의 전략적 승리가 되었다.

산호해 해전 이후 야마모토 이소로쿠는 미드웨이 환초를 공격하려고 시도한다. 미군 항공모함을 유도해 파괴하기 위함이었으나, 이미 일본군의 암호를 해독한 연합군은 이용하기로 마음먹는다. 1942년 6월 4일에 시작된 미드웨이 해전은 1942년 6월 7일에 끝이 났다. 이 해전에서 미군은 항공모함 요크타운을 잃었고, 일본은 항

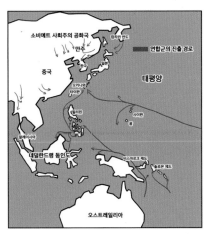

지도 2 연합군의 진출 경로

공모함 히류, 카가, 아카기, 소류를 잃었다. 미드웨이 해선은 연합군의 승리였다.

미드웨이 전투는 2019년에 개봉한 영화 미드웨이에서도 잘 표현하고 있다. 미드웨이 해전과 관련이 있는 게임 중에서는 캡콤에서 제작한 오래된 게임인 1987년에 출시한 슈팅게임 〈1943 미드웨이 해전〉이 있다. 이외에도 최근에 발매된 〈콜 오브 듀티 뱅가드〉에서도 캠페인에 웨이드 잭슨이라는 등장인물이 미해군 소속 조종사로서 미드웨이 해전에 참전한 에피소드가 게임 속에서 등장한다. 대부분이 영화 미드웨이에서 나왔던 장면들과 비슷한 연출이 사용되었다.

그림 9 1942년 11월 과달카날 일대에서 활약 중인 미국 해병대

미드웨이 해전의 승리로 전세는 연합군에 유리해졌고, 일본군은 방어태세로 돌아섰다. 이때 일본 육군 병력이 솔로몬 제도와 뉴기니를 공격했고, 연합군은 일본군이 과달카날에 비행장을 건설하고 있는 것을 확인하고 과달카날에 상륙했다.

과달카날 전역은 1942년 8월 7일부터 1943년 2월 9일까지 이어졌고, 결론은 연합군의 전략적 승리였다. 이 전투에서 일본군은 손실이 너무 커서 과달카날에서 철수한다. 미드웨이 해전을 기점으로 전쟁은 연합군에게 유리하게 흘러갔으나 이 전쟁은 3년을 더 끌어 1945년에 끝이 났다.

▌ 교착 상태에 빠진 전쟁

그림 10 1943년 11월 창더 전투의 중화민국군

연합군(주로 미국)은 미드웨이와 과달카날 전투에서 승리해 전세를 역전시켰다. 하지만 일본군도 호락호락 당하지는 않았다. 원래 미국은 자신들이 승기를 잡고 전쟁이 순식간에 끝날 것으로 봤지만, 그러지 못했고, 전쟁은 1943년부터 교착 상태에 빠진다.

일본 제국은 1943년 11월 2일 '요코야마 이사무'가 일본군 제11군 6개 사단을 이끌고 창더 방면으로 진격한다. 중국군은 7주 동안 일본군에게 소모전을 유도했고, 일본군은 도시를 점령하는 데에는 성공했으나 중국군의 병력 증강으로 오히려 포위되었다. 이에 일본군이 창더에서 철수하게 되는데 이 시기에 일본군도 화학무기를 사용했다. 버마(미얀마)의 경우 일본군이 점령한 상태였고, 인도 동부 지역은 1943년 벵골 기근으로 3백만 명이 죽어 민심이 좋지 않았다. 이에 영국군과 인도군은 전열을 정비해 일본군을 몰아낼 준비를 하면서 소규모 기습으로 일본군을 자극했고, 1944년 일본군이 공세를 펼치게 했다.

1943년 11월 22일 미국의 대통령 루즈벨트, 영국 총리 윈스턴 처칠, 중화민국 총통 장제스 등이 카이로에서 만나 일본군을 상대할 전략을 논의한다. 이 회담이 카이로 회담이다.

과달카날 전투 이후 연합군은 일본군의 요새화 진지들을 공격하고 교두보 등을 점령하기 시작했다. 1943년 6월 연합군은 카트휠 작전을 개시, 라바울 지역의 주요 일본군 전진 기지를 고립시키고 보급선과 통신선 차단을 시도한다. 이러한 작전들은 일

그림 11 1943년 오스트레일리아 특공대가 뉴기니에서 활동 중인 모습

본을 향한 연합군 총사령관 니미츠의 섬 도약 작전에 초석을 쌓았다.

상대적으로 2차 세계 대전에서 유럽 전선이나 아프리카 전선은 많이 표현되나 태평양 전선은 그렇지 못했다. 거기다 대부분 등장하는 게임이나 매체에서는 미군과 일본군의 전투로 묘사가 되는데, 인도군과 오스트레일리아의 특공대 등 다른 국적의 연합군도 있었다.

▌일본군의 반격과 연합군의 공세 그리고 종전

1944년 초 미군(중국군도 포함)은 인도에서 북부 버마를 연결하는 레도 도로를 연장하려고 했고, 인도군은 아라칸 주를 따라 해안가로 진격했다. 1944년 2월에 일본군은

그림 12 임팔 전투 당시의 인도군

연합군의 공세를 저지하고자 아라칸 일대에 군대를 증강해 반격했다. 초기 작전은 일본군의 성공이었으나, 포위된 연합군을 섬멸시키지 못하면서 반격은 실패했다.

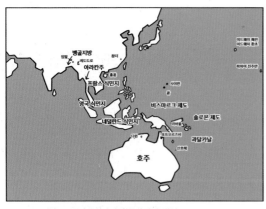

지도 2 1944년 당시의 동아시아 전선

당시 일본군은 '무다구치 렌야'의 지휘하에 있었다. 그와 관련된 유명한 전투 중에는 임팔 전투가 있는데, 이 전투 당시 영국군의 몇몇 부대가 일본군의 공격에 고립되고, 4월 무렵에는 임팔 일대에 공격이 집중되었다. 하지만 작전 자체는 실패로 돌아갔고, 일본군은 이 전투에서 어마어마한 손실을 내어 가뜩이나 자원과 물자가 부족했던 일본의 패망을 더 앞당기게 되었다.

북부 버마 지역에서는 미군과 중국군이 계속해서 진격해 1944년 중순 중국군은 북부 버마를 공격, 송산 전투에서 일본군의 요새화된 거점을 점령했다. 1944년 8월에는 미트키나 전투에서 중요 비행장을 점령하는데 성공하면서 인도에서 중국으로 가는 보급선이 복구되었다. 이 보급선은 일본이 동남아시아와 버마를 점령하면서 끊겨있었다.

그림 13 1944년 6월 21일 사이판의 가라판에서 공격 중인 미국 해병대

전세가 연합군에게 유리하게 변해가자 1944년 6월15일에 미군은 535척의 배로 128,000명의 군인을 사이판섬에 상륙시킨다. 연합군의 목표는 B-29의 폭격 범위에 도쿄를 포함하기 위한 비행장 건설이었다.

일본군은 수도인 도쿄가 폭격 범위에 들어서면 전쟁의 패배가 확실해질 거라 판단했다. 이에 부제독 오자와 지사부로가 전투 함대를 이끌고 반격한다. 하지만 일본군은 미군을 막을 수가 없었다. 일본군 조종사보다 미군 조종사가 2배나 더 많았고, 예광탄이나 레이다도 일본군이 부족했다. 거기다 카미카제 공격과 같은 자살 공격을 통해 귀중한 자산인 조종사도 너무 많이 잃었다.

일본군이 미군보다 대공포는 많았지만, 이것도 물자 부족으로 인해 승기를 잡는 도움을 주지는 못했다. 이 전투에서 최초로 전원 옥쇄를 감행해 사이판에 살던 일본 민간인들까지 모두 자살한다.

사이판 전투가 있던 시기에 필리핀해에서도 해전이 일어났다. 이 해전으로 얼마 남지 않았던 일본의 함선들은 또다시 피해를 받았고, 미국의 필리핀 탈환 작전에서도 일본의 패배가 확실시되기 시작했다. 기세를 몰아 1945년 2월 19일에는 미군이 이오섬을 공격했다. 이오섬은 이오지마 섬으로도 불리며 이것이 이오지마 전투이다.

4월 1일에는 미군이 오키나와(아이스버그 작전)를 공격했고, 8월 6일에는 히로시마에, 8월 9일에는 나가사키에 두 차례 원자폭탄을 투하했다. 오키나와섬은 일본 제국의 본토였기에 오키나와가 점령당했을 때 일본 제국의 충격은 엄청났다. 사실상 일본은 본토를 침공당해 패배한 것이나 다름없었고, 일본 내에서는 계속 싸워야 한다는 쪽과 항

그림 14 1945년 8월 9일 나가사키의 원자폭탄 투하 당시 핵 구름 사진

복해야 한다는 쪽으로 갈라졌다. 그중에서는 일본 제국의 젊은 장교들이 계속 전쟁을 해야 한다고 주장하며 쿠데타를 모의했지만, 진압되었다. 이 사건을 궁성 사건이라고 부른다. 사실상 쿠데타 미수 사건이다. 이 사건이 마무리되면서 일본의 천황이 항복 선언을 하게 되고 일본은 전쟁에서 공식적으로 패배했다.

궁성 사건이 일어나기 전에는 소련이 일본의 괴뢰국이던 만주국을 8월 9일에 침공하면서 일본은 점점 궁지에 몰렸고, 결국 궁성 사건 이후 항복하고 말았다.

▌전후 처리

2차 세계 대전에서 태평양 전쟁은 늦게 시작해서 먼저 끝난 전쟁이 되었다. 일본 제국이 항복하자 연합군에게는 전후 처리라는 과제가 놓이게 된다. 전후 처리는 여타 모든 전쟁에서 이루어지는 과정으로 전쟁 동안 생긴 전쟁범죄, 전쟁을 시작한 사람들의 처벌 및 전쟁 이후의 세계 질서, 영토 문제 등을 처리하는게 전후처리이다.

이런 경우 대부분 전후 처리에서 핵심적으로 다루어 지는 것은 전쟁을 시작하고 전쟁의 모든 책임을 누군가에게 지우는 행위다. 이에 연합군은 일본 제국의 수뇌부에 있으면서 전쟁을 주도한 인물들에게 급수를 나누어 전범을 분류했다. 앞서 언급된 내각총리대신 도조 히데키를 포함해 전쟁에서 주도적인 행동과 결정을 한 인물들을 A급 전범으로 분류해 처벌했다. 대부분의 처벌은 사형이었다. 이것은 2차 세계 대전을 일으킨 나치 독일도 마찬가지다.

이번 장에서 중요하게 다뤄진 '야마모토 이소로쿠'는 일본 연합함대의 사령장관으로서 A급 전범으로 분류되어 사형을 당했어야 마땅했으나, 그러지 못했다. 그 이유는 전쟁이 끝난 1945년 8월 15일 기준으로 이미 이 세상 사람이 아니었기 때문이다.

그는 1943년 4월 18일에 부건빌섬에서의 일본군 전선을 확인하기 위해 라바울에서 1식 함상 폭격기를 타고 출발했지만, 당시 미군이 일본군의 암호를 해독하고 있다는 사실을 몰랐던 이소로쿠와 승조원 모두 미군의 작전으로 인해 폭격기가 격추당하면서 사망했다. 그는 전쟁 중 사망했기에 전범으로 분류되지 않았으나, 정작 모든 결정권자였던 천황은 자신이 신이 아니라 인간임을 선언하면서 사형을 면했다. 이는 천황을 사형시키면 일본을 점령하고 미국에 우호적인 국가를 세우는 것이 매우 힘들어질 것을 우려한 미국의 판단도 있었다. 이런 것을 보면 전선에서 싸운 병사들과 장교들에게도 책임이 없다고 할 수는 없지만, 윗사람들이 시작한 전쟁에 목숨을 잃은 병사와 장교들은 무슨 잘못이 있는지 의문이 생긴다. 이것은 비단 태평양 전쟁만 그런 것이 아니라 모든 전쟁에서 희생된 병사들과 장교에게 해당하는 말이다. 6.25 전쟁만 하더라도 소련과 미국의 냉전 다툼 속에서 김정일을 비롯한 일부 적화통일을 주장했던 권력자들의 선택에 의해서 많은 우리나라 사람들이 피해를 받아야만 했기 때문이다.

전쟁의 책임 소재를 정리하고 난 뒤에는 전쟁범죄를 밝혀내기 시작한다. 이러한 행동은 매우 중요한 문제로, 숨겨진 전쟁범죄를 끝까지 추적해 밝혀내야만 후대에 그런 일이 안 일어나게 할 수 있기 때문이다. 전쟁범죄들은 대부분 일본군에 의해 일어났다. 미군에 의해서도 일어나기는 했으나 대부분 일본의 전쟁범죄에 대한 보복 범죄에 해당했다. 문제는 일본군의 범죄가 너무 잔혹해 미군도 복수의 형식으로 더 잔혹해졌다는 것이다. 물론 그렇다고 해서 미군이 한 범죄가 용서되는 것은 아니다. 다만 일본군이 너무 인간 상식 밖의 행동을 많이 했다는 것이 문제였다.

서유럽 전선과는 다르게 태평양 전선에서는 인간이 행할 수 있는 최악의 상황은 거의 다 일어났다고 보면 된다. 전쟁 포로의 사진들을 찾아보면 거의 아우슈비츠 느낌이 날 정도로 포로들의 몸 상태가 안 좋은데, 이는 포로들에게 제대로 된 대우를 해주지 않았다는 것을 의미한다.

일본군은 포로 대우를 잘 안해준 것으로 악명이 높았고, 전쟁 중에 포로들을 이용해 다리를 만드는 등의 활동도 했다. 이것은 영화 '콰이강의 다리'에 등장해 대중들에게 알려졌다. 이 영화를 통해 알려진 일본의 전쟁범죄처럼 전쟁 이후에 일본에게 전쟁범죄를 당한 피해자들의 증언이 매우 많았다.

영국군으로 참전했던 한 군인의 증언에 따르면 일본군 장교는 교량과 같은 다리 건설에 포로들을 투입하기 전에 일본도를 이용해 검술대회 연습을 한다며 포로들을 재미로 죽이는 모습도 보았다고 한다. 이처럼 일본군의 만행은 상상을 초월했다.

유럽과 비교했을 때 일본군에게 포로로 붙잡히게 된다면 생존확률이 낮았다. 미국의 대통령이었던 조지 H.W. 부시(조지 W 부시의 아버지)도 태평양 전쟁에 해군 조종사로 참전했다가 격추당해 해상에서 4시간 동안 표류

그림 15 1944년 8월 14일 버마 미치나에서
미군의 심문을 받는 조선인 위안부의 모습

하다 미 해군 잠수함에 구출되었는데, 다른 승무원들은 일본군에게 붙잡혀 인근에 있던 오가사와라 제도의 지치섬에서 포로 생활 끝에 살해당했고, 이곳에서는 상상도 못할 사건들이 있었다.

일본군에 대한 전쟁범죄는 우리나라에도 많이 알려져 있다. 그 이유는 일본군에게 직접적인 피해를 받은 위안부 할머니들과 징용, 징병 피해자가 계시기 때문이다. 위안부의 경우도 우리나라만 있었던 것이 아니다. 중국인, 동남아, 심지어 백인 여성도 있었다고 한다. 백인 피해자도 있었던 이유는 당시에 인도차이나 반도가 프랑스의 식민지였고, 인도네시아 지역은 네덜란드의 식민지, 싱가포르를 포함한 말레이 반도는 영국의 식민지였기 때문이다.

그중에서 네덜란드의 민간인 여성들이 위안부로 끌려간 사건이 있었다. 스마랑 사건이라고 불리는데, 네덜란드인 여성 약 3백 명을 일본군이 위안부로 만든 사건이다. 이 사건은 묻힐 뻔했는데, 자신의 신원을 공개한 '오헤른'이라는 분의 용기로 인해 오헤른 사건으로도 알려져 있다. 이 사건은 큰 의미가 있는데, 일본이 맨날 하는 이야기인 우리나라 위안부들이 자발적으로 갔다는 일본 정부의 말을 뒤집는 중요한 증거이다. 일본군들이 위안부를 강제 연행했다는 증거라는 말이다.

심지어 이 사건은 네덜란드인 여성이 위안소에 딸을 빼앗기자(아마 수용소에 있다가 딸이 위안소에 강제로 연행된 것 같다) 수용소를 방문했던 한 대좌에게 딸을 돌려달라고 말해 상부에 전달되었고, 서양이 노발대발할 것을 두려워한 상부가 위안소를 폐쇄하고 위안소에 끌려간 여성들은 다른 네덜란드인 여성들과는 멀리 떨어진 수용소에 격리하고 비밀 유지를 강요했다고 한다. 이 당시에 17~28세의 네덜란드 여성들을 스마랑 시내의 한 건물에서 일본어로 적힌 취지서에 강제로 서명하게 하고 스마랑에 있는 4곳의 위안소에 보냈다고 알려져 있다.

이 사건을 보면 피해자가 백인 여성들이었기에, 일본군 상부가 폐쇄를 결정했다는 것을 알 수 있다. 거기다 네덜란드인 여성이라고는 하지만, 프랑스인, 영국인 여성들도 그렇지 않으리라는 보장이 없다. 물론 현재로서는 이야기가 없으니 없었을 수도 있지만 말이다. 상대적으로 네덜란드는 프랑스나 영국보다 힘이 약하다고 일본이 생각했기에 전쟁범죄를 행한 것일 수도 있다.

일본은 전쟁 상대였던 대상들에게만 전쟁범죄를 했던 것이 아니다. 앞서 언급된 '옥쇄'라는 단어는 이를 단적으로 보여주는 사례다.

옥쇄라는 뜻은 '옥처럼 아름답게 부서진다'라는 것으로 대의나 충절을 위한 깨끗한 죽음을 말한다. 이는 사실상 일본의 전국시대나 그 이전에 존재한 무사도에서 비롯되었을 것으로 추측되는데, 사실상 악습이라고 볼 수 있다. 일본 제국은 옥쇄를 전쟁 말기에 실시했고, 일억 총옥쇄라는 단어가 자주 등장한다. 오키나와 전투로 오키나와가 함락되자, 주민들을 옥쇄라는 명목으로 죽기를 강요받았고, 그렇게 되었다. 이는 국가가 국민을 버린 사례라고 볼 수 있다. 이 시기 우리나라도 식민지로서 고통을 받았다.

위안부, 생체실험, 옥쇄, 학살 말고도 더 충격적인 전쟁범죄가 존재한다. 치치지마 사건 혹은 오가사와라 사건으로 불리는 전쟁범죄이다. 이 사건은 전쟁이 끝난 1945년 이듬해인 1946년에 이 범죄 피의자들을 모두 체포하면서 알려진 사건이다. 이 사건의 주동자는 그림 16에 있는 다치

그림 16 보닌 섬에서 항복문서에 서명하는 다치바나 요시오

바나 요시오이다. 일본군의 전쟁범죄는 다른 국가들에 비해서 심각한 수준이지만, 이런 몇몇 엽기적인 사건으로 인해 일본의 전쟁범죄는 역사상 기록에 남을 만큼 추악한 사건으로 기록되었다. 포로에게 가혹행위를 하다못해 죽어서도 모욕을 한 셈이니 말이다. 그들이 행한 추악한 범죄는 결국 1946년에 도쿄재판에서 죄가 낱낱이 공개되었고, 결국 주동자들이 사형을 선도

받았다. 이들은 사형을 선도 받고 형 집행을 기다리는 동안 미군 군사경찰과 동료 수감자들에게 가혹행위를 받다가 1947년에 교수형을 당했다.

　여기서 생체실험에 대한 이야기는 아예 하지 않았다. 범죄에 경중을 따질 순 없지만, 위안부보다 더 끔찍한 범죄이며, 우리는 그 생체 실험으로 인해 사망한 우리나라의 위인을 알고 있기 때문이다. 2016년에 개봉한 이준익 감독의 작품 '동주'에 등장하는 시인 윤동주도 생체실험의 피해자다. 최근에 방영된 '꼬리에 꼬리를 무는 그날 이야기'에서도 다루어진 소재이다.

　개인적으로 전쟁범죄 이야기는 조금 두루뭉술하게 작성했다. 원래 전쟁이 참혹한 법이지만, 특히 태평양 전쟁은 더 심각했다. 때문에, 책에서 두루뭉술하게 적을 수밖에 없음을 양해 바란다. 일본이 한 짓은 끔찍하지만, 미군이 보복성으로 한 행동도 끔찍했다. 태평양 전쟁 당시의 전쟁범죄들을 한마디로 표현하자면, "영화 '매드맥스'의 세계관 같았다"라고 할 수 있겠다. 가급적이면, 책에서 언급한 내용까지만 알기를 추천한다. 더 알고 싶어 스스로 찾아보는 것까지는 말릴 수 없지만, 그러지 않았으면 한다. '만약 장막을 들추고 그것을 들여다본다면 그곳엔 어둡고 암울한 심연만 있을 것이니.' 말이다.

▌태평양 전쟁이후의 일본

그림 17　연합군의 일본 분단 계획

　태평양 전쟁이 끝나면 일본은 독일처럼 분단될 예정이었다. 하지만 이 분할 점령은 채택되지 못했다. 일본이 원자폭탄을 두 번 맞은 후 빠르게 항복한 것도 있었고, 같은 연합국이지만 다음번에는 적이 될 가능성이 있던 소련에게 홋카이도를 분할 점령하게 둔다는 것은 미국에게는 상당히 위협적이었기 때문이다.

　그래서 소련을 제외한 연합국은 소련이 일본 본토를 점령하지 못하게 막고 한반도 남부로 진격하는 것도 막으려고 38도선 기준으로 한반도의 분할 점령 계획을 진행하게 된다. 동시에 미국은 일본에 상륙하는 몰락 작전을 구상하기도 했다. 미국과 소련의 이해관계에 의해 원래 분할 점령이 되어야 했던 일본은 살아남게 되었고, 억울하게 한반도만 분할 점령이 되고 말았다.

▌태평양 전쟁에 대한 흥미로운 사실

일반적으로 사람들이 생각하는 태평양 전쟁은 일본 VS 미국의 구도이다. 그렇다 보니 진주만, 미드웨이, 오키나와 등에서 일어난 전투들을 주로 기억하고 있다. 흥미로운 사실은 일본군의 최대 판도를 보면 오스트레일리아 바로 위에 있는 뉴기니섬까지 영향력을 미쳤음을 알 수 있다.

그림 18 1942년 2월 19일 오스트레일리아 북부의 소도시인 다윈이 다윈 공습 이후 불타고 있다

일본군은 오스트레일리아에 2월 19일 다윈 공습을 시작으로 19개월 동안 100회의 공습을 했다. 일본군은 오스트레일리아와 네덜란드의 전쟁 포로를 22,000명 정도 붙잡기도 했다. 여기서도 일본 육군과 해군의 적대적 관계가 잘 드러나는 일화가 있다. 일본 해군은 오스트레일리아를 침공할 계획을 준비했지만, 일본 육군이 반대해 무산되었다.

다른 흥미로운 점은 태평양 전쟁 초기 일본군에게 막대한 피해를 받은 미군이 1942년 4월 USS 호넷에서 폭격기들을 출격시켜 일본의 수도였던 도쿄에 공습을 가했다는 사실이다. 이 공습을 둘리틀 공습으로 부르는데, 일본 제국에게는 약간의 물질적인 피해를 주었으나, 미국은 전쟁을 이어갈 수 있도록 사기진작에 큰 기여를 했다. 둘리틀 공습에 대한 내용은 영화 진주만(2001년작)에 잘 나와 있다.

태평양 전쟁을 다루고 있는 게임은 생각보다 많은데 유명한 작품으로는

〈콜 오브 듀티 월드 앳 워〉가 있다. 2008년 11월 18일에 발매된 게임이다. 당시에는 정말 좋은 그래픽이었는데, 추억보정이 된 것인지 지금 보면 많이 찰흙 같다. 이 게임은 13년이 지난 게임이나 아직까지 스팀 최근 리뷰 4,400 개 이상이 매우 긍정적인 편이고, 모든 리뷰 중에서는 31,000건 이상이 매우 긍정적이다. 아마 이 중에서는 우리나라 사람 중 일본군을 죽일 수 있기 때문도 있었던 것 같다.

〈콜 오브 듀티 월드 앳 워〉의 캠페인은 동부 전선의 소련군 징집병과 태평양 전쟁의 미군 해병대로 플레이를 할 수 있었다. 이 중에서 태평양 전선을 잘 표현했다. 동부 전선도 좋지만, 태평양 전선은 보통 메이저 게임에서 잘 표현되지 않기 때문이다. 최근에는 〈콜 오브 듀티 뱅가드〉에서도 등장했다.

〈콜 오브 듀티〉는 영웅적 서사시와 한 명이 모든 일을 다하는 구조로 되어있다. 그런데 놀랍게도 태평양 전선에서는 이런 말도 안 되는 일이 미군 해병대에서 일어났었다. 존 바실리 하사가 그 대표적인 인물이다. 그의 이야기는 따로 인물 챕터에 있다.

이외에도 〈배틀필드 V〉에서도 태평양 전쟁을 배경으로 이오지마 섬과 태평양 폭풍, 웨이크 섬 등의 맵이 있어 태평양 전쟁을 직접 체험해볼 수 있다. 〈라이징 스톰〉이라는 게임에서도 태평양 전쟁을 다루고 있는데, 이 게임은 〈레드 오케스트라 2〉의 스탠드 얼론 형태로 발매된 게임이다. 〈콜 오브 듀티〉나 〈배틀필드〉에 비하면 마이너한 게임이지만, 그래도 태평양 전쟁을 잘 표현했다고 할 수 있다.

2차 세계 대전은 인류사 최대의 오점이라 할 만큼 끔찍한 일들이 많이 벌어진 전쟁이다. 그리고 그 전쟁과 같이 벌어진 태평양 전쟁 또한 매우 끔찍한 일들이 많이 벌어졌다. 그 내용은 우리가 감히 상상할 수 없는 범주이다. 최근에 우크라이나 전쟁이 벌어지면서 많은 사람이 고통을 받는 것을 보고 있다. 거기다 21세기에는 경제가 서로 묶여있어 물가가 오르고 전 세계의 사람들이 고통을 받는 실정이다. 부디 전쟁이 빨리 끝나 전쟁이 없는 세상에서 살아가는 날이 오기를 바란다.

ANNO 시리즈와 ANNO 1800

그림 1 ANNO 1701 (4장 모두 유비소프트 공식 스토어) | 그림 2 ANNO 1404 | 그림 3 ANNO 2070 | 그림 4 ANNO 2205

유비소프트의 역사 고증에 대한 고집은 〈어쌔신 크리드 시리즈〉가 아닌 다른 게임에서도 이어진다. 유비소프트의 다른 대표작인 〈ANNO 시리즈〉는 도시 시뮬레이션 게임이다. 〈어쌔신 크리드 시리즈〉가 역사적 배경 속을 직접 뛰어다닐 수 있는 어드벤처 게임이었다면, 〈ANNO 시리즈〉는 도시기획자의 시점에서 좀 더 거시적인 역사 배경을 볼 수 있다.

〈ANNO 시리즈〉의 'ANNO'는 라틴어로 '년도'를 의미한다. 그래서 〈ANNO 시리즈〉의 제목 'ANNO xxxx'은 'xxxx년도의 시대를 건설해보자.'라는 의미로 받아들이면 이해하기 쉽다. 그러하니 제목을 보고 자신이 원하는 년도의 게임을 선택하여 플레이하는 것을 추천한다. 과거에서부터 현재, 미래까지 준비되어있는 〈ANNO 시리즈〉는 〈문명 시리즈〉와 견주어도 손색없을 만큼 중독적이고 재미있다.

사람은 선택하고
노예는 복종하지

바이오쇼크

게임 속 인물

조지 워싱턴

나폴레옹

로베스피에르

칭기즈칸

존 바실론 하사

잭 처칠

왕도 싫고 연임도 싫다며 거부한 남자

조지 워싱턴
George Washington

조지 워싱턴
George Washington

▌자신의 이름이 국가의 수도가 된 남자

역사를 기반으로 한 게임에서는 항상 위인들이 등장한다. 그중 국가를 세운 사람이나, 국가를 위기에서 구한 사람이 대다수를 차지한다. 이건 어떻게 보면 필수적인 법칙과 같다. 실제 역사를 기반으로 게임을 만들기 위해서는 평화로운 시대보다는 혼란스러운 시대를 고르는 것이 일반적이다. 그래야만 대립구조가 만들어지고, 선한 세력과 악한 세력을 만들어 낼 수 있기 때문이다.

그림 1 조지 워싱턴

이번 장에서는 미국을 건국하고 위기에서 구한 조지 워싱턴에 대해서 알아보겠다.

조지 워싱턴은 미국의 초대 대통령이자, 미국의 독립 영웅이다. 큰 타이틀이 두 개나 있는 인물이라 드라마틱한 이력이 많다. 그래서인지 게임에서도 주요 인물로 많이 등장한다.

조지 워싱턴은 1732년 2월 22일 당시 영국의 식민지인 버지니아에서 태어났다. 영국인이었던 워싱턴의 증조부 존 워싱턴은 1657년에 버지니아 주로 이주했다. 버지니아 식민지는 1607년에 버지니아 회사에 의해 설립, 1624년에 국왕령 식민지가 된 곳이다.

조지 워싱턴은 영국인이었지만 사실상 영국은 그에게는 외국이나 다름없었다. 그는 평생 미국에서 살았고, 그가 유일하게 해외로 나간 것은 자신의 형인 로렌스 워싱턴의 결핵을 치료하기 위해 바베이도스에 같이 머물렀던 경험이 유일했다.

조지 워싱턴의 첫 직업은 측량기사였다. 그는 17살부터 측량기사로 활동하기 시작했고, 이때 식민지 지형에 대한 지식을 얻을 수 있었다. 이후에는 농장주로서 활동하기도 했다. 역사가들은 20명 이상의 노예를 거느린 자를 농장주로 정의하는데, 워싱턴의 가족도 농장주로서 유복했던 것으로 보인다.

조지 워싱턴이 농장주였다고 하면 그도 당시 백인들과 마찬가지로 노예들을 학대했다고 생각할 수 있다. 하지만 그렇지는 않았다. 조지 워싱턴은 독립 전쟁을 거치면서 노예제를 유지하는 것이 맞는지 고민했고, 자신이 죽고 나서 일부 노예들을 자유민으로 풀어주고, 아내인 마사가 죽고 나서 모두 자유인으로 풀어주었다고 한다. 아마 자신이 죽고 난 뒤에 일부만 자유민으로 풀어준 이유는, 자신의 아내를 돌봐줄 사람이 필요했던 것으로 보인다.

조지 워싱턴은 배다른 형이었던 로렌스 워싱턴이 사망한 이후 형이 하던 식민지 총독의 부관 임무 일부도 물려받는다. 1752년에는 버지니아 군대의 부관 참모로 임명되기도 했다. 당시 그의 나이는 20세였고, 어린 나이에 소령으로 임명되었다.

그림 2 〈어쌔신 크리드 로그〉에 등장하는 로렌스 워싱턴(오른쪽)과 조지 워싱턴(왼쪽)

역사 게임을 이야기할 때 항상 등장하는 게임인 〈어쌔신 크리드 시리즈〉 중 로그에서는 주인공 셰이 패트릭 코맥이 암살단원이던 시절 템플러인 로렌스 워싱턴을 암살하는 임무가 등장한다.

〈어쌔신 크리드 로그〉에서는 워싱턴이 암살단이나 템플러도 아닌 일반인으로 등장한다. 〈어쌔신 크리드 로그〉를 보면 로렌스 워싱턴이 동생인 조지 워싱턴에게는 자신이 템플러라는 사실을 알리기를 원하지 않았고, 동료들이 조지 워싱턴을 템플러로 영입하지 않기를 바랐다. 이것은 동생만은 평범하게 살길 바랐던 형의 배려였다.

그래서 〈어쌔신 크리드 3〉에서 조지 워싱턴은 템플러가 아니었고, 주인공 코너의 도움을 받아 미국의 독립을 성취했다.

형의 유산과 직업을 이어받고 부관 참모가 된 조지 워싱턴은 이후 7년 전쟁의 아메리카 지역 전쟁인 프렌치 인디언 전쟁에 영국군으로 참전한다.

그림 3 〈어쌔신 크리드 3 리마스터드〉 초반 프렌치 인디언 전쟁 시기의 조지 워싱턴

〈어쌔신 크리드 3〉 초반에는 주인공 코너의 아버지 하이담으로 플레이하면서 프렌치 인디언 전쟁을 보여준다. 여기서 조지 워싱턴이 영국군 장교로 등장했다. 프렌치 인디언 전쟁 부분에서 조지 워싱턴은 게임의 후반부를 위해 잠시 등장하는 정도이고, 에드워드 브라독 장군 암살이 주목적이다.

하이담은 브라독을 처치해 템플러 반지를 뺏고, 식민지에서 도움을 주었던 찰스 리에게 반지를 건네주며 템플러로 입단시킨다. 당시에 많은 사람이 게임을 하면서 충격을 받았었다. 하이담이 암살검을 사용했고, 브라독이 템플러였기 때문에 당연히 하이담이 암살단원이라 생각했기 때문이다.

그림 4 델라웨어 강을 건너는 조지 워싱턴(엠마누엘 로이체 1851)

7년 전쟁이 끝났지만, 여전히 식민지에는 문제가 산재해있었고, 7년 전쟁의 여파로 미국 독립 전쟁이 시작되고 만다. 이때 조지 워싱턴은 대륙군(식민지군)을 이끄는 총사령관으로 임명되었고 미국 독립 전쟁을 진두지휘한다.

미국 독립 전쟁은 1775년 4월 19일에 시작해 1783년 9월 3일에 끝났으며, 미국과 영국만 싸운 것이 아니라, 버몬트 공화국, 프랑스 왕국, 스페인 제국, 네덜란드 공화국, 독일 제후국들까지 참전했다. 미국의 인디언들과 인도의 일부 왕국들도 공동 교전국이었을 만큼 미국 독립 전쟁 안에는 많은 국가가 전쟁에 참여하고 있었다. 미국 독립 전쟁 중에는 롱 아일랜드 전투, 델라웨어 강 횡단, 트렌턴 전투, 어순핑크 크릭 전투, 프린스턴 전투등 많은 전투가 있었다. 조지 워싱턴의 뛰어난 통솔력과 지도력으로 미국은 영국에게서 독립했고, 조지 워싱턴은 미국 역사상 처음이자 마지막 만장일치 당선 대통령이 되었다.

조지 워싱턴이 초대 대통령으로 취임한 당시 미국에서는 대통령의 위치나 권력이 제대로 정립이 되지 않았다. 조지 워싱턴은 이때 자신을 부르는 칭호로 국왕들이 본인을 3인칭으로 부르는 단어를 상당히 좋아했다고 알려져 있다. (예를 들어 '짐'과 같은) 미국 국민도 조지 워싱턴을 국왕처럼 대우했다.

조지 워싱턴의 대통령 임기 동안은 대체적으로 무난했으나, 딱 하나 '위스키 반란'이라는 사건이 있었다.

조지 워싱턴은 전쟁으로 인해 부족해진 국고를 충당하기 위해 위스키에 세금을 매긴다. 이것은 엄청난 반항

그림 5 마운트 버넌 농장

으로 돌아왔고, 이것이 '위스키 반란'이다. 반란이 일어나자 워싱턴은 직접 군대를 이끌고 진압했는데, 미국 역사상 대통령이 군대를 직접 이끈 처음이자 마지막 사건으로 기록되었다.

조지 워싱턴은 2번째 연임에 성공했다. 하지만 조지 워싱턴은 연임을 원하지 않았다고 한다. 2번째 연임이 끝나자 그는 대통령직을 내려놓고 자신의 사저가 있는 마운트 버넌으로 돌아갔다. 그가 마운트 버넌으로 돌아가자, 모든 사람이 그에게 종신 대통령직을 간청했다고 하는데, 그는 거절했다.

조지 워싱턴은 미국의 국왕이 되라는 제안을 받았던 적도 있으나 이 제안도 단호히 거절했다. 초대 대통령이자 미국의 국부인 조지 워싱턴이 2번의 대통령 임기를 끝으로 대통령직에서 물러났기 때문에, 이후 대통령들도 2번까지만 임기를 하고 물러나는 전통이 생겼다. 이것을 1940년 프랭클린 D. 루스벨트가 깼으며,(당시는 2차 세계 대전이 한창이던 때) 수정헌법 22조에 3선 출마 금지가 법으로 제정된 이후부터는 대통령직은 2번 이후 연임할 수 없게 되었다.

여담으로 미국의 수도인 워싱턴 D.C.는 조지 워싱턴과 콜럼버스의 이름을 합친 명칭이라고 한다. 미국은 여러 주의 연방으로 이루어진 국가이기 때문에, 어느 특정주가 수도가 되면 그 주에 편파적일 수 있음을 우려해 독립된 특별 지역으로 워싱턴 D.C.를 만들고 수도로 정했다. 워싱턴 D.C. 이전의 미국 수도는 1785년부터 1790년까지 뉴욕이 5년간 수도였고, 1790년부

터 1800년까지는 필라델피아가 수도였다. 이후부터는 워싱턴 D.C.가 쭉 수도였는데, 필라델피아는 모르겠지만, 뉴욕의 경우 경제 수도라는 말이 나올 정도로 발전한 도시가 되었다. 원래 뉴욕에 사람이 많이 살아서 그런 것도 있겠지만, 뉴욕이 초대 수도였던 영향이 클 것이다.

조지 워싱턴
사라졌어. 배신자가 있는 것 같네.

그림 6 〈어쌔신 크리드 3〉에 총사령관으로 등장하는 조지 워싱턴

〈어쌔신 크리드 3〉의 DLC 3부작은 조지 워싱턴이 실제 역사와는 다르게, 에덴의 조각으로 왕이 된 세상을 보여주는 내용이다. 여기서는 조지 워싱턴이 전형적인 폭군으로 나온다. 코너는 미국의 독립을 돕지 않고, 어머니도 사고로 돌아가시지 않아 원주민들과 평화롭게 지내고 있었다. 하지만 조지 워싱턴의 폭정으로 인해 그를 막기 위해 행동한다.

결국 코너가 조지 워싱턴을 처치하고 나니 이 모든 것은 에덴의 조각이 보여준 환각이었다. 조지 워싱턴과 코너가 이 환각을 보고 난 이후 워싱턴은 더더욱 왕이 되기를 거부했고, 코너에게 에덴의 선악과를 수장시켜달라 부탁한다.

〈어쌔신 크리드〉 세계관에서는 조지 워싱턴이 왕과 대통령 연임 모두를 거절한 이유가, 코너와 함께 에덴의 조각으로 본 환각 때문이라는 식으로 설명하고 있다. 이외에도 조지 워싱턴이 등장하는 게임은 많다.

〈문명 시리즈〉에서는 〈문명 4〉와 〈문명 5〉에서 미국의 지도자로 조지 워싱턴이 등장했다. 명작 게임이라 불렸던 〈에이지 오브 엠파이어 3〉에서는 캠페인 주인공 블랙 가문의 조력자로 등장하기도 한다. 여기서는 영국군으로 등장했다. 캠페인 2장 '얼음'에서 주인공인 존 블랙과 7년 전쟁 속에서 합동작전을 펼치는 모습도 보여준다. 〈에이지 오브 엠파이어 3〉 확장팩 '대전사'에서는 나다니엘 블랙의 캠페인 '불'에서 조지 워싱턴이 미국 독립 전쟁 총사령관으로 등장했다. 여기서는 존 블랙의 아들 나다니엘 블랙이 조지 워싱턴을 보좌하는 역할로 등장한다. 최근에 재발매된 〈에이지 오브 엠파이어 3 결정판〉에서는 DLC로 미국 세력이 추가되었는데, 조지 워싱턴이 미국의 지도자로 등장하기도 했다.

'난세에서 영웅이 나온다.'라는 말도 있고, 영웅이 있기에 난세가 있다는 말도 있다. 어느 쪽이 맞는지는 알 수 없으나, 조지 워싱턴은 미국 독립 전쟁에서 미국이 승리하게 만든 영웅임에는 틀림이 없다. 그는 연임도 거절하고 왕도 거절했던 만큼 보기 드문 인물로, 난세에 필요한 영웅이 아니었나 생각된다. 사람이 모든 부분에서 착할 수는 없겠지만, 적어도 그는 당시 관점에서는 상당히 좋은 사람에 속했던 것 같다.

이제는 21세기를 살아가는 우리에게도 영웅이 필요한 것 같다. 영웅이 나타나 혼란스러운 세상을 바로잡아 주었으면 좋겠다.

'나 키 안 작아!'
사망 후 키가 작아진 프랑스 황제

나폴레옹
Napoleon

나폴레옹
Napoleon

▌법조인을 많이 배출한 나폴레옹의 집안

그림 1 아르콜의 다리에 선 나폴레옹

나폴레옹 보나파르트가 태어난 곳은 코르시카섬이다. 이곳은 프랑스 남부 마르세유에서 남동쪽으로 좀 더 이동하면 나오는 섬이다. 바로 밑에는 사르데냐섬이 있다. 코르시카섬의 하급 귀족으로 태어난 나폴레옹은 전 세계에서 가장 유명한 위인 중 한 명이다. 유럽 한정으로 보면 프랑스와 보호국들을 제외한 모든 나라를 공포에 떨게 만든 인물이고, 전 세계로 보면 하급 귀족에서 프랑스 황제까지 오른 대단한 인물이다. 심지어 나폴레옹은 대프랑스 연합군에 패배하고 폐위된 이후, 섬에서 탈출해 다시 프랑스로 귀환했을 때도 프랑스 시민들은 나폴레옹 황제를 환호했을 정도로 프랑스에서는 매우 유명하고 능력 있는 황제였다.

나폴레옹은 1769년 8월 15일에 코르시카섬의 서쪽 아작시오에서 8명의 자녀 중 둘째 아들(요절한 형은 제외)로 태어났다. 어린 나폴레옹의 이름은 나브리오네 디 부오나파르테(Nabulione di Buonaparte)였다. 이 이름이 굉장히 낯설게 느껴질 것이다. 여기에는 두 가지 이유가 있다.

첫 번째 이유는 나브리오네라는 이름에 얽힌 이야기이다. 원래는 나폴레옹의 형이 나브리오네였지만, 요절하는 바람에 아버지가 나폴레옹에게 형의 이름을 주었다.

그림 2 나폴레옹의 아버지 카를로 보나파르트 & 샤를 보나파르트

두 번째로는 나브리오네 디 부오나파르테라는 이름이다. 뭔가 좀 이질감이 들지 않는가? 이탈리아어 같은 느낌이 있는데, 실제로 이탈리아식 이름이다. 나폴레옹의 아버지 카를로 보나파르트는 코르시카가 고향이 아니었다. 그의 고향은 이탈리아의 토스카나 지방으로 조상이 16세기에 코르시카로 이주했다고 한다.

나폴레옹의 어머니는 '마리아 레티치아 라몰리노'로 제노바 공화국의 귀족 가문 후예였다. 나폴레옹의 집안은 하급 귀족이기는 했지만, 사실상 프랑스 귀족이 아니라 이탈리아 귀족 출신이며, 태생적으로는 이탈리아 사람이었다.

나폴레옹의 집안은 대대로 법조인을 많이 배출한 법률가 집안으로 당시 법률가들은 유럽의 하급귀족에 속했다.

다만 귀족 작위는 세습이 되지 않았다. 하지만 대대로 법률가를 배출하게 되면 그 집안은 사실상 귀족이었다. 법률가가 되는 것이 귀족의 직위를 유지하는 자격이었던 셈이다.

▌이탈리아 귀족에서 프랑스 귀족으로

그림 3 코르시카섬 독립운동의 주역 필리포 안토니오 파스콸레 디 파올리

나폴레옹의 가족이 살던 코르시카섬은 원래는 제노바 공화국의 영토였으나, 코르시카는 필리포 안토니오 파스콸레 디 파올리의 주도로 독립운동 중이었고, 나폴레옹의 아버지 카를로 보나파르트도 이 독립운동에 참여하고 있었다. 당시 파올리는 코르시카섬 대부분을 장악하고 있었다.

이에 제노바 공화국은 코르시카섬의 독립운동을 저지할 능력이 없어, 프랑스에 코르시카를 매각했다. 파올리와 코르시카섬의 독립운동 세력은 한동안 저항했으나, 1769년 5월에 퐁트노보 전투에서 패배해 프랑스가 코르시카를 정복한다. 이때 파올리를 비롯한 독립운동의 주역들은 영국으로 망명했는데, 나폴레옹의 아버지 카를로는 망명하지 않았다. 그의 아내가 3개월 뒤에 태어날 나폴레옹을 임신하고 있었기 때문으로 보인다.

카를로는 프랑스에 전향했고, 프랑스는 카를로의 가문을 귀족으로 인정하는 특허장을 주었다. 이로써 갓 태어난 나폴레옹도 이탈리아 귀족에서 프랑스의 귀족이 되었고, 그는 프랑스 역사에서 위대한 인물이 되는 밑거름을 쌓았다. 흥미로운 사실은 나폴레옹 보나파르트는 가톨릭의 세례를 받을 때 '나폴레옹'으로 세례를 받았다고 한다. 우리가 세례를 받으면 가톨릭식으로 이름이 생기는데 이때 생긴 이름이 나폴레옹이라고 한다.

▌ 나폴레옹의 초기 군인 시절

태생이 이탈리아 귀족 출신이었던 나폴레옹은 당연히 프랑스어를 할 수 없었고, 1779년 1월에 오퇭의 종교학교에서 프랑스어를 포함한 공부를 하고, 5월에는 브리엔 르 샤토에 있는 육군사관학교에 입학했다.

나폴레옹은 군인에 천부적인 재능이 있었던 것으로 보인다. 원래는 4년이 걸리는 육군사관학교의 교육과정을 그는 11개월만에 조기졸업했기 때문이다. 1785년 2월 24일에 아버지 카를로 보나파르트가 위암으로 사망하면서 나폴레옹은 가족들의 생계를 위해서 직업군인이 된다. 그는 포병 장교를 목표로 정한다. 일반적으로 장교 시험 준비에는 2년이 걸리는데, 나폴레옹은 무려 7개월 만인 1785년 9월에 58명 중 42등으로 합격했다.

나폴레옹이 장교 시험에 합격한 나이는 16살로 매우 어린 나이였다. 그는 11월 3일에 발랑스에 주둔한 라페르 연대에 포병장교로 부임한다. 그렇게 시간을 보던 나폴레옹은 프랑스 대혁명의 하나인 7월 혁명이 1789년에

며칠 시간을 줘. 최근에 어디에 배치되었는지 알아볼게.
서로 소개해 줄 수 있을지도 모르잖아.

그림 4 〈어쌔신 크리드 유니티〉에 등장하는 포병장교 시절 나폴레옹 보나파르트

터지자, 2개월 뒤에 휴가를 얻어 코르시카를 안정시키기 위해 돌아갔다.

하지만 영국으로 망명했던 파올리가 프랑스 정부에게 사면되어 돌아왔고, 이에 나폴레옹과 파올리 간의 알력다툼이 내전으로까지 확산될 조짐을 보이기 시작했다. 당시 파올리는 여전히 코르시카 사람들의 두터운 신임을 받고 있었기에, 나폴레옹과 그의 가족은 코르시카에서의 모든 것을 잃고, 프랑스 본토로 탈출했다. 한동안 힘든 생활을 했던 나폴레옹이지만, 1794년 7월 27일에 일어난 '테르미도르 반동'[1] 사건으로 그의 인생이 바뀌게 된다. 반동 이후 또다시 왕당파에 의해 무장봉기가 일어났고, 이 무장봉기를 산탄이 장전된 대포를 사용한 전법으로 진압했다. 이때부터 총재정부에 인정을 받아 승승장구하게 되었다.

프랑스 대혁명을 배경으로 한 〈어쌔신 크리드 유니티〉에서는 테르미도르 반동 전 파리에서 영향력이 없던 시기의 나폴레옹을 보여주고, 주인공인 아르노의 암살단 활동과 함께 진행되어가는 프랑스 대혁명 속에서 점점 강해지는 나폴레옹을 보여준다.

---

1) 테르미도르의 반동은 프랑스 대혁명 기간 중 1793년부터 권력을 잡은 로베스피에르의 공포정치로 인해 많은 사람들이 억울하게 단두대에서 죽자, 반대파들이 일으킨 사건을 말한다. 이 사건으로 로베스피에르와 그의 파벌이었던 자코뱅파가 숙청당했다.

▌황제로 가는 길

나폴레옹이 승승장구를 한 것은 사실
이지만, 아직은 총재정부의 한 구성원일
뿐이었다. 그러던 중 1796년에 나폴레옹
은 이탈리아 원정군의 사령관으로 발탁되
었고, 당시 그의 나이는 27세였다.

그림 5 1797년 이탈리아 전역의 나폴레옹

나폴레옹이 속해 있던 프랑스 혁명정
부는 유럽의 전제왕권 국가들에게는 상당히 위험한 존재였다. 혁명정부는 자
신들의 왕인 루이 16세마저 단두대로 처형한 이들이었기에, 유럽의 다른 국
가들은 자신들의 국가에도 혁명의 불씨가 옮겨가는 것을 두려워했다. 이에
유럽의 여러 국가들이 프랑스 혁명정부를 압박하거나 전쟁을 하게 되었다.

나폴레옹이 이탈리아 원정을 가게 된 이유는 이탈리아에 오스트리아군
이 주둔했기 때문이다. 오스트리아는 당시 대프랑스 연합의 선봉이었다.

나폴레옹은 이탈리아로 진군하기 위해서 알프스 산맥을 넘었고, 카르타
고의 한니발에 이어 역사상 2번째로 알프스를 넘은 군인으로 기록된다.

나폴레옹의 전재석인 전술 앞에 오스트리아는 1797년에 수도 빈이 점령
당해 조약을 맺게 되었다. 이 조약으로 오스트리아는 벨기에와 이탈리아 북
부 롬바르디아 지방을 프랑스에 넘겨야했다.

이탈리아 원정을 배경으로 하는 게임 중 유명한 것은 〈나폴레옹 토탈
워〉에 등장하는 이탈리아 원정 캠페인이다. 사실상 첫 번째 튜토리얼 격의
캠페인이다. 맵은 이탈리아 북부만 있어 매우 작고, 정해진 기간 안에 실제
나폴레옹처럼 빠르게 오스트리아를 이겨야 한다.

나폴레옹이 이탈리아 원정을 성공적으로 마무리하고 돌아오자, 5명의
총재가 통치하던 혁명 정부는 나폴레옹을 견제하기 시작했다.

나폴레옹은 이에 아랑곳하지 않고, 혁명정부의 가장 큰 적인 영국을 공
격하기 위해 고민을 한다. 아직은 영국 본토를 치는 것은 어렵다고 판단한

그림 6 1798년 7월 21일 피라미드 전투 -루이 프랑수아 르죈 작품 1808년작-

그는 이집트를 점령해 인도에서 영국이 가져오는 무역 이익을 약화하기 위해 이집트 원정을 결정했다.

이집트 원정길에 나폴레옹은 1798년 6월 9일에 몰타섬에 도착했고, 그곳을 통제하던 구호기사단의 그랜드 마스터 페르디난트 폰 홈페쉬를 압박해 몰타섬을 차지했다. 이때 구호기사단은 영토를 잃게 되었다. 당시 나폴레옹은 단 3명의 손실로 중요한 위치에 있는 해군 기지를 점령한 셈이 되었다.

당시 이집트 원정에 나폴레옹은 총 5만의 병력을 이끌고 갔고, 기록에 따르면 167명의 학자도 대동했다고 알려져 있다. 이집트 원정은 알렉산드리아에 상륙해 카이로로 입성하는 것으로 끝났고, 이때 같이 온 학자들에 의해 이집트의 문화유산이 약탈당했다. 이 과정에서 발견된 로제타석이 고대 이집트 문명의 비밀을 밝히는데 큰 역할을 했다.

〈나폴레옹 토탈워〉에서는 이집트 원정도 등장한다. 이집트 원정도 하나의 캠페인이며, 이 캠페인에서는 이집트를 포함한 일부 레반트 지역과 키프로스 섬만 등장한다. 나폴레옹은 알렉산드리아에서 시작하며, 대영제국, 오스만 제국 등이 등장하고, 프랑스 말고도 다른 국가로도 게임이 가능하다.

나폴레옹은 이집트 원정을 마친 후 인도 원정을 준비하고 있었지만, 그가 프랑스에 없는 동안 나폴레옹에게 졌던 오스트리아가 영국과 동맹을 맺고 프랑스를 위협했다. 거기다 영국의 유명한 해군 제독 호레이쇼 넬슨(발음에 따라 허레이쇼 넬슨)에게 프랑스 해군이 아부키르만에서 패배해 지중해 주력 함대가 전멸해버린다. 이에 나폴레옹은 이집트에서 고립되었지만, 클레베르 장군에게 이집트 원정군을 부탁해놓고, 자신은 이집트를 탈출해 프랑스로 귀국한다.

당시 나폴레옹은 혁명정부의 허가를 받지 않은 상태로 프랑스로 왔기에 탈영을 한 셈이었으나, 총재정부는 연이은 패배로 힘이 없었다. 나폴레옹은 혁명정부의 권력자였던 에마뉘엘 조제프 시에예스의 함께 1799년 11월 9일에 자신의 정부를 승인해줄 것을 당시 의회였던 오백인회에 요구했지만 거절당했고, 곧바로 쿠데타를 일으켰다.

이 쿠데타는 성공적으로 마무리 되었고, 나폴레옹의 인기에 힘입어 투표를 통해 통령이 되었다. 투표 조작이 있었다고는 하나 나폴레옹의 인기가 높아서 묻혔다. 3명의 통령이 다스리는 통령 정부를 구성했지만, 사실상 제 1 통령이 권력자였고, 나폴레옹은 제 1 통령이 되었다. 그는 세금 & 행정 제도 개혁을 비롯해 산업 성장, 나폴레옹 법선 등의 여러 작업에 착수했고, 아이티 식민지 재탈환 사업과 루이지애나를 이용해 식민지를 확장하려 했다. 아쉽게도 루이지애나는 미국에게 매각했고, 아이티는 재탈환에 실패했다.

하지만 나폴레옹은 계속해서 대혁명으로 파괴된 프랑스를 재건하고, 주변 국가들과 관계 개선 시도와 영국의 해상 봉쇄를 이겨내면서 종신 통령이 되었다. 1803년 8월 즈음에 대혁명 이전의 부르봉 왕가를 다시 프랑스 왕으로 만들려는 왕정복고의 움직임이 영국과 프랑스 왕당파에 의해 시도되지만, 1804년 초반에 발각되어 관련자들은 처형되었고, 영국과 유럽의 다른 국가들이 프랑스 혁명정부를 공격하는 명분이었던 왕정복고를 없애기 위해 측근들의 권유로 나폴레옹이 황제가 되기로 한다.

그는 국민 투표를 실시했고, 1804년 7월 투표에서 찬성표 3,572,329, 반대표 2,569로 대다수의 프랑스 국민이 찬성하면서 황제가 되었다. 다만 당시에는 비밀선거가 아니라 선거를 하는 사람들의 선택을 선거대장에 올리고 서명하

그림 7 대관식에서 조제핀(조세핀)에게 직접 황후관을 하사하는 나폴레옹 -자크 루이 다비드 작- 루브르 박물관 소장

는 방식이었기에 문제가 있었다. 그럼에도 나폴레옹의 인기는 대단했기에 국민들의 호응을 받았다.

나폴레옹은 1804년 12월 2일에 즉위식을 했고, 프랑스 제국 초대 황제 나폴레옹 1세가 되었다.

여담으로 나폴레옹이 노트르담 대성당에서 대관식을 치르던 당시 프랑스 대혁명으로 파리로 올라온 많은 사람들이 노트르담 대성당을 마구간이나 쉼터로 사용했다고 한다. 때문에, 실제 대관식은 저렇게 화려하지는 않았다고 한다.

■ 나폴레옹의 몰락

그림 8 이탈리아 국왕으로 즉위한 나폴레옹

나폴레옹은 당시 랭스 대성당에서 대관식을 치르던 관례를 거부하고 노트르담 대성당에서 황제 즉위식을 거행했다. 이는 축출된 부르봉 왕가를 계승하는 것이 아니라 로마 제국을 계승하는 것이라는 의미를 가졌다. 이는 로마 제국 → 프랑크 왕국 → 신성로마제국으로 이어지는 로마 제국을 의미했다.

1804년에 프랑스 제국의 황제가 된 나폴레옹은 이듬해인 1805년 3월 17일에는 이탈리아 왕으로도 즉위했다. 이러한 나폴레옹의 행보에 영국은 다시 프랑스와 전쟁을 하기로 했고, 이번에는 오스트리아 말고도 러시아까지 끌어들여 3번째 대프랑스 동맹을 형성했다. 당시 프로이센은 중립이었다.

3차 대프랑스 동맹은 또다시 나폴레옹의 전략에 완패했고, 오스트리아는 다시 항복하고 만다. 이 전투가 아우스터리츠 전투이다. 이 전투는 한 전장에

3명의 황제가 모인 것으로 유명하다. 아우스터리츠 전투를 승리로 이끈 나폴레옹은 개선문을 세우도록 명령했다. 그리고 이 개선문은 우리가 잘 아는 프랑스의 랜드마크인 개선문이다. 정확한 명칭은 에투알 개선문이라고 한다.

나폴레옹은 3차 대프랑스 동맹을 격퇴해 승승장구하는 것처럼 보였지만, 1805년 10월에 일어난 트라팔가 해전에서 영국의 넬슨 제독이 이끄는 해군에 참패를 당하면서 영국에 대한 군사적 침공을 포기했고, 이때부터 대륙으로 이동하기 시작했다. 나폴레옹은 독일 쪽으로 영향력을 과시하기 시작했고, 프로이센도 프랑스와 대립하게 된다.

나폴레옹은 형 조제프와 동생 루이를 각각 나폴리와 네덜란드의 국왕으로 임명했고, 신성 로마 제국을 해체했다. 그러자 영국, 러시아, 스웨덴이 4차 대프랑스 동맹을 조직했다. 이에 나폴레옹은 예나-아우어슈테트 전투에서 프로이센군을 박살내고 베를린에 입성했다. 결국 4차 대 프랑스 동맹은 힘을 잃었고, 나폴레옹은 대륙 봉쇄령을 내려서 대륙의 모든 국가가 영국과 무역 및 교류를 하지 못하게 막는다.

그림 9 제국 근위대를 사열하는 나폴레옹

하지만 당시 산업혁명을 시작한 것도, 그 산업이 매우 뛰어난 것도 영국이었기에, 곧바로 대륙의 국가들은 물자 부족으로 밀수를 해야할 상황에 놓였고, 이에 영국은 역으로 봉쇄 조치를 내려 반프랑스 감정을 고조시켰다.

그러던 와중 포르투갈이 몰래 영국과 교역을 하다 들킨다. 나폴레옹은 즉시 포르투갈로 진격했고, 포르투갈의 왕족과 관리들은 식민지였던 브라질로 도피한다. 당시 프랑스군은 10만 명 가량이 스페인에 주둔 중이었는데, 나폴레옹은 스페인도 자신의 손에 넣고자 했다. 당시 스페인은 혼란스러운 상황이었고, 카를로스 4세가 나폴레옹에게 지지요청을 한 것을 빌미로 스페인 왕족들을 모아놓고 협박해 왕권을 빼앗고, 자신의 형 조제프에게 스페인 왕위도 넘겼다. 이 전쟁이 반도 전쟁으로 불리며, 이후 1813년 스페인에서 프랑스군이 철수하기는 했으나, 이것을 계기로 다시 스페인에서는 독립 전쟁이 일어났다.

〈엠파이어 토탈워〉 DLC 반도전쟁에는 앞서 설명한 나폴레옹의 스페인 점령 상황을 체험할 수 있다. 점령군인 프랑스로 할 수도 있고, 혹은 점령당한 스페인으로도 가능하다. 스페인은 사실상 영토를 거의 다 빼앗긴 상태에서 시작되는데, 실제 역사대로 게릴라가 특화되어있어, 제국에 대항하는 게릴라의 마음을 느껴볼 수 있다.

나폴레옹은 자신이 선택한 대륙봉쇄령으로 인해 몰락의 길을 걷는다. 그는 포르투갈처럼 대륙봉쇄령을 위반했던 러시아를 응징하기 위해서 1812년 5월에 60만 대군으로 러시아 원정을 시작한다. 하지만 나폴레옹도 러시아의 혹독한 추위는 예상하지 못했다. 모스크바를 점령하기는 했으나, 러시아는 모스크바 뿐만 아니라 프랑스군이 오는 지역마다 불태워버리고 철수하는 청야전술을 사용해 프랑스군의 피로를 누적시켰고, 결국 후퇴하는 프랑스군을 공격해 거의 궤멸시켰다.

러시아 원정의 실패로 인해 나폴레옹은 위기에 몰렸고, 라이프치히 전투에서 대패하면서 더 위험해진다. 결국 1814년 3월 31일에 파리가 함락되면서 나폴레옹은 지중해의 엘바섬으로 유배를 갔다. 그곳에서 탈출해 95일 정도 다시 황제가 되어 활동했지만, 이마저도 워털루 전투의 패배로 결국 나폴레옹은 몰락하고 말았다. 그는 세인트 헬레나섬에 유배가 그곳에서 사망했다.

〈나폴레옹 토탈워〉에서 마지막 전투인 워털루 전투도 역사적 전투로서 직접 체험해볼 수 있다. 이외에도 〈엠파이어 토탈워〉에서 도입된 해전 직접 전투로 트라팔가 해전, 아부키르만 해전도 체험이 가능하다. 이밖에도 러시아 원정을 그리고 있는 그랜드캠페인도 진행할 수 있다. 여기서는 유럽 전체가 나오며, 〈나폴레옹 토탈워〉에서 가장 큰 월드맵을 자랑한다.

나폴레옹은 그의 파란만장했던 인생처럼 게임에서도 매우 다채롭게 묘사된다. 앞서 잠깐 언급했지만, 〈어쌔신 크리드 유니티〉에서 나폴레옹은 야심만만한 포병장교로 등장한다. 나폴레옹은 주인공 아르노와 친분을 쌓고, 그의 도움을 받기도 한다. 작중에서 나폴레옹은 궁전에 들어갔다가, 어떤 상자에서 빛이 나는 물건을 보고는 바로 챙겼다. 사람들은 이것이 에덴의 선악과라고 판단하고 있다. 왜냐하면 이미 과거에 나폴레옹이 에덴의 선악과를 가지고 있다는 언급이 있었기 때문이다.

이외에도 〈어쌔신 크리드 유니티〉에서는 나폴레옹이 조세핀과의 밀애를 갖는 장면도 등장하며, 그를 암살하려는 자들을 아르노와 암살자들이 막아내는 미션도 있다. 스토리 중에는 나폴레옹이 파리 시내에서 대포를 발사하는 모습도 보여준다. 이는 모두 실화를 바탕으로 만들어졌다.

매우 유명한 몽테크리스토 백작에서도 나폴레옹이 등장한다. 과거에 나왔던 〈라이즈 오브 네이션스 확장팩〉에서는 나폴레옹 전쟁 루트에 맞춰서 나온 세계 정복 캠페인도 존재했고, 우리 책 단골 게임인 〈유로파 유니버셜리스 4〉에서도 등장한다. 여기서는 프랑스 대혁명 도중에 이벤트로 나폴레옹 보나파르트를 황제로 사용할 수 있는데, 군주 능력치가 6/3/6으로 매우 높다. 사실 4~5 이상만 되어도 높은 수치다.

〈문명 5〉에서는 프랑스의 지도자로 등장했다. 조금 특이한 경우도 있는데, 포켓몬스터의 팽도리의 최종 진화형태 엠페르트가 나폴레옹이 모티브라고 한다.(이름을 말하는 듯) 마지막으로 모든 위인들을 모에화(성전환)시키는 〈Fate 시리즈〉에서는 아처 클래스로 등장했다. 다행히 나폴레옹은 성전환되지 않고, 상당히 멋있는 중년 아저씨가 되어 등장했다.

우리가 어릴 때 보던 위인전에는 반드시 나폴레옹이 있었다. 그의 리더십과 탁월한 재능 등이 많이 부각이 되었는데, 위인인 만큼 게임에서도 자주 등장한다. 나폴레옹의 생애를 보면 알 수 있는 것은 야망이 있는 건 좋으나, 욕심은 적당히 부려야 한다는 것이다.

끝으로 나폴레옹과 관련된 몇 가지 흥미로운 사실들을 이야기해보고자 한다.

▍코르시카의 귀족에서 프랑스 황제가 된 나폴레옹에 대한 진실 혹은 거짓

첫 번째는 나폴레옹의 키 이야기이다. 2000년대 초반만 하더라도 한국에서 나폴레옹은 키가 매우 작은 인물로 알려졌다. 당시 150cm~155cm라고 이야기를 했는데, 실상은 그렇지 않다. 실제 나폴레옹의 키는 167cm~168cm로 당시 프랑스 군인들의 평균키인 164cm보다 컸다. 그렇다면 나폴레옹의 키는 어째서 작다고 와전되었던 것일까?

이 이야기는 적국인 영국에서 퍼트린 낭설에 불과하다. 영국이 나폴레옹의 키가 작다 한 근거 중에서는 나폴레옹 3세의 키가 160cm이하였기 때문에 나폴레옹 집안의 키가 작을 것으로 봤다. 이것은 말도 안 되는 논리다. 그리고 당시 영국과 프랑스의 도량형[2]이 달랐던 문제도 있다. 영국은 피트와 야드를 사용했고, 프랑스는 미터법을 사용했기 때문에 생긴 오류다.

하지만 영국은 오류를 고치지 않았고, 나폴레옹을 조롱하는 의미에서 자신들의 수치대로 나폴레옹의 키가 작다 이야기해왔다. 문제는 영국이 전 세계에서 영향력이 가장 큰 국가였으므로, 영국에서 나온 이야기를 우리나라에서는 그대로 믿어버렸던 문제도 있다.

당시 영국군이 보기에 나폴레옹의 키가 작아보였던 이유로는 나폴레옹의 근위병이 나폴레옹보다 키가 컸기 때문이다. 샤쇠르의 경우 172cm였고, 척탄병들은 178cm여야 했다고 한다. 거의 170cm~180cm에 가까운 사람들이 나폴레옹의 근위대였으니 나폴레옹이 작게 느껴질 수밖에 없었다. 당시 프랑스 신병들의 72%는 150cm 이하였다는 국내 언론 칼럼도 있듯이 167~168cm였던 나폴레옹은 작은 키가 아니었다.

키 말고도 나폴레옹은 외모에 대한 논란이 있었다. 키가 작고 못생겼다고 영국이 주장했던 것과는 달리 나폴레옹은 상당한 미남으로 알려져있다.

---

2) 도량형은 길이, 부피, 무게 등을 재는 방법과 기구를 말한다. 진시황이나 동아시아 역사에도 도량형을 통일했다는 이야기가 있다. 원래 유럽에서는 야드파운드법과 1875년에 프랑스에서 조약으로 체결된 미터법이 있었다. 실제로 우리는 미터법을 사용하지만, 영국은 여전히 피트와 야드를 사용한다. 이것 때문에, 나폴레옹의 키에 대한 오류가 발생했다.

나폴레옹이 미남이 아니었다고 주
장하는 쪽에서는 당시 지도자들의 얼굴
을 미남형으로 그리는 풍조 때문에, 나
폴레옹을 그린 그림도 그럴 수 있다는
의견이 있었다. 이 논란을 잠재울 나폴
레옹의 데스 마스크(시신의 얼굴을 석
고로 본뜬 것)가 남아있는데, 인터넷을
찾아보면 정말로 잘생긴 얼굴이었음을
알 수 있다.

그림 10 23살의 나폴레옹

이것으로 확실해진 것은 나폴레옹
은 코르시카섬의 하급 귀족 출신으로
키가 168cm였던(당시 프랑스 신병의 72%가 150cm이하), 준수한 외모(데
스 마스크가 증명한다.)의 인물이었다는 것을 알 수 있다. 우리가 잘못 안 것
은 영국 때문이다.(역사에 이상한 일이 터지면 영국을 의심하라는 말이 맞
았다.)

보통 역사는 승자의 기록이라 이야기한다. 나폴레옹은 이 말이 사실이
라는 것을 몸소 증명했다고 볼 수 있다. 나폴레옹이 못생기고 키가 작은 인
물이라고 폄하 당한 것은 나폴레옹이 한때 잘나가다 대프랑스 연합군에 의
해 패배해 역사의 패배자가 되었기 때문이다.

실제로 나폴레옹은 어느 정도 독재자의 행보를 보였던 것도 사실이다.
하지만 일반적인 독재자들과는 조금 다르게 대중에게 인기가 있는 독재자
였고, 독재자로 여겨짐에도 대단한 위인으로 칭송을 받았다. 우리나라의 경
우 어린이 위인전에 항상 등장하는 인물이다. 그가 독재자임에도 위대한 위
인으로 여겨지는 이유는 군사적인 업적과 나폴레옹 법전(민법전), 도전정신
등이 그의 과오보다 높게 인정받았기 때문이다.

심지어 독재자는 국민의 사랑을 받을 수 없다는 징크스를 깨고 나폴레
옹은 프랑스 국민의 지지와 사랑을 받았다. 거기다 나폴레옹이 폐위된 이유

는 나폴레옹과 프랑스 혁명정신이 자신들의 국가에 위협이 될 것으로 판단한 대프랑스 연합군에 의해서 강제로 퇴위 된 것이니 일반적인 독재자와는 조금 다른 양상을 보인다. 물론 나폴레옹을 싫어한 프랑스인도 있겠지만, 당시나 지금이나 나폴레옹은 대중에게 인기 있다. 이것이 지금도 프랑스 국민이 위인이라고 생각하는 이유일 것이다. 아마 나폴레옹은 인류가 멸망하는 날까지 어린이들에게 위인전을 통해서 알려질 것 같다.

나폴레옹은 우리나라와 인연이 있다. 많은 사람이 이게 무슨 말도 안 되는 소리냐? 라고 생각할 수 있으나, 사실이다. 왜냐하면 나폴레옹이 생전에 사용했던 물품 중 하나가 우리나라에 있기 때문이다.

그가 생전에 이탈리아 원정을 했을 때 썼다고 알려진 이각모가 한국에 있는데, 이 이각모는 나폴레옹이 이탈리아에서 오스트리아 군대를 상대로 대승을 거둘 때 착용한 것으로 알려져 있다. 이 이각모는 김홍국 하림 회장이 모나코 왕실로부터 약 26억 원에 낙찰받았으며, 그의 모자는 현재 20점 정도 남았다고 하는데, 개인이 소장한 물건은 2점이고, 현재는 19점만 존재한다고 한다. 그 중 하나가 한국에 있다는 점은 신기하다.

공포정치와 단두대의 남자

로베스피에르
Robespierre

로베스피에르
Robespierre

▌공포정치의 원조! 하지만 재조명이 필요한 인물

공포정치로 대표되는 로베스피에르는 악당으로 많이 등장한다. 정권을 유지하기 위해 사람들을 투옥, 고문, 처형하는 그의 행위는 악당으로 묘사하기에 더할 나위 없이 좋다. 하지만 그런 그도 개인적인 인간으로의 모습은 색다른 부분이 있다고 한다. 이번 장에서는 악당으로 많이 등장하는 로베스피에르에 대해서 알아보도록 하겠다.

그림 1 막시밀리앵 프랑수아 마리 이지도르 드 로베스피에르

막시밀리앵 프랑수아 마리 이지도르 드 로베스피에르는 프랑스 왕국에서 태어나 프랑스 공화국에서 사망한 인물이다. 역사에서는 항상 그를 따라다니는 단어가 있다. '공포정치'라는 단어다. 공포정치라는 것은 1793년 6월 2일부터 1794년 7월 27일까지 프랑스에서 행해진 것을 말한다.

프랑스 대혁명이 터지면서 당시 혁명의 중심지였던 자코뱅 클럽을 주도한 산악파[1]에 로베스피에르가 포함되어 있었다. 이들은 로베스피에르가 중심이 되어 고문, 처형, 투옥 등을 비롯한 폭력적인 수단으로 정치를 했다. 이렇게 무시무시한 공포정치는 기요탱 박사가 개발 및 개량한 단두대가 있었기에 가능했다. 공포정치라는 단어가 로베스피에르를 따라다녀서 많은 사람이 그가 냉혈한 살인마라고 생각할 수 있으나, 그의 청년 시절 직업은 변호사였다. 프랑스에서 변호사라는 직업은 중간 귀족층(혹은 부르주아지)에 해당하는데, 일반 귀족들과는 다르게 직위의 세습이 불가능했다.

로베스피에르는 아버지가 변호사였기에 중간귀족으로 대접받을 수 있었다. 하지만 그가 변호사가 되지 못한다면, 로베스피에르부터는 다시 평민

---

1) 공포정치를 주도했던 세력을 부르는 명칭이다. 이들은 가장 급진적인 행동을 보였던 정치 파벌로서 산악파 혹은 몽타뉴파로도 불린다. 온건파인 지롱드파와 대립했었고, 이 파벌의 유명한 인물들은 로베스피에르를 비롯해, 조르주 당통, 폴 바라스, 베르트랑 바레레 등이 있으며, 장폴 마라의 죽음이라는 그림으로 유명한 장폴 마라도 이 파벌에 속했다.

으로 돌아가야만 했다. 그렇다보니 중간 귀족 계층은 귀족의 직위를 세습하기 위해서 열심히 노력했고, 여기서 체계적인 근대식 교육이 탄생했다고도 한다. 이런 상황이다보니 변호사의 자식은 변호사가 되고, 은행가의 자식은 은행가가 되는 방식으로 중간 귀족 계층인 부르주아지 계급이 탄생했다.

이런 중간 계층을 독일에서는 융커, 프랑스는 부르주아지, 영국에서는 젠틀맨이라고 부른다. 물론 하는 역할이나 종사하던 일은 달랐지만, 새롭게 떠오르는 계층인 것에는 변함이 없다. 영국의 경우 귀족들이 사업에 나서 돈이 돈을 낳았지만, 프랑스는 귀족이 사치스러운 일만 하는 바람에 귀족들이 많이 몰락했다고 한다. 때문에, 부르주아지가 이를 파고들어 신흥 세력으로 부상할 수 있었다. 이들이 귀족들과 다른 점이 있다면, 중간 귀족(부르주아)의 신분을 계속 유지하기 위해서 피나는 노력과 자식 교육을 병행한 엘리트 계층이었다는 것이다. 로베스피에르도 이런 배경으로 지방 판사로 시작해 변호사로 성공을 거두었다. 가난한 사람들에게는 무료 법률 상담과 무료 변론까지 해주면서 인기를 얻었으나, 가진 자들에게는 원리원칙주의적인 태도로 법은 누구를 위한 것이냐 물으며 자신의 의견을 적극 어필했다. 이에 부르주아 계급은 그를 경계하기 시작했다.

로베스피에르는 사형제 폐지 법안을 제출한 적이 있고, 연좌제[2] 형벌을 금지하는 등의 활동을 했다. 이는 인권 변호사가 할 법한 행동들이라고 볼 수 있겠다. 이것들 외에도 봉건제 폐지, 제한 선거 철폐, 귀족들이 탈취한 토지반환 운동, 반왕정 운동 등을 했다. 중세 시대에서 근대로 넘어가는 가장 중요한 길목에서 지대한 영향을 끼친 것이 바로 로베스피에르라는 생각을 하게 만드는 대목이다. 다만 너무 급진적이었다는 것이 문제였다. 이는 불의와 타협하지 않는 원리원칙주의자인 그의 성격이 반영된 결과로 보인다.

---

[2] 죄인의 죄를 가족이나 친척들까지 묻는 제도이다. 우리나라도 연좌제 때문에, 피해를 본사람들이 많았다. 만약 친척이 큰 죄를 짓게 되면, 그때부터 자신들의 가족까지 연좌제로 몰려서 취업, 정부 사업 혜택 등 모든 것이 막힌다.

그림 2 단두대에 의해 참수당하는 마리 앙투아네트

로베스피에르는 인권 변호사를 하면서 얻은 인기를 통해 혁명 정부를 세우고, 그 수장이 될 수 있었으며, 그 과정에서 시민들의 인기를 얻기 위해 귀족들을 처형하는 등의 행동을 했다. 여기에는 억울하게 죽은 (이제는 대부분 누명이라고 여기고 있다.) 마리 앙투아네트와 남편인 루이 16세도 포함되었다. 로베스피에르는 자코뱅당을 이끌면서 혁명을 주도했고, 국민 군대의 필요성을 역설하여 국민 군대를 창설하기도 했다.

당시 혁명 정부에게는 군대가 꼭 필요했다. 프랑스의 왕과 왕비가 처형당하자, 유럽의 국가들은 매우 과격해 보이는 프랑스 혁명 정부를 경계했기 때문이다. 특히 마리 앙투아네트가 불명예스러운 오명을 쓰고 처형당하자, 그녀의 조카인 프란츠 2세는 막내 고모의 죽음과 동시에 혁명의 불길이 자신들에게 미칠 것을 두려워해 군대를 보내려 준비하고 있었다. 그러자 주변의 다른 국가들도 프랑스 혁명 정부에 대항하고자 군대를 보낼 준비를 했다. 그래서 로베스피에르는 국민 군대를 창설한 것이다. 창설된 국민 군대는 혁명의 불씨를 더 지피게 되었고, 곧 전쟁의 서막이 열리려 하고 있었다.

프랑스의 왕과 왕비가 결과적으로는 처형되었지만, 바렌느[3] 사건이 터지기 전까지는 프랑스의 국민은 어떻게 국왕을 처형할 수 있느냐며 선뜻 동의하지 않았다. 하지만 바렌느 사건이 터지면서 로베스피에르의 연설과 함

---

[3] 바렌느 사건은 1791년 6월 20일부터 22일 사이에 일어난 사건으로 당시는 프랑스 대혁명 시기였다. 프랑스의 국왕 루이 16세는 혁명이 걷잡을 수 없이 커지자 자신의 신변에 위협을 느꼈고, 자신의 처가인 오스트리아로 망명하려고 시도했다. 이 계획은 잘 되는 듯했으나, 국경지대에 있던 바렌느에서 들켜 다시 궁전으로 돌아가게 되었고, 이 사건 때문에 국왕 부부는 반역자로 몰려 처형당하는 빌미를 제공하고 말았다.

께 국민들의 마음은 왕을 처형하자는 쪽으로 돌아섰고, 결국 루이 16세와 마리 앙투아네트를 비롯한 왕족, 귀족 등을 단두대로 처형하기에 이른다.

이후 로베스피에르의 공포정치가 시작되었고, 철저한 도덕을 원칙으로 범죄와 약탈, 도적질까지 엄하게 다스렸다. 약탈, 강간, 뇌물 수수와 같은 범죄를 저지르는 자는 공개된 장소에서 교수형에 처하게 했고, 자신들의 반대파들도 모두 단두대로 보냈다. 로베스피에르는 루이 16세를 처형한 직후 1년 동안 17,000명을 단두대로 보내 처형했고, 지방에서는 반혁명파 3만 명 이상을 처형했다. 이후 반혁명의 중심지였던 방데를 진압하는 과정에서 한 번에 25만 명이 학살당하기도 했다. 이 학살은 근대적 학살의 효시로 기록될 정도로 잔인했다고 알려져 있다. 공포정치의 말로는 좋지 못하다고 했던 것처럼 결국 로베스피에르의 폭정에 불만을 품은 세력에 의해 테르미도르 반동이 일어나게 되고, 로베스피에르는 붙잡혀 단두대에 처형당하고 만다. 당시에 권총이 그의 턱을 관통해 단두대에 처형당하기 직전에는 아무런 말도 할 수 없었다고 한다. 아이러니한 것은 이 테르미도르 반동으로 영향력을 키운 인물이 나폴레옹 보나파르트인데, 그를 군대의 높은 직책으로 올라갈 수 있게 도와준 인물이 로베스피에르였다.

▌공포정치와 다른 행보들

앞에서도 잠깐 언급한 것처럼 로베스피에르는 공포정치만 했던 것은 아니다. 기회의 평등권 보장, 노예제 폐지, 식민주의 반대 등의 행보를 통해 근대 사회로 넘어가고자 하였고, 그의 이런 신념과 정책이 나폴레옹 같은 하급 귀족이 프랑스 황제가 될 수 있는 발판을 만들기도 했다.

이런 면에서 로베스피에르는 근대의 기틀을 다진 인물로 재평가될 수도 있다. 그는 남들보다 철저한 도덕적 기준을 가지고 살았고, 여자관계가 문란하기로 유명한 프랑스의 지도자들(프랑스의 지도자들 중 로베스피에르를 비롯한 극히 일부만이 여자 문제가 없었다고 한다.)과는 달리 여자관계도 매우 깨끗했고, 청빈한 삶을 살았다고 한다. 로베스피에르의 인생에 있었던 유일한 여성은 당시 자신이 거주하고 있던 집의 집주인 딸뿐이었다고 한다. 그는 그녀와 약혼했지만, 로베스피에르가 테르미도르 반동으로 처형되면서 아쉽게도 그의 사랑은 이루어지지 못했다.

로베스피에르는 모든 사람들이 자신처럼 청렴결백한 삶을 살 수 있다고 생각했던 것 같다. 그런 성격 탓에 너무 꽉 막힌 정치를 했고, 이것이 공포정치로 바뀌어 말미에는 단두대의 이슬로 사라졌다.

▌ 로베스피에르가 등장하는 게임 썰

그림 3 〈어쌔신 크리드 유니티〉에 등장하는 로베스피에르

프랑스 대혁명을 배경으로 하는 게임으로 〈어쌔신 크리드 유니티〉가 있다. 여기선 로베스피에르도 등장한다. 로베스피에르는 템플러였고, 생각보다 그의 비중은 너무 적었다. 그냥 메인 스토리 후반부에 등장해 주인공의 연인이었던 엘리즈 드 라 세르가 쏜 권총에 턱이 관통당하는 것만 나왔다. 이 부분은 아쉬운 대목이다. 협동 미션에서 영상으로 최종 흑막처럼 나왔지만, 막상 메인 스토리에서 등장하는 장면은 얼마 없었기 때문이다.

그래서 〈어쌔신 크리드 유니티〉에서는 로베스피에르를 공포정치를 한 인물로만 묘사했다. 그럴 수밖에 없는 것이 〈어쌔신 크리드 시리즈〉에서는 템플러가 악역으로 나왔기 때문에, 템플러인 로베스피에르는 당연히 그의 생전 행보인 공포정치를 부각해 보여줄 수 밖에 없었기 때문이다. 솔직히 말해서 많이 아쉽다. 로베스피에르를 매우 입체적인 인물로 묘사할 수 있는 역사적 사실과 기회가 있었다고 생각하기 때문이다.

로베스피에르는 사치를 피하기 위해서 차(Tea)에 설탕도 넣지 않을 정도로 청렴하고 도덕적인 인물이었다. 하지만 그는 자신에게 빗대어 지나치게 엄격한 잣대로 모든 사람을 대했다. 그 결과 수많은 사람이 단두대의 이슬로 사라졌고, 급기야는 근대적 학살의 시초를 만들어내기까지 했다. 그가 행한 공포정치는 프랑스 대혁명의 어두운 면을 적나라하게 드러냈고, 이에 민중 혁명의 시대는 끝이 났다.

하지만 로베스피에르의 이상적인 사상은 역사에 많은 영향을 끼쳤다. 그의 혁명 이후로 하급 귀족인 나폴레옹이 황제가 될 수 있었으며, 노예제 폐지와 식민주의 반대, 기회의 평등권은 지금까지 이어져 기본 인권의 초석이 되었다. 이상적인 세상을 만들지 못했던 로베스피에르 개인의 인생은 불행한 결말을 맞이하게 되었지만, 그의 사상은 남아 세상을 더 이롭게 만들었으니 의미는 있었다고 생각한다.

대륙을 지배한 사나이

칭기즈칸
Chingiz Khan

칭기즈칸
Chingiz Khan

▎유라시아 대륙을 평정한 칭기즈칸의 초기 생애

그림 1 칭기즈칸 - 테무진

90년대 레트로 게임 〈삼국지 조조전〉을 기반으로 제작된 〈칭기즈칸전〉은 역사 게임마니아 사이에서 명작으로 손꼽히고 있다. 칭기즈칸의 일대기는 그 넓은 정복지만큼이나 흥미롭다.

칭기즈칸은 유라시아 대륙에 이름을 떨친 정복자다. 그의 군대가 지나간 곳은 폐허와 곡소리만 남았다. 하지만 이런 악한 면모에도 불구하고, 칭기즈칸은 게임에서 악당보다는 주인공이나 영웅으로 묘사되는 경우가 많다. 칭기즈칸의 인생이 어떻기에 많은 도시를 파괴했음에도 영웅으로 남았는지, 알아보자.

우리는 칭기즈칸이라는 이름으로 그를 알고 있다. 칭기즈칸은 이름이 아니라 칭호에 불과하고 실제 이름은 '보르지긴 테무진'이다. 칭기즈칸이라는 이름은 '**전 세계의 군주**'라는 뜻을 가진 칭호 혹은 대칸[1]을 지칭하는 칭호라고 이해하면 된다. 칭기즈칸은 오논 강(러시아와 몽골을 흐르는 강) 부근 지역에 거주하던 유목 민족을 유라시아 전체를 평정한 대제국으로 만든 인물로 오늘날까지 몽골에서는 그를 위대한 인물로 여기고 있다.

칭기즈칸의 초기 생애를 살펴보면 탄생부터 매우 독특하다. 칭기즈칸의 어머니인 호엘룬은 원래 메르키트족 칠레두의 아내였는데, 친정으로 가던 중 보르지긴 씨족의 예수게이에게 납치되어 아내가 되었다. 이 시기는 약탈혼이 흔했다.

---

1) 대칸은 민족의 언어에 따라 카간, 가한, 대칸으로 불렸다. 이것은 몽골계, 타타르계, 튀르크계 유목민 국가에서 황제를 지칭하는 칭호다. 일반적인 칸은 왕이고, 대칸은 황제다.

중세 유럽에서도 약탈혼(납치혼)이 종종 있었다.(이 경우에는 첩으로 들이는 것으로 보임) 그런 약탈혼 풍습이 〈크루세이더 킹즈 3〉에서 일어난다. 저번에 게임을 하다가 수도를 공격당했는데, 아내가 없어서 보니 아내가 내 영지를 공격한 지도자의 첩이 되어있었다. 단순한 게임이었는데도 필자는 엄청난 분노를 경험했다.

아마 칠레두 또한 비슷한 감정을 느꼈을 것이다. 이런 약탈혼은 유목 사회에서는 매우 흔한 일이었고, 현대에는 중범죄로 다스려진다.(이와는 반대로 여성이 마음에 드는 남성을 아버지와 함께 납치하기도 했다. 과거 러시아 지역에서 많았다고 알려져 있다.)

칭기즈칸의 어머니인 호엘룬이 약탈혼으로 예수게이에게 시집가 그 사이에서 태어난 아이가 보르지긴 테무진이다. 테무진이라는 이름은 당시 아버지 예수게이가 타타르족과의 전투에서 승리하고 적장이었던 테무진 우게의 이름을 따서 붙인 이름이다.

일부 학자들은 테무진이라는 이름은 대장장이라는 뜻으로 해석되기 때문에 유목 사회에 쇠가 중요하다는 것을 반영한 것일 수 있다는 주장을 하기도 했다. 부모님의 만남과 자신의 탄생(이름)이 평범하진 않았던 칭기즈

그림 2 1206년 봄 오논강에서 열린 쿠릴타이에서 칸으로 추대된 테무진

칸은 얼마 안 가 불행한 일을 겪는다. 아버지 예수게이가 타타르족에게 독살되고 만 것이다. 이후 칭기즈칸의 부족민들은 예수게이의 정적인 타이치우트 일가를 이용해 칭기즈칸 가족의 권력을 빼앗았고, 이때 그의 가족들은 극심한 가난을 경험한다.

가난한 생활을 하면서도 칭기즈칸은 물러서지 않았고, 그의 뛰어난 지휘력과 군사적 지식, 토그릴 완 칸(아버지 예수게이와 의형제)의 지원 등으로 급부상할 수 있었고, 몽골 초원 지역을 평정했다. 반란

이 일어나기는 했으나, 빠르게 진압했고 자신들의 정적을 모두 숙청해 후환을 없앤 칭기즈칸은 오논강에서 열린 쿠릴타이[2](대족장회의)에서 칭기즈칸으로 추대되었다.

▌칭기즈칸의 원정과 그와 관련된 흥미로운 사실들

칭기즈칸의 몽골 제국은 중국을 비롯해 중동, 러시아, 동유럽, 시베리아, 중앙아시아 지역들을 평정해 대제국을 만들었다. 물론 모든 것이 그의 생전에 이루어진 것은 아니다. 하지만 그가 생전에 점령한 영토는 어마어마한 것이라고 볼 수 있다. 가장 큰 것은 카스피해와 아랄해 사이에 있던 호라즘 제국을 정복한 일이다.

지도 1 1227년 칭기즈칸 사망 당시 몽골제국

엄밀히 따지면 호라즘 제국은 칭기즈칸 사후에 멸망했지만, 사실상 그의 공격으로 인해 완전히 황폐화되어 멸망의 길을 걸을 수밖에 없었다. 거기다 당시 호라즘 제국은 상당히 강력한 제국으로 손꼽히고 있었는데, 그런 국가를 상대로 잔인하다는 말이 무색할 정도로 학살과 파괴를 자행한 칭기즈칸과 몽골 제국은 악명이 생기기 시작했다. 서하[3]를 상대로도 사실상 멸족에 가까운 학살을 자행하기도 했다. 이처럼 칭기즈칸이 행한 정복 사업은 그에서 끝난 것이 아니라 칭기즈칸 사후까지 이어진 거대한 프로젝트였다.

---

2) 쿠릴타이는 중세부터 근세까지 개최된 몽골의 정책결정 최고기관으로 보통 여기서 대칸을 결정한다. 혹은 중요한 원정이나 결정해야할 사안이 있을 때 쿠릴타이를 열어 결정했다.

3) 서하는 지금은 존재하지 않는 국가로서, 1038년부터 1227년까지 중국 북서부 간쑤성과 산시성에 위치한 탕구트족 왕조였다. 이들은 티베트의 분파로 스스로 황제로 칭하기도 할 정도로 강력한 국가였다. 중국을 침략해 영토를 넓히기도 했던 서하는 당시 중국의 송나라를 침략했었다. 하지만 몽골 제국의 툴루이에게 멸망했다. 서하의 멸망은 몽골 제국에게 반항하면 어떻게 되는지 보여주는 사례이다.

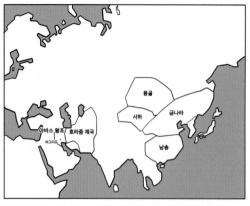

생전에 칭기즈칸이 정복한 지역은 금나라(북중국), 서하(중국과 호라즘 사이에 있던 국가), 호라즘 제국 등이다. 일부는 칭기즈칸이 부장들에게 정복을 맡기거나 그의 사후에 완료되었다. 금나라의 경우 칭

지도 2 대략 12010년 즈음의 세계 판도 (몽골과 관련된 국가들)

기즈칸이 죽고 나서 완벽하게 평정되었고, 서하나 호라즘은 그의 생전과 사망 직후에 사실상 평정한 상태였다.

서하의 경우 호라즘을 정벌하러 가는 칭기즈칸의 군대를 2번이나 돕지 않아 그를 화나게 했고, 칭기즈칸이 호라즘을 정복(황폐화)한 후에 멸망당했다. 사실 서하의 입장에서는 이제 막 등장한 신생 유목 민족 국가가 당시 최강이던 호라즘 제국을 이길 수 없을 거라 판단했기 때문에, 전쟁을 돕지 않았다. 하지만 역사는 서하의 편을 들어주지 않았고, 칭기즈칸의 군대는 서하를 멸망시켰다.

당시 서하의 노인, 아이, 여자, 남자 할 것 없이 모두 학살당해 현재 중국에서 서하인의 유전자를 가진 후손을 발견하는 것은 매우 어렵다고 한다. 다만 일부 살아남은 서하인들이 원나라 시기에 색목인[4]으로 편입되었다고는 하지만 사실상 서하인에게는 회생 불가능한 정도의 피해였다. 역사에서 정복자가 정복한 국가의 민족을 멸족시키는 경우는 찾아보기 힘든 일이기 때문에, 몽골 제국이 얼마나 잔인하고 끔찍한 정복자였는지 알 수 있는 사례이다.

---

4)　색목인은 몽골인을 제외한 나머지 민족 중에서 몽골 제국에서 중간계층 혹은 준지배계층을 부르는 명칭이다. 이들은 보통 몽골 제국에게 항복하거나, 그들의 정복을 도운 민족들이 해당한다. 몽골 제국의 원정을 도운 이슬람계 상인들과 항복을 권유할 때 항복했던 민족들은 색목인으로서 몽골 제국의 중간관리자 계층이 되었고, 저항했던 호라즘과 서하는 아예 멸망 혹은 멸족당했고, 중국의 경우 너무 커서 다 죽이지는 못하고, 철저하게 최하층 계급으로 차별했다.

호라즘 제국이 멸망한 이유는 호라즘 제국의 샤(황제)가 거만했던 것도 있고, 빠른 정복 전쟁으로 영토는 넓어졌지만, 내정을 관리하지 못한 책임도 있었다. 거기다 칭기즈칸의 뛰어난 전략 전술과 기만술까지 더해져 중앙아시아 강대국이던 호라즘 제국이 너무 허망하게 멸망했다. 당시 호라즘 제국과 사이가 좋지 않던 아바스 왕조에서 몽골 제국에게 정보를 준 것도 영향이 있었다.

칭기즈칸의 군대는 그의 사망 후에도 계속해서 정복 전쟁을 펼쳤다. 아랍지역은 맘루크 왕조(이집트 지역)를 제외하고 모두 정복당했고, 이슬람 세계의 중요한 도시던 바그다드는 항복을 거절하고 항전하다가 대학살을 당한다. 바그다드는 이슬람권에서 문화의 중심지, 교역

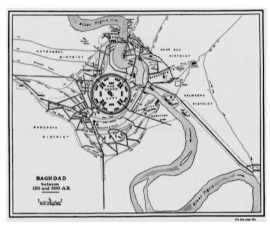

그림 3 767년에서 912년 사이의 원형 도시 바그다드

의 중심지로 한때는 인구가 200만 명에 육박했다고 여겨질 정도로 거대한 노시였지만, 이슬람 세력들의 다툼으로 인해 쇠퇴의 길을 걸었고, 칭기즈칸의 군대가 들어오면서 흔적도 없이 도시와 사람 모두가 사라지고 말았다.

이슬람 국가들이 있는 지역은 과거 메소포타미아 문명이 있던 지역이라 뛰어난 기술과 건축물들로 번영한 지역임에도, 현대에는 많은 것이 소실되었다. 그 이유가 알렉산더 대왕의 동방 원정 당시 철저하게 파괴된 페르시아 문명, 칭기즈칸의 몽골 제국 원정 당시 행해진 파괴와 학살 때문이라 말해도 틀리지 않을 것이다. 이후 오스만 제국이 바그다드를 차지하기도 했지만, 과거의 영광을 되찾기는 어려웠을 것이다. 몽골군에 의한 바그다드 대학살로 수많은 기술과 도시 유지에 필수적인 건축물들이 소실되었을 테니 말이다.

최근에 유비소프트에서 공개한 정보에 따르면, 〈어쌔신 크리드 발할라〉

의 후속작으로 〈어쌔신 크리드 미라지〉가 2023년에 발매된다고 한다. 이 게임은 〈어쌔신 크리드 발할라〉에서 등장한 감추어진 존재의 멘토 바심의 젊은 시절을 다루고 있다. 따라서 〈어쌔신 크리드 미라지〉의 배경은 바그다드이다. 과거 〈어쌔신 크리드 시리즈〉와 동일한 시스템으로 돌아간다고 하여 필자는 매우 기대하고 있다. 개인적으로 21세기를 살아가는 우리에게 바그다드는 몽골 제국이 파괴한 후의 모습이라 과거의 위용을 느낄 수 없는데, 이번에 〈어쌔신 크리드 미라지〉에서 800년대의 아바스 왕조 당시 찬란했던 바그다드를 볼 수 있어서 많은 기대를 하고 있다. 무엇보다 〈어쌔신 크리드〉 시리즈는 1:1 관광 시뮬레이터라는 별명이 있기에 어떻게 바그다드를 표현할지 궁금하다.

청기즈칸의 원정으로 인해 우크라이나, 카자흐스탄, 투르크메니스탄 같은 지역에서는 주민들의 Y염색체가 원주민의 것이 아닌 몽골 유전자에 가까운 것으로 나타났다고 한다. 결과에 따르면 8~13세기에 존속했던 어느 몽골 계통의 남성을 조상으로 하는 유전자가 많이 발견되었다고 하는데, 당시 몽골군이 해당 지역들을 휩쓸면서 해당 지역의 여성들을 첩이나 부인으로 받아들이거나, 강제로 취했던 것으로 보인다.

흥미로운 사실은 청기즈칸의 군대가 유라시아 지역을 휩쓸면서 수많은 지역 여성들을 범했을 가능성이 있지만, 기록상 청기즈칸은 그의 부하들에 비해 상대적으로 여성은 취하지 않았다.(지도자에 대한 내용은 검열이 있을 수 있어 다 믿을 수는 없다.) 이는 아마 자신의 첫 번째 부인이었던 보르테가 메르키트족에게 약탈혼(혹은 납치)을 당한 것을 경험했기 때문일 것이다. 자신의 어머니와 아내가 약탈혼을 경험한 이후 청기즈칸은 약탈혼을 금지했다고 하니 그의 부하들은 몰라도 그는 점령지의 여성들을 취하지 않았을 것이다.(강제로 하지 않았다는 것이지 아예 안했다고 보기는 또 어렵다.)

청기즈칸의 군대는 철저하게 항복을 권하고 이에 응한 부족이나 국가는 동맹 혹은 연맹(몽골 제국에 소속시킴)의 형태로 상당히 좋은 처우를 해주었다. 이들은 색목인으로 분류해 몽골 제국의 행정을 맡기기도 했다. 하지만 이를 거부하고 항쟁하는 국가나 부족들은 철저하게 파괴했는데, 대표적인 예가 서하와 바그다드의 대학살이다. 이러한 연유로 이 당시 멸망하거나 멸족당한 국가와 부족이 많았고, 이는 현대까지도 후손이나 유적을 찾아보기 어렵게 만들었다. 이렇다 보니 몽골군에게 환경 전사라는 타이틀이 붙기도 했다. 수많은 사람이 한순간에 죽고, 도시가 사라지니 배출되는 이산화탄소가 줄어버렸기 때문이다. 지구에는 좋은 영향을 주었지만, 인류는 찬란한 유산을 잃어버렸던 셈이다.

칭기즈칸은 지도자로서 대단한 인물이었다고 할 수 있다. 신분과 관계없이 능력 있는 자를 등용하고, 능력이 없는 자는 계급을 강등시키기도 했다. 다른 종교들(이슬람, 기독교, 조로아스터교, 다신교 등)을 존중했고, 몽골족이 아닌 이민족들도 받아들였다. 금나라 사람이었던 야율초재를 특히 아꼈다고 하는데, 야율초재의 학식을 잘 이용했다고 할 수 있다. 무엇보다 칭기즈칸의 장점은 남의 말을 경청할 줄 알고, 이를 잘 활용할 수 있었다는 데에 있다.

칭기즈칸은 여러 매체에서 등장한다. 아예 칭기즈칸이라는 제목의 노래도 있었다. 게임에서도 칭기즈칸은 매우 많이 등장하는데, 〈에이지 오브 엠파이어 2〉에서는 몽골 제국 캠페인이 등장하고, 칭기즈칸이 등장

그림 4 〈어쌔신 크리드 에지오 컬렉션〉에 등장하는 칭기스칸을 암살했다는 암살자 쿼란 갈의 석상

한다. 대부분 몽골 제국이 게임에 등장하는 경우는 많아도 칭기즈칸이 게임에 등장하는 경우는 상대적으로 적다. 특히 요즘에 발매된 게임에서는 더더욱 적다.

〈에이지 오브 엠파이어 2〉에서도 초반에 잠깐 등장하지만, 이후에는 또다른 인물들이 등장한다. 〈에이지 오브 엠파이어 4〉에서도 칭기즈칸은 언급

만 될 뿐 대부분 수부타이나 제베가 등장한다. 〈삼국지 시리즈〉에서는 가끔 추가 무장으로 등장했다. 다만 능력치가 기존의 장수들보다 낮게 책정되는 경우가 많다. 아예 칭기즈칸의 이름이 게임의 제목인 경우도 있었다. 〈징기스칸 4〉라는 게임이 거의 최신작으로 보이지만, 1998년에 발매되어 매우 오래되었음을 알 수 있다. 이외에도 단골로 등장하는 〈어쌔신 크리드 시리즈〉에서는 1편의 주인공인 알테어 이븐 라 아하드가 템플러인 칭기즈칸을 죽이기 위해서 동쪽으로가 알테어의 아들과 동료 암살자 쿼란 같이 칭기즈칸을 암살한 것으로 언급되기도 한다. 〈문명 5〉에서는 몽골 문명의 지도자로 등장하기도 했으며, 〈크루세이더 킹즈 시리즈〉에서도 몽골 제국으로 등장했다.

칭기즈칸은 유라시아 대륙을 평정한 몽골 제국의 초대 대칸으로 역사에 남아있다. 초년 시절에 수많은 위기를 겪었음에도 살아남아 유라시아 대륙을 평정했다는 사실은 정말 경이롭다고 할 수 있다. 그는 죽기 전 성벽을 쌓고 안으로 들어가 살지 말라고 했다. 실제로 역사에서 유목 민족들이 성벽을 쌓고 들어가 살기 시작한 국가들은 모두 멸망했다. 언젠가 모든 것이 멸망하는 것이 사실이지만, 칭기즈칸과 유목 민족들 사이에서 나온 말은 성벽을 쌓고 안으로 들어가 사는 순간 유목 민족의 특성이 사라지면서 강력한 군사력도 자연스레 약해진다는 것을 말한 것으로 보인다. 추가로 자연스레 사치를 일삼게 된다는 이유도 있다.

칭기즈칸의 역사를 통해 유목 민족들은 강력한 지도자가 등장하면 강해진다는 사실을 알 수 있다. 강력한 지도자가 등장하면 유목 민족, 정주 민족을 가릴 것 것 없이 모두 강력해지겠지만, 유독 유목민족이 이런 경향이 두드러지게 나타난다. 무엇보다 칭기즈칸이 대정복 사업을 할 수 있었던 것은 개인의 카리스마와 재능도 있었지만, 자신보다 뛰어난 부하들의 말을 경청하고, 신분과 민족에 상관없이 인재를 등용하는 것이 가장 크다고 할 수 있다. 오늘날의 리더들도 칭기즈칸의 이러한 모습을 본 받아야 한다는 생각을 해본다.

2차 세계 대전의 기인

존 바실론 하사
John Basilone

▌ 존 바실론의 초기 생애

그림 1 해병대 군복을 입은 존 바실론

혼란한 세상이 영웅을 낳는지, 영웅이 혼란한 세상을 만드는지는 모르겠지만, 전쟁은 영웅을 만들어낸다. 그래서 실제 전쟁의 영웅을 모티브로 게임 주인공을 만들어내는 일은 빈번하게 일어난다. 이번에 소개할 '존 바실론 중사'는 전쟁 속에서 태어난 게임 속 주인공 같은 인물이다.

1910년대, 1차 세계 대전이 일어나면서 세상이 혼란스러워지자 전장이 아니었던 미국의 위상이 상승하고, 사람들은 아메리칸 드림을 꿈꾸기 시작했다. 이런 사회적 분위기 속에서 존 바실론 가족도 미국으로 이주했고, 존 바실론은 1916년 11월 4일 뉴욕 버팔로에서 태어났다.

존 바실론의 가족과는 시기가 조금 안 맞을 수 있으나, 〈마피아 2〉라는 게임에서 등장하는 주인공 비토리오 안토니오 스칼레타라는 인물의 이야기가 전형적인 아메리칸 드림이다.(이쪽은 절망편) 스칼레타는 7살에 가족과 함께 미국으로 이주했지만, 아버지는 열심히 일만하다 사망했고 비토는 불량배가 되고 만다.

불량배가 된 주인공은 범죄가 발각되어 경찰에 체포되었고, 감옥에 가지 않는 대신 2차 세계 대전에 투입되었다.

허스키 작전이라고 불리는 실존했던 시칠리아섬 침공 작전에 스칼레타가 투입된 시점부터 게임이 진행된다. 비토 스칼레타의 나이를 계산해 보면 존 바실론과 비슷한 시기를 살았지만(비토 스칼레타는 가상의 인물) 존 바실론이 조금 더 나이가 많은 것으로 보인다.

10명의 중 6번째 자식으로 태어난 존 바실론은 18살이 된 1934년에 미육군에 입대해 필리핀에서 3년간 복무를 한다. 필리핀에서 3년간 복무한 존 바실론은 미국으로 돌아와 메릴랜드 주 레이스터타운(Reisterstown)에서 트럭 운전사로 일했다. 그는 약 3년간 트럭 운전사로 일하다 다시 마닐라로 돌아가고 싶어했고, 해병대에 복무하면 더 빨리 돌아갈 수 있을거라 판단했다. 그래서 존 바실론은 1940년 메릴랜드주 볼티모어에서 해병대로 입대한다. 모집 훈련을 마친 존 바실론은 관타나모만[1]으로 갔다가 솔로몬제도[2]의 과달카날에 보내졌다.

▌전설의 시작 과달카날 전역

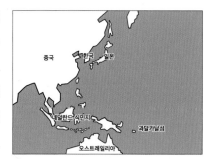

지도 1　1942년 태평양 지도

　　존 바실론이 투입된 과달카날섬은 일본군의 남방 작전[3]에 매우 중요한 거점이었다. 만약 일본군이 과달카날 남쪽으로 더 진군하게 되면 사실상 호주와 뉴질랜드가 위험해질 수 있었기 때문이다. 당시 일본군은 이곳에 비행장을 짓고 있었다. 그래서 미국을 포함한 연합군은 일본군의 진격을 막고, 반격하기 위해 과달카날을 공격한다.

---

1)　관타나모만은 지금의 쿠바가 위치한 쿠바섬 동부의 관타나모주에 있는 지역으로 미국이 쿠바와 조약을 맺어 영구임대했다.

2)　솔로몬 제도는 오세아니아(호주) 대륙의 북동쪽에 섬들이 모여있는 제도로 파푸아뉴기니 섬의 오른쪽에 있다. 이 지역은 1568년에 스페인의 항해가인 알바로 데 멘다냐가 처음 도착해 솔로몬 제도라고 이름을 지었다.

3)　남방 작전이란 일본 제국이 동남아시아를 점령하려고 입안한 작전을 말한다. 남방 작전은 일본군의 중요한 작전 중 하나였고, 실제로 일본 제국은 남방 작전을 추진했다. 1941~1942년까지 이루어졌는데, 자원 수입이 막히게 되자 자력으로 석유나 고무 같은 전략 자원을 얻기 위해서 일본 제국이 실시한 작전이라고 할 수 있다. 다만 육군과 해군의 갈등과 실수, 오판 등이 쌓이면서 일본 제국이 패망하게 만드는 원인 중 하나가 되었다고 할 수 있겠다.

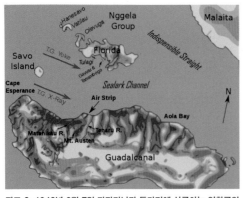

지도 2 1942년 8월 7일 과달카날과 툴라기에 상륙하는 연합군의 경로

1942년 8월부터 연합군과 일본군은 본격적으로 과달카날섬에서 맞붙었다. 하지만 수적 열세에도 불구하고 일본군은 연합군에게 승리한다. 전쟁은 교착 상태에 빠져 진전이 없었다. 연합군은 전황을 역전시킬 한 방이 필요했고, 이때 존 바실론 중사가 있던 부대가 과달카날에 투입되었다.

과달카날 전역에서 존 바실론은 아주 큰 공로를 세운다. 과달카날 전역이 시작된 지 얼마 되지 않았던 1942년 10월 24일 헨더슨 필드 전투(원래는 일본군이 건설하던 비행장)에서 존 바실론의 부대는 중기관총, 기관총, 수류탄 및 박격포 등을 사용해 일본군 2사단 약 3,000여 명의 병사들의 공격에 맞섰다. 존 바실론의 부대는 거의 3일 동안 치열한 전투를 치른다.

전투가 진행될수록 존 바실론의 부대는 탄약이 극도로 부족해졌고, 설상가상으로 후방으로 침투한 일본군에 의해 보급선까지 끊기게 된다. 이 상황에서 바실론은 적진을 헤쳐나가 중기관총 사수들에게 필요한 보급품(탄약)을 조달했다. 존 바실론 자신도 중기관총을 이용해 적극적으로 싸웠다. 바실론은 구조대가 도착할 때까지 방어선을 유지하면서 다른 기관총도 수리했다고 하며, 이 전투에서 일본군은 전멸에 가까운 피해를 받았다. 전투에서 존 바실론은 M1917 브라우닝 중기관총을 직접 양손에 들고 일본군들을 공격했다고 전해진다.

HBO에서 〈밴드 오브 브라더스〉 드라마가 흥행하자, 태평양 전구를 배경으로 한 '더 퍼시픽'을 제작했다. 여기서 존 바실론이 등장하는데, 앞서 말한 전투가 드라마에서 나온다. 다만 드라마에서는 존 바실론의 활약이 조금 축소되어 묘사되는데, 그 이유는 기록과 증언을 바탕으로 한 존 바실론의 실제 활약을 드라마에 다 표현하면 시청자들이 비현실적이라고 생각할 수 있을 정도라 그랬다고 한다.

과열되면 뜨거워지는 중기관총을 양손에 든 채 일본군들을 처치했던 모습이나, 과달카날 전역 핸더슨 필드 전투 둘째 날에 탄약이 떨어진 것을 확인하고 권총과 마체테를 사용해 진지를 공격하는 일본군들을 막았다는 이야기는 상당히 허무맹랑하게 들릴 수 있다. 하지만 기록과 당시의 증언에 의하면 실제로 그가 중기관총을 양손에 들고 사격했다는 것이 사실이다.

과달카날 전역에서의 공로를 인정받아 존 바실론은 미군이 받을 수 있는 최고의 무공 훈장인 메달 오브 아너 훈장을 수훈 받는다. 이 전투에 대해 일병 내시 W 필립스가 남긴 말에 따르면,

> 바실론은 3일 밤낮 동안 잠도, 휴식도, 음식도 없이 기관총을 소지하고 있었다. 그는 좋은 위치에서 기관총을 쏘는 것은 물론이고 권총을 사용하는 등 일본군들을 곤란하게 만들었다.

존 바실론의 행적을 보면 흡사 게임 〈콜 오브 듀티 월드 앳 워〉의 플레이어를 보는 듯하다. 〈콜 오브 듀티 시리즈〉 게임은 한 명의 군인이 영웅적인 행동을 통해 전선을 바꾸는 듯한 묘사로 캠페인이 진행되는 경우가 많았는데, 사실상 존 바실론의 행보는 〈콜 오브 듀티 월드 앳 워〉의 태평양 전구에서 미군이 하는 행동과 비슷하다.

한편으로 존 바실론의 활약도 있지만, 그의 활약이 가능했던 것은 일본군 전략의 문제도 있었다. 일본군은 육군과 해군이 서로 오랫동안 갈등을 빚고 있는 상황이라 서로를 견제하는 경우가 많았다. 거기다 흔히 반자이 돌격[4]이라고 말하는 전략을 사용했던 것도 문제가 있다. 만약 일본군이 반

---

4) 반자이 돌격이란 2차 세계 대전(태평양 전쟁) 당시 일본군이 사용하던 전술을 말한다. 포위된 상황에서 돌파하거나, 적의 진형 중심을 뚫고자 할 때 사용된 전술이다. 총검과 카타나를 들고 돌격하는데, 사실상 자살 돌격이다. 반자이는 일본어로 '만세'다. 반자이 돌격이라는 이름이 붙은 이유는 일본군이 보통 '천황 폐하 만세'라고 외쳤기 때문이다. 일본어로는 '덴노 헤이카 반자이'이다. 아마 게임에서 들어봤을 것이다.

자이 돌격 대신 제대로 된 전술로 싸웠다면, 미군은 살아남기 어려웠을 것이다. 하지만 일본군은 그러지 못했고, 이오지마 전투를 제외하고는 미군에게 피해를 많이 주지도 못했다.

〈콜 오브 듀티 월드 앳 워〉 말고도 태평양 전쟁을 다루고 있는 게임들이 있다. 〈배틀필드 5〉는 2차 세계 대전을 배경으로 게임이 진행되며, 태평양 전선도 등장한다. 이오지마, 태평양 폭풍, 웨이크 아일랜드라는 이름의 3가지 맵이 태평양 전선이다. 〈콜 오브 듀티 뱅가드〉도 태평양 전역이 등장하기는 한다.

이외에 2013년 5월 30일에 출시한 〈라이징 스톰〉도 있다. 이 게임도 태평양 전쟁을 다루고 있는 게임이다. 〈메달 오브 아너: 퍼시픽 어썰트〉도 있다.(다만 이 게임은 2004년에 발매되어 그래픽이나 호환성 문제로 지금 하기는 어렵다.) 태평양 전구는 20세기 전쟁에서 가장 야만적인 전쟁이었다. 실제로 일본군의 해골을 수집해 본국에 있는 여자 친구에게 선물(전리품)로 보내는 미군도 있었으니 말이다. 그래서 그런지 태평양 전쟁을 묘사한 게임들은 대부분이 상당히 처참한 모습을 많이 보여준다. 여기서 설명한 모든 게임은 FPS 게임이다.

▌전쟁영웅, 결혼, 복귀, 그리고 사망

과달카날 전투에서 뛰어난 업적을 쌓고, 훈장까지 받은 존 바실론은 1943년에 미국으로 귀환했다. 미국에서 그는 전쟁영웅 대우를 받았고, 미국은 그를 전쟁 채권 투어에 참여시켰다. 당시 전쟁에는 막대한 돈이 필요했고, 전쟁영웅인 그를 앞세워 전쟁 채권 판매를 홍보한 것이다. 존 바실론의 고향에서는 그가 돌아오는 것을 기념해 퍼레이드를 열기도 했다. 이 퍼레이드에는 유명인사 및 미국 내의 언론을 비롯해 수천 명의 사람이 모였다. Fox 무비

톤 뉴스와 Life 잡지에 실릴 정도로 당시 퍼레이드의 인지도는 어마어마했다.

존 바실론은 미국에서 전쟁을 위한 기금 마련(전쟁 채권 판매 장려)을 위해 전국을 돌아다니면서 유명인의 지위를 얻게 된다. 유명해지는 것에 대해 그는 감사를 표했으나, 전쟁으로 돌아가기를 원했다. 아마 전투에서 쓰러진 전우들에 대한 복수심과 아직 전쟁터에서 싸우고 있을 전우를 생각했기 때문으로 보인다. 당시 미 해병대는 전쟁 채권 판매에 혈안이 되어있어 그의 요청을 거부했다. 미 해병대는 여러 제의를 통해 존 바실론을 미국에 묶어두려 했으나 실패했고, 결국 그는 1943년 12월 27일 훈련을 위해 캘리포니아 캠프 펜들턴으로 이동했다.

존 바실론은 캠프 펜들턴에 주둔하는 동안 해병대 여성 예비군{USMC(WR)} 병장이던 그의 아내 레나 메기를 만난다. 그들은 1944년 7월 10일에 St. Mary's Star of the Sea Church(바다의 별 성모 성당)에서 결혼식을 올리고 칼스배드 호텔에서 피로연을 진행했다고 한다. 그들은 오리건 주

그림 2 존 바실론의 아내 USMC(WR) 소속 병장 레나 메기 바실론이 남편의 사망 후 USS 바실론 구축함에서 이름을 붙일 준비를 하고 있다.(1945년 12월 21일)

포틀랜드 근처의 양파 농장으로 신혼여행을 갔다고 하는데, 어째서 신혼여행을 양파 농장으로 갔는지는 잘 모르겠다.

존 바실론은 결혼 후 미 5해병사단 27연대 1대대 찰리 중대로서 1945년 2월 19일 이오지마에 파병된다. 이오지마 침공 첫날에 그는 레드 비치 II에서 기관총 과장(Section leader)으로 참전했다. 해병대가 상륙하는 동안 일본군은 섬 전역에 배치된 요새를 통해서 해병대에게 사격을 가했고, 바실론은 분대가 발이 묶인 상태에서 일본군 진지 측면으로 우회해 감시탑에 올라 수류탄과 폭발물을 이용해 단독으로 모든 거점과 방어 기지를 파괴했다.

파괴 직후 제1 비행장을 향해 진격하다가 박격포와 포격으로 지뢰밭

에 갇힌 셔먼 전차를 발견하고 돕기도 한다. 그는 일본군의 중화기 사격에도 아랑곳하지 않고 위험한 지형을 넘어서 셔먼 전차를 안전한 곳으로 유도했다. 하지만 비행장 가장자리를 따라 이동하다 일본군의 박격포 포탄에 의해 사망하고 만다. 존 바실론의 행동은 미 해병대가 이오지마 상륙 초기 단계에 해변에서 벗어날 수 있게 큰 도움을 주었다. 그는 이오지마 전투의 공로를 인정받아 해병대에서 두 번째로 높은 훈장인 네이비 크로스를 사후 수훈 받았다. 존 바실론은 사망 후 알링턴 국립묘지에 묻혔다.

이오미자 섬 전투는 여타 다른 태평양 지역에 비해서 치열했다고 알려져 있다. 〈배틀필드 5〉에서 이오지마 상륙전을 해볼 수 있는데, 플레이어는 일본군과 연합군 중 선택해 진행이 가능하다. 일본군 유저들이 잘하면 전차가 있음에도 불구하고 연합군이 섬에 상륙하기가 굉장히 힘들어지며, 미군 유저가 잘하면 순식간에 밀어버리는 모습을 볼 수 있다.

대부분 일본군은 반자이 돌격을 비롯해 전술 자체가 약간 구식에 가까운 느낌이었다고 하는데, 당시 이오지마 섬을 지휘하던 구리바야시 다다미치 중장은 일반적인 일본군 지휘관과는 달랐다. 그의 지휘 아래 일본군은 아예 이오지마 섬에 땅굴을 파고 높은 지역에 요새를 건설한다. 그리고 미군이 공격해오자 조금씩 높은 지역과 땅굴로 후퇴하면서 미군에 막대한 피해를 주었다. 이오지마 섬 전투는 여태까지 미군이 입은 피해 중에서도 막대한 피해에 속했다. 11만 명이 전투에 참전해 전사가 6,821명, 부상 23,129명, 실종 494명이었다. 이에 비해 일본군은 2만 2천 명이 섬에 있었다고 한다.

▌ 존 바실론과 관련된 이야기들

말도 안 된다 생각할 정도로 전공
을 많이 세운 존 바실론은 메달 오브
아너 훈장을 비롯해 네이비 크로스,
퍼플 하트 메달(작전 중 부상 혹은 사
망한 군인에게 주어지는 메달), 대통
령 단위 해군부대 표창장 one star, 해

그림 3 존 바실론이 얻은 약장 및 훈장들

병대 선행훈장, 미국 국방 훈장 one star, 미국 캠페인 메달, 아시아 태평양
캠페인 메달 two star, 2차 세계 대전 승리 메달, 미국 해병대 소총 명사수 배
지를 얻었다.

존 바실론은 중기관총을 양손에 들고 전투에 참전했었다. 이러한 행동
은 오래 사격할 경우 손에 화상을 입을 수 있는 위험이 있을뿐더러 중기관
총과 탄약의 무게가 무겁고, 반동으로 인해 쉽지 않았다. 존 바실론은 이 말
도 안 되는 일을 해냈고, 전투에서 큰 공로를 쌓는다. 그가 잠시 교관으로 신
병들을 훈련할 때가 있었는데, 신병들은 말도 안 된다고 생각했지만, 그들
앞에서 존 바실론은 실제로 시연을 했다. 하지만 이런 행동을 성공한 신병
은 없었다고 한다.

존 바실론의 이러한 행위는 흡사 〈둠 시리즈〉의 둠 가이가 실제 존재한
것 같은 착각을 불러일으킨다. 그만큼 그의 능력이 다른 사람들과 달랐다는
것을 의미하고, 이것은 그가 영웅이 될 수 있는 조건이 충분했다는 것이다.
물론 약간의 운도 따라야 했을 것이다.

존 바실론의 아내인 USMC(WR) 소속 레나 메기는 야전 요리사로 전쟁
에 참전했고, 남편인 존 바실론 중사의 사망 통보를 받았던 날은 그녀의 32
번째 생일이었다. 그녀는 1999년 6월 11일 86세의 나이로 사망할 때까지 재
혼하지 않았고, 결혼반지를 끼고 묻혔다고 기록되어 있다.

그림 4 USS 바실론 구축함 1960~1970년 즈음 찍은 사진

그녀의 최종 계급은 상사였다. 레나 메기는 캘리포니아 리버사이드에 있는 리버사이드 국립묘지에 묻혔는데, 재향군인 관리국에서 남편이 묻힌 알링턴 국립묘지에 묻힐 것을 제안했으나, 그녀는 누구에게도 문제를 일으키고 싶지 않다며 이 제안을 거부했다.

존 바실론 중사의 이름을 딴 미국의 구축함도 존재한다. 이 구축함은 존 바실론의 아내 레나 메기가 남편의 이름을 직접 붙인 구축함이다. 구축함은 1949년 7월 26일에 취역했고, 1977년 11월 1일에 퇴역했다. 두 번째 함선도 구축함이었는데, 미국 해군 알레이 버크급 비행 IIA 유도 미사일 구축함으로 전체 72위라고 한다.(무력 순위로 보임) 착공 날짜는 2020년 1월 10일이다. 유명한 인물이나, 해군 장교, 도시명이 아닌 상황에서 중사인 사람의 이름이 2번이나 함선 이름으로 사용되는 것은 상당히 이례적인 일이라고 할 수 있다. 그만큼 존 바실론 중사의 업적이 대단하고, 그가 미국에서 전쟁 영웅 대접을 받는다는 사실을 알 수 있는 증거이다. 동상 중에서는 그가 중기관총을 들고 있는 동상도 있을 정도이다.

존 바실론은 전쟁이 발생하면, 영웅이 탄생한다는 사실을 몸소 증명한 사나이다. 솔직히 그 많은 업적을 목숨이 왔다 갔다 하는 상황에서 할 수 있다는 것이 놀라울 따름이다. 존 바실론의 인생을 보면서 우리가 알 수 있는 사실은 인간이 극한의 상황에 놓이면, 초인적인 힘이나 능력을 발휘할 수 있다는 사실이다.

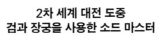

2차 세계 대전 도중
검과 장궁을 사용한 소드 마스터
잭 처칠
"Jack" Churchill

잭 처칠
"Jack" Churchill

그림 1 2차 세계 대전의 소드 마스터 잭 처칠

역사상 가장 큰 규모의 전쟁이었던 2차 세계 대전에서 잭 파이프(악기)와 장궁, 클레이모어를 들고 싸웠던 사람이 있다면 믿겠는가? 이런 이야기는 뭔가 게임에서만 등장할 것 같은 이야기일 것이다. 하지만 총과 전차, 전투기가 난무하는 전장에서 실제로 검과 활을 들고 싸운 군인이 있었다. 그것도 2차 세계 대전 중에 말이다. 여기서는 검과 활을 들고 싸운 영국인에 대해서 알아보겠다.

▌플레밍 잭 처칠의 초기 생애

존 맬컴 소프(트로프) 플레밍 "잭" 처칠이라고 불리는 한 남자가 있었다. 그는 당시 영국의 식민지였던 실론 주(현재 스리랑카가 있는 섬) 콜롬보에서 태어났다. 아버지였던 앨릭 플레밍 처칠이 실론 주에서 근무했기 때문이다. 영국인이 어째서 저렇게 먼 곳에서 태어났는지 궁금할 수 있지만, 당시 전 세계에 식민지를 보유했던 영국과 프랑스에서는 자주 있는 일이다.

잭 처칠은 외교관 아버지를 따라 가족과 함께 홍콩, 영국 등으로 이주하며 어린 시절을 보냈다. 잭 처칠은 개성이 강한 것으로 유명했는데, 다양한 문화를 접할 수 있었던 어린 시절의 영향이 컸으리라 생각된다.

잭 처칠은 1917년 영국으로 돌아와 맨섬에 있는 킹 윌리엄 칼리지에서 교육을 받은 후 1926년에 샌드허스트 왕립군사학교를 졸업한다. 군사학교를 졸업한 그는 버마(미얀마)에서 맨체스터 연대와 함께 복무했다.

샌드허스트 왕립군사학교를 졸업한 그는 버마(미얀마)에서 맨체스터 연대와 함께 복무하는 동안, 오토바이를 타는 것을 즐겼다. 이는 개성이 강한 그의 성격을 잘 보여주는 일화다. 이후 잭 처칠은 1936년에 군대를 제대했다. 당시 그는 자신의 인생에서 군인이 되는 것은 이제 끝이라 생각했으나, 운명의 장난처럼 1939년에 2차 세계 대전이 터지면서 다시 군인의 삶을 살게 되고, 그의 기행(혹은 업적 혹은 전설의 시작)이 역사에 남았다.

▌ 2차 세계 대전에 참전하게 되는 잭 처칠

유럽은 1930년대에 접어들면, 아돌프 히틀러가 독일의 총통이 되면서 국제 정세가 급속도로 나빠졌다. 1939년 9월에는 독일이 폴란드를 침공하면서 2차 세계 대전이 시작되었다. 당시

그림 2 잭 처칠이 노획한 벨기에 75mm 야포의 총신을 바라보고 있다

영국군 소속 예비역으로 있었던 잭 처칠은 자연스레 재소집되어 프랑스로 파견된 영국 원정군 맨체스터 연대 소속으로 가게 된다. 1940년 5월에 잭 처칠과 그의 일부 부대원들은 파드칼레의 리슈부르그(Richebourg) 근처에서 매복하고 있다가 독일 순찰대를 습격했는데, 여기서부터 그의 전설이 시작되었다.

첫 전투부터 처칠의 기행이 시작된 것이다. 그는 마치 중세기사처럼 자신의 브로드소드(스코틀랜드에서는 모든 검을 클레이모어라 불렀다고 한다.)를 들어 올려 공격 신호를 보냈다. 장궁을 이용해 기습공격을 하기도 했다. 기록만 남겨져 있었다면 믿지 않았겠지만, 그의 부대원들이 장궁으로 독일군을 죽이는 것을 보았고, 독일군도 그 장면을 목격했다. 잭 처칠의 일

화는 대부분 교차검증이 된 것들이 많다. 그의 분전에도 불구하고 프랑스 원정 영국군은 프랑스가 항복하면서 어쩔 수 없이 후퇴했다.

영국군은 됭케르크 철수 작전으로 영국으로 돌아갔지만, 잭 처칠은 내심 아쉬웠는지 영국 특공대인 코만도에 지원해 다시 전장으로 향한다.

잭 처칠은 코만도에 들어갔고, 그의 남동생이었던 토마스 처칠 또한 전쟁 중에 코만도 여단에서 지휘관으로 복무했다. 전쟁 이후 토마스는 전쟁 중 형제들의 경험을 서술한 '코만도 성전'이라는 책을 집필했다고 한다. '버스터'로도 알려진 잭의 막내 동생 로버트는 영국 해군에서 복무했고, 1942년에 작전 중 사망했다.

이렇게 잭 처칠의 형제들은 모두 2차 세계 대전에 참전했다. 한 가정에서 3명의 아들이 모두 군대에 들어갈 만큼 2차 세계 대전은 큰 전쟁이었다. 미국에서 '라이언 일병 구하기'라는 영화가 나오고 실제 그 작전이 이루어졌던 것을 생각하면, 2차 세계 대전은 정말 말 그대로 모두에게 지옥이었다.

그림3 노르웨이에서 영국군이 진행한 활 작전(Operation Archery)

코만도가 된 후 잭 처칠은 1941년 12월 27일 노르웨이 보그쇠이(Vågsøy)에 주둔한 독일군 수비대를 공격하기 위해 실시된 활 작전(Operation Atchery)에 제3 코만도를 지휘하기 위해 투입되었다. 잭 처칠은 상륙 후 백파이프(스코틀랜드 전통 악기)를 이용해 "카메론 사내들의 행진(March of the Cameron Men)"을 연주하며 수류탄을 던지고 전투에 돌입했다. 잭 처칠은 됭케르크와 보그쇠이에서의 행동(기행 포함)으로 무공십자훈장(Military Cross)을 받았다.

사실 그가 보인 행동은 용감한 행동이라기보다는 기행에 가까웠다. 독일군을 장궁으로 처치한 것부터 시작해 백파이프를 연주하며 부하들을 지휘한 것을 보면 말이다. 잘 살펴보면 그가 연주한 백파이프 곡들의 제목은 그가 부하들을 지휘할 때 썼을 것이라 추측되는 이름들이 많다.

여기서 잠시 생각을 해보면 잭 처칠의 행동은 분명히 기행을 넘어 문제가 있다. 하지만 그의 기행이 문제가 되지 않았던 이유는 그가 장교급 지휘관이었으며, 확실한 전공을 세웠기 때문이다.

아쉽게도 2차 세계 대전 중에 잭 처칠이 참전했던 노르웨이 지역을 집중적으로 다룬 게임은 거의 없다. 〈배틀필드 5〉에서 노르웨이 맵 나르비크가 등장하기는 하지만, 노르웨이 지역이 집중적으로 등장하는 것은 아니다. 하지만 〈하츠 오브 아이언 4〉는 2차 세계 대전을 배경으로 하는 게임이기 때문에, 노르웨이 지역도 등장은 한다.

잭 처칠이 있었던 프랑스 지역의 경우 게임에서는 독일군이 밀고 들어갔기 때문에, 잘 등장하지 않는다. 플레이어가 속한 세력이 지는 내용은 게임에서 거의 나오지 않기 때문이다. 거기다 당시 독일군 시점으로 게임이 잘 안 나오는 것도 있다. 대부분 프랑스가 독일에 점령된 후 미군이나 연합군이 다시 점령된 프랑스를 탈환하기 위해 노르망디 상륙작전을 하는 시점부터 많이 등장한다. 예외적으로 영화에서는 됭케르크 철수 작전을 보여주는 영화는 있다. 방금 언급한 〈하츠 오브 아이언 4〉와 같은 게임에서는 독일이 프랑스를 공격하는 장면을 보거나 직접 할 수 있지만, 전투나 군인들이 치열하게 교전하는 장면을 볼 수는 없다.

1943년 7월이 되면 연합군이 점점 유럽에서의 공세를 강화하던 시기로, 이때 잭 처칠은 지휘관으로 연합군의 시칠리아섬 침공 작전에 참여한다. 그

그림 4 1943년 7월 10일 시칠리아침공 D-Day에 탱크 상륙정에서 장비를 내리고 있는 51 하이랜더 사단

는 자신의 트레이드 마크인 스코틀랜드제 브로드소드를 허리에 차고, 장궁과 화살, 백파이프를 장비한 채로 시칠리아섬의 상륙지점에서 제2 코만도를 이끌었다.

잭 처칠은 살레르노 상륙작전에서도 활약했다고 알려져 있다. 제2 코만도를 지휘하던 잭 처칠은 몰리나 마을 외곽에 있는 독일군의 관측소를 점령하라는 상부의 명령을 받고 살레르노 해변으로 통하는 길을 통제한다. 그는 상병의 도움으로(혹은 상병과 함께) 마을에 잠입해 1개 박격포 분대를 포함한 42명의 포로를 잡았다.

이 전투 과정에 대한 내용은 기록을 찾지 못했다. 단 2명이 마을에 잠입한 모양인데, 어떻게 했는지는 잘 모르겠다. 아마 추측하기론 이탈리아 지역에서 활동하던 레지스탕스의 도움을 받은게 아닌가 생각된다. 잭 처칠은 포로들에게 수레를 끌게 하고 부상자들은 수레에 실었다. 이때 이 광경을 보고 잭 처칠은 '나폴레옹 전쟁의 이미지'라고 언급했다. 나폴레옹 전쟁의 이미지라는 것이 정확히 어떤 걸 말하는 것인지는 모르겠으나, 잭 처칠이 본 장면이 나폴레옹 전쟁 시기에도 있었던 것으로 보인다.

살레르노에서 얻은 공적으로 그는 Distinguished Service Order(공로 훈장 혹은 수훈 훈장)을 받았다. 당시 그는 독일군과의 백병전에서 잃어버린 검을 되찾기 위해 마을로 돌아가기도 했다. 확실히 잭 처칠은 일반인의 시각에서 바라보기에는 매우 별난 사람이다. 거기다 전쟁 중에 다시 검을 되찾기 위해 마을로 향했다는 것 자체가 더더욱 이해하기 힘들 것이다. 잭 처칠은 살레르노 이후 시칠리아 전선에서 빠진 것으로 보이며, 1944년에는 유고슬라비아 전선에 참전했다.

맥클린 미션의 일원으로 코만도를 이끌고 유고슬라비아 아드리아해 비스섬에서 요시프 브로즈 티토의 파르티잔(저항군)을 지원했다고 한다. 5월에는 독일군이 장악한 브라치섬을 공격하라는 명령을 상부로부터 하달받아 공격을 위해 1,500명의 파르티잔과 40~83명의 코만도 대원들을 이끌고 대기했다.

다음 날 아침 공격을 시작한 그의 부대는 43명의 코만도 대원들에게 측면 공격을 지시하고, 자신은 40명의 코만도를 이끌었다. 파르티잔은 상륙 지역에 남아있게 했다. 왜 같이 움직이지 않았는지는 의문이지만, 파르티잔을 신뢰하지 못했던 것 같다. 그게 아니라면 첫 번째 작전은 코만도만으로 충분하다고 생각했는지도 모른다.

브라치섬에 상륙한 잭 처칠의 코만도 대원 중 그를 포함한 6명만이 목표 지점에 도달할 수 있었다. 이때 그의 기행이 또 시작된다. 그는 백파이프로 '다시 안 돌아갈 거야?(will Ye No Come Back Again?)'를 연주했다. 아마 후퇴할 생각하지 말라는 의미였거나, 힘내서 이기고 고향으로 돌아가야지! 라는 중의적인 의미가 있었던 것으로 보인다. 하지만 이 전투에서 처칠을 제외한 모든 군인이 죽거나 다치게 되었고, 그도 수류탄에 의해 정신을 잃어 체포되었다. 그를 체포한 독일군(혹은 추축군)은 그의 이름에 처칠이 들어가는 것을 보고 영국의 윈스턴 처칠과 관련이 있을지도 모른다는 생각에 그를 베를린으로 이감시켜 심문했다. 그는 윈스턴 처칠의 친척으로 의심되는 몇몇 인물들을 포함한 '저명한' 포로들과 함께 특별 수용소인 작센하우젠 강제수용소로 이송된다.

작센하우젠 포로수용소에서 잭 처칠은 1944년 9월에 영국 공군 장교 3명, 조니 닷 소령과 함께 비밀리에 판 터널을 이용해 작센하우젠 포로수용소를 탈출했다. 잭 처칠은 영국 공군 장교 버트 램 제임스와 발트해 연안으

그림 5 사진 맨 오른쪽에 클레이모어(브로드소드)를 든 군인이 잭 처칠

로 걸어가려 했으나, 바다에서 몇 킬로미터 떨어진 독일 해안 도시 로스토크(Rostock) 근처에서 다시 체포되고 말았다.

1945년 4월 말에는 처칠과 약 140명의 다른 저명한 포로들을 SS부대가 관리하는 티롤로 이송한다는 명령이 떨어졌다. 이때 수감자 대표단은 독일군 고위 장교들에게 자신들이 SS 부대에 인계되면 처형될지도 모른다며 도움을 청했다. 애초에 독일 국방군들과 SS 부대는 지휘체계가 달랐고, SS 부대가 사병 조직이라면, 독일 국방군들은 정식 군인인 셈이었다.

SS 부대는 히틀러의 친위부대나 마찬가지라 둘의 사이가 좋지 않았다. 수감자 대표단의 도움 요청을 받은 비샤르 폰 알벤슬레벤 대위는 자신이 지휘하는 독일군 부대를 이끌고 SS 부대에 자신들이 인계받겠다 이야기한다. 당시 SS 부대는 알벤슬레벤 대위의 부대보다 수가 적었기에 포로들을 남겨두고 물러났다. 비샤르 폰 알벤슬레벤은 미군이 올 때까지 잠시동안 잭 처칠을 포함한 연합군 포로들을 보호했다. 잭 처칠은 풀려난 후 이탈리아 베로나로 150Km를 걸어가 미군 기갑부대와 합류했다.

이후 잭 처칠은 1944년에서 1945년간 벌어진 버마 전역으로 다시 보내졌다. 잭 처칠이 인도에 도착했을 당시 일본의 히로시마와 나가사키에 핵폭탄이 떨어졌고, 전쟁은 급작스럽게 끝나고 말았다. 잭 처칠은 전쟁이 갑작스럽게 끝난 것에 대해 불만을 품었다고 전해진다. 그는 "그 빌어먹을 양키들이 아니었다면 우리는 전쟁을 10년은 더 할 수 있었을 것이다!"라고 말했다.

이는 호전적인 그의 성격을 잘 나타낸 말이라 할 수 있는데, 그는 '미치광이 잭'과 '싸움꾼 잭 처칠'이라는 별명이 있다.

마치 광전사가 재림한 것처럼 온갖 기행을 하던 그는 놀랍게도 매우 잘 싸웠고, 호전적이었다. 거기다 2차 세계 대전은 독일이 침공해 점령한 지역들을 해방한다는 명분이 있었고, 잭 처칠에게는 런던을 비롯해 영국의 도시가 폭격을 당했으니 충분히 적개심이 생길만 했다. 다만 필자가 보기에는 그는 그저 전투를 좋아했던 것으로 보인다.

2차 세계 대전을 다룬 게임 중에는 이탈리아 전선과 유고슬라비아 전선을 잘 다루지 않는다. 〈하츠 오브 아이언 4〉와 같은 종류의 게임들만 모든 전선을 간략하게 다룰 뿐이다.

보통 2차 세계 대전을 이용한 게임이 나오면 대부분은 서부전선(프랑스)과 동부전선(소련) 위주로 등장한다. 아프리카 전선이 가끔 등장하고, 이탈리아나 유고슬라비아는 찬밥신세다. 그도 그럴 것이 집중적으로 이뤄진 전투가 많지 않다. 이탈리아의 경우 이탈리아군이 너무 빠르게 항복하면서 사실상 독일군이 이탈리아를 재점령한 상태로 연합군과 싸웠다. 그래서 이탈리아 전선도 별로 등장하지 않는다.

아주 드물게 〈마피아 2〉 프롤로그에서 이탈리아 선선이 잠깐 등장했다. 하지만 딱 한 번의 전투가 다였다. 그런데, 최근 이탈리아 전선을 배경으로 게임이 나온다는 희소식이 들려왔다. 2차 세계 대전 RTS 장르의 명작 게임인 〈컴퍼니 오브 히어로즈 시리즈〉의 최신작 〈컴퍼니 오브 히어로즈 3〉가 이탈리아 전선과 북아프리카 전선을 다루고 있다. 심지어 〈토탈워 시리즈〉처럼 캠페인 맵이 처음으로 등장해 더욱더 전술적인 게임이 가능해졌다. 한글화도 해준다고 하니 기대해도 좋을 것이다. 〈컴퍼니 오브 히어로즈 3〉는 2023년 2월 23일에 발매될 예정이다. 듣기로는 DLC나 확장팩을 통해 다른 전선도 새롭게 도입되는 캠페인 맵 시스템으로 즐길 수 있는 것 같다.

▌2차 세계 대전 이후 잭 처칠

전쟁이 빨리 끝나는 것을 아쉬워했던 잭 처칠은 2차 세계 대전 직후 공수부대(낙하산병) 자격을 취득한 후 1대대인 하이랜더 경보병의 집행관으로 팔레스타인에 배치되었다. 원래 이 지역은 1948년 봄에 영국의 위임 통치가 끝나는 시기였지만, 그 직전에 잭 처칠을 포함한 영국군은 다른 분쟁에 휘말리고 말았다.

그를 포함한 12명의 병사들은 아랍군의 공격을 받는 Hadassah(하다사) 의료 호송대(이스라엘)를 지원하게 된다. 잭 처칠은 현장에 처음 출동했던 사람 중 한 명으로 APC를 타고 호송차 대원들을 대피시키겠다고 제안했다. 하지만 그의 제안은 유대인 조직 '하가나'가 구조 활동을 통해 자신들을 도울 것이라는 믿음을 가진 호송대에 의해 거절당한다. 얼마 지나지 않아 그 믿음은 좌절되었고, 잭 처칠과 12명의 병사는 아랍군에 엄호사격을 가했다. 이 전투로 호송차 2대에 불이 났고, 그 안에 있던 79명 중 77명이 사망했다. 이 사건은 하다사 의료 호송대 대학살로 역사에 기록되었다. 대학살 이후 그는 예루살렘 스코푸스 산 히브리 대학 캠퍼스에 있는 하다사 병원의 유대인 의사, 학생, 환자 700명의 대피를 도왔다.

여기서 잭 처칠이 휘말린 하다사 의료 호송대 대학살 사건은 새로운 분쟁의 서막이었다. 당시 영국은 2차 세계 대전 도중에 아랍과 유대인 모두에게 중동 지역에 국가를 세워주겠다고 약속한 후 지원을 받았다. 결과는 돈이 더 많고 영향력이 강했던 유대인들의 손을 영국이 들어 주었고, 2차 세계 대전 직후 이스라엘이 세워지면서 아랍인과 유대인과의 분쟁이 계속해서 발생했다.

▌상당한 기행을 보여준 잭 처칠

앞서 언급했듯이 잭 처칠은 2차 세계 대전 중 검과 장궁, 백파이프를 들고 싸웠다. 이것은 매우 이상하고도 독특한 기행이다. 물론 백파이프를 들고 전투에 나간 사람은 잭 처칠만 있었던 것은 아니다. 하지만 검과 장궁을 주무기로 사용한 군인은 그가 거의 유일하다. 이런 그의 기행 때문에 2차 세계 대전 피규어 중에서는 미치광이 잭 처칠이라는 이름의 피규어도 존재한다.

피규어는 장궁을 들고 영국군 군복을 입고 있는 매우 이실적인 모습을 하고 있다. 잭 처칠처럼 전쟁터는 언제나 인간의 상상을 초월하는 일이 벌어지는 곳이다. 그런데도 잭 처칠의 행동은 그런 비정상적인 요소의 집합체였던 전장에서도 매우 이상하게 보이는 광경이었다. 어쩌면 그의 별명인 '미치광이 잭'이 매우 잘 지어진 별명인 것 같다. 전장에서 백파이프를 연주하는 잭 처칠을 목격한 독일군은 아무리 봐도 미친 사람으로 보여 쏘지 않았다고 회상하기도 했다.

확실한 것은 잭 처칠은 말 그대로 총과 전차, 전투기가 난무하는 20세기 전쟁터에서 검과 장궁으로 전장을 누빈 소드마스터라는 사실이다. 아마 실제 전장에서 말 안되는 기행을 하고도 살아남은 마지막 소드마스터가 잭 처칠이 아닌가 한다.

여담으로 위의 사진에 등장하는 빌 밀린이라는 군인도 전장에서 백파이프를 연주했다. 물론 이것은 상관의 명령 때문에 일어난 일이다. 영국군 내에서는 전투 중에는 백파이프를 불지 말라는 규정이 있었는데, 밀린의 상관은 "우리는 영국군이 아니라 스코틀랜드군이다."라는 이유를 들어 빌 밀린을 전투 중에도 백파이프를 연주하게 시켰다고 한다. 이것은 전쟁 중에 BGM을 깔라고 명령한 것과 다름없다.

필자가 보기에 제정신이 아닌 건 영국이나 스코틀랜드나 마찬가지인 것 같다. 여기서 중요한 것은 영국군은 전투 중 백파이프를 연주하지 말라는 규정이 있었다는 것인데, 잭 처칠은 장교로서 이를 무시하고 연주를 했으니 여러모로 대단한 사람이다. 그냥 브리튼 섬에 마가 낀 것이 아닌가 싶다. 픽트족, 앵글로색슨족, 바이킹(데인족) 등이 정착한 브리튼 섬은 확실히 뭔가 독특한 것이 있다. 그렇기에 온갖 권모술수가 대부분 영국에서 행해졌고, 전 세계에 뭔가 터지면 영국을 의심하라는 말도 생겨났을 것이다.

쉬어가기
오래된 냉병기 창

역사에서 오래된 무기를 꼽으라면 검, 도끼와 함께 창이 손꼽힌다. 창은 냉병기 중에서도 상당히 유용하고, 오랜 시간동안 유지가 되어온 무기이다.

창에 대해 이야기를 하기에 앞서 냉병기가 무엇인지부터 알아보자. 냉병기는, 화약을 이용해 사용하는 총이나 대포와 같은 화기 이전에 사용되던 무기들을 통틀어 이르는 말이다. 한자로 되어있는데, 그대로 풀어보면 '차가운 병기'라는 뜻으로, 철과 같은 차가운 금속으로된 무기라는 뜻이다. 이 코너에서는 역사가 오래된 창의 다양한 모습을 이야기해보려고 한다.

기본적인 창

창은 처음에는 나무와 돌로 만들어졌다. 이것을 목창, 돌창이라 불렀고, 시간이 지나 철기가 정착되면서 우리가 아는 철창이 만들어진다. 창은 기본적으로 길다란 막대기 끝에 철을 뾰족하게 만들어 붙이는 형태를 하고 있다.

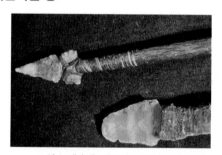

그림 1 메사 베르데 국립 공원의 사냥용 창과 칼

창이 좋은 이유는 상대방과 나의 거리를 다른 근접 무기보다 멀리 떨어뜨려 주기 때문에, 나는 공격을 받을 확률을 줄여주고, 상대방을 공격할 확률은 올려주는 무기다. 한마디로 방어적인 무기라고 볼 수 있다.

이런 창들은 시간이 지나면서 다양한 용도로 모습과 명칭이 변경되어왔는데, 가장 큰 분류로는 던지는 투척용 창과 던지지 않는 일반 창이다. 그리고 찌르는 창과 휘두르는 창이 있다.

랜스

그림 2 독일 보병을 공격하는 러시아인 코사크 (전쟁 일러스트)

첫 번째로 던지지 않는 창으로는 랜스가 있다. 랜스는 중세시대부터 근대까지 유럽의 기병들이 자주 사용한 창의 일종이다. 보통 중세시대 유럽의 기사들의 마상시합(마창시합)에 두 기사가 창을 들고 공격하는데, 이게 랜스다.

랜스는 무거운 것부터 얇은 것까지 모양이 다양하다. 랜스는 보통 손잡이 부분이 얇지만 끝으로 갈수록 다시 굵어지는 형태를 하고 있는데, 이것은 들었을 때 균형을 유지할 수 있게 해준다고 한다. 이런 랜스를 〈토탈워 시리즈〉에서 자주 볼 수 있다. 〈미디블 토탈워 2〉에서는 기병들이 랜스를 들고 있다가, 적 보병진에 돌격을 명령하면, 랜스를 앞으로 내린다. 보병진과 충돌하면, 랜스에서 검과 방패로 바뀌어 싸우게 된다. 〈워해머 토탈워 3〉는 판타지 세계관이지만, 신성 로마 제국을 모티브로 창작된 제국이 등장하고, 제국의 기사단도 랜스를 착용하고 있다. 다만 이들은 적 군대에 충돌하고 난 뒤에도 여전히 랜스를 이용해 공격한다. 추가로 최근에 정식 출시한 〈마운트 앤 블레이드 2 배너로드〉에서는 카우치드 랜스라는 속성을 가진 창을 들게되면 랜스 차징을 할 수 있다. 이 공격은 어마어마한 대미지를 입힐 수 있다.

치도(체도) & 야리

일본에서 사용된 치도도 창의 일종이다. 다만 생김새가 우리가 아는 창과는 조금 다르다. 치도는 창 자루에 길다란 검신이 있는 형태를 하고 있는데, 이것은 흡사 중국의 언월도와 비슷한 형태를 하고 있다. 다만 언월도보다는 검신이 넓지 않고, 창처럼 얇다.

보통은 치도라고 알려져 있는데, 이는 잘못 읽은 것이라고 한다. 체도가 맞다고 하는데, 체도에 해당하는 글자가 자주 사용하지 않아서 잘못 읽은 것이라고 한다.(여기서는 대중에게 알려진 치도라 하겠다.) 아무튼 치도는 우리가 잘 알고 있는 나기나타로도 부른다. 고대 시대에 중국에서 전래된 무기라는 추측과 귀족들의 시대인 나라 시대부터 사무라이의 시대인 가마쿠라 시대 초기에 유래가 되었다는 이야기도 있다. 이 무기는

그림 3 1870년경 촬영된 치도를 장비한 일본 병사들

상대적으로 힘이 약한 여성들도 효율적으로 사용가능해, 여성들이 많이 사용했고, 승려들도 애용했다고 알려져 있다. 그래서 일본의 그림을 보면 나기나타를 든 여성이나 승병들이 많이 등장한다.

흥미로운 사실은 우리나라에도 치도와 같은 형태를 한 창이 있었다고 한다. 고려의 장도를 이어받은 장검이 조선 전기에 있었다고 하는데, 〈세종실록〉과 〈무예도보통지〉에 따르면, 협도라는 칼이 이와 유사하며, 칼날이 긴 것이 아니라 자루가 길다고 한다. 협도는 칼날이 날렵하게 생겨 미첨도라고도 불렸다. 조선에서 협도는 보병들이 주로 사용했고, 방패 뒤에서 찌르거나 위에서 아래로 휘두르는 형태의 전술을 구사했다고 한다.

추가적으로 일본에서는 야리라는 창도 사용했는데, 야리는 우리가 알고 있는 기존의 창 형태로 창날이 양쪽으로 되

그림 4 오른손에 야리를 들고 있는 사무라이 장군의 우키요에 판화

어 있다. 이 무기는 찌르거나 휘두르는 행위 모두 유용하여 전장에서 애용되었다. 일본 전국시대에는 하급 무사 혹은 징집병인 아시가루에게 야리를 주고 여럿이서 진형을 짜 공격하는 형태를 취했다. 야리를 활용한 이유는 검술보다 창술이 배우기 더 쉽고 빨랐기 때문이다. 그래서 평민들까지 전쟁에 끌어들여야 하는 상황이 발생하자 창술을 빠르게 가르쳐 전장에 나갔다. 야리의 경우도 자루의 길이가 매우 길어 장창으로 사용된 경우도 있고, 창날이 삼지창의 형태를 한 것도 있었다.

나기나타와 야리 모두 〈쇼군 토탈워 2〉에서 볼 수 있다. 이 무기를 사용하는 아시가루와 사무라이 모두 게임에 등장한다.

언월도

그림 5 삼국지 삽화에 등장하는 청룡언월도 - 왼쪽부터 유비 관우 장비

언월도는 우리가 긴 자루 때문에 창이라고 생각하는 무기이다. 하지만 안타깝게도 분류상으로는 대도(大刀)의 일종이라고 한다. 한자를 보면 창이 아니라 큰 칼이라고 해석된다. 창은 보통 찌르는 행위가 우선시된다. 하지만 검은 휘두르는 것에 중점을 두고 있다. 언월도를 창 소개 코너에 넣은 이유는 생김새 때문에, 창으로 생각할 수 있어 넣었다.

삼국지연의에서 관우가 사용하는 청룡언월도는 창처럼 자루가 긴 형태를 하고 있지만, 검신이 두껍고 길다. 보통 창이나 치도 등은 찌르거나 휘두르는 등의 행위를 통해서 적을 공격할 수 있지만, 언월도는 두껍고 무거운 언월도의 무게를 이용해서 내려치는 형태의 공격을 많이 한다. 무거운 무게를 이용해 내려치게 되면 더 깔끔하게 잘리기에 일반 창보다 더 큰 파괴력을 보여준다.

하지만 이 언월도는 기본적으로 너무 무거운 무게 때문에, 실전에서는 잘 사용되지 않았다고 한다. 언월도와 비슷한 형태의 무기 중 우리나라에는 월도가 있다. 월도도 보면 자루가 긴 것을 알 수 있다.

삼국지연의에 관우가 청룡언월도를 사용하고 있어 당시 언월도를 사용했다 생각할 수 있지만, 언월도는 당나라 이후에 사용되기 시작했다. 삼국지연의를 쓴 나관중은 명나라 사람으로 당시 자신들이 알고 있는 무기를 삼국지연의를 쓰면서 사용한 것으로 보인다.

〈삼국지 토탈워〉에서도 관우가 청룡언월도를 사용하는 모습을 직접 볼 수 있다.

장창(파이크)

파이크는 우리가 흔히 장창으로 알고 있는 창의 일종이다. 창 자루가 2~4m나 되어 엄청 길며, 15~17세기에 유럽에서 주로 사용된 창이다. 파이크는 주로 기병을 보병이 상대하기 위해서 사용되었다. 영화 〈반지의 제왕 3부 왕의 귀환〉편을 보면 미나스

그림 6 이탈리아 전쟁 당시 스위스의 파이크 부대

티리스에 지원온 로한의 기병대가 창을 든 오크 군대에 돌격하는 장면이 나오는데, 여기서 보면 오크 군대가 진형을 짜고 있다가도 로한의 기병대가 점점 접근하자 도망가는 묘사가 나온다.

이러한 묘사가 등장하는 이유는 기병이 다가오는 중압감이 어마어마하기 때문이다. 그래서 일반적인 창으로는 그러한 중압감을 이겨낼 수 없으니, 창의 길이를 더욱 길게 만든 것이다. 유럽에서 제작된 파이크(장창)는 자루가 2~4m나 되었고, 창날도 24cm나 되었다.

파이크 전술은 1열은 무릎을 꿇고 창을 비스듬하게 위로 올리고, 2열은

창을 정면으로 들고, 그뒤의 열들은 긴 자루를 이용해 똑같이 창을 정면으로 하되 비어있는 공간을 촘촘이 매운다. 그리고 더 뒤에 있는 사람들을 약간 대각선으로 위를 향하고 준비를 한다. 이런 방식은 다가오는 기병이 전멸당하기 좋은 진형이고, 혹 앞의 사람이 기병에 의해 죽었거나 의식을 잃어도 뒤에 비스듬히 창을 들고 있는 사람이 바로 창을 내려서 비어버린 틈을 매우는 아주 효율적인 전술이었다.

장창은 로마 시대에도 사용되었다. 주로 고대 그리스에서 팔랑크스가 사용했는데, 〈로마 토탈워 2〉에서 그리스 국가를 사용하면 팔랑크스를 사용할 수 있고, 〈미디블 토탈워 2〉의 장창병이나 〈엠파이어 토탈워〉의 창병들이 이러한 전투방식을 사용했다. 모두 기병들이 정면에서 돌격하면 거의 궤멸적인 피해를 줄 수 있다.

투척용 창 재블린 & 작살

그림 7 재블린을 튼 남자

창은 단순히 찌르는 용도로만 사용되지 않았다. 가끔 영화를 보면 창을 던져서 적을 공격하기도 하는데, 이런 경우가 투척용 창에 해당한다. 보통 보병들이 사용하는 창은 전투에서 아군 진형을 방어하고 적들이 뒤에 있는 궁수나 다른 중요한 군대를 공격하는 것을 막기 위해서 무게가 어느 정도 나가는 창을 사용한다. 너무 가벼운 창을 사용하게 되면, 적 군대와 충돌하면서 창이 부러질 수 있기 때문이다.

하지만 투척용 창은 가볍게 만들어진다. 무거우면 창을 던지는 것이 힘들기 때문이다. 물론 오랜 단련으로 기존의 창을 투창처럼 던지는 사람이 있을 수는 있지만, 보통은 그러지 못하기에 투척용 창을 따로 제작한다. 거기다 한 번 던지면 끝이라 여러 번 던지기 위해서는 소지하기 편하도록 창을 가늘고 길며 가볍게 만들어야 한다.

재블린은 〈로마 토탈워 2〉나 〈미디블 토탈워 2〉에서 일부 병종들이 투창으로 사용했다. 로마 시대에는 필룸이라는 투창을 사용했다. 로마군의 경우 필룸을 투창하고 돌격하는 등의 전술도 사용했다고 한다.

무기 대신에 어업에 사용되는 창도 있는데, 이것은 작살이다. 강이나 호수에서 물고기를 잡을 때 작살을 사용하기도 하고, 과거에는 고래를 잡기 위해 작살을 사용하기도 했다. 고래는 출혈이 일어나면 사람과는

Glenbow Archives NA-1338-109

그림 8 허드슨 만의 이누이트 작살꾼

다르게 혈액이 응고되지 않는데, 이런 점을 이용해 작살을 던져 고래에 상처를 낸 후 고래가 지칠 때 까지 따라가 잡는 등의 방법을 사용했다.

혹은 작살에 쇠사슬이나 밧줄을 묶어서 고래나 물고기에게 던져 명중시킨 후에 손에 쥔 쇠사슬이나 밧줄을 다시 잡아당겨서 잡는 등의 방식도 사용했다.

이처럼 창은 다양한 형태로 인류의 전쟁사와 인간의 어업에 영향을 끼쳤다. 여기서 소개한 창 말고도 다른 창도 있을 수 있지만, 우선은 특징적인 창들만 소개를 해봤다.

좋은 사람들은 좋은 의도를 가지고 있지.
그저 결과가 항상 좋지만은 않을 뿐이야

데드 스페이스3

게임 속 시대

수많은 영웅과 이야기가 만들어진

일본 전국 시대
Sengoku era

일본 전국 시대
Sengoku era

▌전국 시대의 시작과 끝에 대한 다양한 견해와 오닌의 난에 대하여

게임을 만들 때 중요한 요소 중 하나는 '세계관과 배경을 어떻게 할 것 인지'다. 아무리 게임을 잘 만들어도 세계관과 배경이 잘 어우러지지 않는다면, 반쪽짜리 게임일 수밖에 없기 때문이다. 그런 점에서 인류의 역사는 무궁무진한 가능성을 가지고 있다.

일본의 역사에서도 게임으로 만들기 좋은 시기들이 있는데, 가장 인기 있는 시대가 전국 시대이다. 전국 시대는 일본의 군

그림 1 가와나카지마 전투 1561년

사 정권인 막부 정권 아래 하나로 통합되어있던 세력들이 막부의 우두머리인 쇼군이 약해지면서 각자 독자적인 세력을 형성한 시기를 말한다. 그렇다면 일본 전국 시대가 어떠한 시대였는지 살펴보도록 하자.

일본의 전국 시대는 시작과 끝에 대해서 다양한 견해가 존재한다. 가장 지배적인 견해는 '1467년 오닌의 난'을 시작으로 보는 것이다. '오닌의 난'은 1467년 1월 2일에 쇼군[1] 후계 문제를 둘러싸고 지방의 영주들이 교토에서 동군과 서군으로 나눠 싸운 전투다.

---

1)　쇼군은 일본 사무라이 정권의 수장을 의미한다. 쇼군은 원래 '정이대장군'이라는 직책이었다. 일본어로는 '세이타이쇼군'으로 불린다. 이 직책은 혼슈섬 동쪽에 살던 원주민 '에미시'를 정벌하기 위해 파견된 부대의 총사령관을 의미했다. 쇼군이라는 직책을 가마쿠라 막부를 창건한 미나모토노 요리토모가 받았고, 이후 막부의 지도자들이 쇼군직을 이어받으면서 쇼군은 일본 사무라이 정권의 왕을 지칭하는 단어가 되었다.

그림 2 오닌의 난(1467~1477)

당시 영주들은 가마쿠라 막부 시기 쇼군이 지방의 귀족과 불교 사원 세력의 통제력을 약화하고 막부[2]의 통제력을 강화하기 위해 파견했던 지방관들이다. 이들은 막부에서 지방으로 파견된 관리로서 서서히 지방의 통제권을 장악하기 시작했다. 그중 지방행정을 위해 파견된 슈고라는 직책을 가진 사람들이 서서히 지방의 통제권을 장악하기 시작했고, 이들이 지방의 소유권을 주장하면서 슈고 다이묘라 불리는 영주가 되었다.

영주들은 지방의 소유권을 얻게 되었지만, 그들은 명목상 쇼군에게 충성을 맹세한 상황이었다. 자신들이 지방을 통제할 수 있는 권한을 쇼군이 주었기 때문이다. 하지만 대부분의 영주들은 수도인 교토에 머물렀다. 자신의 권력을 유지하기 위해서는 쇼군 옆에 있어야 했기 때문이다. 거기다 수도인 교토의 생활에 적응이 되어 이들은 영지로 돌아갈 생각을 하지 않았다. 결국에는 영주들이 자신을 대신해 영지를 관리해줄 대리인을 뽑기에 이른다. 이들이 슈고다이라 불리는 영주의 대리인이다. 영주들은 대리인을 지방에 보내놓고 자신들은 교토에서 호화스러운 삶을 누렸다.

그러던 중 문제가 발생한다. 1464년 무로마치 막부의 쇼군 아시카가 요시마사가 후사가 없어 스님이 된 동생을 다시 불러들여 후계자로 삼은 것

---

2) 원래는 전쟁터에서 왕을 대신하는 지휘관(장군)이 편 진지를 가리키는 말이다. 하지만 가마쿠라 막부가 들어서면서 쇼군(대장군)이 권력을 잡자 막부의 뜻이 쇼군의 정권이라는 뜻이 되었다. 비슷한 것으로는 오늘날의 군사 정권이 있다.

이다. 그런데 이게 무슨 운명의 장난인지 1465년에 쇼군 요시히사의 아들이 태어났다. 이에 요시히사의 아내였던 히노 도미코는 아들을 쇼군에 앉히기 위해 계획을 짜기 시작했고, 당시 유력한 영주인 야마나 소젠이 요시히사의 아들을 지지했다. 그러자 다른 유력 영주인 호소카와 가쓰모토가 요시히사의 동생을 지지하면서 두 세력은 요시히사의 아들을 지지하는 서군과 요시히사의 동생을 지지하는 동군으로 11년간(10년 8개월) 싸우게 되는데 이것이 오닌의 난이다.

양측은 확실한 승리를 얻지 못했고, 서군과 동군의 지도자였던 가쓰모토와 소젠이 죽고, 요시마사가 아들인 요시히사에게 쇼군직을 넘기고 은거하면서 명목상 요시히사를 지지하던 동군의 승리로 끝났다. 11년간 전장이 된 교토는 폐허가 되었고, 쇼군의 권위는 땅에 떨어지고 말았다. 교토에서 너무 오랫동안 전투를 이어간 영주들은 자신들이 관리하는 지방에 대한 영향력을 잃기 시작했고, 대리로 임명했던, 슈고다이나 가신들이 하극상을 일으켜 스스로 영주가 되었다. 이렇게 주인을 배신하고 권력을 뺏어 영주가 된 인물을 센고쿠 다이묘라고 부르며, 기존에 슈고 다이묘로 남아있던 영주들도 전국 시대가 열리면서 모두 센고쿠 다이묘로 불리게 되었다.

전국 시대의 시작 지점은 오닌의 난으로 의견이 모이는 가운데 끝은 여러 주장이 있다. 오다 노부나가가 교토에서 쇼군인 아시카가 요시아키를 추방해 무로마치 막부가 멸망한 시기로 보기도 하고, 1568년에 오다 노부나가가 교토로 간 것을 끝으로 보기도 한다. 아예 도쿠가와 이에야스가 에도막부를 세우고 난 후로 보는 견해도 있다.

다만 오다 가문과 도요토미 가문이 정권을 잡던 시대를 아즈치 · 모모야마 시대로 나누어 전국 시대와 구분하는 경우가 많다. 일부 학자들은 아즈치 · 모모야마 시대도 전국 시대에 포함해서 보기도 한다.

▌전국 시대와 유명한 인물

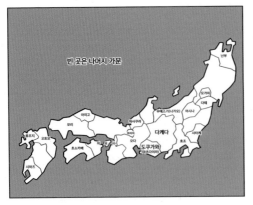

지도 1 1570년 당시 일본

'오닌의 난' 이후 일본은 전국 시대에 들어선다. 당시 실권을 잡고 있던 무로마치 막부의 쇼군은 이제는 강력한 권력을 가진 인물이 아니었다. 당시 일본의 상황은 지진을 비롯한 자연재해로 인해 민심이 좋지 못했다. 그런 상황에서 세금은 제때 내야하고, 심지어 밀린 채무도 갚아야 했기에, 농민들은 이러나저러나 죽는 건 마찬가지라 여기저기서 들고 일어났다. 이에 지방에 있던 영주들도 하나둘 반란을 일으키기 시작했다.

이때부터 영주들은 자신들이 관리하는 지방에서는 사실상 왕과 다름없는 직위를 가지게 되었다. 대외적으로는 쇼군이 왕이었고, 상징적인 천황도 있었지만, 대내적으로는 각 영지를 다스리는 영주들이 그 지역의 왕이 된 셈이다. 그밖에도 전국 시대에는 영주와 농민만 봉기[3]한 것이 아니었다. 계속해서 명맥을 유지하던 사원 세력들도 이 시기를 틈타 농민들에게 봉기를 유도해 정권을 잡았다. 이런 농민 봉기를 일본어로 잇코 잇키라고 하는데, 전국 시대 동안 대략 8번 정도의 큰 농민 봉기가 있었고, 그밖에도 수많은 농민 봉기가 있었던 것으로 보인다. 여기에 이런 봉기를 주도하던 불교 종파의 본산인 '이시야마 혼간지'도 오다 노부나가의 군대와 싸워서 대등한 전력을 유지했을 만큼 매우 유명하다.

---

3) 봉기란 많은 사람들이 어떤 일이나 결정 사항에 항의하거나 자신들의 뜻을 관철시키기 위해서 들고 일어나는 행위를 말한다. 반란이라는 단어가 있지만, 반란은 봉기보다 더 큰 규모를 말하며, 특히 봉기한 반대측이 정당성 혹은 정통성이 있는 경우 지칭한다. 봉기는 권력자나 현 상황에 항의하기 위해 일어난 것을 의미하고, 반란은 질서를 어지럽히는 경우에 사용되는 단어이다.

농민 봉기라고 이야기한 잇코 잇키는 〈쇼군 토탈워 2〉에서 등장한다. 필자도 처음 게임을 접했을 당시에는 잇코 잇키가 무엇인지 몰랐다. 대학교에서 공부하면서 알게 되었다. 이시야마 혼간지의 경우는 〈인왕 2〉에 이시야마 혼간지에서의 전투가 묘사될 만큼 매우 유명한 사찰이다. 이시야마 혼간지는 전국 시대 이후 불타고 그 자리에 도요토미 히데요시가 오사카 성을 쌓기도 했다.

일본의 전국 시대는 메이지 유신이 일어나기 전까지 일본의 역사에서 가장 신분의 이동이 자유로웠던 시기다. 여기저기에서 영주들이 일어나게 되니, 영주들은 일본을 통일하기 위해서 능력 있는 사람들을 등용해 적재적소에 배치해야 했기에, 신분이 낮은 것은 문제가 되지 않았다. 거기다 중국과 교류와 교역도 활발했던 시기라 상업이 발달하고 도시들도 생겨났다.

일본이 전국 시대일 때 유럽은 대항해 시대였고, 포르투갈과 네덜란드를 비롯한 유럽의 상인들도 일본에 방문했다. 이때 중국에 무역하러 왔다가 일본에 표류한 포르투갈의 선원들에게서 조총 한 자루를 받은 영주가 이것을 분해해 대량 생산했다. 이것을 오다 노부나가가 전투에 사용하기도 했다.

이처럼 전국 시대는 누구도 믿을 수 없고, 오로지 능력만이 살아남는 약육강식의 시대였다. 이런 상황에 유명한 영주들이 등장했다. 여기서는 전국 시대에 유명했던 인물들을 가지고 이야기를 해보겠다.

일본을 구성하는 섬 중 가장 큰 혼슈섬의 동쪽을 관동지방이라고 불렀다. 이곳은 가마쿠라 막부를 창건한 미나모토노 요리토모가 힘을 키웠던 곳이기도 했다. 그래서 전국 시대 이전부터 관동지방에는 강력한 세력이 많았다. 이 관동 지방에서 명성을 떨치던 인물들은 호조 가문의 호조 우지야스, 다케다 가문의 다케다 신겐, 우에스기 가문의 우에스기 겐신이 있었다. 이들은 전국 시대의 유명한 오다 노부나가와 도쿠가와 이에야스, 도요토미 히데요시보다 먼저 태어난 인물들이다. 먼저 태어난 순으로 이야기를 하겠다.

그림 3 호조 우지야스   그림 4 다케다 신겐   그림 5 우에스기 겐신

호조 우지야스는 1515년에 태어난 인물로 호조가문의 3대 당주[4]였다. 가마쿠라 막부 시대에 권력을 잡았던 호조 가문과는 다른 가문이다. 호조 우지야스는 유년기에 작은 소리에도 놀라 주위 사람들을 걱정하게 했다고 전해진다. 그의 이런 행동을 토대로 그의 성격을 유추해보면 호조 우지야스는 작은 소리도 허투루 넘기는 일 없이, 매사에 매우 신중한 인물이었다는 결론이 나온다. 실제 호조 우지야스의 별명인 사가미의 사자, 사가미의 호랑이도 용맹하지만 매우 신중한 그의 성격을 보여주는 별명이라고 할 수 있다.

그는 15살부터 전투에 참여해 승리했다. 우지야스는 1538년에는 아버지와 함께 전장에서 적의 연합군을 물리치고 총대장도 처치해 승리하는 큰 공을 세웠다. 아버지가 사망하자 3대 당주로서 가문을 이어받고, 호조 가문을 관동에서 가장 강력한 가문으로 만들어낸다.

1546년에는 약 8만의 대군이 호조씨의 영지로 침공했다. 당시 호조 우지야스의 군대는 1만 미만이었다고 알려져있다. 압도적으로 불리한 상황에서 호조 우지야스는 전쟁을 장기전으로 끌면서 적들을 방심시켰고, 호조 쓰나시게와 함께 적들을 기습했다. 기습은 성공적이었고, 연합군에 참전했던 한 가문은 멸망하기까지 했다. 이에 관동지방의 지배권을 호조 가문이 장악하게 되었다.

---

4) 일본에서 쓰이는 단어로 한 가문의 주인으로 해석된다.

호조 우지야스는 당시 라이벌 가문으로 여겨지던 이마가와와 다케다 가문과 혼사를 통해서 삼국 동맹을 맺어 자신의 입지를 더욱 굳건하게 만들기도 했다. 이후 호조 우지야스를 포함해 관동의 세 맹주라고 불린 다케다 신겐과 우에스기 겐신이 계속해서 대립하거나 화친을 맺는 등의 행보를 보였다. 또한 그는 수성의 명군으로 불리기도 했다.

다케다 가문의 맹주였던 **다케다 신겐**은 1524년에 태어났다. 그는 다케다 가문의 19대 당주로 앞서 언급한 슈고 다이묘 집안이었다. 다케다 신겐에게는 가이의 호랑이라는 별명이 있었고, 특히 그의 기마군단은 '무적'이라고 불렀다.

다케다 신겐의 유명한 전투 중에는 우에스기 겐신과 싸웠던 4차 가와나카지마 전투가 있다. 이 전투를 다룬 일본의 다큐멘터리를 보면 거의 창과 방패의 상황처럼 두 인물의 기발한 전술이 이어졌다. 사실상 통수에 통수를 보여주는 아주 기상천외한 전투였다고 한다.

무적이라고 불렸던 다케다 신겐은 도쿠가와와 싸워 완벽하게 승리했는데, 군대가 진형을 유지한 채 후퇴하다가 도쿠가와군이 쫓아오니, 그 진형을 유지한 상태에서 바로 군대를 돌려 공격해 도쿠가와군을 박살냈다고 한다. 〈토탈워 시리즈〉에서도 진형을 유지한 채로 후퇴하다가 다시 공격하게 명령을 하면 병력이 잠깐 동안 우왕좌왕한다. 그런데 실세 전투에서 그렇게 했다는 것은 당시 다케다군의 훈련 강도가 얼마나 강했는지를 보여주는 동시에 다케다군이 강력했다는 것을 말해준다.

하지만 나가시노 전투에서 오다 노부나가와 도쿠가와 연합군에 의해 패배하고, 다케다 신겐도 곧 지병으로 사망하면서 다케다 신겐은 역사속으로 사라졌다. 여기서 다케다 신겐은 유언으로 우에스기 겐신을 의지하고 3년간 자신이 죽은 것을 비밀로 하라는 명령을 내리는데, 이 명령을 재해석해 만든 영화 '카게무샤'로 인해 국내에도 카게무샤가 그림자 무사 혹은 대역으로 매우 유명해졌다.

흥미로운 사실은 다케다 신겐을 포함한 일부 전국 시대 인물들의 명성에는 거품이 많다는 것이다. 일본에서는 이것을 전국 과대사천왕이라고 부른다. 여기에는 다케다 신겐과 우에스기 겐신을 비롯해 여러 인물이 있다. 이 인물들을 띄워준 시기는 에도막부 시기로 어느 정도 거품이 있는 것은 사실이지만, 그렇다고 완전히 무능했던 것은 아니다. 오히려 에도막부를 세운 도쿠가와 이에야스가 다케다 신겐에게 철저하게 박살 났기 때문에, 다케다 신겐을 띄워야만 그에게 패배한 도쿠가와 이에야스가 무능하지 않고, 다케다 신겐이 너무 뛰어나서 그렇다고 퉁치기 위한 것으로 보인다. 이후 나가시노 전투에서 오다 노부나가와 도쿠가와 이에야스가 다케다 신겐의 군대에 승리했으니, 오히려 도쿠가와 이에야스가 더 뛰어나다는 것을 말하기 위해 만든 장치라고 볼 수 있다.

우에스기 겐신은 1530년에 태어난 인물로 사진을 보면 알다시피 불교에 귀의한 인물이다. 우에스기 겐신은 에치고의 용 혹은 군신이라는 별명을 가지고 있었고, 스스로를 불교 사천왕 중 하나인 다문천황의 화신이라고 믿었다고 한다. 일본어로는 비사문천이다.

우에스기 겐신은 앞서 다케다 신겐을 언급할 때 등장한 4차 가와나카지마 전투에서 기상천외한 전술을 보여주었다. 둘은 안개가 자욱하게 껴 앞을 볼 수 없었고, 다케다 신겐은 본대를 별동대로 만들어 우에스기 겐신의 본진을 치게 했고, 자신은 본진에 남아 우에스기 겐신을 속이려고 했다. 그런데 우에스기 겐신은 이것을 알아채고 자신의 본진을 버리고 모든 군대를 끌고 다케다 신겐의 본진을 쳤다. 안개를 뚫고 우에스기 겐신의 본진으로 간 다케다 신겐의 본대는 아무도 없는 것을 보고 충격에 빠져 주군을 보호하러 부리나케 갔다는 이야기가 있다. 당시 전투에서 다케다 신겐이 아끼던 아들과 가신이 죽었다는 기록으로 보아 전투가 매우 격렬했을 것이다.

흥미로운 사실로는 우에스기 겐신이 평생 결혼을 하지 않은 이유가 여성이었기 때문이라는 이야기도 있다. 물론 진위여부는 밝혀지지 않았지만, 일부 게임들에는 이러한 이야기를 받아들여 우에스기 겐신을 여성으로 표현하기도 했다.

일본의 전국 시대를 다룬 게임들은 생각보다 많다. 보통은 오다 노부나가나 도요토미 히데요시를 주인공으로 하는 게임이 많은데, 가끔은 전국 시대 전체를 배경으로 하는 게임도 출시되었다.

전국 시대를 배경으로 하는 게임은 살펴보자면, 〈쇼군 토탈워 2〉가 대표적이다. 〈쇼군 토탈워 2〉는 〈토탈워 시리즈〉 작품으로 2011년에 발매된 게임이다. 현재까지도 플레이하는 사람들이 있을 정도로 인기있다. 이 게임에서는 당시 일본의 영토가 아니었던 홋카이도섬과 오키나와섬을 제외한 일본 전역이 등장한다. 다테, 오토모, 핫토리, 오다, 도쿠가와, 잇코잇키, 호조, 우에스기, 다케다, 모리, 시마즈, 쵸소카베 등의 가문 혹은 세력(잇코잇키만)으로 게임을 진행할 수 있다.

이외에도 〈신장의 야망(노부나가의 야망) 시리즈〉, 〈전국 바사라 시리즈〉, 〈전국무쌍 시리즈〉, 〈태합입지전 시리즈〉 등에서도 다케다 신겐과 우에스기 겐신, 호조 우지야스 등의 인물들이 등장하는 것으로 보인다. 시대 자체가 매력적이다 보니 아무래도 많은 게임들이 이 시대를 배경으로 사용한다. 또한 〈유로파 유니버셜리스 4〉에서도 일본은 전국 시대인 상태로 등장하기 때문에, 다케다, 우에스기, 호조, 오다, 도쿠가와 등의 여러 가문이 등장한다.

관동 3인방이 서로 싸우고 견제하는 사이 아무도 교토로 들어가지 못하고 눈치만 봤다. 그러던 와중에 오와리에 있는 오다 영지의 영주 **오다 노부나가**가 움직이기 시작했다. 오다 노부나가는 사실상 일본을 통일한 인물로 평가받는다. 실질적인 통일은 도요토미 히데요시가 했으나, 혼노지의 변으로 사망하지 않았다면 오다 노부나가가 통일했을 것이다. 사실상 기틀도 오다 노부나가가 거의 다 닦아놓았으니 말이다.

오다 노부나가는 교토로 입성해 무로마치 막부를 멸망시키고, 전국 시대를 끝낸 인물로 평가받는다. 전국 시대와 에도 막부 시대 사이에 있는 아

그림1 왼쪽부터 오다 노부나가, 도쿠가와 이에야스, 토요토미 히데요시(풍신수길)이다

즈치·모모야마 시대를 연 인물이기도 하다. 오다 노부나가는 멍청이라는 평판이 있었다. 이는 주변의 다른 세력들을 방심시키기 위해 한 행동이다. 오다 노부나가는 농민들과 어울리기도 했고, 조총에 관심을 보이는 등 당시 상식과는 많이 다른 행동을 했다. 그리고 그런 행동들이 멍청이라는 평판을 쌓게 했다. 이것을 오다 노부나가가 노렸다는 이야기도 있다. 주변의 다른 영주들에게 주의를 끌고 싶지 않았기 때문으로 보인다.

흥미로운 사실은 오다 노부나가의 집안은 오다 씨의 본가가 아니었고, 방계 집안이었다고 한다. 아버지인 노부히데가 뛰어난 능력과 전투력으로 본가가 힘을 쓰지 못하게 만들었다. 노부히데가 죽으면서 오다 본가는 다시 힘을 키울 생각을 했는데, 이 과정에서 노부나가가 본가를 멸족시키고, 무로마치 막부에 청원해 오와리의 영주로 인정받으면서 오다씨의 종가가 되었다. 사실상 하극상의 일종이라고 보는 것이 맞을 것이다. 어찌 되었든 오다 노부나가는 명실상부한 영주가 되었고, 여기서부터는 우리가 잘 아는 대로 역사가 흘러간다. 천하를 제패하기 직전까지 갔지만, 가신인 아케치 미쓰히데에게 배반당해 죽고 말았다.

도요토미 히데요시는 우리나라에서는 모르는 사람이 없다. 임진왜란을 일으킨 장본인이니 말이다. 도요토미 히데요시는 원래 빈농의 아들로 태어나, 신분이 매우 미천했다. 기노시타 도키치로에서 기노시타 히데요시, 하시바 히데요시 등의 이름을 거쳐 도요토미 히데요시가 되었다.

도요토미 히데요시의 이야기는 이미 많은 사람이 어느 정도 알 거라 생각해 짧게 이야기 하겠다. 히데요시는 오다 노부나가가 혼노지의 변으로 인해 죽임을 당할 때, 서쪽 지역을 정벌하기 위해 나가 있었다. 아케치 미쓰히데가 혼노지의 변으로 오다 노부나가를 죽이자 오다 노부나가의 복수를 하면서 실권을 장악했고, 노부나가의 뒤를 이어 일본을 통일하고 임진왜란까지 일으켰다. 하지만 그의 사후 세키가하라 전투와 오사카 전투를 치르면서 도요토미 가문은 멸망하고, 도쿠가와 이에야스에게 정권을 빼앗기고 말았다.

도쿠가와 이에야스도 많은 사람이 알고 있을 인물이다. 임진왜란에 참가하지 않아 힘을 비축했고, 도요토미 히데요시의 사후 세키가하라 전투에서 승리해 에도 막부를 창건한 인물이다. 이에야스도 다케치요, 모토노부, 모토야스, 이에야스 순으로 개명을 했다. 그리고 원래는 이마가와의 봉신으로 있으면서 마쓰다이라로 불렸었다. 1566년에 성씨를 도쿠가와로 바꾸었다고 한다. 도쿠가와 이에야스의 가신 중에는 닌자로 유명한 핫토리 한조도 있었다.

오다 노부나가와 도요토미 히데요시, 도쿠가와 이에야스도 다양한 게임에서 등장한다. 앞에 설명했던 게임들에도 등장했고, 〈인왕 시리즈〉에서는 이 3명이 모두 등장했다. 〈인왕 1편〉에서는 도쿠가와 이에야스와 오다 노부나가가 등장했고, 〈인왕 2〉에서는 아예 도요토미 히데요시가 서브 주인공으로 그의 일대기를 따라서 히데요시와 절친한 사이라는 무명의 반요를 주인공으로 내세워 스토리가 진행된다.

게임의 스토리는 히데요시가 노부나가의 가신이 되는 내용부터 시작해 사망하는 순간까지 진행된다. 다만 한국을 의식했는지는 몰라도, 임진왜란을 비롯한 그 시기의 내용은 간단한 설명으로 끝내버린다. 〈인왕 시리즈〉는 다크소울류와 비슷한 게임이기는 하지만, 소울류 게임과는 또 다른 매력이 있다.

이외에도 전국 시대를 배경으로 한 게임들이 많다. 그중에서 전국 시대를 모티브로 가상의 세계를 만든 것이 〈SEKIRO : Shadows Die Twice〉이다. 하지만 작중 등장하는 장수들과 등장인물들은 모두 창작된 인물들이니 배경만 가져다썼다고 생각하면 될 것이다.

일본의 전국 시대는 너무 방대하기에, 시대의 흐름에 따라 중요한 인물들만 이야기를 해보았다. 일본의 전국 시대는 게임, 드라마, 애니메이션, 영화와 같은 다양한 매체에서 많은 창작물 혹은 역사물이 만들어졌다. 이런 행보는 우리가 본받아야 한다. 역사를 이용해서 다양한 창작물이나 컨텐츠를 만든다는 것은 전 세계에 우리나라의 역사를 알릴 수 있다는 의미이니 말이다.

우리나라도 삼국시대나 남북국시대, 고려, 조선시대와 같이 다양한 매체에서 만들 수 있는 컨텐츠가 무궁무진한데도 불구하고 잘 만들지를 못하고 있다. 만들더라도 잘 알려지지 않는 경우가 많기도 하다. 솔직히 우리나라의 역사와 전설도 충분히 가능할 텐데 아쉽다. 그리고 한편으로는 우리가 사는 이 시대도 먼 미래에는 게임이나 다양한 매체에서 등장할 수 있을지 참으로 궁금하다.

약 천 년간 이어진 유럽의 암흑기

유럽의 중세시대
Middle Ages in Europe

유럽의 중세시대
Middle Ages in Europe

▌중세시대 시작 직전 서로마 제국의 멸망

　용감한 기사와 드래곤, 전쟁 등의 여러 이야기를 가진 중세시대는 게임, 영화, 드라마, 등에서 자주 쓰이는 배경이기도 하다. 여기서는 우리가 잘 알지 못했던 중세시대 유럽의 실상에 대해서 알아보자.

　이야기를 시작하기에 앞서 당부할 것이 있다. 중세시대 유럽을 이야기 하려면 책 한 권으로는 부족하다. 따라서 이번 장에서는 필자가 생각하는 중요한 부분 위주로 이야기를 풀어보겠다. 기독교 천년 제국, 유럽의 암흑기 등 다양한 의견이 제시되고 있는 중세시대 유럽으로 떠나자!

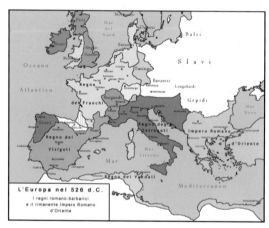

지도 1　서로마 멸망 후 526년 상황

　우리는 보통 중세시대 유럽을 생각하면, 잉글랜드 왕국과 프랑스 왕국의 백년 전쟁이나 십자군 전쟁 등이 중세시대라고 생각한다. 그래서 많은 사람이 중세시대는 1200년대 부근이라고 많이 생각한다.

　실제로 게임 중에서 〈마운트 앤 블레이드 워밴드〉와 〈아틸라 토탈워〉에서 1200년대를 배경으로 다루는 모드가 있다. 〈마운트 앤 블레이드 워밴드〉에서는 AD 1257로 십자군 전쟁과 이베리아 반도의 레콩키스타(재정복)를 배경으로 하고 있고, 〈아틸라 토탈워〉에서는 1212 모드가 존재하는데, 이 모드는 4차 십자군으로 인해 콘스탄티노플이 함락되고 라틴 제국이 세워진 이후를 배경으로 하고 있다. 대중 매체에서 중세시대가 1200년대 부근의 문화로 보여지니 많은 사람이 이 시기를 일반적으로 중세시대라 생각하게 된다.

　'중세시대의 시작이 어디인가?'에 대한 의견은 여러 가지가 있다. 대부분은 서로마 제국이 멸망한 476년과, 바이킹이 전 유럽으로 이동하기 시작한 시기를 기점으로 유럽의 중세시대가 시작되었다고 이야기한다. 필자의 경우 서로마 제국의 멸망부터 중세시대가 시작된다는 견해를 지지하는 편이다.

고대시대를 대표하던 로마 제국이 서로마와 동로마로 분열되고, 서로마 제국이 이민족에 의해 멸망하면서 중세시대가 시작되었다. 따라서 서로마가 멸망한 기원후 476년부터 중세시대는 시작되어, 마지막까지 남아있던 동로마 제국이 오스만 제국에 의해 멸망하는 기원후 1453년에 중세시대가 끝났다고 본다.

그렇다면 서로마 제국은 왜 멸망했을까? 그 이유는 이민족 때문이다. 당시 서로마 제국은 분열되기 전 로마 제국의 핵심적인 요소들이 모두 콘스탄티누스 대제와 함께 동로마 제국으로 넘어간 뒤였다. 따라서 서로마 제국은 사실상 빈 껍데기만 남아 매우 위태로웠다. 거기다 게르만인이 로마군으로 복무하기도 했는데, 일부 게르만인은 로마 제국의 장군이 되기도 했다. 이렇게 내부적으로 혼란한 상황에서 게르만족이 서로마 제국의 영토로 대규모 이동을 했다. 이것을 '게르만족 대이동'이라고 한다. 이 시기 게르만족 말고도 불가르, 슬라브족도 이동했다.

이민족이 서로마 영토로 이동하기 시작한 이유는 기후의 문제도 있었지만, 아틸라가 훈족의 왕에 오르더니 훈족을 통합하고 동쪽에서 서쪽으로 이동하기 시작했기 때문이었다. 아틸라는 훈족의 마지막 왕으로 그가 이끈 훈족의 군대가 서로마의 수도인 라벤나를 공격해 황제 발렌티니아누스 3세를 라벤나에서 쫓아내기도 했다. 사실상 서로마 제국은 국가의 역할이 마비된 상태였다.

황제들은 꼭두각시가 되어 계속해서 바뀌었고, 476년 9월 4일에 이탈리아 지역의 군사령관이던 게르만인 오도아케르가 마지막 서로마 제국의 황제인 로물루스 아우구스투스를 퇴위시키고, 자신이 이탈리아를 다스리려고 했다. 동로마 제국의 황제에게 인정은 받았으나, 이후에 오도아케르는 동로마 제국의 황제가 보낸 군대에 의해 살해당했다. 이렇게 서로마 제국이 멸망하게 되면서 비어버린 땅에는 이민족들이 국가를 세우기 시작했다.

▌중세 초기 프랑크 왕국의 등장

지도 2 카롤루스 대제의 프랑크 왕국 814년(초록색 부분)

새롭게 세워진 이 민족 국가 중 눈에 띄는 것은 프랑크 왕국이었다. 게르만족의 일파 중 하나였던 프랑크족은 라인강 하류에서 지금의 파리가 있는 센강까지 아주 짧은 이동을 했고, 빠르게 영향력을 키웠다. 481년에는 프랑크족의 클로비스 1세가 메로베우스 왕조를 개창해 정식적으로 프랑크 왕국이 지금의 프랑스 지방에 들어서게 되었다.

클로비스 1세는 당시 강력한 라이벌인 서고트족 알라만 민족을 격파해 그들을 몰아내는데 성공했다. 클로비스 1세는 넓은 영토를 얻었고, 그것을 관리하기 위해서는 서로마 제국 멸망 이후에도 남아있는 로마 카톨릭 네트워크를 활용하기로 마음먹는다.(클로비스 1세의 아내가 독실한 신도였다고도 한다.)

클로비스 1세는 로마 가톨릭으로 개종하고, 프랑크 왕국도 로마 가톨릭을 국교로 지정했다. 그는 수도를 지금의 파리로 옮겼고, 나누어져있던 프랑크족을 통일했다. 초대 국왕이 기반을 닦아놨지만, 프랑크족의 관습대로 클로비스 1세가 죽자, 프랑크 왕국은 그의 4명의 아들에게 분할 상속되었다. 이 때문에 프랑크 왕국의 힘은 약해졌고, 왕보다 대토지를 소유한 귀족들의 영향력이 더욱 강해졌다. 분열된 프랑크 왕국은 수도가 4개가 되고, 국왕은 실권을 잡지 못했다. 그렇다 보니 왕국 안의 유력한 귀족 가문 대표가 궁재[1]가 되어 왕권을 대행하는 상태가 되었다.

---

1) 프랑크 왕국에서 재상을 부르는 명칭으로, '집안의 관리자'라는 뜻이 있다. 궁재였던 피핀 3세는 메로베우스 왕조의 마지막 국왕 힐데리히 3세를 폐위하고 스스로 왕위에 올랐다.

이들중 눈에 띄는 가문이 있었는데, 훗날 카롤링거 왕조를 만든 가문이 었다. 이 가문은 대대로 궁재직을 세습하고 있었고, 카롤루스 마르텔이라는 인물이 두각을 나타냈다. 그는 당시 프랑스 지역까지 영토를 넓힌 이슬람 세력과의 전투에서 승리했다.(투르 푸아티에 전투) 이 승리로 이슬람 세력(당시는 사라센 제국)이 유럽으로 확장하는 것을 막았고, 프랑크 왕국을 강하게 만들었다.

그의 아들인 피핀 3세도 궁재직을 이어받았는데, 그는 허수아비였던 메로베우스(메로빙거) 왕조의 마지막 국왕 힐데리히 3세를 폐위시키고, 자신이 국왕이 되었다. 쿠데타였지만, 로마 카톨릭을 등에 엎고, 국왕의 정통성을 인정받았기에, 아무런 충돌 없이 진행되었다. 피핀 3세는 당시 이탈리아 북부에 있던 롬바르드 왕국을 멸망시키고, 이 땅의 일부를 교황청에 바쳤고, 이 땅이 교황령의 시초가 되었다. 이후 교황령은 중세를 넘어 지금까지도 바티칸 시국으로 남아있다.

피핀 3세 다음으로 국왕에 오른 인물은 그의 아들 카롤루스 1세였다. 카롤루스 1세는 이 이름보다 카롤루스 대제라는 이름으로 더 유명하다. 그는 프랑크 왕국의 최전성기를 이끈 국왕이며, 유럽에 깊숙이 진출해 있던 이슬람 세력과 이교도(과거 유럽에 있던 다신교)를 조금씩 몰아내어 기독교가 우세한 유럽 세계를 만들었다.

이외에도 카롤루스 대제는 서로마 제국의 관을 수여받아 서로마 제국의 황제라는 타이틀을 가지게 되었다. 중세 시대에 존재한 신성 로마 제국의 초대 황제를 카롤루스 대제로 보는 견해가 있는 것도 이런 연유에서다. 당시 카롤루스 대제는 교황에게 서로마 황제의 관을 받았는데, 이 때문에 교황이 서로마(훗날 신성 로마) 제국의 관을 황제에게 수여하는 것이 정통성을 인정받는 관례가 되었다.

하지만 프랑크 왕국은 마지막 국왕인 카롤루스 대제의 아들 루트비히가 840년에 사망한 후 3명의 아들에게 영토가 분할 상속되었고, 서프랑크(프랑스), 중프랑크(이탈리아), 동프랑크(독일)로 나뉘었다. 프랑크 왕국은 멸망하고 만 것이다.

여기서 중프랑크 왕국은 국왕이 사망해 서프랑크 왕국과 동프랑크 왕국 사이에 있던 영토 로타링기아가 서·동 프랑크 왕국에 분할되었다. 이렇게 서프랑크는 프랑스의 전신이 되고, 동프랑크는 독일의 전신이 되었다. 1900년대에 두 차례나 일어난 세계 대전에서 앙숙이었던 프랑스와 독일은 사실 뿌리가 같았다는 의미다.

지도 3 870년 메르센 조약에 의해 로타링기아의 재분할

프랑크 왕국이 분열되어 현대의 프랑스, 이탈리아, 독일의 토대가 만들어진 이후 세 국가는 각자 다른 방향으로 발전했다. 서프랑크는 카페 왕조가 들어섰고, 동프랑크는 작센 왕조가 들어서면서 이때부터 프랑스, 독일, 이탈리아의 정체성이 조금씩 형성되기 시작했다. 그러나 이 3개의 국가들이 현대의 모습처럼 통일이 되기까지는 많은 시간이 흘러야만 했다.

중세시대를 잘 표현한 게임 〈크루세이더 킹즈 3〉는 867년부터 플레이할 수 있다. 이 시나리오는 '노르드인의 분노'로 노르드인은 바이킹을 의미한다. 이 챕터가 시작할 때 이야기한 것처럼 중세시대의 시작을 서로마 제국의 멸망과 바이킹의 유럽 진출로 본다고 했다. 〈크루세이더 킹즈 3〉에서는 바이킹의 유럽 진출을 중세시대의 시작으로 보는 것이다. 하지만 모드를 이용하면, 서로마 제국이 멸망한 476년부터 게임을 시작할 수 있다. 867년부터 시작하면 어느 정도 할 수 있는 것들이 있지만, 476년부터 시작하면 문명이 다 박살난 상태라 처음에는 할 수 있는게 거의 없다.

▌바이킹의 활동 시작

프랑크 왕국이 분열되자, 차가
운 북해 너머에서 무법자들이 전 유
럽을 이동하기 시작했다. 그들은 바
이킹이었다. 당시 기온이 갑작스럽
게 떨어지면서 북유럽 지역에 살고
있던 노르드인들이 새로 살 곳을 찾
아다니고 있었다.

그림 1 바랑기아인의 원정을 묘사한 니콜라스 레리
크의 바다 저편에서 온 귀객 1901년작

원래는 발트해를 따라서 동유럽 지역을 자주 약탈하고 정착하는 등의
행보를 보이다가 서유럽 중 특히 잉글랜드로 가는 항로를 찾게 되면서 서
유럽을 향한 이들의 침략이 가속화되었다. 이에 브리튼 섬에 거주하던 앵글
로색슨족들은 바이킹들로 인해 큰 피해를 보았고, 프랑크 왕국(당시는 주로
서프랑크) 역시 바이킹들에게 큰 피해를 봤다. 수도인 파리가 약탈당하기도
했고, 뒤이어 이어진 파리 포위전(885년~886년)에서 비만왕 샤를이 폐위되
고, 이때 파리를 지켜낸 오도 백작은 카페 왕조의 시조가 되기도 했다. 그만
큼 바이킹의 행보는 서유럽의 판도를 요동지게 했다.

프랑크 왕국과 바이킹의 대규모 이동을 다룬 게임들은 의외로 많다. 앞
서 언급한 것처럼 〈크루세이더 킹즈 시리즈〉는 바이킹들이 이동한 시기를
배경으로 DLC(북해의 군주)를 내기도 했다.

〈아틸라 토탈워〉에서는 바이킹 민족이 DLC를 통해 플레이어블 국가로
등장하기도 했다. 〈아틸라 토탈워〉의 DLC였던 〈마지막 로마인〉은 동로마
제국의 유스티니아누스 1세의 고토 회복 전쟁에 지휘관이었던 벨리사리우
스로 서로마 제국의 영토를 되찾는 캠페인이다. 여기서 프랑크 왕국도 등장
했다. 아예 프랑크 왕국을 주인공으로 한 DLC도 있는데, 〈샤를마뉴 시대〉로
여기서 말하는 샤를마뉴는 카롤루스 대제를 의미한다. 이 DLC는 서로마 제
국의 영토였던 이베리아 반도, 브리튼섬, 프랑스, 독일, 이탈리아, 북아프리

그림 2 〈어쌔신 크리드 발할라〉 속의 잉글랜드로 떠나는 레이븐 클랜

카에 이어 아일랜드섬과 일부 중부 유럽도 지역으로 포함하고 있다. 여기서 플레이어는 프랑크 왕국으로 서로마 제국을 부활시킬 수 있다.

　지금까지 프랑크 왕국과 바이킹이 등장하는 게임을 알아봤다. 이외에도 바이킹의 시점에서 진행되는 게임이 있다. 바로 〈어쌔신 크리드 발할라〉다. 〈어쌔신 크리드 발할라〉는 2020년 11월 10일에 발매된 게임으로 주인공인 에이보르의 시점에서 잉글랜드에 정착하는 바이킹의 모습을 보여준다. 그리고 DLC인 〈파리 포위전〉에서 방금 언급한 오도 백작과 비만왕 샤를이 등장하며, 실제로 있었던 파리 포위전을 다루고 있다. 이 DLC로 프랑크 왕국 지방이 추가되었다.

▍중세 성기 본격적인 중세의 시작

　AD 1,000년부터 1,300년까지는 중세 성기이다. 여기서 '어째서 중세 중기가 아닐까?'라는 의문을 가질 수 있다. 중세 성기는 High Middle Age라고 표현하며, 11세기부터 13세기를 설명하는 용어이다.

　성기(최전성기)라는 표현에 대해서 여러 가지 이유가 있겠지만, 이때가 인구의 변동이 가장 컸다. 인구가 비약적으로 증가했다는 말이다. 중세시대는 흑사병으로 사람이 많이 죽었다는 것으로 기억하는데, 인구가 급증했다는 말을 듣고 당황할 수 있다. 흑사병은 중세 말기에 터졌기 때문에, 중세 성기는 흑사병과는 관계가 없었다. 거기다 중세시대하면 가장 먼저 떠올리는 십자군 전쟁이 시작한 시기도, 십자

지도 4 중세 성기 1190년 유럽과 지중해 권역

군 전쟁으로 성지 예루살렘을 포함한 중동 레반트 지역을 유럽의 기독교 세력이 차지했던 시기도 중세 성기였다.

중세 성기에는 게르만, 마자르, 바이킹 등의 여러 민족이 다양한 이유로 서유럽으로 들어와 정착한 이후였다. 따라서 중세 초기 약탈과 혼란의 연속이었던 세상이 기독교 아래에서 안정을 찾아가던 시기라고 볼 수 있다. 앞서 프랑크 왕국을 세운 클로비스 1세의 이야기에서 나왔듯이 그는 멸망한 서로마 제국의 기독교 인프라망을 이용해 자신의 권력을 확고히 하고자 했다. 교황은 동로마 황제의 간섭에서 벗어나 독자적인 세력을 만들려고 했고, 이해관계가 일치했던 두 세력은 교황이 프랑크 왕국의 국왕을 서로마 제국의 황제로 인정하면서 공생관계가 되었다. 시간이 지나자, 서로마 제국의 황제로 인정받은 왕들은 교회의 수호자가 되어 활동했고, 이것은 중세 성기를 만들기 위한 기독교의 물밑작업이 되었다.

기독교는 프랑크 왕국의 영토를 넘어 동유럽 일부와 중부 유럽까지 퍼지기 시작했다. 이때는 기독교가 세력을 급속도로 키우던 시기다. 그래서 요한계시록 20장 1~6절에 등장하는 천년왕국의 이야기가 약 천년에 달했던 유럽의 중세 시대일 거라는 의견이 있었다. 물론 이 천년왕국설을 주장하는 세력은 일부 기독교 교파가 내세우는 믿음일 뿐이다.

이 시기에는 인구의 급증으로 경제도 성장했고, 무엇보다 교황을 비롯한 교권이 황제나 귀족들의 권력보다 막강해졌다. 이에 교과서에서 배운 카노사의 굴욕도 일어났다.

교황(기독교)의 세력이 점점 강성해지자, 이슬람 세력에게 고전을 면치 못하던 동로마의 황제가 도움을 요청한다. 당시 동로마 제국은 오스만에게 패배해 많은 영토를 잃고 있었다. 교황은 이 상황을 잘 활용하면 자신의 권력과 영향력이 더 퍼질 수 있다고 판단했다.

교황은 직접 성전을 선포하고 유럽 여러 국가의 국왕과 귀족(영주), 기사, 농민(혹은 빈민)들이 십자군에 참여해 성지 예루살렘이 있는 중동 지역을 이교도로부터 해방할 것을 주문했다. 그렇게 십자군 전쟁이 시작되었다. 초반에는 잡음도 좀 있었으나, 결국 십자군 원정은 성공했다. 기독교 세력은 예루살렘과 안티오크, 아크레를 포함한 중동 레반트 지역을 차지했다. 당시 이슬람 세력은 서로 내분이 일어나 이에 대응할 여력이 없었다. 이 당시의 기독교 세력들은 기고만장해 있었고, 자신들이 하나님의 심판자이자, 사도라고 여겼다. 동쪽에서 말을 탄 악마가 오기 전까지는...

그림 3 〈어쌔신 크리드 에지오 컬렉션〉에 등장하는 알타이어

보통 중세 시대 유럽을 배경으로 하는 게임은 거의 중세 성기를 배경으로 하고 있다. 대표적인 것이 〈미디블 토탈워 2〉와 〈어쌔신 크리드〉이다. 〈미디블 토탈워 2〉와 〈어쌔신 크리드〉 모두 2000년대 중후반에 나온 게임으로 시스템이나 그래픽적인 부분으로 지금은 플레이가 조금 힘들 수 있다.

〈어쌔신 크리드〉 시리즈 중 하나인 〈어쌔신 크리드 유니티〉에서도 중세시대 파리의 모습이 잠깐 등장했다. 헬릭스 균열 컨텐츠에서 중세시대 파리의 풍경이 등장한다. 이곳은 〈어쌔신 크리드 유니티〉의 프랑스 대혁명

그림 4 〈어쌔신 크리드 유니티〉에 등장하는 중세 파리의 풍경

시기의 파리처럼 도시가 넓어지기 전의 모습을 다루고 있어서 처음 보는 듯한 거대한 요새가 보인다.

〈미디블 토탈워 2〉는 유럽을 배경으로 하고 있는 게임으로 기독교 국가, 이슬람 국가를 선택해서 플레이할 수 있다.

〈어쌔신 크리드〉는 십자군 전쟁 시기의 레반트 지역(예루살렘, 아크레, 다마스쿠스 등등)을 배경으로 하고 있다. 주인공인 알테어 이븐 라하드(발음에 따라 라아하드)는 암살단의 일원이고, 템플러(성전기사단)와 대립하는 것이 게임의 주된 스토리다. 2007년에 처음 발매된 이 시리즈는 벌써 15주년이 되었고, 외전을 제외한 본편만 해도 12작품이나 발매되었다. 최근에는 2023년에 1편의 시스템을 기반으로 〈어쌔신 크리드 미라지〉가 줄시된다고 하니 기다려보는 것도 좋아보인다.

이밖에도 자신의 가문을 만들고 운영할 수 있는 〈더 길드 시리즈〉와 판타지이긴 하지만 중세시대를 배경으로 하는 멀티 전용 게임 〈Chivalry 시리즈〉도 있다. 1인칭 게임으로는 중세시대 체코를 아주 잘 표현한 〈Kingdom Come: Deliverance〉나 전설의 명작인 〈에이지 오브 엠파이어 2〉, 〈Stronghold 시리즈〉, 유비소프트가 제작한 게임으로 일본과 바이킹, 중국, 중세 유럽이 격돌하는 판타지 TPS 장르 게임 〈포 아너〉와 중세 유럽을 배경으로 하는 〈ANNO 1404〉 등 다양한 게임들이 중세 성기 혹은 중세시대를 배경으로 하고 있다.

테이블 탑 미니어처 보드게임 시리즈로 유명한 〈Warhammer 시리즈〉

에도 브레토니아란 국가가 등장하는데, 중세시대 프랑스를 모티브로 한 기사 국가이다. 여기에 등장하는 제국은 신성 로마 제국을 모티브로 제작되기도 했으며, 키슬레프는 폴란드와 러시아를 섞었다. 마지막으로 가장 최근인 2021년 9월 23일에 발매된 〈Medieval Dynasty〉는 폴란드 게임 제작사 Render Cube에서 개발한 중세 시대 배경 생존 오픈 월드 건설 시뮬레이션 게임이다.

▌몽골 제국의 유럽 침공

그림 5 몽골 제국의 유럽 침공(레그니차 전투)

중세 성기 동안 융성해지기 시작한 유럽을 막을 자는 없을 것처럼 보였다. 기독교 세력은 이슬람 세력만 막아내면 될거라 생각했다. 하지만 동쪽에서 금나라를 멸망시키고, 중동 지역의 거대한 제국이던 호라즘 제국까지 멸망시키고 온 몽골 제국이 나타났다.

몽골 제국은 서유럽이 난생처음 보는 군대였다. 몽골 제국은 당시 칭기즈칸이 사망하고 2대 황제인 오고타이가 대칸이 된 상태였다. 오고타이 칸은 1236년 유럽 원정을 지시한다. 이 원정으로 인해 볼가 불가르인(볼가강에 있었던 불가르인으로 오늘날의 불가리아 조상들)의 제국이 1~2년 만에 멸망했고, 키예프 루스마저 순식간에 무너졌다. 조지아와 아르메니아가 있던 코카서스 지방도 몽골이 원정을 통해 완전히 정복해버렸다.

몽골 제국은 폴란드와 헝가리 지역까지 진격했고, 신성 로마 제국의 동쪽 지방까지 군대가 진입했다. 서유럽은 위기의식을 느끼고 연합군을 구성해 맞서 싸운다. 폴란드의 레그니차에서 벌어진 레그니차 전투는 몽골 제국과 유럽 연합군이 격돌했지만 철저하게 몽골군에게 궤멸당하고 말았다.

몽골 제국의 침략은 오고타이의 사망과 함께 소강상태가 되었다. 몽골군의 서방 원정은 특히 동유럽권 국가들에 엄청난 피해를 줬고, 일부 제국들은 멸망해버렸다. 서유럽은 다시 올지도 모르는 몽골군에 대비해야만 했다. 하지만 몽골군이 다시 서유럽으로 오는 일은 없었고, 대신에 몽골군과 함께 왔을 것으로 추정되는 흑사병이 유럽을 강타하기 시작했다.

몽골군의 유럽 원정과 관련된 이야기로 만들어진 게임들도 몇 가지 존재한다. 〈에이지 오브 엠파이어 시리즈〉의 최신작인 〈에이지 오브 엠파이어 4〉에는 몽골군 캠페인에서 레그니차 전투가 있다. 레그니차 전투 외에도 키예프 루스를 침공하는 캠페인도 일부 존재한다. 〈어쌔신 크리드 레벨레이션〉에서도 알테어가 남긴 에덴의 조각(마시아프 열쇠)을 통해 몽골군이 레반트 지역을 침공하는 모습을 볼 수 있다.

▌혼란한 중세 후기, 르네상스의 여명

중세 후기는 중세 성기에 있었던 모든 이섬이 흑사병과 기근으로 인해 무너진 시기다. 거기다 동로마 제국이 1453년 오스만 튀르크에게 멸망하면서, 중세시대가 끝을 맞이하기도 했다. 동로마 제국의 멸망도 서유럽인들에겐 충격적이었으나, 가장 큰 것은 흑사병의 창궐이었다.

흑사병의 확산에는 여러 가지 원인이 존재하지만, 몽골 제국의 역할이 지대하다고 볼 수 있다. 몽골 제국이 유럽을 강타하고 난 후 유럽은 잠시 안정을 되찾은 것 같았다. 하지만 흑사병이 창궐해 14세기 유럽에서 7,500만 ~ 2억 명 정도가 사망했다고 알려져 있다. 이 흑사병은 몽골 제국이 중국을 침략했던 14세기에 중국 내에서도 흑사병으로 인해 중국의 인구 중 30%가 사망했다. 전쟁이 일어나면 기반시설들이 파괴되고, 그렇게 되면 전염병이 창궐한다. 몽골군은 썩은 시체나 동물들의 사체를 성에 던지는 등의 행위도

그림 6 흑사병 의사

했었기 때문에, 충분히 가능성이 있는 이야기이다.

이 흑사병은 지구상에서 완전히 사라진 질병이 아니다. 현대에도 존재하고, 코로나19가 터지고 난 이후 중국에서 흑사병에 걸린 사람들이 있었다는 뉴스가 있었다. 그렇다고 흑사병에 걸렸다고 사람들이 어마어마하게 죽지는 않는다. 과거보다 위생 상태가 좋기 때문이다. 중세 유럽이 흑사병으로 많은 사람이 죽었던 이유는 위생 상태가 좋지 못했기 때문이다. 이 챕터 도입부에 설명했듯이 서로마 제국이 멸망하면서 서유럽은 로마 제국의 기술들을 잃어버렸다. 그리고 대부분은 위생과 관련된 기술들이었다고 봐도 과언이 아니다.

당시 유럽의 사람들은 로마 시대보다 위생 관념이 좋지 못했다. 중세 유럽의 농노나 일반 서민들은 옷을 여러 벌 보유할 수 있는 상황이 못 되었고, 사실상 살면서 한 번의 옷을 입는 정도였다고 한다. 또한 우리가 아는 그런 옷도 있지만, 심한 경우에는 옷에 머리, 팔만 낼 수 있는 구멍을 만들어서 옷으로 입기도 했다고 한다. 위생이 좋지 못한 유럽의 시대적 환경은 흑사병과 함께 시너지를 일으켜, 많은 사람이 죽었다. 이때 유대인들이 모여 사는 공동체에서는 흑사병의 피해가 거의 없어서 유대인이 흑사병을 퍼트렸다는 소문이 퍼져 유대인들이 학살당하기도 했다. 유대인들이 흑사병에 잘 걸리지 않은 것은 자신들이 원래 살던 레반트 지역에 사막 지역이 있어 위생 관념이 철저했기 때문이다.

흑사병으로 인해 유럽은 거의 아포칼립스 분위기였다. 여기에 동로마 제국까지 오스만에게 멸망하자, 유럽인들은 정말로 기독교 사회 자체가 붕괴할지도 모른다는 불안감을 느꼈다. 이런 혼란스러운 상황에서 유럽은 계속해서 돌파구를 찾기 시작했고, 동로마 제국의 멸망으로 이탈리아 반도로 돌아온 동로마 제국의 지식인과 유럽인들의 탐구심, 고대 로마와 그리스의 의학 지식을 비롯한 여러 학문이 유럽으로 다시 역수출되면서 르네상스 운동이 일어났다.

거기다 세상의 가장 끝에 있다고 여겨지던 이베리아 반도의 스페인과 포르투갈이 아메리카 대륙을 발견해 대항해시대를 열었고, 점점 부패와 타락으로 점철되어가던 로마 가톨릭을 바꾸기 위해 종교개혁까지 일어나며, 단기간에 가장 낙후된 문화권에서 가장 강력하고 진보한 문화권으로 발돋움했다. 개인적으로는 부족과 결핍, 불안감에서 오는 원동력으로 유럽은 계속해서 발전해 세계를 지배하게 되었다고 생각한다. 동아시아는 당시 세계 최대의 문화권이었음에도 부족과 결핍이 없어 만족하고 살면서 발전을 하지 않았기 때문이다.

학자들은 중시시대를 언급할 때 암흑기라는 단어를 사용한다. 이 암흑기는 로마 시대와 르네상스 시대 사이에 중세가 끼어있고, 로마의 문명이 이민족에 의해 파괴되어 중세시대가 낙후되었다는 관점에서 시작된 단어이다. 또한 중세시대가 암흑기여야 르네상스 시대로 넘어간 자신들이 대단하다는 것을 강조할 수 있었다.

하지만 중세시대를 마냥 암흑기라고만 할 수 없다. 이 시기에 기독교 문화와 로마네스크 양식 등의 문화가 발달했고, 십자군 전쟁으로 인해 성전기사단과 같은 다국적 기업이 등장하기도 했기 때문이다. 성전기사단은 초기 은행업의 형태를 만들었고, 전쟁은 이슬람 세계에 있던 고대 그리스의 지식이 다시 유럽으로 넘어오게 하는 계기를 만들었다. 물론 로마 제국이 보유하던 건축술과 외과술 등의 다양한 기술이 유실되긴 했지만, 중세시대도 나름의 성과를 내기는 했다.

중세시대가 암흑기였다고 주장하는 것 중에서 마녀사냥이 있었기 때문이라고 하는데, 정작 마녀사냥은 르네상스 시대에 더 빈번하고 무자비하게 일어났다.

중세시대는 공과 실이 확실하게 나눠진 시기다. 그러니 중세시대가 암흑기인지 아닌지는 직접 판단해야 한다고 생각한다.

왕마저 단두대에 처형시킨
프랑스 대혁명

프랑스 대혁명
French Revolution

프랑스 대혁명
French Revolution

▌프랑스 대혁명의 시작

일제 강점기가 되기 전의 우리나라에서 민중 봉기가 성공한 적이 과연 몇이나 되었을까? 아마 손에 꼽을 정도일 것이다. 그렇다면 전 세계적으로 1910년 이전에 성공한 민중 봉기는 얼마나 되었을까? 이것도 손에 꼽을 정도일 것이다. 성공해야지만 혁명으

그림 1 목이 잘린 루이 16세

로 기억되는 역사에서 대혁명으로 기록된 사건이 프랑스에서 있었다. 프랑스 대혁명은 그 이름에 걸맞게 다양한 매체에서 활용되고 있다.

보드게임과 비디오 게임을 비롯한 다양한 매체에서 프랑스 대혁명을 조명했고, 특히 프랑스 대혁명을 집중 조명한 게임이 있는데, 바로 〈어쌔신 크리드 유니티〉다. 이 게임은 프랑스에 본사를 두고 있는 '유비소프트'에서 프랑스 정부(주로 관광청)와 협력해 제작한 게임이다. 프랑스 대혁명 당시 파리를 1:1 비율로 완벽하게 재현해 냈고, 심지어 당시 건설하려다 실패한 탑까지 만들어내어 찬사를 받았다. 이만큼 '유비소프트'는 고증에 진심인 회사다. 이번 장에서는 〈어쌔신 크리드 유니티〉의 배경인 프랑스 대혁명에 대해서 알아보겠다.

역사상 왕의 목이 날아간 사건은 매우 드물다. 그렇다고 없지는 않다. 특히 유럽 한정으로만 보아도 유명한 사건이 영국과 프랑스에서 한 번씩 있었다. 영국에서는 올리버 크롬웰이 이끄는 의회파가 영국의 국왕 찰스 1세를 처형했던 적이 있다. 이 사건은 당시 유럽에서 매우 큰 충격을 주었다. 역사는 이것을 청교도 혁명이라 부른다. 하지만 청교도 혁명은 어디까지나 의회파와 올리버 크롬웰이라는 정치적인 집단(혹은 귀족)에 의해서 생긴 일이

었다. 프랑스 대혁명은 조금은 다른 양상을 보인다.

올리버 크롬웰이 일으킨 청교도 혁명은 귀족과 국왕 사이에서 벌어진 알력 다툼임과 동시에 내전의 성격을 띠고 있지만, 프랑스 대혁명은 민중으로부터 일어난 혁명이라 볼 수 있다. 물론 혁명이 진행되면서 혁명의 지도자들이 권력을 쥐기 시작했지만, 무엇보다 중요한 사실은 3개의 계층(성직자, 귀족, 시민) 중에서 가장 낮은 신분이었던 시민들이 일으킨 혁명이라는 것이다. 왕의 목이 날아간 이야기는 조금 뒤에서 다루기로 하고, 프랑스 대혁명부터 이야기를 시작해보고자 한다.

그림 2 프랑스의 국왕 루이 14세

프랑스 대혁명의 직접적인 원인은 '테니스 코트 서약'과 '바스티유 감옥 습격 사건'이다. 이런 사건들이 터지게 된 이유는 프랑스에 절대왕정을 도입시킨 루이 14세부터 내려온 오랜 불만의 씨앗 때문이었다. 루이 14세는 자신을 태양왕이라 불렀고, 자신을 그리스 로마 신화의 신인 아폴론과 동일시했다. 어릴 때부터 연극과 같은 역할 놀이를 할 때 아폴론을 맡는 것을 즐겼다고 전해진다.

절대적인 군주였던 루이 14세의 프랑스는 강력한 국가였다. 그로 인해 프랑스의 문화가 유럽으로 퍼지게 되었고, 절대왕정 또한 다른 유럽으로 수출되었다. 하지만 루이 14세가 유럽의 패권을 얻기 위해 여기저기 개입한 전쟁들과 베르사유 궁전을 짓는 등의 행동으로 프랑스의 재정 상황은 점점 나빠졌다. 루이 16세가 국왕이 될 때 즈음에는 프랑스의 상황이 매우 심각한 상황으로 치달았다. 거기다 프랑스 대혁명이 터지기 직전에 흉작이 들어 곪아있던 문제들이 하나 둘 터지기 시작했다. 여기에 앞서 설명한 2가지 사건이 기름을 부으면서 혁명이 터지게 된 것이다.

흥미로운 사실을 하나 이야기하자면, 현재 우리가 알고 있는 외교관이라는 직업은 루이 14세 때에 등장했다. 원래 외교관이라는 직책이 있었던 것은 아니었고, 귀족들이 국왕의 명을 받고 다른 나라로 가서 외교관의 역할을 했는데, 이때 외교관뿐만 아니라 첩자의 역할도 같이 수행했다. 이건 현대의 외교관도 비슷하겠지만, 우리가 아는 외교관이라는 직업이 공식적으로 시작된 것은 루이 14세 시기부터다. 그래서 외교관과 관련된 용어들을 잘 보면 프랑스어에서 기원이 된 것들이 많다. 또한 〈유로파 유니버셜리스 4〉에서는 다른 나라에 외교관을 보내 외교 업무를 진행하는 동시에 첩보 임무도 진행한다. 이는 당시 외교관의 역할을 잘 반영한 것이라 할 수 있다.

▌테니스 코트 서약

루이 14세부터 이어져 온 오랜 불만의 씨앗들이 흉작을 만나면서 점점 수면 위로 떠오르자, 루이 16세는 시민들의 불만을 잠재우기 위해서 재무장관의 의견을 수렴해 특권 계층에게 세금을 부과하려 했다. 이때 직접적인 피해를 받을 것을 우

그림 3 테니스 코트 서약

려한 가톨릭교회의 성직자와 귀족들은 이를 거부하였고, 삼부회[1] 소집을 건의한다. 삼부회는 기본적으로 가톨릭 성직자, 귀족, 일반 평민 혹은 시민들

---

1) 삼부회란 프랑스의 3가지 신분(귀족, 가톨릭 고위 성직자, 평민 혹은 시민)의 대표자들이 모여 중요한 의제를 토론하는 것을 지칭한다. 프랑스에서 근대까지 존재한 신분제 의회라고 볼 수 있다. 1302년 4월 10일에 프랑스의 국왕 필리프 4세가 교황 보니파시오 8세와의 분쟁으로 국민의 지지를 얻기 위해 파리 노트르담 대성당에서 각 신분의 대표를 소집시킨 것이 삼부회의 시초가 되었다.

의 대표자들이 모여 중요한 의제를 가지고 의논을 하는 의회였다. 문제는 대표자들의 숫자로 투표를 하는 것이 아니라 각각의 신분 당 하나의 투표권이 있다는 사실이었다. 그렇기에, 보통 귀족과 성직자들이 의기투합해 의견을 이야기하면 평민들을 위한 결의는 절대로 이루어질 수 없는 구조였다. 대부분 교회, 귀족 VS 평민의 구도였다.

이러한 사실을 잘 알고 있던 평민 대표들은 머릿수 표결 방식을 요구했다. 교회와 귀족들은 이를 허락할 리 없었고, 제3신분인 평민들은 테니스 코트 건물로 회의장을 옮겨 자체적으로 국민의회를 조직했다. 이 사건을 **테니스 코트 서약**이라 부른다. 이 사건이 중요한 이유는 제3신분인 평민 대표자들만 참여한 것이 아니라, 일부 로마 가톨릭 성직자와 귀족 47명도 합류했기 때문이다. 이것은 큰 의의가 있다. 한 마디로 모든 계층이 합류한 국민의회라고 볼 수 있기 때문이다.

▌ 바스티유 감옥 습격 사건

테니스 코트 선언을 통해 조직된 국민의회는 이후 제헌 국민의회로 명칭이 변경된다. 왕당파가 의회를 무력으로 해산하려 한다는 소문이 돌자 사람들은 무기를 얻기 위해 바스티유 감옥을 습격했다. 이 사건에는 많은 이야기가 존재하는데 그중

그림 4 바스티유 감옥 습격 사건

하나만 언급하자면, 억울하게 투옥된 정치범들을 풀어주기 위해 갔다는 주장이 있다. 하지만 막상 감옥을 습격해보니, 죄수는 10명 남짓이고, 대부분 잡범(도둑질 같은 경범죄)만 있었다고 한다. 이 이야기만 봐도 알 수 있는

사실은 제헌 국민의회와 민중은 자신들의 감옥 습격에 대한 명분을 얻기 위해서 정치범들을 석방한다는 이야기를 만들어낸 것으로 추측할 수 있다.

확실한 것은 평민들이 바스티유 감옥을 프랑스 절대왕정의 표상으로 여겼다는 것이다. 바스티유 감옥을 습격해 죄수들을 해방하는 것만으로도 평민들에게는 절대왕정과 기득권층에 대한 저항으로 여겼다.

프랑스 대혁명을 배경으로 하는 게임 〈어쎄신 크리드 유니티〉 또한 바스티유 감옥 습격 사건이 등장한다. 여기서 주인공 아르노 빅토르 도리안(이하 아르노)은 어릴 때 베르사유 궁전에서 의문의 살해를 당한 아버지 샤를 도리안의 유품을 되찾으려다 시비가 붙어 바스티유 감옥에 투옥되었다. 그곳에서 자신의 아버지와 아는 사이였던 피에르 벨렉을 만나게 되었고, 그에게 아버지가 암살단원이었음을 듣게된다. 아르노는 피에르 벨렉에게 훈련을 받은 후 바스티유 감옥 습격 사건이 터지자, 탈옥 후 암살단에 가입했다. 〈어쎄신 크리드 유니티〉에 대한 내용은 프랑스 대혁명을 설명하면서 조금씩 이야기하도록 하겠다.

▍ 프랑스 혁명의 전개 과정

테니스 코트 선언과 바스티유 감옥 습격 사건이 터지고 난 이후 지방까지 이 영향이 퍼지기 시작했고, 이때 국민군이 창설되었다. 국민군의 사령관으로는 라파예트가 임명된다. 참고로 이 라파예트라는 인물은 미국의 독립전쟁에 참가한 군인으로 우리나라에 개봉한 1차 세계 대전 미국인 비행단의 이야기를 다룬 영화 〈라파예트〉의 그 라파예트 비행단이 이 장군의 이름을 따 만들어졌다.

그림 5 인권선언 1789년 8월 26일

루이 16세는 이때만 해도 별다른 대응은 하지 않았고, 단지 군대를 철수시키고 사태를 진정시키기 위해서만 노력했다. 국왕의 노력에도 불구하고 농민들이 프랑스 대혁명에 휩쓸려 농기구를 들고 반란을 일으켰다. 이들의 행동은 상당히 극단적이고 폭력적인 방법으로 진행되었는데, 이런 현상이 전국적으로 퍼지면서 어마어마한 공포심이 사람들 사이에서 자라났다. 그만큼 심각했다는 의미다. 어느 정도였냐면, 이들이 영주와 지주들의 성이나 거처를 습격해 문서를 불태우고 공격할 정도였다.

농민들의 이런 극단적인 방법은 프랑스 대혁명의 한계를 단적으로 증명한 사례라고 할 수 있다. 테니스 코트 서약을 주도했던 제3계급은 평민이기는 하나, 부르주아[2]들이 주도하고 있었고, 농민이나 노동자 같은 무산계급[3]은 아예 배제되어 있었기 때문이다. 거기다 가장 큰 문제는 1789년까지 프랑스가 유럽에서 가장 인구가 많은 국가였다는 사실이다. 이것은 기득권층보다 인구가 훨씬 많은 무산계급이 폭동을 일으켰을 경우 감당할 수 없다는 것을 의미했다. 사실상 이 시기는 거의 무법천지였다고 봐도 무방하다.

무산계급의 이러한 급진적인 행동은 국민 제헌의회에는 예상치 못한 큰 난제였다. 이들은 무법천지를 타개하기 위해서 1789년 8월 4일에 봉건제 폐지를 선언하게 된다. 계속해서 제헌의회는 개혁을 진행했고, 1789년 8월 26일에는 인권선언을 발표하게 된다. 인권선언은 주권재민[4], 사상의 자유, 과세의 평등, 재산, 투표, 법 앞의 평등, 소유권의 신성 등을 비롯한 새로운 질서를 제시하는 선언문으로 평가받는다. 하지만 이 인권선언에는 뚜렷한 한계가 존재하는데, 당시 혁명을 이끌었던 부르주아의 요구가 반영되어 백인

---

2) 부르주아란 중세 유럽에서 중산층을 의미한다. 보통 부르주아지라 부른다. 원래 뜻은 '성안의 사람'이었으나, 이들이 재산을 축적하고 점점 사회에 진출하기 시작해 이들을 지칭하는 단어가 되었다. 프랑스 대혁명 때부터는 아예 상류 계층으로 정착하게 된다. 영국에서는 귀족들이 사업이나 경제활동을 통해 현재도 부자로 남아있지만, 프랑스 귀족들은 사치스러운 생활과 프랑스 대혁명으로 인해 몰락하고, 그 자리를 부르주아들이 차지했다.

3) 재산이 없어서 자신의 노동력을 팔아 생계를 유지하는 최하위 계층을 의미한다. 한 마디로 소작농, 노동자들로 이해하면 된다.

4) 나라의 주권은 국민에게 있음을 의미하는 말로 우리나라도 이러한 헌법이 있다. '대한민국의 주권은 국민에게 있고, 모든 권력은 국민으로부터 나온다' 이것이 '대한민국 헌법' 제1조2항이다.

남성에게만 한정되었다는 평가가 존재한다. 실제로 여성들은 이 인권선언에 포함되지 못했고, 결국 근대 페미니스트라고 불리는 올랭프 드 구즈에 의해 여성과 여성 시민의 권리 선언(여권선언)이라는 것이 1791년에 따로 발표되기도 했다. 참고로 올랭프 드 구즈[5]가 여권선언을 발표한 시기도 프랑스 대혁명 중이었다.

그림 6 베르사유 여성 행진 1789년 10월 5일

　　루이 16세는 국민 제헌의회가 무산계급의 폭동을 저지하기 위해 발표한 봉건제 폐지와 인권선언에 대한 재가(인정)를 거부했고, 곧이어 군대를 베르사유로 이동시킨다. 여전히 파리는 무법지대나 다름없었고, 귀족들은 바스티유 습격 사건과 일련의 폭동을 목격한 후 살기 위해 망명하기 시작했고, 귀족 밑에서 직업을 가지고 열심히 살아가던 사람들은 하루아침에 일자리를 잃어버렸다. 엎친 데 덮친 격으로 대흉작으로 인해 파리에서는 빵값(식료품)이 치솟으면서 결국 서민들의 불만은 폭발 직전까지 갔다.

5)　올랭프 드 구즈는 프랑스의 시민운동가이면서 프랑스 대혁명 당시 여성에게도 참정권이 부여되어야 한다는 이야기를 한 인물이다. 그녀는 꽤나 과격한 여성인권 옹호론자였고, 당시 시대상을 생각해보면 혁명적인 인물이었다. 하지만 독특하게도 그녀는 왕정제 폐지를 반대하는 인물이기도 했다. 그녀는 프랑스 대혁명 와중 자신의 저술 활동으로 인해 체포되어 단두대에서 처형되었다. 그녀의 죄목은 부정한 행동과 왕정주의를 복구하려 시도했다는 것이었다.

당시 베르사유 궁전에서는 연회가 한창이었는데, 이 와중에 프랑스 혁명의 상징이라 할 수 있는 삼색기(현 프랑스 국기)가 군인에 의해 훼손되는 일이 발생하면서 많은 사람이 분노했다. 이에 7천 명가량의 파리의 여인들이 10월 5일에는 베르사유 궁전으로 행진하기 시작한다. 이 행진에 국민방위대도 동참했다. 루이 16세는 이 행진을 보고 놀라 인권선언을 재가했고, 여인들의 요구에 따라 루이 16세의 일가는 파리의 튈르리 궁전으로 이주했다. 이에 국민의회도 같이 파리로 이동한다. 이때부터 국왕 일가는 튈르리 궁전에서 파리 시민들에게 감시당했다.

그림 7 테르외뉴 드 메리쿠르

〈어쌔신 크리드 유니티〉에서도 당시를 체험할 수 있다. 협력(코옵) 미션으로 최대 4명이서 베르사유 궁전으로 향하는 여성들을 호위하는 임무를 진행할 수 있다. 이 게임에서는 실존 인물인 테르외뉴 드 메리쿠르라는 여성이 등장한다. 그녀는 실존 인물로 근대적 페미니즘의 시초가 되는 인물 중 한 명이다. 그녀는 여성 참정권을 주장했던 인물이고, 생각보다 과격한 행동을 한 인물로 알려져 있다. 실제로 이 시기 페미니즘의 시초가 되는 단체나 사람들은 대부분 독립 운동가들이 했던 것처럼 관공서를 습격하거나 폭력적인 행동을 했다. 문제는 독립 운동가들은 자신의 국가를 지배하고 있는 제국주의 국가들을 상징하는 것들에 대한 폭력을 감행했지만, 페미니즘의 시초가 되는 단체나 여성들은 자국의 관공서나 권력을 상징하는 곳으로 폭력을 감행했다는 차이점이 있다.

〈어쌔신 크리드 유니티〉에서도 테르외뉴 드 메리쿠르는 과격한 행동을 많이 하는 것으로 묘사된다. 그녀는 식량을 빼돌리려는 템플러들을 총과 칼로 직접 죽이고 식량을 빼앗기도 하고, 여인들의 베르사유 궁전 행진을 주도하기도 한다. 게임 내에서 암살단은 평화적인 혁명을 추구하나, 공통의 적(템플러)에 대항해 그녀와 협력한다. 때문에, 코옵 미션에서는 메리쿠르가 등장하는 미션이 꽤 있다.

▌국왕 일가의 해외 망명 시도

반강제로 파리의 튈르리 궁전으로 이동한 루이 16세와 국왕 일가는 사실상 입헌군주가 되어 국민 제헌의회가 모든 것을 전담하는 상태가 되었다. 이때 유명하면서 악명 높은 자코뱅[6] 클럽과 같은 정치 클럽이 형성되고 정치 활동이 활발해지기 시작한다. 1790년에는 다행스럽게도 풍작이었던지라 소요사태가 줄어들고 국민 제헌의회는 여러 개혁을 시도했다. 이러한 개혁은 자연스레 기존에 기득권을 누려오던 계층들에게는 위기가 되었고, 이 과정에서 외국으로 망명한 귀족들은 프랑스 밖의 국가들에 프랑스 혁명에 대한 불안감을 부풀리기 시작했다.

귀족들이 망명하기 시작하면서 루이 16세는 자신을 지지해줄 세력이 점점 줄어드는 것을 느끼고 있었다. 그 와중에 자신이 의지하던 미라보 백작(혁명 온건파)이 갑작스럽게 사망하면서 과격한 혁명을 반대하던 루이 16세는 불안감을 느끼고 아내 마리 앙투아네트와 친분이 있는 스웨덴 귀족 한스 악셀

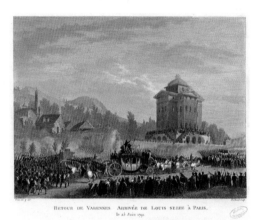

RETOUR DE VARENNES   ARRIVÉE DE LOUIS SEIZE À PARIS,
le 25 Juin 1791.

그림 8 파리로 돌아온 국왕 일가

폰 페르센의 도움을 받아 마리 앙투아네트의 친정인 오스트리아로 피신할 계획을 세운다. 하지만 이 계획은 1791년 6월 20일에 파리를 탈출하는 것은 성공했지만, 변장해도 국왕에게 깍듯이 대하는 군인과 귀족들의 실수로 인해 국경 마을 바렌에서 발각되면서 6월 25일에 파리로 되돌아왔다. 이전까

---

6) 자코뱅 클럽에서 시작한 이들은 이후 자코뱅파가 되어 프랑스 대혁명을 주도했고, 공포정치도 시행했다. 자코뱅파의 이념인 자코뱅주의는 중앙집권 공화국과 강력한 정부가 되는 것, 정부에 의한 광범위한 경제 통제와 적극적인 사회변혁과 평등 실현을 지지하는 것이라고 한다.

지만 하더라도 국왕을 처형하자는 말에 국민은 회의적이었으나, 이 바렌느 사건으로 인해 루이 16세는 여론이 바뀌어 처형당하고 말았다. 처형되기 전에 제헌 국민의회 사이에서 분쟁이 일어나 샹 드 마르스의 학살사건[7]이 일어나기도 했다.

사실 루이 16세가 처형당한 이유 중에는 마리 앙투아네트의 오빠인 신성 로마 제국의 황제이자 오스트리아의 국왕인 레오폴트 2세 때문도 있었다. 그가 여동생 마리 앙투아네트와 루이 16세의 부르봉 왕가의 안전과 왕권 복위를 돕기 위해 주변국의 군주들에게 협조를 구하면서 프로이센과 오스트리아가 동맹을 맺고 8월 27일에 필니츠 선언[8]을 통해 프랑스 제헌 국민의회를 외교적으로 압박했기 때문이다. 이런 행동이 파리 시민들을 자극하는 역효과를 불렀고, 결국 마지막으로 남아있던 루이 16세에 대한 충성심이 사라지자, 처형이 이루어졌다.(물론 처형이 이루어진 것은 훨씬 뒤다.)

〈어쌔신 크리드 유니티〉에서는 미라보 백작이 암살단의 그랜드 마스터 (멘토)로 등장한다. 역사와 마찬가지로 미라보 백작이 사망하면서 혁명은 급격하게 흘러가기 시작했고, 아르노는 그랜드 마스터인 미라보 백작이 왜 사망했는지를 조사하다 자신의 스승이자 암살자인 피에르 벨렉이 벌인 짓이라는 것을 알게 된다. 그와의 싸움으로 그를 처치했지만, 미라보 백작이 사망해 프랑스 혁명은 점점 더 과격하게 바뀌었고, 루이 16세는 처형되고 말았다.(게임의 내용은 축약이 많다.)

프랑스 제헌 국민회의는 입법의회를 창설하고 여러 개혁과 입헌군주제를 채택했다. 하지만 당시 장교들이 대부분 귀족이라, 귀족들은 의회와 헌법에 맹세하는 것을 거부하고, 귀족들과 함께 망명해 프랑스를 탈출했고, 가톨

---

7) 루이 16세를 폐위시키고 재판을 요구하는 시위를 벌인 코르들리에 정치 클럽과 그 주도하에 일어난 민중들이 국민방위대에 의해 무자비하게 진압당해 수십 명이 사망한 사건을 말한다.

8) 필니츠 선언은 1791년 8월 27일에 신성 로마 제국의 황제 레오폴트 2세와 프로이센 왕국의 국왕 프리드리히 빌헬름 2세 등이 작센에 있는 필니츠 성에서 한 선언이다. 이들은 프랑스 국왕을 완전하게 자유로운 상태로 만들어야 하며, 그렇지 않으면 무력을 사용하겠다고 선언했다. 이는 단순히 말로 하는 것일 뿐이었으나, 이것이 프랑스로 들어가면서 말에 살이 더해져, 최후통첩과 같은 협박으로 여겨졌고, 이 때문에, 결국 프랑스 혁명 전쟁이 일어나게 되었다.

릭 세력 또한 피해를 받았다. 프랑스 혁명은 가톨릭 세력도 타겟으로 했기 때문이다. 교회는 습격당하고 성상이 파괴되는 등의 수모를 겪는다.

▌혁명이 불러온 전쟁과 혼란

프랑스 대혁명은 점점 더 과격하게 변하기 시작했다. 결국에는 프랑스 혁명의 급진적인 사상이 자국에도 퍼질 것을 우려했던 오스트리아와 프로이센이 자신들의 국가에서 발생한 혁명

그림 9 프랑스 혁명 전쟁 1792~1802년

지지파를 박해하고 대프랑스 동맹을 결성해 혁명정부를 압박했고, 이는 전쟁으로 이어졌다. 이 전쟁이 프랑스 혁명 전쟁이다. 전쟁은 10년간 진행된다.

보통 우리는 프랑스 혁명 전쟁이 프랑스 혁명 정신을 수호하고 대프랑스 동맹을 필두로 한 군주제 국가들의 공격을 막는 정의로운 전쟁으로 알고 있다. 하지만 현실은 프랑스에 있던 여러 혁명 정치 클럽들의 이해관계에 의해 발생했다. 푀양파[9]들은 전쟁에서 승리하면 우세하던 자코뱅파를 제어할 수 있을 것으로 보았고, 지롱드파는 전쟁이 다른 유럽 국가의 민중을 해방할 성전으로 생각했으며, 루이 16세와 왕당파들은 전쟁에서 패배할 경우 입헌군주제에서 군주제로 돌아갈 수 있다고 보았다.

---

9) 푀양파는 '헌법의 벗 결사단'이라는 이름으로 불리며, '클뢰르 데 푀양'이라는 별칭을 가지고 있다. 이들은 과격한 자코뱅 클럽에서 분리되어 푀양 수도원을 중심으로 뭉쳤다. 이들은 입헌군주제를 지지하는 정파의 조합이었다.

프랑스 군대의 많은 장교가 전쟁이 시작되자마자 망명했고, 각지에서 벌어진 전투에서 패배하는 등 최악의 결과를 초래했다. 심지어 오스트리아와 첫 전투에서는 지휘관 딜론 장군이 하극상으로 살해당하는 등 말 그대로 프랑스 군대는 아수라장이었다. 제헌 국민의회에서 입법의회로 바뀐 의회는 혁명에 동조하지 않아 프랑스의 적이 될 가능성이 있는 성직자들을 추방하고 국왕의 친위대를 해산, 지방 출신들을 포함한 국민방위대의 창설을 발표했다.

그림 10 〈어쌔신 크리드 유니티〉에 등장하는 성난 군중들

이에 루이 16세는 거부권을 행사하고 지롱드파 대신들을 해임했지만, 시민들이 반발했고, 지방에서 상퀼로트라고 불리는 프랑스 혁명의 추진력을 실어준 수공업자, 장인, 근로자, 소상인 같은 무산계급 사람들이 파리로 몰려들면서 점점 더 상황이 나빠진다. 거기다 브라운슈바이크 공작의 군대가 프랑스로 들어오면서 파리에 협박한 것이 오히려 루이 16세 왕가가 외국의 군대와 내통한다는 오해를 낳게 하면서 전쟁에서 연이어 패전하던 군중은 모든 울분과 분노를 국왕 일가에게 쏟아냈다. 결국에는 탕플 탑에 국왕 일가가 유폐되었고, 프로이센의 군대까지 곧 파리로 들이닥칠 것으로 전망되자 많은 시민이 혁명군에 참가했다. 문제는 이 과정에서 일부 반혁명주의자가 탈옥했는데, 혁명군이 전쟁터에 나가면 혁명군의 가족들을 반혁명주의자들이 학살할거라는 풍문이 떠돌기 시작했다. 이로 인해 혁명군은 전쟁터에 나가기 전에 반혁명주의자들을 숙청하기로 했고, 감옥에서 즉결심판으로 잔인하게 학살한다.

프랑스 전역의 반혁명용의자가 이때 체포 및 처형되었고, 특별형사재판소의 약식 재판만으로 사형이 집행되는 일들이 비일비재해졌다. 이 당시에

그림 11 〈어쌔신 크리드 유니티〉에 등장하는 프랑스 대혁명 당시에 사용된 단두대

살해된 사람만 최대 1만 2천 명으로 추산되고 있다. 그리고 이 처형은 의사였던 기요탱 박사가 이전의 처형방식이 비인도적이라고 주장하며 위원회를 꾸려 좀 더 빠르고, 집행자와 처형자 모두 깔끔하게 처형을 집행할 수 있게 단두대를 만들었다. 하지만 이것이 역설적으로 더 많은 사람이 짧은 시간 내에 처형되는 결과를 낳았다.

프로이센 군대가 파리로 진격하다가 프랑스군과 1792년 9월 20일 발미에서 만나 전투를 치렀는데, 이 전투에서 프랑스군이 승리하면서 프랑스군은 공격받는 상황에서 역으로 사부아, 니스, 뢴 등을 침공하고 벨기에를 아예 강제 병합하기까지 했다. 발미 전투의 승리로 프랑스 혁명의 추진력을 실어준 상퀼로트 세력이 급진적인 혁명을 지지한 자코뱅파를 옹호하기 시작했고, 혁명은 더 급진적으로 바뀌게 된다. 이 자코뱅파에는 유명한 로베스피에르, 마라, 당통 등이 소속되어 있었다.

혁명은 더 가속화되어 국민공회가 구성되었고, 프랑스 제1공화국을 수립한다. 처음에는 지롱드파가 다수를 차지해 다소 온건적인 개혁과 혁명을 진행하려고 했지만, 자코뱅파와 함께 급진적인 혁명세력이 루이 16세를 혁명 재판에 넘겼다. 결국에는 1791년 1월 21일에 2만 명의 시민이 지켜보는

그림 12 〈어쌔신 크리드 유니티〉에 등장하는 사형 직전의 루이 16세

가운데 루이 16세가 파리의 혁명 광장(지금의 콩코드 광장)에서 처형되고 만다. 10월 16일에는 마리 앙투아네트도 처형당했다.

대프랑스동맹은 오스트리아와 프로이센뿐이었지만, 루이 16세와 마리 앙투아네트가 처형당하면서 전 유럽은 충격을 받게 되었고, 영국 스페인 사르데냐 오스트리아 프로이센 등을 포함한 11개국이 프랑스 혁명 정부를 적대시하면서 대불 동맹을 결성했다. 이때가 1793년 1월로 세계는 점점 더 급변하고 있었다. 이 1차 대불 동맹은 영국이 주도했는데, 프랑스가 혁명전쟁이 한창이던 1792년 11월에 벨기에를 강제 병합한 후 벨기에 셸데 강 하구를 점령해 영국의 대륙 무역에 문제가 생겼기 때문이다. 애초에 영국은 국왕이 가장 먼저 처형된 국가이기도 하고 입헌군주제라 크게 개입하지 않아도 되었으나, 사실상 대륙 무역에 위협이 되었기에 전쟁에 개입했다.

전쟁이 발발하자, 빠르게 대불 동맹의 군대가 프랑스 국경으로 이동했고, 여기서 연전연패한 프랑스는 30만 모병을 선포했다. 그러자 가톨릭 세력이 선동해 방데 반란이 일어나 전국적으로 확대되었다. 이때 방데 반란은 후에 자코뱅파로 집권한 로베스피에르에 의해 잔인하게 진압되었다. 한편 프랑스 혁명군에는 탈영자가 늘어갔고, 벨기에에서 오스트리아와 치른 전투에서도 패배했다.

이렇게 되자 프랑스에서는 자코뱅파가 집권했다. 그런데 자코뱅의 지도자 장 폴 마라가 샤를로트 코르데에게 암살당하고 만다. 이때 로베스피에르가 다른 영향력 있는 사람들과 그들의 파벌을 숙청하고 국가 총동원령을 1793년 8월 23일에 선포한다. 군대를 모은 프랑스 혁명군은 반격에 나섰다. 그리고 이 시기에는 공포정치가 시작되어 많은 사람이 처형당했다.

로베스피에르는 자신의 사상을 관철하기 위해서 많은 사람을 단두대에 처형시킨 공포정치를 실시했고, 나폴레옹 보나파르트가 정계와 장교 모두 성공할 수 있게 길을 열어주기도 했다. 하지만 그 선택으로 나폴레옹 보나파르트가 프랑스의 역사에서 부상하기 시작했고, 테르미도르 반동으로 인해 로베스피에르는 탄핵당해 1794년 7월 28일에 단두대에서 처형을 당하고 말았다.

로베스피에르가 처형되고 나서 1795년에 국민공회가 헌법을 제정하고 총재정부를 수립했지만, 수립 직후 반대파가 일으킨 반란에 직면하게 되었고, 1795년 10월 5일에 일어난 방데미에르 13일 쿠데타를 나폴레옹 보나파

그림 13 테르미도르 반동 사건의 한 장면 로베스피에르파가 점거한 시청을 공격하는 부르동과 바라스의 군대

르트 장군이 진압하고, 이탈리아 원정과 이집트 원정을 거쳐 국민 영웅이 되었다. 1799년 브뤼메르 18일 쿠데타로 나폴레옹이 총재정부를 전복시키면서 통령정부를 수립했고, 자신이 제1 통령이 된다. 이후 프랑스 1공화국은 나폴레옹이 프랑스 제정을 선포하면서 10년 만에 무너졌고, 프랑스 혁명도 이렇게 끝이 나고 말았다.

〈어쌔신 크리드 유니티〉는 스토리에 상당한 축약이 있기에, 게임을 해본 사람들은 프랑스 혁명에 관한 내용을 읽어보면 이해가 잘 안 될 수도 있다. 오히려 시간 선이 혼재되어있는 것처럼 느낄 수 있다. 〈어쌔신 크리드 유니티〉의 후반부는 템플러 그랜드 마스터를 찾기 위해 템플러인 로베스피에르를 찾아가는 모습이 등장한다. 이때가 테르미도르 반동의 시점이다. 역사에서 로베스피에르는 습격 과정에서 권총이 턱을 관통해 처형되기 전까지 말을 할 수 없었다고 하는데(전해져 오는 이야기), 게임에서는 엘리즈 드 라세르가 쏜 권총에 의해서 로베스피에르의 턱이 관통당했다.

그림 14 〈어쌔신 크리드 유니티〉에 등장하는 노트르담 대성당

〈어쌔신 크리드 유니티〉는 게임 자체는 잘 만들었다고 볼 수 있다. 당시 유비소프트는 큰 도전을 했고, 프랑스 관광청까지 게임 제작에 도움을 주었다는 기사가 나왔을 정도였다. 그리고 이 게임의 가장 큰 특징은 어마어마한 수의 군중 NPC들과 1:1 스케일의 건물 사이즈였다. 심지어 실제 노트르담 대성당을 찍은 사진과 게임상의 스크린샷을 절반씩 대조해보면 훌륭하게 표현되었다는 것을 알 수 있다. 거기다 더 좋았던 것은 거의 모든 건물에 들어갈 수 있었다는 것이고, 그 와중에 노트르담 대성당 같은 중요한 건축물에도 들어갈 수 있었고, 꼭대기 첨탑까지도 올라갈 수 있는 것이 큰 메리트였다.

〈어쌔신 크리드 유니티〉는 2014년에 발매된 게임임에도 지금도 꽤 괜찮은 그래픽을 가지고 있다. 아직 하지 못한 사람들이라면 한 번쯤 해보는 것도 좋다고 권장하고 싶을 정도이니 말이다. 또한 〈어쌔신 크리드 유니티〉는 코로나19로 인해 해외여행이 제한된 시기에는 직접 18세기 프랑스를 둘러볼 수 있다는 장점이 있다. 더군다나 노트르담 대성당은 최근 화재로 인해 보수 중이라 육안으로 웅장한 모습을 볼 수 있는 건 현재로서는 게임이 유일하다. 앞으로 이런 역사와 게임이 융합된 작품들이 계속 나와 주기를 기대해 본다.

최고의 역사 고증 비디오 게임
(어쌔신 크리드 시리즈)

그림 1_15주년을 맞은 〈어쌔신 크리드 시리즈〉 속 다양한 주인공들(제공 '유비소프트')

역사는 딱딱하고 고리타분하다. 주입식 교육으로 달달 외워가며 역사를 배워온 우리들에게 역사는 고리타분한 학문일 수밖에 없다. 이런 상황에서 역사를 기반으로 게임을 만들어 판매하는 전략은 비합리적으로 보인다. 하지만 벌써 15년 동안이나 역사를 게임으로 만들어왔던 개발사가 있다. 여기서는 그들이 개발한 게임 시리즈를 이야기해보고자 한다.

2000년대의 게임은 '사회악' 그 자체였다. 뉴스에 보도되는 게임 중독자들의 기행과 사고들 그리고 미지의 문화에 대한 공포는 게임에 대한 인식을 나락으로 떨어뜨렸다. 이러한 사회적 인식과 더불어 작은 소비 시장, 불법 유통 등의 난제들은 해외 게임 개발사들이 한국 시장을 외면하기에 충분했다. 하지만 이러한 난황에도 불구하고 '유비소프트'는 한글 자막과 한글 더빙 등으로 꾸준하게 게임을 발매했다. 뚝심있게 이어온 '유비소프트'의 한국에 대한 애정은 한국 게이머에게 깊은 인상을 남겼고, 게임이 문화가 된 지금 '유비소프트'의 이름은 한국 게이머에게 잊을 수 없는 이름이 되었다. 그리고 이들의 대표작 〈어쌔신 크리드 시리즈〉 또한 깊은 자취를 남겼다.

〈어쌔신 크리드 시리즈〉의 훌륭한 점은 '철저한 역사적 고증에 음모론을 섞어 독창적인 창작물을 만들었다는 점'이다. 실제 역사의 내용을 준수하면서 흥미로운 이야기를 만들어내기란 엄청나게 어려운 일이다. 왜냐하면 역사 속 사실들은 이미 결과가 정해진 이야기이기도 하고, 사소한 일에서 시작하기도 하기 때문이다. 그렇기에 실제 역사를 이야기로 창작하는 것은 매우 어려운 일이며, 고증을 잘 지켜가며 좋은 창작물을 만든 사람들에게는 칭찬을 아끼지 않아야 한다고 생각한다.

벌써 15주년을 맞이하게 된 〈어쌔신 크리드 시리즈〉는 다양한 역사적 배경을 무대로 만들어졌다. 3차 십자군 전쟁의 레반트 지역, 르네상스 시대의 이탈리아와 콘스탄티노플, 미국 독립 전쟁, 7년 전쟁, 대해적 시대(카리브해), 프랑스 대혁명, 산업 혁명 시기 런던, 고대 이집트, 고대 그리스, 바이킹의 잉글랜드 침략 등 다양한 시대를 배경으로 게임을 만들었다. 관심 있는 시대가 있다면 골라서 게임을 해보는 것도 좋다. 특히 최근에 출시된 고대 3부작(〈어쌔신 크리드 오리진〉, 〈어쌔신 크리드 오디세이〉, 〈어쌔신 크리드 발할라〉)은 게임 배경을 더 자세하게 볼 수 있는 '디스커버리 모드'를 출시하였다. 디스커버리 모드에서는 게임에 등장하는 다양한 문화, 볼거리를 더 세밀하게 볼 수 있다. 꼭 한번 체험해보길 바란다.

말도 많고 탈도 많은(여러가지 시도를 했음) 〈어쌔신 크리드 시리즈〉는 돌고 돌아 다시 1편의 배경이었던 중동 레반트 지역으로 돌아가겠다고 2022년 컨퍼런스에서 발표했다. 차기작으로 발표된 〈어쌔신 크리드 미라

그림 2 〈어쌔신 크리드 디스커버리 모드〉에서는 다양한 볼거리를 제공한다
(위 〈어쌔신 크리드 오디세이〉, 아래 〈어쌔신 크리드 오리진〉)

지〉는 800년대 바그다드와 그 주변 지역을 다루고 있고, 〈어쌔신 크리드 발할라〉에 등장했던 바심의 젊은 시절을 다룬다고 한다.

　바그다드는 1200년대 몽골 제국의 침공을 받아 철저하게 파괴되었다. 때문에 지금의 바그다드는 찬란했던 바그다드의 모습과는 많이 다르다. 이에 유비소프트가 철저한 고증을 거쳐 〈어쌔신 크리드 미라지〉에서 800년

그림 2 〈어쌔신 크리드〉 신작 〈어쌔신 크리드 미라지〉 (출처 : 유비소프트 스토어 페이지)

대의 이슬람 문화의 정수가 담긴 바그다드를 보여주기를 바란다. 필자는 역사학도로서, 혹은 게이머로서도 엄청나게 기대하고 있다.

'유비소프트'는 흥미로운 시대와 이야기, 그리고 개선된 게임 시스템을 〈어쌔신 크리드 15주년 기념 쇼케이스〉(2022년)에서 약속했다. 그들의 시도가 좋은 결과를 맺을 지는 아직은 알 수가 없다(아직 결과물이 발표되지 않았기에). 하지만 이 세상 모든 불행과 절망은 사람의 등 뒤에, 희망과 기적은 눈 앞에 있다고 생각한다. 나는 앞을 보며 전진하는 그들의 길에 희망과 기적만이 가득하기를 기원한다.

19세기 유럽의 할머니라 불린

빅토리아 시대

Victorian Era

빅토리아
Victoria

▎빅토리아 여왕은 누구인가?

그림 1 1837년 즉위식 당시의 빅토리아 여왕

19세기는 유럽 중심의 사회로서 점점 동양을 비롯한 다른 지역들이 유럽의 식민지로 전락하던 시기다. 우리는 이 19세기를 통틀어 빅토리아 시대라고도 부른다. 물론 이 명칭은 지극히 서유럽 중심적인 시각이지만, 실제 서유럽이 19세기에 끼친 영향은 거대했다. 여기서는 19세기의 또 다른 이름인 빅토리아 시대와 더불어 빅토리아 여왕도 다뤄보도록 하겠다.

빅토리아 시대를 이야기하려면 먼저 빅토리아 여왕이 누구인지부터 알아야 한다. 빅토리아 여왕은 대영제국의 하노버 왕가에서 태어난 영국의 여왕이다. 하노버 왕가는 처음 들어볼 수 있는데, 이는 독일 혈통을 가진 왕가이다. 유럽은 다른 나라의 왕족이 왕이 되는 경우도 많이 있었다. 물론 결혼을 통해 정당한 계승권이 생겼을 때만 해당한다.

고대부터 여성이 국왕이 되는 경우는 종종 있었다. 영국의 경우 엘리자베스 여왕과 같은 훌륭한 여왕도 있었다. 빅토리아 시대라고 불리는 19세기는 이 빅토리아 여왕이 대영제국을 다스리던 시기를 말하는 단어이기도 하다.

2002년에 영국 국민들의 여론조사를 바탕으로 영국 BBC 방송이 '가장 위대한 영국인 100명'을 선정했었다. 이때 1위가 윈스턴 처칠이었고, 빅토리아 여왕은 18위였다. 여기서 중요한 사실은 빅토리아 여왕보다 위에 오른 국왕은 14위 앨프레드 대왕, 7위 엘리자베스 1세 2명이다. 이것만 봐도 영국인들은 빅토리아 여왕을 상당히 자랑스러워하고 있다는 의미다.

▌ 빅토리아 여왕의 일생

빅토리아 여왕은 영국에서 두 번째로 오랜 재위 기간(63년 7개월)을 가진 여왕이다. 첫 번째로 가장 긴 재위 기간을 가진 여왕은 재위 기간이 70년이나 된 엘리자베스 2세이다. 흥미로운 사실은 빅토리아 여왕이 영국의 여왕 엘리자베스 2세의 고조모(할아버지의 할머니)란 사실이다.

빅토리아 여왕의 생몰 연도는 1819년 5월 24일

그림 2 독일 화가 프란츠 세버 빈터 홀터 - 1847년 앨버트 왕자를 위한 기념일 선물 (빅토리아 여왕 28세 초상화)

~ 1901년 1월 22일로 81세에 사망했다. 보통 빅토리아 여왕에 대한 이미지를 사람들이 떠올리면 인자하면서 근엄한 모습의 할머니를 떠올린다. 이는 그녀가 여왕의 자리에 있는 동안 기술이 발전해 그녀의 노년(81세까지 살았다.)에 사진으로 남긴 모습때문이다.

그래서 빅토리아의 모습이 담긴 사진들이 많다. 참고 자료로 첨부된 그림 2는 빅토리아 여왕의 28세 때의 초상화이다. 이것은 빅토리아 여왕이 남편 앨버트 왕자를 위한 기념일 선물로 결혼식 옷을 입은 초상화를 그려달라고 화가 '프란츠 세버 빈터 홀터'에게 의뢰하여 만들어졌다. 그림을 자세히 보면 배 부분에는 옷이 없는 것을 알 수 있는데, 이 초상화를 그릴 당시에 빅토리아 여왕은 임신한 상태였다.(빅토리아 여왕은 21살부터 임신해 자식을 낳았다.)

빅토리아 여왕의 개인사를 본다면 당시에는 상당히 파격적인 군주로 통했다. 우선 혈통으로 따져보면 하노버 왕가는 영국 혈통이 아닌 독일 혈통이다. 거기다 빅토리아 여왕의 남편이었던 앨버트 공도 빅토리아 여왕의 외사촌으로 작센코부르크고타(작센령으로 똑같이 독일)의 왕자였다. 따라서 영국의 여왕 엘리자베스 2세도 빅토리아 여왕의 1남 에드워드 7세의 증손녀이기도 해서 현 영국 왕가는 독일 혈통이다.

유럽은 각국의 왕족과 귀족들이 서로 결혼을 통해 혈통을 유지했다. 그러자 시간이 지나면서 각국의 왕가들이 혈통적으로 연관성을 갖게 되었다. 영국은 국왕을 처형한 전적이 있는 국가였기에, 혈통적으로 관련이 있는 외국의 왕족을 예전부터 국왕으로 추대했다. 이것을 위해 영국은 왕위계승법을 만들었고, 빅토리아 여왕이 속한 하노버 왕가도 영국의 왕족으로 인정되었다.

빅토리아 여왕에 대한 흥미로운 사실들을 몇 가지 알아보자면, 원래 빅토리아 여왕은 정상적인 상황이었다면 왕위를 이을 수 없었다. 그런데 왕위계승 우선순위였던 친척들이 일찍 요절하는 바람에 그녀의 왕위 계승 순위가 최우선이 되면서 여왕이 되었다. 이외에도 8번의 암살 시도에서 살아남기도 했고, 남편인 앨버트 공과 금실이 좋아 총 9명의 자녀를 두었다. 앨버트 공이 42세의 젊은 나이로 사망해 결혼 기간은 20년밖에 되지 않았는데, 사실상 결혼 기간의 절반은 빅토리아 여왕의 임신 기간이나 마찬가지다.(아마 앨버트 공이 일찍 사망하지 않았다면 자식이 더 있었을 수도 있다.) 마지막으로 빅토리아 여왕은 혈우병 보인자[1]였는데, 그녀의 자식들을 통해 유럽 왕가들에 혈우병이 퍼지게 되는 계기를 마련하기도 했다.

---

1) 보인자란 유전병의 유전 인자는 가지고 있지만, 이것이 겉으로 드러나지 않는 사람을 말한다. 여기서 혈우병 보인자라는 것은 혈우병 유전자를 가지고는 있었지만, 이것이 발현하지 않은 사람을 말하는 것이다.

▍빅토리아 여왕과 유럽 국왕과의 관계

빅토리아 여왕은 남편 앨버트 공과 슬하에 4남 5녀를 두었다. 빅토리아 여왕은 9명의 자녀를 통해 42명의 손주를 보았고, 이들을 통해 85명의 증손주를 보았다. 대부분이 유럽의 왕실과 결혼했기에 사실상 현 유럽 왕가의 할머니라고 봐도 손색이 없다. 대충 유럽의 유명한 국가의 왕가를 보면 이렇다.

국가	유명한 국왕 이름	빅토리아 여왕과의 관계
프로이센 (독일)	프리드리히 빌헬름 빅터 알베르트 (1차 세계대전 당시 독일 국왕 빌헬름 2세)	외할머니
그리스	그리스인의 왕 요르요스 2세	증조할머니
루마니아	루마니아 국왕 미하이 1세	할머니가 빅토리아 여왕의 손녀
노르웨이	노르웨이 현 국왕 하랄 5세	할머니가 빅토리아 여왕의 손녀
덴마크	덴마크 현 국왕 마르그레테 2세	할머니가 빅토리아 여왕의 손녀
스웨덴	스웨덴 현 국왕 칼 16세 구스타프	할머니가 빅토리아 여왕의 손녀
스페인	스페인 현 국왕 펠리페 6세	증조할머니가 빅토리아 여왕의 5녀
러시아	러시아의 마지막 황제 니콜라이 2세의 황후 알릭스 러시아의 마지막 황태자 알렉세이 니콜라예비치	외할머니 증조할머니

주요 국가의 왕가를 정리하자면 이렇다. 증조 이상부터는 '외'와 '친'을 붙일 필요가 없어 보여 제외했고, 영국의 여왕 엘리자베스 2세는 이미 설명해서 제외했다. 이 밖에도 지금은 사라지고 없는 유고슬라비아와 유럽의 작은 군소 공국 등에도 빅토리아 여왕의 혈통이 존재했다.

빅토리아 여왕은 남편인 앨버트 공에게 직접 청혼할 만큼 열정적인 인물이었고, 9명의 자녀를 두어 유럽의 할머니라는 명칭도 얻었다. 19세기에 대영제국이 한 행동들은 서유럽 중심의 역사관인 지금은 대단한 업적일지 모르나, 다른 국가나 사람들에게는 고통의 연속이었던 시기였다. 하지만 빅토리아 여왕 개인을 놓고 본다면 자신의 삶을 충실히 살아가고 암살 시도도 이겨낸 강인한 여성이었던 것으로 보인다.

▌ 빅토리아 여왕이 등장한 게임 썰

크로포드 스타릭이 사라진 후 한 비밀결사대가 주도권을 잡으려 하네.

그림 3 〈어쌔신 크리드 신디케이트〉에 등장하는 빅토리아 여왕

빅토리아 여왕의 모습이 잘 표현된 게임이 존재한다. 바로 〈어쌔신 크리드 시리즈〉 중 하나인 〈어쌔신 크리드 신디케이트〉다. 〈어쌔신 크리드 신디케이트〉는 산업혁명 시기의 영국 런던을 배경으로 이야기가 펼쳐진다. 그리고 이 게임은 메인 스토리 완료 후 진행할 수 있는 인물 이야기가 존재하는데, 여기서 빅토리아 여왕과 관련된 퀘스트가 존재한다.

앞서 언급한대로 빅토리아 여왕은 총 8번의 암살 시도에서 살아남았다. 〈어쌔신 크리드 신디케이트〉에서도 템플러 그랜드 마스터인 크로포드 스타릭이 사망한 후 영국 템플러 잔당들의 테러 위협을 제이콥과 이비 프라이에게 도움을 받아 해결하는 장면이 등장한다. 여기서 빅토리아 여왕의 의복을 잘 보면 검은 옷을 입고 등장하는데, 이것은 역사 고증이 잘된 사례라 할 수 있다.

빅토리아 여왕과 남편 앨버트 공은 부부 금실이 참 좋았던 만큼, 앨버트 공이 42세의 나이로 일찍 사망하자 빅토리아 여왕은 자신의 남은 인생 40년 동안 남편을 기리기 위해 검은 상복을 입었다고 한다. 이 검은 의복이 지금의 빅토리아 여왕의 트레이드마크처럼 굳어졌고, 그 역사적 사실을 〈어쌔신 크리드 신디케이트〉에서는 제대로 표현했다.

▌빅토리아 시대란 무엇인가?

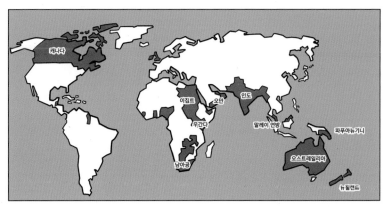

지도 1 영국의 식민지

빅토리아 여왕은 인물임과 동시에 19세기를 주도한 영국으로 인해 19세기 자체를 표현하는 명칭으로도 쓰인다. 당시 빅토리아 여왕은 영국의 식민지였던 인도의 여제도 겸하고 있었을 정도로 어마어마한 영향력을 가진 인물이다. 이와 비슷한 경우로 프랑스의 태양왕 루이 14세가 살았던 17세기를 루이 14세 시대라고 프랑스에서는 배운다. 이처럼 빅토리아 여왕은 한 명의 군주가 아니라 19세기 자체를 대변하는 인물이라 볼 수 있다.

그림 4 인도 제국의 황제가 되기를 바라는 빅토리아 여왕의 모습을 풍자한 만평 1876년 4월 15일

그렇다면 빅토리아 시대에 영국이 얼마나 강력했길래 19세기를 빅토리아 시대라고 부르는지 알아볼 필요가 있다. 우선 이 빅토리아 시기에 대영제국은 어마어마한 수의 해외 영토를 병합해 대영제국의 영토로 만들었다. 국가들을 쭉 나열해 보자면 이렇다.

아프가니스탄 (1839년 ~ 1842년)	스와질랜드 (1893년 1968년)
영국령 홍콩 (1841년 ~ 1997년)	영국령 중앙아프리카 (1891년 ~ 1907년)
라부안 직할령 (1848년 ~ 1946년	영국령 동아프리카 (1895년 ~ 1920년)
사라왁 왕국 (1841년 ~ 1946년)	수단 (1899년 ~ 1965년)
인도 제국 (1858년 ~ 1947년)	뉴질랜드 (1841년 ~ 1907년)
주룽 반도(1860년 ~ 1997년)	피지 (1874년 ~ 1970년)
영국령 보르네오 (1874년 ~ 1963년)	파푸아뉴기니 (1883년 ~ 1975년)
브루나이 (1888년 ~ 1984년)	크리스마스섬 (1888년)
웨이하이 (1898년 ~ 1930년)	쿡제도 (1888년 ~ 1901년)
말레이 연방 (1898년 ~1930년)	영국령 서태평양 (1877년 ~ 1976년)
바수톨란드 (1868년 ~ 1966년)	길버트 엘리스 제도 (1892년 ~1979년)
키프로스 (1878년 ~1960년)	토겔라우 (1889년 ~1948년)
이집트 (1882년 ~1922년)	솔로몬 제도 (1893년 ~ 1978년)
우간다 (1890년 ~1972년)	오스트레일리아(1900년)
영국령 소말릴란드 (1884년)	통가 (1900년 ~ 1974년)
오만 (1891년 ~ 1971년)	니우에 (1900년 ~1974년)
	영국령 캐나다 (1867년 ~ 1931년)

목록만 봐도 어마어마한 양이다. 여기 있는 해외영토 중에서 알고 있는 곳도 있고, 모르는 곳도 있을 것이다. 중요한 건 당시 대영제국의 영토는 식민지를 포함해 모든 대륙에 걸쳐서 존재했다는 것이다. 그만큼 대영제국이 간섭하지 않는 곳이 없고, 그들의 영향력이 미치지 않은 곳이 없었다.

빅토리아 시대는 단순히 대영제국이 영토만 많이 가지고 있던 시기가 아니다. 인류의 역사에서 수많은 일이 일어나던 시기이다. 여성 참정권 이야기도 나오기 시작했고, 여성 작가들의 활동도 활발하게 이루어지기 시작한 시기이기도 하다. 동시에 식민주의와 제국주의로 인해 일어난 전쟁들이 발단이 되어 세계 1차 세계 대전과 2차 세계 대전의 계기를 만들어낸 시기이기도 하다. (직접적인 원인은 따로 있었으나 그 전부터 감정이 쌓이기 시작했다는 의미다.)

빅토리아 시대를 표현한 게임들이 몇 가지 존재하는데, 그중에서 〈빅토리아 시리즈〉라는 게임이 있다. 이 게임은 게임 제목부터가 대놓고 〈빅토리아〉라고 적혀있다. 이는 빅토리아 여왕이 살았던 시대를 배경으로 하기 때문이다. 최신작인 〈빅토리아 3〉는 2022년 10월 25일에 발매되

그림 5 우리가 잘 아는 빅토리아 여왕의 모습 (1887년 즉위 50주년 골든 주빌리 촬영)

었다. 무려 자막 한글화도 지원한다.

보통 빅토리아 시리즈에서는 빅토리아 여왕이 영국의 국왕이 되기 1년 전인 1836년부터 1936까지를 다루고 있다. 딱 100년으로 1세기를 다루는 것이다. 거기다 〈빅토리아 시리스〉는 선 세계를 배경으로 하기에, 우리니리인 조선이 등장하여 국내에서도 인기가 많은 게임이다. 일본도 메이지 유신이 진행된 시기가 1868~1871년으로 아직 메이지 유신이 되기 전인 막부 상태라서 플레이어가 빠르게 발전만 한다면 충분히 우리나라가 일본의 식민지가 되지 않고 근대화에 성공해 열강의 반열에 올라가게 플레이할 수 있기 때문이다. 플레이 방식에 따라 실제 역사와는 다르게 조선이 일본을 식민지화 하는 상황도 발생할 수 있다.

다른 유명한 게임으로는 이미 언급한 〈어쌔신 크리드 신디케이트〉가 있다. 〈어쌔신 크리드 신디케이트〉는 최근까지 출시된 〈어쌔신 크리드 시리즈〉와 비교했을 때 마지막으로 과거의 시스템을 가지고 있던 게임이다. 개인적으로 필자는 이 시스템이 좋았다.

〈어쌔신 크리드 신디케이트〉의 배경은 산업혁명 시대 영국 런던을 배경으로 한다. 시리즈 최초로 2명의 주인공이 선택되었는데, 제이콥 프라이와 이비 프라이였다. 쌍둥이 동생인 제이콥 프라이는 암살단이던 아버지의 교육을 제대로 듣지 않았고, 쌍둥이 누나인 이비 프라이는 아버지의 가르침을 착실하게 들었다. 하지만 이 둘은 문제를 일으키고 다니는 사고뭉치로 성장했다.

〈어쌔신 크리드 신디케이트〉는 성인이 된 프라이 쌍둥이가 런던을 장악한 템플러를 처치하고 에덴의 조각을 회수하는 것이 주된 내용이었다. 여기서 두 인물의 플레이 방식이 다른데, 제이콥은 갱단인 루크스를 만들어 템플러의 똘마니인 블라이터스와 갱단 전쟁을 벌이며, 대놓고 싸우는 느낌이다. 이비는 암살단의 신조에 맞게 어둠 속에서 은신하며 조용히 요인을 암살한다. 그래서 메인 스토리도 두 인물이 처음에는 다른 사건을 쫓아가다가 서서히 하나의 사건에 합쳐지는 모습을 보여준다.

그림 7 〈어쌔신 크리드 신디케이트〉에 등장하는 어린이들을 착취하는 장면

〈어쌔신 크리드 신디케이트〉의 장점은 산업혁명 시기의 영국을 잘 표현했다는 것이다. 여기서는 혹독한 노동을 강요받는 아이들이 등장해 당시 시대적 상황을 볼 수 있고, 여러 가지 기술의 발전으로 로프 런처를 통해 높은 건물을 빠르게 올라가거나 건물에서 건물로 이동이 가능하다. 또한 기차를 탈취해 암살단의 이동식 거점으로 만들기도 했다. 이 기차는 실시간으로 런던 시내를 돌아다니기 때문에, 기차를 타고 런던 시내를 돌아볼 수도 있다.

그 밖에도 〈어쌔신 크리드 신디케이트〉에서는 '공룡'이라는 단어를 만들어낸 리처드 오웬부터 시작해 전화기를 만든 알렉산더 그레이엄 벨, 진화론을 주창한 찰스 로버트 다윈, 대문호 찰스 디킨스, 셜록홈즈를 집필한 아서 코난

그림 8 〈어쌔신 크리드 신디케이트〉에 등장하는 암살   그림 9 〈어쌔신 크리드 신디케이트〉에 등장하는
단의 기차 아지트   암살단의 기차 아지트 내부

도일과 사회주의를 이야기한 칼 마르크스도 등장한다. 여성 위인들도 있는데,
앞서 언급한 빅토리아 여왕과 플로렌스 나이팅게일 수녀도 등장했다.

〈어쌔신 크리드 신디케이트〉에는 반가운 인물의 저택도 등장한다. 그
인물은 〈어쌔신 크리드 블랙 플래그〉의 주인공이었던 에드워드 켄웨이다.
그의 저택에서 숨겨진 방을 통해 메인 스토리가 진행되며, 〈어쌔신 크리드
신디케이트〉에서는 예수가 입었다는 수의가 에덴의 조각으로 등장하기도
한다. 거기다 서브 퀘스트로 1차 세계 대전 중의 런던도 나온다. 〈어쌔신 크
리드 신디케이트〉는 2023년에 발매될 〈어쌔신 크리드 미라지〉와 같은 시스
템을 가지고 있을 것으로 보이기 때문에, 산업혁명 당시의 런던의 모습을
보고 싶거나 공부하고자 하는 사람들이나, 〈어쌔신 크리드 미라지〉가 나오
기 전에 시스템을 익혀두고 싶은 사람들에게 좋은 게임이 될 것이다.

그림 6 빅토리아 여왕이 살던 궁전 내부의 모습

〈어쌔신 크리드 신디케
이트〉에서는 빅토리아 여
왕이 통치했던 19세기의
모습을 아주 잘 표현하고
있다. 참고 자료 그림6을
보면 영국 국왕의 궁전 내
부는 화려한 장식과 모습
으로 많은 사람의 부러움

을 사기에 충분하다. 하지만 이 모든 부와 화려한 궁전의 장식은 결국 제국주

의, 식민주의를 통해 전 세계에 있는 영국의 식민지에서 가져온 것들로 만들어졌다는 것을 생각해보면 마냥 좋은 것인지는 의문이 든다. 실제로 인도의 보석이었던 '코이누르'라는 보석은 대영제국 시기 영국 여왕의 왕관에 장식되었고, 현재도 영국에 있으며, 인도는 이 보석의 소유권을 주장하고 있다.

그림 10 〈어쌔신 크리드 신디케이트〉 속 빅토리아 기차역 모습

빅토리아 시대라고 불린 19세기는 인류의 역사에서 산업혁명 이후 급속도로 발전하는 시기였다. 이 산업혁명의 시발점이었던 영국은 철골로 된 구조물들과 다양한 것들을 만들기 시작했다. 기차가 다니는 철도와 기차역이 만들어지기 시작했고, 이에 힘입어 빅토리아 여왕은 '기차를 탄 최초의 군주'라는 타이틀을 가지게 되었다. 19세기는 사실상 영국의 주도하에 세상이 변화하던 시기라고 볼 수 있다. 그런 시기의 국왕인 빅토리아 여왕의 이름을 따 빅토리아 시대라고 불리는 것은 어찌 보면 당연한 결과다.

〈어쌔신 크리드 유니티〉에서도 빅토리아 시대가 등장한다. 다만 여기서는 벨 에포크 시대라고 하는데, 이 벨 에포크라는 뜻은 프랑스어로 '아름다운·좋은 시절'이라는 뜻으로 19세기 말부터 1914년인 1차 세계 대전이 발발하기 전까지의 시간을 의미한다. 이 시기는 빅토리아 시대와도 겹친다. 프랑스나 대부분의 유럽 국가에서 19세기를 표현할 때 쓰는 단어다.

그림 11 〈어쌔신 크리드 유니티〉에 등장하는 벨에포크 시대 에펠탑

〈어쌔신 크리드 유니티〉는 프랑스 대혁명 시대인데 어째서 19세기가 등장하는지 의아한 사람

들이 있을 것이다. 그 이유는 헬릭스 균열이라는 컨텐츠를 통해서 2차 세계 대전 당시 독일 점령기, 벨 에포크 시대, 중세 시대로 총 3가지 시대가 더 구현되어 있기 때문이다. 아쉽게도 벨 에포크 시대에서는 에펠탑으로 갈 수 없지만, 2차 세계 대전 당시 독일 점령기에는 에펠탑에서 이동하는 미션이 있다.

마지막으로 빅토리아 시대를 표현한 게임이 하나 더 있다. 유비소프트에서 개발한 〈Anno 시리즈〉의 최신작 〈Anno 1800〉이다. 이 작품은 유비소프트 게임 중에서도 가장 많

그림 12 〈Anno 1800〉 시즌 3 패스 (출처 : 유비소프트 스토어)

은 호평을 받는 작품으로 시즌 패스가 무려 4번째까지 나왔을 정도로 인기가 좋다. 〈Anno 1800〉은 신대륙을 비롯한 식민지 경영과 19세기 후반에 생긴 고층빌딩까지 포함해 빅토리아 시대를 아주 잘 표현한 게임이라고 할 수 있다. 이 게임도 한국어 자막 지원을 하고 있다.

그림 13 고용한 양치기 1851년작 윌리엄 홀먼 헌트 | 그림 14 프레데릭 레이턴의 비온디나

빅토리아 시대는 단순히 기술적인 부분에서만 발전한 것이 아니었다. 미술 쪽에서도 확실한 화풍을 보여주었다. 미술사를 보면 바로크, 로코코 등의 시대를 대표하는 미술 화풍이 존재하는데, 19세기 빅토리아 시대의 화풍

을 우리는 빅토리아풍이라고 부른다. 빅토리아풍은 화풍도 있지만 가구도 존재할 만큼 매우 유명하다. 하지만 서양 사람들도 이것을 자세하게 설명하기는 힘든 모양이다.

확실한 것은 빅토리아 여왕이 전 세계에 미친 영향력은 어마어마하다는 것이다.

빅토리아 시대는 안(유럽 열강)은 밝고 화려한 분위기를 연출하지만 조금만 밖(식민지)으로 나가보면 고통 속에 울부짖는 사람들이 반드시 존재하는 그런 시기였다. 모든 시기가 빛과 어둠이 존재하지만, 빅토리아 시대는 소수의 행복과 기술 발전을 위해 다수가 고통받던 시대다.

빅토리아 시대가 갖는 의의는 생각보다 크다. 인류의 역사에서 보면 중세 시대에서 르네상스 시대를 거쳐서 서서히 진보해가는 유럽의 문명이 빅토리아 시대를 통해 영국의 주도로 전 세계에 퍼져나가기 시작했고, 이것이 현대의 지구촌 사회로 변화했기 때문이다. 이것으로 미루어 보아, 빅토리아 시대는 인류의 발전에서 찬란한 황금기일 수는 있지만, 반대로 그 황금기와 발전에는 다수의 희생이 있었다는 어두운 면도 가지고 있는 시대라고 할 수 있겠다.

결국에는 그 어두운 면이 빅토리아 시대가 끝나고 난 20세기에 1, 2차 세계 대전으로 터지게 되어 인류사에서 최악의 전쟁으로 기억되었다. 장점과 단점이 확실했던 빅토리아 시대를 한 마디로 표현한다면, '화려함 뒤에 숨겨진 수많은 아픔이 있었던 시기'라고 정리해볼 수 있을 것 같다.

**인류를 괴롭혀 왔고,
지금도 괴롭히고 있는**

인류와 바이러스
Humankind and virus

팬데믹 의사
Pandemic Doctor

▌인류를 괴롭혀 온 전염병

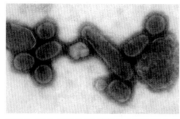

그림 1 전자 현미경으로 관찰한 스페인 독감 바이러스의 사진

2022년을 떠나보내고 2023년을 살아가고 있는 우리는 많은 고통을 동반하며 살아가고 있다. 2019년도 말에 갑작스럽게 발생한 코로나 19로 인해 약 3년이 지나간 지금도 우리는 고통을 받고 있기 때문이다. 그리고 3년이라는 긴 시간 동안 아프가니스탄 내전과 우크라이나 사태와 같은 심각한 전쟁까지 발생해 전 세계 사람들이 고통받는 실정이다. 역사적으로 보통 전염병이나 감염병이 발생하면 그 전과 직후에 전쟁이 발생했다. 혹은 그 반대로 일어나기도 했다. 어찌 보면 이 둘은 떼려야 뗄 수 없는 사이인 것이다.

전염병과 감염병은 전쟁과 떼어놓을 수 없는 사이라 게임과도 자주 엮이게 된다. 범위를 크게 넓히면 전투 중 귀찮게 만드는 상태이상에서 시작해 사람들을 감염시켜 좀비나 아예 다른 존재로 만드는 등의 병원균일 수도 있다. 가끔 예상하지 못한 초능력을 얻게 만들어 주는 것도 전염병의 한 범주라고 할 수 있다. 이번 장에서는 전염병과 감염병에 대한 설명과 함께 이것이 등장하는 다양한 게임을 이야기해보겠다.

▌전염병과 감염병은 다른가?

우리는 전염병과 감염병을 비슷하게 생각하고 사용하고 있다. 하지만 이두 가지는 미묘하게 다르다. 감염병의 경우 세균이나 진균, 기생충, 바이러스와 같은 병원체가 원인이 되어 사람이나 동물이 감염되었을 경우 발병할 수 있는 질환을 의미한다. 감염병은 주로 음식을 섭취, 호흡을 통해 기관지로 침투, 다른 사람과의 접촉 등을 비롯한 다양한 경로를 통해서 발생할 수 있다.

전염병의 경우 사람과 사람끼리 직간접적으로 전파되거나 확산하는 질병을 의미하는데 여기서 감염병과 어떻게 다른가에 대해서 이해하려면 매개체를 따져봐야 한다. 위에서도 언급했듯이 감염병은 인간에게 세균, 바이러스, 기생충 같은 병원체를 전달하는 매개체가 존재한다. 모기가 말라리아를 보유한 기생충을 사람에게 옮기는 중간 전달자 역할을 하는 것처럼 말이다. 말라리아 말고도, 에이즈 환자가 사용했던 주삿바늘을 재활용하면서 생기는 감염 문제, 같은 냄비에 음식을 떠먹으면서 옮겨가는 박테리아, 신체 접촉을 통해서 인체 중 가장 연약한 점막 조직을 통해 옮겨지는 성병도 이에 해당한다.

전염병의 경우는 매개체 없이 단순히 일상생활을 하다가 옮을 수 있는 질환으로 공기 중에 병원체가 있어서 호흡을 통해 몸으로 들어오거나 오염되어 있는 물을 마심으로 인해 퍼진다. 이러한 이야기들은 이해하기에는 조금 어렵다. 필자도 이해하는 것이 상당히 어려웠다. 의학계에서도 정확하게 경계를 나누어서 전염병과 감염병을 정의하는 것이 아직도 힘든 것으로 보인다.

독자들이 더 쉽게 이해할 수 있도록, 전염병과 감염병에 대한 설명을 토대로 게임에 대입시켜보겠다. 먼저 감염병의 경우는 세균, 진균, 기생충, 바이러스와 같은 병원체가 원인이 되어 사람이나 동물이 감염된다고 한다. 보통 좀비 바이러스와 관련된 것들이 여기에 해당한다. 명작 〈The Last Of Us Part 1〉에서는 기생 버섯 종류인 동충하초가 인간에게 감염되기 시작하면서 사람들이 폭력성을 가지기 시작하고, 종래에는 괴물이 되어버린다. 이로 인해 인류 사회는 붕괴했고, 딸을 잃은 '조엘'이 이 감염병에 면역이 있는 '엘리'라는 여자아이를 연구실로 데려가는 여정을 그리고 있다. 다만 여기서는 포자가 심하게 퍼져있는 곳에서는 방독면을 장착하는 것으로 보아, 공기 중으로 감염될 수 있어 전염병의 성격도 가지고 있다. 하나의 게임만 가지고도 전염병과 감염병을 완벽하게 분리할 수 없다는 사실을 알게 되었다.

또한 바이러스성 감염과 박테리아성 감염에 대해 조금 설명해보자면, 바이러스성 감염은 전신에 해당하며, 한 곳 이상의 사람 신체에서 증상이 나타나는 경우를 의미한다. 콧물, 충혈, 기침, 몸살, 바이러스성 결막염, 헤르페스 등의 질병들이 바이러스성 감염이다. 헤르페스와 같은 극히 소수의 바이러스성 감염만이 고통스럽다고는 하나, 실제로 우리의 삶을 강타한 코로나 19의 경우도 바이러스성 감염으로 본다고 한다. 신체의 한 곳 이상해서 동시다발적으로 증상이 발생하고 있고, 경중은 다르지만 심각한 경우 사망에 이르게 될 수도 있고, 완치하더라도 영구적으로 후유증까지 남게 되니 말이다.

박테리아성 감염의 경우는 세균 감염의 전형적인 증상을 말한다. 이는 매우 한정적인 부위에 일어나는 통증, 발열, 붓기 등의 증상을 의미한다. 박테리아 감염의 특징 중 하나는 신체의 특정 부위에 발생하는 통증 및 국소 (매우 작은 곳) 통증인데, 예를 들어 칼과 같은 날카로운 무언가에 베인 상처에 세균이 침투, 감염되면 감염 부위에 통증이 발생하게 된다. 통증이 한쪽 귀에만 발생하는 경우 세균성 감염으로 판단할 여지가 많다.

사실 바이러스성 감염과 박테리아성 감염은 이해만 해도 된다. 가장 중요한 건 전염병과 감염병이니 말이다. 여기서부터는 감염병과 전염병 모두 전염병으로 이야기를 하겠다. 앞서 언급한 〈The Last Of Us Part 1〉말고도 좀비 전염병 혹은 이와 비슷한 경우를 가진 게임들이 많다. 대표적인 게임 중에서는 〈Left 4 Dead〉가 있다. 이 게임은 많은 사람에게 좀비 학살 협동 게임을 알린 게임으로 2편까지 발매되었을 정도로 인기가 있던 게임이다. 최근에는 〈Back 4 Blood〉라는 정신적인 후속작도 발매되었다. 〈Left 4 Dead〉 개발자들이 회사를 새롭게 차려 만든 게임인데, 전혀 다른 게임이라고 이야기하기도 한다.

이밖에도 〈Days Gone〉이라는 게임은 사람을 비롯해 동물까지 모두 전염되어 폭력성을 가지고 있는 모습을 보여준다. 보통은 바이러스로 인해 감염된 사람이나 동물에 물리면 똑같이 감염될 수 있다고는 하지만, 〈Days Gone〉의 경우 물린다고 해서 감염되지는 않는다. 이 게임은 어느 연구소에서 생물학 무기를 개발하던 중에 한 인턴이 이를 알아채고 바이러스 샘플을 훔쳐 환경박람회에서 폭로하려 했다가 바이러스가 퍼져서 일어난 케이스다. 여기서는 특이하게도 사람들이 바로 전염된 것이 아니라 몸속에 있다가 잠복기를 거쳐서 퍼졌다. 이때 사람들이 모두 고향이나 다른 장소로 이동하면서 전 세계적인 펜데믹이 일어났다고 한다. 이 내용은 마치 지금의 사태와 비슷하다는 생각을 들게 한다. 당시 이 바이러스를 퍼트린 인턴은 자신이 유명한 내부고발자인 에드워드 스노든이 되겠다며 한 행동이었다. 여기서 우리가 알 수 있는 사실은 가끔은 정의를 위해서 한 행동이 되려 역효과를 불러일으킬 수 있다는 사실이다.

▌ 고대부터 중세까지 인류를 괴롭힌 전염병

인류의 역사에서 전염병은 언제나 큰 골칫거리였다. 전염병으로 국가가 망하거나, 휘청거리기도 하고, 한 대륙의 인구가 거의 전멸하기도 했다. 여기서부터는 고대부터 중세까지 인류를 괴롭힌 전염병에 대해서 알아보겠다.

전염병의 역사는 인류가 역사를 기록한 이래 고대 시대부터 등장했다. 이 전염병으로 인해 수많은 사람이 사망했는데, 당시에는 원인을 잘 알지 못하여 신이 분노했다는 등의 이야기가 민들이지곤 했었다. 신이 분노했다는 말은 곧 신을 가장 가까이에서 모시던 신관과 신전의 권위가 높아짐을 의미했다. 신전과 신관의 행동은 항상 신의 뜻이라는 명목으로 정당화되어 왔으며, 때로는 불의 심판을 통해 효과적으로 전염병을 처단하기도 했지만, 이 과정에서 무고한 사람들이 피해를 보고 죽기도 했다.

첫 번째로 이야기해 볼 사건은 고대 그리스 세계에서 일어난 전염병이다. 기원전 430년 펠로폰네소스 전쟁이 있었던 시기에 전염병이 발생했다. 펠론폰네소스 전쟁이 2년 정도 지났을 무렵 아테네를 중심으로 한 델로스 동맹은 스파르타를 중심으로 한

그림 2 아테네의 역병 마이클 스위어츠 1652~1654

펠로폰네소스 동맹의 공격에 당시 지도자 페리클레스가 델로스 동맹을 따르는 사람들을 아테네로 모아 항전하면서 벌어졌다.

원래 이 전염병은 에티오피아에서 시작이 되었다고 하는데, 에티오피아를 거쳐 이집트와 리디아(리디아는 지금의 터키인 아나톨리아 반도에 있던 왕국이다.)에서 그리스 지역까지 이동했다. 그리스 세계에 도착한 전염병은 여기서 멈추지 않고 지중해 전역으로 퍼져나갔다.

전염병이라 함은 병을 전염시킬 수 있는 숙주가 많고, 비위생적인 환경에서 발생하기 쉽다. 펠로폰네소스 전쟁이 일어났던 기원전 430년경에는 도시의 위생 수준이나 사람들의 위생 의식 수준이 현대인과는 차이가 났다. 엎친 데 덮친 격이라고 전쟁이 일어나 시골에서 아테네로 피난온 사람들이 도시에 넘쳐나기 시작했다. 거기다 성벽으로 둘러싸인 아테네에 사람들이 많아지기 시작하자 난민들이 모인 열악한 공간에서부터 전염병이 빠르게 퍼져나갔다. 전염병은 전쟁에서 승기를 잡고 있던 델로스 동맹이 패배하는데 큰 원인이 되었다고 한다. 이 과정에서 아테네의 지도자였던 페리클레스도 사망했다.

펠로폰네소스 전쟁사를 기록한 투키디데스라는 인물은 전염병에 걸렸으나 살아남았고, 그가 전염병에 대해 저술한 기록이 남아있다. 기록에 따르면 아테네에서 일어난 역병은 발열, 눈이 붉어지고 염증이 생김, 재채기, 목소리를 상실, 기침, 극도의 갈증, 설사, 불면증, 구토, 인후염 등의 증상이 있었다고 한다. 현대 의학계에서는 장티푸스, 천연두, 홍역, 독성 쇼크, 에볼라 등의 전염병이 원인이 아니었나 하고 추측한다. 이것은 지금은 여러 개로 나뉜 전염병들이 과거에는 하나로 합쳐져 있었을 수 있다는 의미이기도 하다.

여기서 매우 흥미로운 추측을 할 수 있는데, 간혹 오래된 무덤이나 얼음 속에 있던 미라를 발굴했을때, 이 작업에 참여한 사람들이 갑작스럽게 사망하여 저주라 알려지는 경우가 있었다. 하지만 생각해보면, 과거의 기생충이나, 바이러스는 얼어있거나, 무덤에서 오랜시간 버티다 발굴이 시작되면서 발굴 현장에 있던 사람들에게 퍼졌을 수 있다. 다만 무덤의 경

<신관>
역병이 카우소스를 집어삼켰소... 늘어만 가는 시체를 더는 감당할
수 없다오. 확산되는 걸 멈추려면 -

그림 3 〈어쌔신 크리드 오디세이〉에서는 아테네에 전염병이 퍼진 것과 케팔로니아섬에서 전염병이 퍼지는 상황을 볼 수 있다

우, 진공 상태에서 바이러스가 살 수 없다고 하는 것이 현재 주된 이론이라 틀릴 수 있다. 한 가지 확실한 것은 얼음 속에 있던 바이러스는 다시 살아날 수 있기에 주의가 필요하다. 특히나 과거의 전염병은 지금의 전염병들 하나하나를 합친 것일 수 있어 더욱 위험하다.

이 시기 전염병이 등장하는 게임으로는 〈어쌔신 크리드 오디세이〉가 있다. 〈어쌔신 크리드 오디세이〉는 펠로폰네소스 전쟁 시기 그리스 전역을 배경으로 알렉시오스와 카산드라 중 한 명의 캐릭터를 선택해 모험할 수 있다. 주인공은 스파르타의 레오니다스 왕의 후손으로 케팔로니아섬에서 시작해 여러 지역을 모험할 수 있다. 여기서 전염병이 퍼져 이를 막기위해 불태워진 지역에 방문하기도 한다. 이때 플레이어가 한 선택에 따라 결과가 조금씩 달라진다.

역사적 고증이 잘 되어있는 〈어쌔신 크리드 시리즈〉인 만큼 전염병에 대한 묘사도 잘 되어있다. 게임을 계속하다 보면 아테네의 전염병과 관련된 메인 퀘스트도 있다. 궁금하다면 한 번 해보는 것을 추천한다.

고대 시대에도 전염병으로 인해 많은 사람이 죽었지만, 특히 많은 사람이 죽은 것은 중세 시대 유럽이었다. 그 이유는 퇴보된 문명 때문이다. 원래 고대 유럽 사람인 로마인들은 목욕을 좋아했다. 그들은 목욕을 위해 공중목욕탕

그림 4 죽음의 무도에 그려진 흑사병

을 짓기도 했고, 거대한 송수로를 건설해 도시로 물을 끌어오는 등 위생관념이 좋았다. 하지만 로마 제국이 야만족에 의해 멸망하면서 수많은 기술과 건축물들이 유실되거나 피해를 받았고, 결국 중세 시대 유럽은 고대 시대 유럽의 로마 제국과는 전혀 다른 삶을 살게 되었다.

그런 상황에서 중세 시대 유럽에는 흑사병이라는 강력한 전염병이 퍼진다. 흑사병에 대해서는 이미 많은 사람이 알고 있을 거라 생각된다. 코로나 19가 퍼진 지금도 중국 일부 지역에서 흑사병이 잠깐 퍼졌다는 기사도 있었기 때문이다. 흑사병은 유럽 총인구의 30% ~ 60%를 소멸시킨 무시무시한 전염병이다. 흑사병에 대한 출처에 대해서는 많은 이견이 있지만, 아시아에서 기원했다고 보는 견해가 많다. 중앙아시아나 인도 등에서 왔다고 보는 가설들도 존재하기는 한다.

흑사병이 중앙아시아에서 시작되었다고 보는 견해는 칭기즈칸의 몽골 제국이 이동하면서 유럽까지 전염병을 옮겼다는 가설이고, 인도에서 퍼졌다는 가설은 인구가 많았던 인도가 중국과 유럽을 이어주는 중계 무역의 장소로도 활용되었기 때문으로 보고 있다. 이외에도 중국에서도 흑사병이 퍼졌다는 기록이 존재하는데, 당시는 몽골 제국이 중국을 지배한 시기라 교역과 전쟁 등으로 인해 병원균이 옮겨갔을 가능성이 있다. 위의 사례로 미루어 볼 때, 전쟁이 있는 시기에는 전염병이 같이 퍼지기 쉽다는 것을 알 수 있다. 전쟁으로 인해 피폐해진 국가들은 식량부족으로 인한 면역력 저하, 시신이 썩으면서 생기는 문제, 다른 지역의 사람들이 가진 전염병이 옮는 경우가 있기 때문이다.

무엇보다 바이러스에 면역이 있는 사람들과 그렇지 않은 사람들이 만나게 되면 그렇지 않은 사람들이 대부분 사망하는 초유의 사태가 발생한다. 이것은 역사에서 사례가 존재한다. 잉카 제국의 멸망과 아즈텍 제국의 멸망이 이와 관련이 있다. 대서양을 사이에 두고 전혀 다른 삶을 살아온 아메리카인과 유럽인들은 대항해시대에 스페인이 찾아가면서 상황이 바뀌게 된다.

아메리카로 건너온 스페인의 군대는 의도한 것은 아니었지만, 천연두도 함께 가져왔다. 아메리카 사람들은 천연두에 대한 면역력이 하나도 없었기에, 국가가 붕괴할 정도로 많은 사람이 죽었다. 물론 당시 잉카와 아즈텍의 혼란스러운 상황도 스페인이 더 쉽게 승리할 수 있게 해주었으나, 가장 결정적인 요인은 천연두였다. 잉카 제국의 경우 전체 인구의 70% 이상이 천연두로 인해 사망했다는 이야기도 있기 때문이다.

천연두와는 관련이 없지만, 아즈텍 제국을 침략하는 스페인으로 플레이해볼 수 있는 게임이 있다. 〈미디블 토탈워 2 킹덤즈 확장팩〉에 4가지 팩 중하나가 중앙아메리카 대륙을 배경으로 하고 있다. 여기서 영국과 프랑스도 등장하지만, 일반적인 방법으로는 스페인만 할 수 있는 것으로 알고 있다. 이 게임에서는 아메리카 원주민들과 유럽의 원정대의 기술력 차이가 어마어마한데, 이것을 직접 게임으로 느낄 수 있다.

앞서 언급한 흑사병과 몽골과 관련된 것이 〈미디블 토탈워 2〉에서도 등장한다. 트레뷰셋이라 불리는 대형 투석기의 특수 기술로 죽은 소의 시체를 던지기도 한다. 게임에서는 이것에 스치기만 해도 적들의 사기가 저하된다. 게임 자체가 오래되어서 사기저하의 효과만 가지고 있지만, 사실상 몽골 제국이 실제 이런 방식을 사용한 이유는 부패한 동물의 사체로 인해 전염병을 유발할 수도 있기 때문이다.

▌중세 이후부터 지금까지 존재한 전염병

중세 이후부터 지금까지도 많은 전염병이 인류의 역사에서 등장했다. 그중에서 근대에 들어 가장 큰 전염병을 꼽자면 단연 스페인 독감을 꼽을 수 있다. 문제는 스페인 독감이 상대적으로 잘 알려지지 않았는데, 그 이유가 1차 세계대전 중이었기 때문이다.

그림 5 미국 캔자스주 하스켈 카운티의 미군 주둔지 포트 라일리 캠프 펀스턴 군 병원 병상에서 스페인 독감을 앓고 있는 군인들

스페인 독감은 1918년 인플루엔자 범유행(범유행 전염병=펜데믹)이라고 알려져 있는데, 20세기 들어 가장 크고 치명률이 높았던 전염병으로 알려져 있다. 스페인 독감이라고 해서 스페인에서 시작된 것이 아닌가 하고 생각할 수 있으나, 사실은 그렇지 않다. 당시 전 세계는 1차 세계대전 중이었기 때문에 언론이 통제되어 있었고, 스페인은 중립국으로 1차 세계대전 참전국이 아니었기에, 상대적으로 보도가 자유로운 스페인 언론에서 전염병 이야기가 많이 나오면서 스페인 독감으로 알려지게 되었다.

발원지는 프랑스, 미국, 중국 중 하나로 추정된다는 가설이 대표적이다. 먼저 프랑스에서 시작되었다는 가설은 1917년 프랑스 북부 도시 에타플에 주둔 중이던 영국군의 임시 병원에서 발생했다는 주장이다. 이 가설은 프랑스에서 시작되었으나, 감염의 주체는 '영국인'이었다는 아이러니한 상황이 있는데, 이때는 1차 세계대전이라 가능한 일이었다. 하지만 병원체를 옮긴 것은 근처 마을의 돼지나 닭에서 시작되었다고 보기 때문에, 병원체는 프랑스산이라고도 볼 수 있다.

미국에서 퍼졌다는 가설은 그림 5에서 나온 캔자스주이다. 2000년에 알프레드 크로스비라는 역사학자가 주장한 가설로 다른 역사학자 존 베리라는 인물도 2004년에 캔자스주에서 독감이 시작되었을 것으로 본다고 말했다. 이 주장은 당시 사망자 숫자를 보면 캔자스가 차지하는 비중이 매우 적어 현재는 신빙성이 떨어진다고 한다.

마지막으로 중국에서 시작되었다는 가설은 1917년 11월에 중국 북부를 강타한 호흡기 질환에서 비롯되었다는 주장이다. 1차 세계대전 중에 중국의 노동자들이 영국과 프랑스 전선에서 일했었다고 하는데, 이를 토대로 스페인 독감이 퍼지게 된 원인이라고 보는 가설이다. 안타깝게도 이 시기 중국은 군벌이 난립하던 시기라 기록이 매우 적어 확인할 방법이 사실상 없다.

2016년 중국 의학협회 저널에 따르면 중국과 동남아시아 출신 병사들과 노동자들을 통해 유럽으로 독감이 유입된 증거는 발견되지 않았다 한다. 그리고 팬데믹이 시작되기 이전에 유럽에서 스페인 독감이 순환한 증거를 발견했다고 의학협회 저널에서는 밝히고 있다. 치사율도 중국과 동남아시아 출신 노동자들 사이에서 독감 사망률이 낮았기 때문에 스페인 독감이 중국에서 시작된 것은 아니라고 이야기하고 있다.

스페인 독감에 대한 여러 가지 가설은 존재하나 어느 것 하나 속 시원하게 밝혀주는 것은 없었다. 스페인 독감은 1918년 봄에 첫 번째로 유행했고, 가을에서 겨울 사이에 2차 유행을 했는데, 치명률이 올라간 고병원성은 2차 유행 때 있었다고 한다. 이때는 프랑스의 브레스트, 시에라리온의 프리타운, 미국의 매사추세츠 주 보스턴에서 고병원성 스페인 독감이 발견되었다.

세계보건기구에 따르면 당시 전 세계의 인구 16억 명 중 30분의 1인 4~5천만 명이 스페인 독감으로 사망한 것으로 기록되어 있다. 가장 피해가 큰 지역은 인도로 약 천만 명이 사망했다고 한다. 스페인 독감의 특이한 점은 전체 사망자 대부분이 65세 이하였고, 특히 20~45세가 전체 사망자의 60%였다.

1차 세계대전에서 사망한 사람이 대략 1,500만 명 정도로 추산되는데, 스페인 독감으로 죽은 사람의 숫자가 1,700~5,000만 명으로 더 많았다는 것이 전쟁보다 전염병이 더 무섭다는 것을 알 수 있는 자료라고 생각된다. 이때를 계기로 독감 예방 접종 문화가 시작됐다. 스페인 독감의 주요 증상은 폐렴으로 진행될 것처럼 보이다가 환자의 피부에서 산소가 빠져나가면서 검은빛으로 죽어가는 증상이었다고 한다. 여담으로 2009년에 유행한 신종 플루가 스페인 독감의 진화형이라는 이야기가 있었다.

이 스페인 독감이 언급되는 게임으로는 〈뱀피르〉 혹은 〈뱀파이어(Vampyr)〉라는 이름의 게임이 있다. 이 게임의 주인공은 조나단 리드라는 인물로 1차 세계대전에서 군의관으로 복무하고 런던으로 귀국한 인물이다. 유명한 외과 의사이며, 수혈의 권위자라는 설정인데, 알 수 없는 존재에게 물려 뱀파이어가 되었다.

〈Vampyr〉의 주 무대는 1차 대전이 끝나고 스페인 독감이 유행한 런던이다. 그래서 그런지 런던의 거리는 매우 우중충하고 암울하다. 당시 많은 사람이 마스크를 착용했다고 하는데, 게임 내에서는 마스크를 쓰면 주인공의 얼굴을 볼 수 없기에, 마스크를 쓰지 않는다. 물론 주인공이 뱀파이어라 상관없는 것일 수도 있다. 이 게임은 액션 RPG가 아니라 어드벤처 게임에 가깝다. NPC들은 사연이 다 있으며, NPC간의 관계도 있고, 주인공은 흡혈을 통해서 강력해질 수 있는데, 이런 NPC들은 흡혈하게 되면 영구적으로 NPC간의 관계도가 바뀌는 것을 볼 수 있는 독특한 구조다.

▌게임 썰

실제 역사에 존재한 전염병과 관련된 게임들과 좀비 바이러스와 관련된 몇몇 게임들을 앞서 알아보았다. 전염병을 모티브로 제작된 게임들은 매우 많다. 그래서 몇 가지 더 소개를 하고자 한다.

첫 번째로는 〈A Plague Tale: Innocence〉이다. 한국명은 〈어 플레이그 테일: 이노센스〉로 2019년에 발매된 액션 어드벤처, 잠입 액션, 서바이벌 호러 장르의 게임이다. 프랑스의 게임 개발사에서 제작되어 게임 배경이 백년 전쟁 이후에 흑사병이 퍼진 14세기 중세 프랑스를 무대로 하고 있다. 주인공은 룬 가문의 두 남매로 이단심문관을 피해 기나긴 여정을 떠나는 내용이다.

이 게임은 평가가 매우 좋은 게임으로 14세기 흑사병이 퍼진 중세시대를 체험해보고 싶다면 해보기를 권장한다. 2022년 10월 18일에는 후속작인 〈A Plague Tale: Requiem〉도 발매되어 룬 가문의 두 남매의 새로운 이야기를 체험해볼 수 있다. 후속작에서는 프랑스 남부 지방을 배경으로 하여 아름다운 광경도 구경할 수 있다. 두 게임 모두 한국어 자막 지원을 하기에, 플레이에는 큰 어려움이 없을 것이다.

두 번째는 〈전염병 주식회사〉이다. 이 게임은 코로나 19가 터진 직후 재조명 받은 게임이다. 2012년에 출시한 오래된 게임임에도 불구하고, 인터페이스가 단순해 지금도 게임하는데 큰 문제가 없다. 이 게임은 전염병을 직접 만들고 전 세계에 퍼트려 지구상의 인류를 0으로 만들면 승리하는 게임인데, 난이도가 오를수록 사람들의 위생 관념이 오른다. 사람들이 시도 때도 없이 손을 씻고, 위생관리를 하는데, 이런 상황에서 플레이어는 많은 사람이 교류하는 공항이나 항구를 가진 도시들에 전염병을 퍼트려서 감염자를 늘리고, 바이러스를 업그레이드해 인류를 멸망시켜야 한다.

사실 〈전염병 주식회사〉가 재조명된 이유는 전염병을 퍼트려서 지구에서 인류를 없앴다는 것보다, 실제 코로나 19가 퍼졌던 것처럼 게임상에서도 시뮬레이션을 돌릴 수 있고, 전염병과 관련된 박쥐나 바이러스에 대한 지식과 난이도에 따라 사람들이 대처하는 모습을 보고 어떻게 하면 전염병을 예방할 수 있는지를 알 수 있어서이다.

세 번째 게임으로는 〈Tom Clancy's The Division〉이다. 한국명으로는 〈톰 클랜시의 더 디비전〉이며, 보통 〈더 디비전〉으로 부른다. 이 게임은 유비소프트에서 개발해 2016년에 출시된 게임으로 미국의 큰 행사인 블랙프라이데이에 모종의 바이

그림 6 〈Tom Clancy's The Division〉 출처 : 유비소프트 공식 스토어

러스가 묻은 지폐가 유통되면서 미국에 펜데믹이 온 내용이다. 여기서 플레이어는 평상시에는 일반인으로 생활하다가 갑작스러운 사태가 발생했을 때 특수요원으로 전환되는 디비전 요원이 된다. 플레이어는 2번째로 뉴욕에 투입된 2차 요원으로 플레이하게 된다.

〈더 디비전〉이 큰 인기를 얻었던 이유는 우선 게임의 배경에 있다. 맵은 뉴욕이 전부였지만, 뉴욕을 잘 표현했고, 무엇보다 건물들에 들어갈 수 있었다. 그리고 겨울이라는 배경으로 인해 눈이 오고, 눈 덮인 지형이 포스트

그림 7 〈Tom Clancy's The Division 2〉의 시작 장면

아포칼립스의 느낌을 잘 표현했기 때문이었다. 이 게임은 지금도 그래픽이 괜찮은 게임 중 하나이다.

2019년에는 〈더 디비전〉의 후속작인 〈Tom Clancy's The Division 2〉가 출시되었다. 이 게임은 지금까지도 업데이트를 통해서 새로운 스토리와 시즌 컨텐츠들을 제공하고 있다. 유비소프트에서 꾸준히 관리하는 게임 중 하나로 전작이 뉴욕의 겨울을 배경으로 하고 있다면, 여기서는 6개월이 지난 워싱턴 D.C를 배경으로 하고 있다. 그렇다 보니 눈이 다 녹아서 지저분하고 우중충한 분위기를 보유하고 있다.

〈더 디비전〉은 확실히 전염병으로 인한 펜데믹이었으나, 〈더 디비전 2〉는 그린 플루라고 불렸던 전염병 사태는 끝이 났지만, 그 과정에서 난립한 여러 세력들이 계속해서 미국 전체에서 내전을 벌이고 있다는 세계관을 메인으로 하며, 〈더 디비전 2〉는 워싱턴 D.C를 주무대로 한다.

이밖에도 최근에 공개된 소식에 의하면, 모바일 게임으로 발매될 예정인 〈Tom Clancy's The Division Resurgence〉와 〈Tom Clancy's The Division heartland〉도 있다. 각각 한글명으로 〈톰 클랜시의 더 디비전 리서전스〉와 〈톰 클랜시의 더 디비전 하트랜드〉이다. 〈더 디비전 리서전스〉의 경우 그린 플루 당시의 뉴욕에 가장 먼저 투입된 1차 디비전 요원들의 이야기라 한다. 〈더 디비전 하트랜드〉는 전 세계에 큰 열풍을 일으켰던 국내 게임 〈배틀그라운드〉의 서바이벌 배틀로얄 장르를 가지고 온 게임으로 여기서는 미국 중심부에 있는 실버크리크라는 작은 마을을 배경으로 펼쳐진다고 한다.

전염병은 인류의 역사에서 절대로 사라지지 않는 요소 중 하나이다. 인류의 발전 이유 중 하나는 전염병을 극복하려는 것이라고 봐도 무방하다. 인류가 전염병을 빨리 극복해내어 게임 속에서만 등장하는 것이 되었으면 한다.

게임 속 역사 이야기

1판 1쇄 인쇄 2023년 01월 15일
1판 1쇄 발행 2023년 01월 20일

지 은 이   김동영
발 행 인   이미옥
발 행 처   디지털북스
정   가   22,000원
등 록 일   1999년 9월 3일
등록번호   220-90-18139
주   소   (03979) 서울 마포구 성미산로 23길 72 (연남동)
전화번호   (02) 447-3157~8
팩스번호   (02) 447-3159

ISBN 978-89-6088-419-9(93000)
D-23-01

DIGITAL BOOKS
디지털북스